"十二五"普通高等教育本科国家级规划教材
2018年（第二批）国家精品在线开放课程
江西财经大学会计系列教材

会计学原理

（第六版）

主编 张 蕊

中国财经出版传媒集团
中国财政经济出版社

图书在版编目（CIP）数据

会计学原理 / 张蕊主编. —6 版. —北京：中国财政经济出版社，2019.2（2025.8重印）
江西财经大学会计系列教材
ISBN 978 – 7 – 5095 – 8742 – 3

Ⅰ. ①会… Ⅱ. ①张… Ⅲ. ①会计学 – 高等学校 – 教材 Ⅳ. ①F230

中国版本图书馆 CIP 数据核字（2018）第 291651 号

责任编辑：张若丹等　　　　　　　　封面设计：陈宇琰
责任校对：徐艳丽

中国财政经济出版社 出版

URL：http：//www.cfeph.cn
E – mail：cfeph@ cfeph.cn
（版权所有　翻印必究）
社址：北京市海淀区阜成路甲 28 号　邮政编码：100142
营销中心电话：010 – 88191537
天猫网店：中国财政经济出版社旗舰店
网址：https://zgczjjcbs.tmall.com
涿州汇美亿浓印刷有限公司印刷
710×1000 毫米　16 开　28.75 印张　552 000 字
2019 年 2 月第 6 版　2025 年 8 月河北第 9 次印刷
定价：88.00 元
ISBN 978 – 7 – 5095 – 8742 – 3
（图书出现印装问题，本社负责调换）
本社质量投诉电话：010 – 88190744
打击盗版举报热线：010 – 88191661　　QQ：2242791300

前 言
(第六版)

会计学原理是管理学专业和经济学专业的基础课,主要阐述会计的基本理论、基本知识和基本方法。会计学原理课程是学习中级财务会计、成本会计、管理会计以及审计学的先导课程。本课程的主要教学目标是使学生通晓会计学的基本原理,掌握会计核算的基本方法和技能,为今后的专业课学习和社会实践提供扎实的理论基础和操作技能。

本书属普通高等教育"十二五"国家级规划教材。本书的编写以"以我为主,博采众长,融合提炼,自成一家"为指导思想,在上一版,即第五版的基础上,根据2017~2018年修订的会计准则、2018年修订的《会计法》、2017年增值税税率下调等相关法律法规,并结合会计学原理教学发展与信息化技术发展的需求,不仅对教材有关内容进行了重新修改与拓展,而且根据教材知识点制作了配套课件、录制了配套教学微视频(可在教材上扫二维码观看),并与中国大学慕课(爱课程网)会计学原理课程无缝对接。

本书除了具有第五版的四个特点,即第一,注重引导性;第二,注重拓展性;第三,注重系统性;第四,注重时效性,还具有两个特点:

第一,立体型。可以边看书、边在书上扫二维码进入爱课程(中国大学MOOC)平台,参与国家级精品在线课程"会计学原理"(https://www.icourse163.org/course/JXUFE-1002331009)同步视频听课,还可以同步学习与讨论、完成相关测验与作业及期末考试,获取爱课程(中国大学MOOC)平台学分与证书。本书属于立体型教材。

第二,综合型。为了提升会计技能,有必要前移会计实践,采用嵌入式实践教学模式,基于此,配合本教材,将首次配套出版《会计学原理》实训手册,既可以线下完成也可以线上完成,从而在学习本课程时实现会计理论和方法对接会计实践;此外,还将首次出版配套《会计学原理》复习指导书。本书属于综合型教材。

基于上述特点,本教材不仅适用于高等院校会计学专业本科生的学习,也可作为财经类其他专业本科、专科生学习会计学原理的教材,同时,还可作为会计工作人员业务进修或参考用书,以及对会计有兴趣的学员自学用书。

本教材由张蕊担任主编,程淑珍担任副主编。各章的撰写分工为:张蕊负责撰写第一章,周冬华负责第二章、第九章的撰写,程淑珍负责第三章、第八章的撰写,管考磊负责第五章、第六章的撰写,吕晓梅负责第四章、第七章的撰写,吴志斌负责第十章、第十一章的撰写。最后,由张蕊负责全书的总纂与定稿。此外,何梦怡、刘童、胡丽莎、杨惠萍、黄雨秀等研究生做了一些教材整理工作,在此表示谢谢!

由于我们的理论水平和专业知识有限,书中不足甚至错误在所难免,恳请各位专家、同行和读者批评指正!

编者

2019 年 1 月于江西财经大学

前 言
(第五版)

会计学原理是管理学专业和经济学专业的基础课,其核心内容是会计的基本理论、基本知识和基本方法。会计学原理课程是学习中级财务会计、成本会计、管理会计以及审计学的启蒙课程。本课程的主要教学目标是使学生通晓会计学的基本原理,掌握会计核算的基本方法和技能,为今后的专业课学习和社会实践提供较为扎实的理论基础和操作技能。

本书属普通高等教育"十二五"国家级规划教材。我们在编写本书的过程中,本着"以我为主,博采众长,融合提炼,自成一家"的指导思想,在第四版写作基本理念的基础上,根据2014年修订的会计准则和新颁布的公允价值准则、2016年颁布实施的《会计档案管理办法》、2014年修正的《公司法》、营改增等相关法律法规,并结合会计学原理教学的特点及其与中级财务会计的衔接,对本教材相应内容进行了重新阐释与修改。

本书具有以下三个方面的特点:

第一,注重引导性。为了使初学者能迅速进入对书本知识的思考,而不会对一开始碰到的枯燥概念及专业术语感到兴味索然,每章开始辅以引导案例,即以故事或事件来引入对基本概念与原理的介绍,并在各章末尾以本章案例引导学生思考和归纳总结。

第二,注重拓展性。本教材在各章末尾辅以知识拓展,这些知识拓展或介绍会计的发展历程,或介绍会计的最新潮流,或辅以知识点的进一步解释,有利于开拓学生的思维,引发学生学习和探索会计的兴趣,有利于开拓学生的视野。

第三,注重系统性。本教材采用系统案例讲解账户与复式记账法的应用,这些教学案例具有相应的连贯性,从会计分录的编制、会计账簿的登记、会计报表的生成都使用统一案例数据,系统性的案例编排有利于学生对会计确认、计量、记录和报告的全局性理解和掌握。

第四,注重时效性。本教材紧扣近年来修订或出台的相关法律法规更新知识内容,这些修订或出台的相关法律法规,或会计准则(2014)、会计档案管理(2016),或《公司法》(2013)、税法(包括营改增,2016)等,有利于学生深刻认识知识更新及其他学科的重要性,关注学科前沿,树立与时俱进的理念。

基于上述特点,本教材不仅适用于高等院校会计学专业本科生的学习,也可作为财经类其他专业本科、专科生学习会计学原理的教材，同时，还可作为会计工作人员业务进修或参考用书。

本教材由张蕊担任主编，程淑珍担任副主编。各章的撰写分工为：张蕊负责撰写第一章，郭华平负责第二章的撰写，程淑珍负责第三章、第八章、第九章的撰写，管考磊负责第四章、第五章、第六章的撰写，周冬华负责第七章、第十章的撰写，吴志斌负责第十一章的撰写。最后，由张蕊负责全书的总纂与定稿。

由于我们的理论水平和专业知识有限，书中不足甚至错误在所难免，恳请各位专家、同行和读者批评指正！

编者

2016年5月于江西财经大学

目 录

第一章 总论 ... 1
- 第一节 会计与会计环境 ... 1
- 第二节 会计的基本概念 ... 5
- 第三节 会计核算的基本程序和方法 ... 20
- 第四节 会计学及其分支 ... 24
- **本章小结** ... 26
- 【知识拓展】 ... 27
- 【本章思考题】 ... 30

第二章 账户设置与借贷记账法 ... 31
- 第一节 会计要素及其平衡关系 ... 32
- 第二节 会计科目与账户设置 ... 46
- 第三节 记账方法 ... 55
- **本章小结** ... 70
- 【知识拓展】 ... 71
- 【本章思考与练习题】 ... 72
- 【本章案例分析】 ... 76

第三章 账户与复式记账的应用 ... 77
- 第一节 资金筹集业务的核算 ... 78
- 第二节 生产准备业务的核算 ... 84
- 第三节 产品生产业务的核算 ... 95
- 第四节 销售业务的核算 ... 108
- 第五节 财务成果业务的核算 ... 116
- **本章小结** ... 127
- 【知识拓展】 ... 128
- 【本章思考与练习题】 ... 133

第四章 账户分类 ········ 136

- 第一节 账户分类概述 ········ 137
- 第二节 账户按经济内容分类 ········ 138
- 第三节 账户按用途和结构分类 ········ 143
- 第四节 账户按反映经济业务详细程度分类 ········ 154
- **本章小结** ········ 155
- 【本章思考与练习题】········ 156
- 【本章案例分析题】········ 156

第五章 会计凭证 ········ 158

- 第一节 会计凭证概述 ········ 158
- 第二节 原始凭证 ········ 161
- 第三节 记账凭证 ········ 167
- 第四节 会计凭证的传递和保管 ········ 178
- **本章小结** ········ 181
- 【知识拓展】········ 181
- 【本章思考题】········ 182
- 【本章案例分析题】········ 182

第六章 会计账簿 ········ 184

- 第一节 会计账簿概述 ········ 185
- 第二节 日记账、分类账的设置要求与登记方法 ········ 191
- 第三节 会计账簿的启用与登记规则 ········ 206
- 第四节 日记账、分类账的错账查找与更正 ········ 208
- 第五节 对账与结账 ········ 212
- 第六节 账簿的保管 ········ 216
- **本章小结** ········ 216
- 【知识拓展】········ 217
- 【本章思考与练习题】········ 218
- 【本章案例分析题】········ 219

第七章 财产清查 ········ 220

- 第一节 财产清查的意义和分类 ········ 221
- 第二节 财产物资的盘存制度 ········ 225

第三节　财产清查的程序与方法 …………………………… 228
第四节　财产清查结果的账务处理 ………………………… 241
本章小结 ………………………………………………………… 246
【知识拓展】 ……………………………………………………… 247
【本章思考与练习题】 …………………………………………… 249
【本章案例分析题】 ……………………………………………… 250

第八章　财务报表 …………………………………………… 252

第一节　财务报表概述 ……………………………………… 252
第二节　资产负债表 ………………………………………… 260
第三节　利润表 ……………………………………………… 283
第四节　现金流量表 ………………………………………… 298
第五节　所有者权益变动表 ………………………………… 311
第六节　报表之间的关系 …………………………………… 317
第七节　财务报表附注 ……………………………………… 318
本章小结 ………………………………………………………… 322
【知识拓展】 ……………………………………………………… 323
【本章思考与练习题】 …………………………………………… 324
【本章案例分析题】 ……………………………………………… 330

第九章　会计核算组织程序 ………………………………… 334

第一节　会计核算组织程序的概述 ………………………… 334
第二节　记账凭证核算组织程序 …………………………… 338
第三节　科目汇总表核算组织程序 ………………………… 339
第四节　汇总记账凭证核算组织程序 ……………………… 341
第五节　多栏式日记账核算组织程序 ……………………… 343
第六节　日记总账核算组织程序 …………………………… 345
第七节　通用日记账核算组织程序 ………………………… 346
第八节　科目汇总表核算组织程序的运用 ………………… 348
本章小结 ………………………………………………………… 389
【本章思考与练习题】 …………………………………………… 390
【本章案例分析题】 ……………………………………………… 390

第十章　会计工作组织与管理 ……………………………… 391

第一节　会计工作组织与管理概述 ………………………… 391

第二节　会计管理体制 …………………………………… 394
　　第三节　会计规范体系 …………………………………… 401
　　第四节　会计机构与会计人员 …………………………… 406
　　第五节　会计档案管理 …………………………………… 415
　　本章小结 ………………………………………………… 420
　　【知识拓展】……………………………………………… 421
　　【本章思考题】…………………………………………… 422
　　【本章案例分析题】……………………………………… 423

第十一章　信息技术与会计信息化 ……………………… 425

　　第一节　信息技术及其对会计的影响 …………………… 425
　　第二节　会计信息化的发展 ……………………………… 430
　　第三节　会计信息系统的构成与应用 …………………… 438
　　第四节　总账与报表模块操作流程 ……………………… 441
　　本章小结 ………………………………………………… 447
　　【知识拓展】……………………………………………… 448
　　【本章思考题】…………………………………………… 449
　　【本章案例分析题】……………………………………… 449

第一章 总 论

【引入案例】

李明今年刚参加完高考,高考分数线出来之后,李明填报了一所理想的大学,在选择专业时,李明想起了隔壁的王大叔,他是一个工厂的老会计。小时候,李明经常看到王大叔拨着算盘在那泛黄的账本上写着什么,出于好奇,李明对会计职业产生了向往,于是填报了会计专业。但是,会计到底是什么?会计为什么会产生?我能学好它吗?诸如此类的问题一直萦绕在他的脑海中。离开学还有一段时间,李明带着心中的疑惑借了几本有关会计基础理论知识的书籍,从阅读中李明对会计的概念有了初步认识,似乎心里也踏实了许多,对学好会计充满了信心。亲爱的同学们,你们是否曾经有着和李明一样的困惑呢?

【学习目的与要求】

1. 深刻理解并掌握会计的基本概念,包括会计的含义、会计的内容、对象、职能和目标;
2. 理解会计环境对会计的影响及会计的基本假设与会计基础;
3. 了解会计的产生与发展史、会计核算程序与方法、会计学及其分支的有关内容。

第一节 会计与会计环境

一、会计环境对会计的影响

会计是一种社会现象,它有着自然科学与社会科学的双重属性。会计因社会环境变化的需要而产生,又因社会环境的发展而得到不断发展。所谓会计环境是指影响并决定会计的产生与发展的社会客观条件和特殊情况,包括会计思想、会计法制、会计理论、会计方法以及与之密切相关的审计等，它们是会计赖以生存与发展的基础。在特定的社会环境中，会计总会处于一个特定的位置上。社会经济越是发展，会计所处的环境越复杂，其地位也越重要，影响也越深远。会计环境对会计的产生与发展具有极大的引导、促进和制约作用，它规定着会计发展的规模、速度、趋向和状态。

有什么样的会计环境，就有什么样的会计思想、会计法制、会计理论和会计方法。一般而言，会计环境总是朝着改善的方面发展变化，或是局部环境得到改善，或是全部环境得到改善，这些都会在不同程度上促进会计的向前发展。人类会计的发展既不可能超越一定历史阶段中会计所处的环境，即产生超前会计行为；也不可能使落后的会计思想和行为起主导作用。特定历史阶段的会计一定是与该历史阶段的会计环境相适应的会计思想、会计组织、会计理论与会计方法，这在会计的产生与发展演进史中已经得到了验证。

二、会计的产生与发展

（一）会计的产生

会计是社会环境的产物，它是应人类社会生产实践和经济管理需要而产生的。根据目前已考证的史料记载来看，会计的产生可追溯到人类的史前时期，在一些文明古国，如中国、古巴比伦、埃及、印度、希腊等国都有类似于会计记录或会计活动的记载。中国的"书契"、埃及的"纸草文书"、古巴比伦的"粘土记录板"和印度的"贝多罗树叶记录"，这些都标志着会计的起源。

应该说，会计产生的根本原因是人们对经济效益的追求，即以尽可能少的劳动消耗，尽可能节省的劳动费用，获得尽可能大的劳动成果。这是任何形态的社会都必须遵循的规律，不同之处只是在不同的发展时期，由于生产复杂程度的不同，人们对经济效益的核算要求和形式不同。

（二）会计的发展

会计是随着社会实践活动的发展和对经济管理要求的提高而不断发展的。

随着社会的发展、会计环境的改变，会计经历了一条漫长的发展道路。会计发展的历程可以划分为三个阶段：

1. 古代会计发展阶段

会计从其产生，经过单式簿记演进到复式簿记开始运用这段时间，称之为古代会计发展阶段。

在古代会计发展阶段，受生产力发展水平低下、商品经济不发达等因素的制约，会计的发展比较缓慢。随着生产力的发展，出现了剩余产品，生产开始了社会化，这就为组织生产、管理产品和进行产品分配提供了物质条件，会计也从生产附带职能中逐渐地脱离出来而由专门人员担任。马克思在《资本论》中曾经说到过，在印度的原始公社发现了一个独立的记账员就充分说明了这一点。然而，这一阶段的会计还很不成熟，其范围比较广，包括了统计及其他内容在内。

在古代会计发展阶段，中国在会计的发展上曾作出过重要的贡献，并一直走在会计发展的前列，如这一阶段产生的"四柱清册"① 和"龙门账"② 是具有中国特色的复式簿记，在我国会计的发展中发挥了重要的作用。

古代会计的发展成就为近代会计的发展奠定了基础。

2. 近代会计发展阶段

近代会计发展阶段是从运用复式簿记开始至20世纪50年代。复式记账法在理论上的总结和在实践中的推广敲开了古代会计迈向近代会计的大门。

古代会计迈向近代会计的标志性事件有两件，也是会计史上两个重要的里程碑：

(1) 1494年卢卡·帕乔利出版的《算术、几何、比及比例概要》一书。12~15世纪的西欧，伴随着资本主义经济关系的萌芽与发展，产生了借贷复式簿记。意大利的佛罗伦萨、热那亚、威尼斯等地的商业和金融业特别繁荣。日益发展着的商业和金融业要求改进和提高当时流行于这三个城市的复式记账方法。为了适应这一需要，在对"佛罗伦萨式簿记"、"热那亚式簿记"与"威尼斯式簿记"的应用情况进行分析总结以及对其原理进行研究的基础上，1494年，意大利数学家卢卡·帕乔利出版了《算术、几何、比及比例概要》一书，《簿记论》是这部书的第九篇第十一论，全称为《计算与记录要论》，系统地介绍了复式记账法，并给予理论上的阐述。之后，复式记账法在欧洲乃至全世界被推广运用。这一划时代的发明和创造把古代会计推进到了近代会计。

(2) 1854年世界上第一个会计师协会——英国爱丁堡会计师公会的成立。15~19世纪，会计的理论与方法的发展仍然比较缓慢。直到19世纪英国的工业革命后，英国成为当时世界上工业最发达、生产力水平最高的国家。由于生产力的高速发展，股份制公司的出现，对会计提出了更高的要求，如扩大会计服务对象、增加会计反映的内容、会计需要接受外界的监督等。为此，1854年，世界上第一个会计师协会——英国爱丁堡会计师公会成立。这是近代会计发展史上的又一个重要里程碑。自此以后，会计得到了迅速的发展。

---

① 四柱清册：唐宋时代创立并运用了"四柱清册法"。该方法是运用旧管（上期结存）+新收（本期收入）-开除（本期支出）=实在（本期结存）的平衡公式进行定期清算账目的一种结算方法。根据其原理，编制的"四柱清册"主要有"奏销册"（报销册）和"移交清册"。四柱清册是我国会计发展史上的重要里程碑。

② 龙门账：这是一种在我国明清时代出现的复式记账法。通过进（全部收入）-缴（全部支出）=存（全部资产与债权）-该（全部资本与负债）的平衡公式，双轨计算盈亏，并分别编制"进缴结册"和"存该结册"报表。这两种会计报表计算的盈亏结果应该相等，故称这种平衡钩稽关系为"合龙门"，龙门账的名称由此而来。

总之，近代会计发展阶段实现了两大根本转变：一是由单式簿记时代向复式簿记时代的转变；二是由簿记时代向会计时代的转变。这两个转变在会计发展史上具有重要的作用。这里需要特别指出的是，自第一次世界大战后，英国的国际地位被美国所取代，无论是在生产，还是科技上美国都处于世界领先的地位，由此，会计的发展中心也从英国转移到了美国。

3. 现代会计发展阶段

现代会计是指20世纪50年代以后，当代资本主义会计的新发展阶段。

随着20世纪40年代新技术革命浪潮的到来，市场经济迅速地朝着系统化、信息化与科学化的方向发展。从50年代起，传统的会计便开始朝着现代会计发展方向发展。在传统会计的基础上，适应企业管理的需要，逐渐形成了以对外提供企业经营信息为主的财务会计和对内提供管理决策所需信息为主的管理会计，为适应对会计监督的需要，设立了审计。至此，会计进入了一个全面发展的阶段。

进入20世纪90年代后，现代会计的发展又面临着新的挑战：(1) 高新技术产业进入快速发展时期；(2) 人力资本在经营中的作用越来越重要；(3) 经济全球化进程在加快；(4) 以强调经济发展与生态平衡，即人与自然和谐共存与发展为理念的循环经济发展模式将成为当今世界经济发展的主流模式。可以预见，会计还将进行不断地创新、改革，从而把现代会计发展推进到一个新的历史时期。

三、会计环境因素

会计环境由多种因素构成，这些因素分别从不同方面和不同角度来影响和决定会计的发展，从会计的产生与发展史中不难总结出，影响会计发展的会计环境因素主要有社会经济水平、科学技术水平、文化与教育水平以及政治与经济制度状况等。

(一) 社会经济水平

马克思指出：过程越是按照社会规模进行，越是失去纯粹个人性质，作为对过程的控制和观念总结的簿记就越是必要。这一论述揭示了社会经济发展水平与会计发展之间最本质的关系。会计思想的演进，会计理论与方法的发展首先取决于社会经济发展水平：低下的社会生产力，只需要简单的会计方法；而较高的社会经济发展水平，需要有较复杂的会计方法与之相适应。因此，会计的产生与发展首先取决于社会经济的发展水平。也正是因为如此，社会经济发展水平是会计环境中的第一因素。

(二) 科学技术水平

会计的发展，离不开社会科学技术的进步。科学技术直接促进着会计的发展，这种促进作用日益突出和显著。一方面，科学技术通过转化为生产力，强有力地推动着社会经济的发展，进而推动着会计的发展；另一方面，科学技术的发展已直接影响到会计领域的拓宽，会计理论的发展、会计方法的改进，如计算机技术在会计中的运用、网络会计的产生等，都促进了会计理论与方法的发展与完善。因此，科学技术水平是决定和影响会计发展的另一重要因素。

（三）文化与教育水平

社会文化与教育的发展是人类文明进步的重要标志，它对会计的发展产生着深刻的影响。对会计产生影响的社会文化主要是指语言、文字、书写工具、计量工具、数量、经济理论、管理理论等。与会计发展有关的教育是指对会计理论与实践工作者基本素质产生直接影响的基础文化教育、相关专业教育、会计审计专业教育、后续教育等。

社会文化与教育发展水平主要是从会计思想、会计工作人员的素质和职业道德方面来影响会计的发展。因为会计人员的会计思想和素质决定着会计理论研究的深度、广度、决定着会计的科学性及运用水平。

（四）政治与经济制度状况

会计的生存与发展，无不受到社会政治与经济制度的影响、制约。这种影响和制约是强制性的、具体的，它不仅要求会计必须符合一个国家政治、经济制度的基本要求，甚至还规定了会计实务处理中的一些具体细节。

这一因素对会计的影响主要有三个方面：（1）社会政治制度的变革，必然引起会计发生相应的变革，使得会计组织、会计法制和会计理论等方面的建设需要符合社会政治制度。（2）国家的经济制度发生变革，不仅涉及会计基本理论、会计管理控制的变化，还影响到会计方式、方法的革新。（3）国家的基本政策法规与具体政策法规的变化，也必然影响会计，如税收法规政策的变化、物价政策的变化、销售政策的变化等都可能不同程度地影响到会计制度的调整及会计实务具体处理方法的变化。

除了上述四个因素外，影响会计发展因素还包括经济危机、社会性危机、经济犯罪和通货膨胀等负面因素，这些因素的存在，会使会计的发展受到一定程度的阻碍。为此，在分析会计演进史并揭示会计发展趋势时，应综合各方面的影响因素。

第二节 会计的基本概念

一、会计的含义

（一）原始会计的含义

"会计"一词在我国最早起源于西周时代。按照《说文解字》的注释，"会"

和"计"均有计量和汇总计算的含义，两者是可以通用的，"会，合也。从亼，从曾省。""计，会也，算也。从言，从十。"清代学者焦循在《孟子正义》一书中对"会"和"计"两个字作了一定的区分："零星算之为计，总合算之为会。"按此解释，"会计"二字的连用，就是包括了日常的零星核算和期终的总合核算。

"会"和"计"两个字组成"会计"一词，最早出现在战国时代《周礼》一书中："凡在书契版图者之贰，以逆群吏之治，而听其会计。"其意思为，司会利用公文、账册、户籍、丈量地图等的副本，考核官吏们的政绩并检查他们经手的财物收支，也就是说司会既负责财务收支的记录，又负责财务收支的考核。可见，当时会计已被用来表述对财物收支数量的计算、记录和考核。会计的原始含义就是记账、算账和报账。

（二）现代会计的含义

自复式记账法产生以来，现代会计已经历了500多年的发展。从19世纪以后，特别是从21世纪以来，会计的内容、形式、方法和技术都有巨大的进步，已经成为一门较成熟的学科。现代会计运用了一套科学的计量与记录方法，具有自身的特征，与会计的原始含义存在着明显的不同。由于人们对会计本质有着不同的认识，因而出现了多种现代会计的定义。总结中外会计界对会计的定义，主要有如下四种：

1. 管理工具论

管理工具论认为，会计是一种管理工具或方法。在这种理解下，会计被定义为：会计是反映和监督生产过程，进行观察、计量、登记和分析的方法，是管理经济的一种工具。

2. 艺术论

艺术论认为，会计是一种科学、技巧和经验相结合的艺术。会计被定义为：会计是一种文字和数字相结合的应用艺术，是用货币形式，对企业的交易事项进行记录、分类、汇总并解释由此产生结果的一门艺术。

3. 管理活动论

管理活动论认为，会计是一项管理活动。按照这种观点，会计被定义为：会计是对一定单位的经济业务进行计量、记录、分析和检查，作出预测、参与决策、实行监督，旨在实现最优经济效益的一种管理活动。

4. 信息系统论

信息系统论认为，会计是一个以提供财务信息为主的经济信息系统。按照这种理解，会计被定义为：会计是指为了提高微观经济效益，加强经济管理，而在企业（单位）范围内建立的一个以提供财务信息为主的经济信息系统。

目前，在国内就会计本质而言，较为共识的观点是管理活动论与信息系统论，并有将两者相结合的趋势。我们认为，会计的本质是一个经济信息系统，即会计是一个以提供财务信息为主的经济信息系统。会计作为一个系统，通过信息的提供来执行会计反映的职能，通过信息的利用来执行会计控制（监督）的职能，从而达到不断加强和改进经营管理，提高经济效益的目的。

（三）会计的特点

会计的本质决定了它的特点，这些特点主要有以下几个方面：

1. 以货币为主要计量单位

会计所能反映和控制的是企业单位可以数量化的经济活动。现代会计是与商品经济紧密联系在一起的，而货币具有价值尺度的职能，因此，会计一般都以货币作为标准计量尺度。当然，会计也使用实物单位和劳动单位进行计量与记录，即便如此，最后仍必须运用货币单位进行综合度量。因为，只有采用货币度量，才能按统一标准来综合计算各种不同的经济活动，全面、清晰地反映各种错综复杂的经济活动。因此，会计所提供的经济信息，主要是以货币形式表现的财务信息。

2. 以凭证为基本依据

为了能如实地反映经济活动并提供真实的财务信息，会计只有根据合法的凭证，才能对各项经济业务进行计量、记录和报告；如果没有合法的凭证，会计就不能进行计量、记录。也就是说会计的任何计量、记录都是以合法的凭证为依据的。

3. 以提供连续、系统、完整的财务信息为己任

企业的经济活动是连续不断的，为了能全面、综合地反映企业的经济活动状况，会计就必须运用一定的方法对企业全部经济活动加以计量、记录，使所提供的信息完整；对各项经济活动应按其发生的时间顺序不间断地进行记录，使所提供的信息连续；此外，对各类经济活动应进行相互联系的记录，与此同时还应进行科学的分类，使所提供的信息系统化。会计就是这样以其独特的方法提供连续、系统、全面的财务信息的。

二、会计对象

（一）会计对象的含义

1. 会计对象的一般含义

概括地说，会计对象是指会计工作的客体，即社会再生产过程中的经济活动。根据上面关于会计特点的描述中可以知道，会计是以货币为主要形式来反映经济活动的，因而会计不能反映和监督再生产过程中所有的经济活动，而只能反映再生产过程中能以货币形式表现的各项经济活动。能以货币表现的经济活动就是再生产过程中的资金运动。可见，会计对象就是社会再生产过程中的资金运动。

社会再生产过程的总资金运动是由各个个别资金运动组成的，个别资金运动就是各企事业单位内部的资金运动。由于工业企业的生产经营活动内容较全面，包括供、产、销三个阶段，以下将以工业企业为例，就一般会计对象内容进行说明。

2. 工业企业的经营资金运动

对工业企业的经营资金运动，可从静态和动态两个不同的角度或侧面分别予以观察和分析。

（1）工业企业经营资金运动的静态表现。

工业企业经营资金运动的静态表现是从静态角度去观察工业企业经营资金运动，也就是从某一时点上（如某月某日）对工业企业的经营资金运动进行观察和分析。

工业企业为了能维持生产和再生产的经营活动，就必须拥有一定量的经济资源，这些资源是企业进行生产的基础，具体表现为厂房、机器、设备、材料、在产品、产成品及货币资金等，它们分别分布或运用在企业生产经营过程的不同阶段和不同方面，称为资金占用。与此同时，企业的这些资源是通过一定的渠道取得的，这些渠道有来自投资者投入的资金，包括国家投入、发行股票等形式筹集的资金；也有来自债权人的借款及结算资金，包括向银行或非银行金融机构借款取得的，以及在结算过程中形成的和企业向债权人借入的资金，它们都称之为资金来源。

从任一时点来看，企业的资金运动总是处于相对静止状态，在这种状态下企业的资金就表现为相互联系，而又相互制约的两个方面：资金占用，即为资产，表明资金在经营过程中的存在形态；资金来源，即为权益（负债＋所有者权益），表明资金的来源。

由于资金占用（资产）和资金来源（负债＋所有者权益）是同一资金的两个不同侧面，因此，从数量关系上来看，就存在着资金占用（资产）＝资金来源（负债＋所有者权益）。这是会计恒等式建立的重要依据。

（2）工业企业经营资金运动的动态表现。

工业企业经营资金运动的动态表现，是从动态角度去观察企业的经营资金运动，也就是从某一段时间（某年、某月）对企业经营资金运动的观察与分析。

工业企业经营资金运动表现为供、产、销三个阶段资金的循环和周转。在这种循环和周转中，资金不断地改变其形态：货币资金→储备资金→生产资金→成品资金→货币资金。

①货币资金→储备资金的转化。供应过程是企业生产过程的第一阶段，是生产的准备过程。在这一过程中，为了保证生产的正常进行，企业需要用货币资金购买并储备原材料等劳动对象，随着采购活动的进行，资金也就从货币资金形态

转化为储备资金形态。

②储备资金→生产资金的转化。生产过程既是产品的生产过程，又是资产的耗费过程。在这个过程中，劳动者运用劳动资料，作用于劳动对象，随着劳动对象的领用与耗费，储备资金转化为生产资金，固定资金以折旧的形式，部分地转化为生产资金，随着活劳动的耗费，货币资金以支付工资的形式转化为生产资金。

③生产资金→产品资金的转化。随着生产产品工作的完成，既转移了劳动资料、劳动对象价值，又创造出了新的价值，这时，资金则从生产资金转化为成品资金形态。这一转化与储备资金到生产资金的转化共同构成了工业企业生产过程的资金运动。

④产品资金→货币资金的转化。销售过程是产品价值的实现过程。在这一过程中，企业通过产品的销售，取得收入，收回垫支，资金又从产品资金转化为货币资金形态。

工业企业的资金就是沿着上述程序进行循环，资金周而复始地循环，就形成了资金的周转。资金在完成一次循环后，有一部分资金，由于某种原因将不再参加下一次的循环而退出企业的经营过程，如偿还借款、上缴税金、向投资者分配利润等。

工业企业的资金运动，从资金的变化形态来看，是资金的循环和周转；如果从资金的价值量变化来看，则是资金的耗费与收回。资金的耗费，有些形成产品的生产成本，有些形成期间费用（管理费用、财务费用、营业费用）。企业资金的收回主要是通过销售产品收入和提供劳务收入，取得货币资金而实现。企业的收入首先应补偿所发生的耗费，两者的差额即为企业的利润。企业的利润再按照有关的规定进行分配后，企业的资金将进入下一轮的循环。工业企业资金运动过程如图1-1所示。

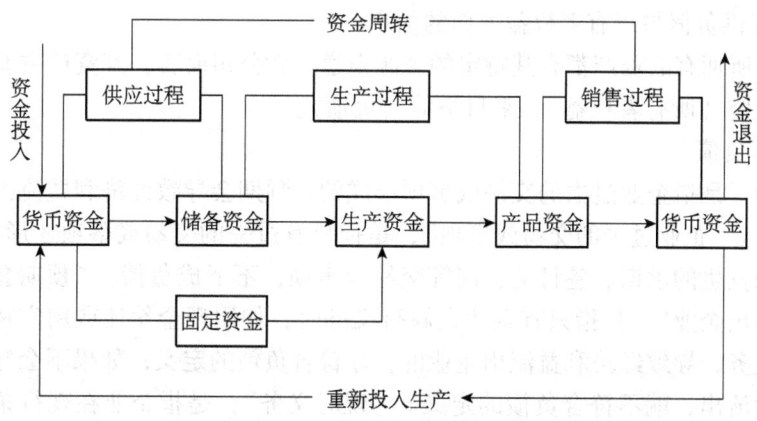

图1-1 工业企业经营资金的循环与周转

(二) 会计对象的具体内容

会计对象的具体内容就是要说明会计应提供什么样的企业资金运动信息或财务信息。根据上文对会计对象一般含义的论述，会计对象的具体内容应包括静态资金运动和动态资金运动状况下的资金占用（资产）、资金来源（负债和所有者权益）、收入、费用、利润等方面的信息。具体内容如下：

1. 提供有关资产方面的信息

资产，是指企业过去的交易或事项形成的、由企业拥有或控制的、预期会给企业带来经济利益的资源。"企业过去的交易或事项"，是指企业购买、生产、建造行为或其他交易或事项，预期在未来发生的交易或事项不形成资产。"由企业拥有或控制"，是指企业享有某项资源的所有权，或者虽然不享有某项资源的所有权，但该项资源被企业所控制。"预期会给企业带来经济利益"，是指直接或间接导致现金和现金等价物流入企业的潜力。"资源"，是指包括劳动资料和劳动对象在内的生产资料。"巧妇难为无米之炊"，这些生产资料是企业生产的物质基础，如工厂需要有厂房、机器、设备、原材料、辅助材料等，还需要用货币支付工资和各种费用，如办公费、差旅费等。

资产以各种具体形态分布或占用在生产经营过程的不同方面。资产按其流动性可分为流动资产和非流动资产（或称长期资产）。流动资产是指在一年或者超过一年的一个营业周期内变现或耗用的资产，包括货币资金、交易性金融资产、应收及预付款项、存货等；非流动资产是指不符合流动资产条件的资产，即不准备在一年内变现或使用时间超过一年的一个营业周期以上的资产，包括长期投资、固定资产、无形资产、其他资产等。

会计首先应提供关于资产方面的信息，这样才能便于报表使用者了解某一时期企业资产总量是多少、存在于什么阶段和表现为什么形态，各类、各项资产的数额是多少等。这些都是企业进行决策所必须依据的信息。

2. 提供负债与所有者权益方面的信息

企业所拥有的资产都有其特定的来源渠道。就公司而言，其资产主要有来自股东的投资（所有者权益），来自举债（负债）。

（1）负债。

负债，是指企业过去的交易或事项形成的、预期会导致经济利益流出企业的现时义务。"企业过去的交易或事项"，是指只有过去的交易或事项才形成负债，企业将来发生的承诺、签订的合同等交易或事项，不形成负债。"预期会导致经济利益流出企业"，是指只有企业在履行义务时，如用现金偿还或用实物资产形式偿还债务，导致经济利益流出企业的，才符合负债的定义；如果不会导致企业经济利益流出，就不符合负债的定义。"现时义务"，是指企业在现行条件下已承担的义务，未来发生的交易或者事项形成的义务，不属于现时义务，不应当确认为负债。

负债是企业筹措资金的重要渠道。负债按其偿付期的长短可以分为流动负债和长期负债。流动负债是指将在一年或者超过一年的一个营业周期内偿还的债务,包括短期借款、应付及预收款项等;长期负债是指偿还期在一年或者超过一年的一个营业周期以上的债务,包括长期借款、应付债券、长期应付款等。

(2) 所有者权益。

所有者权益,是指企业资产扣除负债后,由所有者享有的剩余权益。公司的所有者权益又称为股东权益。所有者权益的来源包括所有者投入的资本、直接计入所有者权益的利得和损失、留存收益等。直接计入所有者权益的利得和损失,是指不应计入当期损益、与所有者投入资本或利润分配活动无关,但会引起所有者权益发生增减变动的利得或损失。利得是指由企业非日常活动发生的、与所有者投入资本无关的、会引起所有者权益增加的经济利益的流入;损失是指由企业非日常活动发生的、与所有者利润分配无关的、会引起所有者权益减少的经济利益的流出。所有者权益包括实收资本、资本公积金、盈余公积和未分配利润等。实收资本是指投资人实际投入企业经营活动的各种财产物质;资本公积金是指在筹集资本过程中所取得的由投入资本引起的各种增值项目,包括资本溢价、法定财产重估增值、接受捐赠资产等;盈余公积是指企业按规定从税后利润中提取的积累资金;未分配利润是指企业留待以后年度分配的利润。从数量上看,所有者权益即为净资产。

企业资产来源(负债与所有者权益)信息有利于我们了解资本结构,即资产来源中,所有者权益所占比重与负债所占比重的情况,了解债务的清偿情况。

3. 提供收入方面的信息

收入,是指企业在日常经营活动中形成的、与所有者投入资本无关的、会导致所有者权益增加的经济利益的总流入。"日常经营活动",是指企业为完成其经营目标所从事的经常性活动以及与之相关的活动,明确界定日常经营活动是为了将收入与利得相区别,因为企业非日常活动所形成的经济利益的流入不能确认为收入,而应当计入利得。"与所有者投入资本无关的经济利益流入",是指收入不是由所有者投入资本的增加引起的经济利益流入,而是由于经营活动,如企业销售产品而取得的现金,导致经济利益流入,前者应作为所有者权益的增加。

企业应当在履行了合同中的履约义务,即在客户取得相关商品控制权时确认收入。取得相关商品控制权,是指能够主导该商品的使用并从中获得几乎全部的经济利益。

收入是计算和确定利润的基础,只有了解企业的收入方面信息,才能与相关成本相匹配,进而确定企业利润。

4. 提供成本与费用方面的信息

费用，是指企业在日常经营活动中发生的、与所有者利润分配无关的、会导致所有者权益减少的经济利益总流出。"日常经营活动"，是指与收入定义中涉及的相一致的日常经营活动，通常包括销售成本、管理费用等。将费用界定为日常活动所形成的，目的是为了将其与损失相区别，企业非日常活动所形成的经济利益的流出不能确认为费用，而应计入损失。"与向所有者分配利润无关的经济利益总流出"，是指包括现金或现金等价物的流出，存货、固定资产等的流出或者消耗等导致的资产减少或负债增加，而不是向所有者分配利润导致的经济利益流出。"所有者权益的减少"，是指与费用相关的经济利益的流出导致所有者权益的减少，不会导致所有者权益减少的经济利益流出，不应确认为费用。

成本，是指企业为生产产品、提供劳务而发生的各种耗费。费用按其是否归属于产品成本，可分为产品费用和期间费用。产品费用也即产品成本，是指为产品生产所发生的、应计入产品成本的费用，包括为生产产品而发生的直接材料、直接工资等直接费用和折旧费用，以及各生产单位（车间、分厂）为管理组织生产而发生的各项间接费用；期间费用是指与产品生产无直接关系，属于某一时期的费用，包括管理费用、营业费用和财务费用。期间费用不计入产品成本，而直接计入当期损益。

了解企业费用方面的信息有利于合理安排企业的财务收支活动，并与收入相配合，确定企业的经营成果。

5. 提供一定期间内经营成果及其分配的信息

利润，是指企业在一定会计期间的经营成果。利润包括收入减去费用后的净额、直接计入当期利润的利得和损失等。直接计入当期利润的利得和损失，是指应当计入当期损益、与所有者投入资本或利润分配活动无关的、最终会引起所有者权益发生增减变动的利得或损失。企业的营业收入扣除营业成本、税金及附加、期间费用再减去资产减值损失与信用减值损失、加上对外投资净收益、再加上资产处置收益和其他收益后，形成营业利润；营业利润加上利得减去损失，形成利润总额；利润总额扣除了所得税费用后的余额为净利润。

企业在取得净利润后，应按有关的政策和规定进行利润分配，如按《财务通则》或《公司法》和《公司章程》规定提取公积金、分配股利等。若有剩余，就是未分配利润，属于所有者权益，也是企业资产的一种来源。

6. 提供加工形成的新信息

上述各方面的信息是会计作为一个经济信息系统应提供的基本信息。人们还可以根据管理及其他方面的需要，在这些信息的基础上进行加工计算，以取得有用的新的信息。例如：企业的管理者为了了解企业的偿债能力，可以利用上述有关信息计算资产负债率、流动比率、速动比率及现金比率等。

从上述关于会计对象具体内容论述中，我们可以认识到：会计所提供的信息主要就是企业资产、负债、所有者权益、收入、费用及利润等方面的财务信息，这六个方面在会计上被称为会计的六要素。因此，会计六要素是会计对象的具体化。

三、会计的职能

会计的职能是指会计本身所固有的、内在的本质功能，这一功能会随着会计的发展而拓展。会计的作用是通过会计的职能来实现的。会计具有反映经济活动、控制经济活动，评价经营业绩、参与经济决策、预测经济前景等职能。其中，反映和控制经济活动为其最基本的职能。

（一）会计的基本职能

1. 反映经济活动

会计的反映职能，主要是指其运用货币计量单位通过确认、计量、记录和报告，从数量方面反映企业和其他单位已经发生或已经完成的各项经济活动，它是会计最基本的职能。记账、算账、报账是会计执行反映职能的主要形式，所以，会计的反映职能也可称作会计的核算职能。

会计具有连续、系统、全面、综合地提供企业财务信息的特点，这样，通过会计可以综合地反映出企业生产经营活动的全部情况，为企业经营管理提供极大的方便。

2. 控制经济活动

会计的控制职能，是指利用其本身所提供的信息，随时发现经营过程中与预定目标、计划、要求不符合的情况，及时采取校正措施，以保证经营活动的正常进行，从而达到经营目标。会计的控制职能具体表现在以下三个方面：

（1）会计核算程序与方法的控制作用。财务会计运用了诸如填制凭证、设置账户、复式记账、登记账簿、成本计算、财产清查和编制报表等会计核算的专门方法，这本身就使会计成为一个严密的信息系统，起到保护性的控制作用（保证会计信息的正确性与真实性）。

（2）会计确认的前馈控制作用。会计信息系统的首要程序是确认，即运用一定标准、明确哪些数据在什么时候可以进入该系统，以及如何进行报告。确认的标准有的是会计本身的要求，有些则是被外界所赋予的。这样可以控制经济活动的合法性与合理性。这种类型的控制一般被称作前馈控制。

（3）会计计划执行检查的反馈控制作用。计划是确定企业目标和实现这些目标的原则、方法、步骤和手段，也是企业实施经营管理和控制的重要依据。会计可以通过自己所提供的信息，从中揭示实际与计划或预算的偏差，使人们明确应如何完成计划，并便于修订计划或预算。这些都可以认为是反馈控制的功能。

（二）会计的其他职能

1. 评价经营业绩

会计的评价职能是反映职能的深化，是指在会计反映经济活动的基础上，运用分析的方法，比较、判断经营业绩的大小，经济效益的高低，从而肯定经营活动的成绩。具体而言，财务会计可以通过定期编制财务报表来揭示企业的财务及其变动情况和最终经营业绩；人们还可以通过对财务报告的分析，肯定成绩，找出差距，提出改进措施。正是这样，财务会计具有评价企业经营业绩的职能。

2. 预测经济前景

会计的预测职能是指会计在对历史信息、现在信息进行分析和研究的基础上，就今后的经营状况作出预测。从企业经营管理的角度来说，为了使建立的经营目标既有一定的高度又不失切实可行，就必须收集大量的历史和当前的信息资料，对未来的事态作出科学的分析与判断，会计就是利用财务报告中具有预测价值的历史信息来预测企业的经营前景。

3. 参与经营决策

这一职能是就企业内部充分利用会计信息进行管理决策而言的。所谓决策，就是以预测的结果为基础建立适当目标，拟订几种可以达到目标的方案，根据经济效果的评价从几个方案中选出最优方案的过程。简而言之，就是作出未来行动的决定。

决策的前提是收集数据和信息。尽管决策所需要的数据、资料和信息不全是由会计来提供，但是财务信息却在其中占据重要的地位。当然，在整个决策过程中，会计只能支持决策而无法代替决策，所起的是一种"参谋"的作用。这种"参谋"的作用贯穿于收集数据、提供信息、提出和讨论各种备选方案，最后选择出最优或最满意方案的全过程。

四、会计目标

（一）会计目标的概念

目标是人们希望达到的境地或想要实现的要求。会计目标是指会计信息使用者期望财务报告所提供的信息应达到的境地。会计目标是会计理论研究的逻辑起点，象征着会计理论的发展水平，同时，它也在会计准则的制定中起着核心的指导作用，使会计准则能够首尾一贯、连续、系统。中外会计准则制定历程充分说明了这点。

根据我国2014年7月颁布的《企业会计准则——基本准则》第四条，会计目标应是"向财务会计报告使用者提供与企业财务状况、经营成果和现金流量等有关的信息，反映企业管理层受托责任履行情况，有助于财务会计报告使用者作出经济决策"。

（二）会计信息使用者

会计信息使用者包括投资者、债权人、政府及企业内部有关部门和社会公众。

1. 投资者和债权人

信息的使用者主要是现存的和潜在的投资者和债权人。一方面，他们的各种决策，以及他们对信息的各种用途，远比其他各组外部使用者更为深入；他们的决策对于资源的分配具有重大的影响。另一方面，他们出于对各自经济利益的考虑，都关注企业的财务状况和经营成果。

2. 政府管理部门

政府管理部门亦属外部信息使用者，投资者、债权人所需信息也是政府管理部门所需信息。政府管理部门是否构成主要的信息使用者取决于一国的政治、经济和法律制度。如果政府对经济干预程度较低，如英美模式，则政府管理部门不构成主要信息使用者；反之，如果一国的政治体制决定了其政府对经济干预的程度较高，则政府管理部门就构成了信息的主要使用者。就我国的情况而言，政府在管理社会，保证良好的经济秩序，防止市场机制失控，优化经济资源配置上起着决定性的作用。政府在制定有效的宏观调控措施时，需要大量的信息，企业所提供的信息是国家制定宏观决策的主要依据。与此同时，我国的上市公司中，国有股和国有法人股占较大比重也决定了国家是财务报告信息的主要使用者。具体地说，国资委、财政、税务、审计部门等是主要信息使用者。

3. 企业内部管理者

会计还应满足企业内部经营管理需要。企业是法人，是自主经营、自负盈亏的商品生产者和经营者。为了实现企业资本的保值与增值以及利润的最大化，加强管理是重要的手段之一。这样，企业的管理当局或责任部门人员、企业的职工代表大会与工会组织、广大的企业职工等，都需要利用财务会计所提供的经济信息进行经营决策、理财决策与投资决策；利用财务会计信息来加强企业内部各部门、各环节的管理与控制；利用财务会计信息来维护广大职工的利益。

4. 社会公众

社会公众通过会计信息，可以了解企业对社会的贡献，包括企业为社会创造的财富，提供的就业机会，对环境的保护等。

（三）会计信息种类

根据上述会计目标，会计主要是提供企业财务状况、经营成果和现金流量等信息。这些信息分别与投资决策、受托责任的评价及税收相关。

1. 与投资决策相关的信息

一般而言，投资者与债权人所需要的是与投资决策相关的信息，即投资者需要的是进行股票去留或购买的决策所需要的相关信息；债权人需要的是进行贷款与否或是收回贷款决策所需要的相关信息。投资者和债权人最为关注的是企业未来现金流量的金额、时间分布和不确定性。就投资者而言，利用上述信息及当期无风险利率，便可通过折现大致估测企业整体价值，这对于投资决策无疑是重要的。而对债权人而言，此类信息无疑对其获知本息的可回收程度，进而作出信贷决策是很重要的。投资决策有用要求所提供的信息必须有预测价值。当然，要进行合理的决策，单单依靠有预测价值的信息是不够的，还必须要了解企业当期的经营业绩、财务状况及其变动，只有将这些信息综合起来，才有可能作出正确的决策。因此，为了满足投资者、债权人的需要，企业需要提供一定时期的经营业绩、财务状况及其变动，以及未来现金流量方面的财务信息。

2. 与受托责任评价相关的信息

在受托责任的评价与决策中，委托者最为关注的是其委托的资产是否实现了有效的增值。如国家作为国有企业财产的所有者，必然关心国有财产的保值和增值情况，这就要求企业的财务会计能够提供资产保值和增值的相关信息。而企业的经营业绩直接说明了资产的保值增值状况。因此，经营业绩对于评价受托责任情况最为有用。对企业经营业绩的客观、正确评价离不开对企业财务状况及其变动情况的了解。因此，与受托责任评价相关的信息是企业经营业绩、财务状况及其变动等信息。

3. 与税收相关的信息

税务部门所需要的是与税收相关的信息，与企业相关的税种主要有所得税、营业税和增值税。关于营业税和增值税的计征，可直接借助于利润表取得，而所得税则需要经过一定的加工计算取得，无法从报表上直接取得。这是因为，财务报表无法同时兼顾所得税计征的信息需求与投资者、债权人的信息需求。在这种情况下，一般财会部门倾向于首先保障投资者和债权人的信息需求。

综上所述，投资者和债权人需要与投资决策相关的信息；资产委托者需要与受托责任评价相关的信息，税务部门需要与税收相关信息。仔细分析不难看出：财务报告信息使用者所需的共同信息是企业的财务状况及其变动、经营业绩及其未来现金流量方面的信息，以及为了更好地理解企业财务状况、经营业绩及其变动而进行解释和说明的其他相关信息，如报表的附注、企业管理部门对这些信息数据的分析、有关经营和财务的预测数据、企业的重大事项、有关管理部门和股东的信息、有关公司的背景信息、董事会报告等。

（四）会计目标与会计环境和会计职能的关系

会计环境决定会计目标，同时会计目标受会计职能的制约。有什么样的会计环境，就会有与之相适应的会计目标；然而会计目标的提出，不能超越会计的职能，而只能在会计职能的范围之内，但会计目标又是会计职能的具体化。随着社会经济的发展，会计环境会发生变化；随着生产力水平的提高、科学技术的进步、管理水平的改进及人们对会计认识的深化，会计的职能也会不断发生变化。会计目标会强烈地感受到社会经济环境和会计职能变化的影响并随之发生变化。但就一定阶段来说，会计环境和会计职能是相对稳定的，因此，会计目标也是相对稳定的。当然，会计目标的发展变化也有助于营造更好的会计环境，促进会计职能的变化和发展。例如，人们在设计会计目标时，向会计提出应满足决策信息的要求，从而促进了会计职能的拓展，形成了会计的经营业绩评价、经济决策及预测的职能。

五、会计的基本假设与会计基础

（一）会计的基本假设

会计的基本假设是企业会计确认、计量、记录和报告的前提，是对会计核算所处时间、空间环境等所作的合理设定。它是会计人员在长期的会计实践中逐步认识和总结后形成的，是进行会计活动的必要前提条件，是企业和有关单位设计和选择会计方法的重要依据。会计的基本假设具有如下一些特征：

第一，客观性。会计假设不是人们凭空杜撰出来的，是在现实社会经济活动中产生的，是对会计工作规律性的总结。一旦其依存的条件发生变化，基本假设也会产生变动。

第二，难以正面证明。凡是假设都不能对它本身作直接的验证。因为它是人们认识最终规律之前提出的一些假设，是会计实务中众所周知的，不需证明的既成事实。

第三，独立性。每一个假设都是独立的命题，不会相互矛盾和冲突。

如果违反这些基本前提的制约条件，会计就不能成为科学系统，不能提供有用信息。由此可见，会计的基本假设有利于会计人员面临变化不定的复杂环境，作出正确判断，运用科学的方法对企业的经营活动进行正确的处理。会计在其产生发展过程中，建立了较为科学的基本假设，这些基本假设主要有：会计主体假设、持续经营假设、会计分期假设和货币计量假设。

1. 会计主体假设

会计主体是指会计活动为之服务的特定单位或组织，它是对会计活动的空间范围所作的限定。

会计主体假设是为了明确会计人员的立场。会计核算应当以某一范围内发生的经济业务为对象，记录和反映该范围内的各项经济活动，并为该范围内的经营管理者提供必要的信息，将本范围内的经济业务与其他范围的经济业务严格地区分开。也就是说会计所反映的只能是某个特定主体本身的经济活动，而不是其他会计主体的经济活动。会计主体应是有能力拥有经济资源，承担经济义务，实行独立核算的特定单位或组织。会计主体可以是法人，如企业或事业单位，也可以是非法人，如合伙经营组织；可以是一个企业，也可以是企业中的内部单位或企业中的一个特定部分，如企业的分公司、企业设立的事业部；可以是单个企业，也可以是几个企业组成的联营公司或企业集团。典型的会计主体是独立核算企业，企业会计是核算企业主体本身的生产经营活动，而不是核算企业的投资者或所有者的经济活动，更不是核算其他企业或其他经济主体的经济活动。

为了正确地认识会计主体，有必要区分会计主体、法律主体和纳税主体。

法律主体一般应是会计主体，但是会计主体并不一定是法律主体。例如，独资和合伙企业所有的财产和债务，应视为所有者个人财产延伸的一部分，独资和合伙企业在业务上的种种行为仍然视为其个人行为，企业的利益与行为和个人的利益与行为是一致的，独资和合伙企业因此而不具备法人资格；但是独资和合伙企业都是会计主体，在会计处理上要把企业的财产活动与所有者个人的财务活动严格区分开。公司制企业既是会计主体，也是法律主体。会计主体进行生产经营活动时，凡是符合税法纳税范围的，该会计主体作为纳税主体；如该会计主体所进行的经济活动不属纳税范围的，则该会计主体不是纳税主体。在多数情况下，会计主体是纳税主体。

2. 持续经营假设

持续经营是指企业在可以预见的将来，如果没有明显的证据，就应认为其不会面临破产和清算，而是持续不断地经营下去。持续经营假设是对会计主体活动的时间范围无限延续所作的限定。

持续经营假设主要是为了解决资产估价、费用分配等会计问题。在持续经营的前提下，企业所拥有的资产将在正常的经营过程中被耗用、售出或转让，所承担的债务将依照正常经营条件下所规定的偿还条件予以清偿。企业应在持续经营前提的基础上，来设计和选择会计处理方法，例如，固定资产应按原始价值入账，固定资产的价值应按其使用年限分期摊入成本；应付账款可按原来的规定条件偿还等。实际上，正是有了持续经营假设，才能认为企业的资产有可能在未来给企业带来收益。然而，在市场经济条件下，竞争随时都可能导致企业的破产。如果有迹象和证据表明一个企业已无法履行其义务，正常的经营活动难以持续，那么持续经营假设将不再成立。这时，就要以清算假设代替持续经营假设，进而采用一些破产会计原则。在清算条件下，固定资产的价值必须按实际变现价值计算，资产价值不能按使用年限分期摊入成本，应付账款等各种负债必须按资产变现后的实际负担能力清偿。可见，只有在持续经营的前提下，会计核算所使用的会计处理方法和程序才能保持稳定和一致。

持续经营假设不但界定了会计核算的时间范围，而且还是会计分期的前提。

3. 会计分期假设

会计分期是指将会计主体持续不断的经营活动划分为若干个相等的期间，分期提供有关财务状况与经营成果的会计信息。它是对会计主体活动的时间范围划分为若干期间的限定。

从理论上讲，一个持续经营的企业，只有等到企业所有的生产经营活动最终结束后，才能通过收入和费用的归集，准确计算出企业的净收益。但是，企业的投资者、债权人、国家财税部门等外部信息使用者需要及时了解企业的财务状况和经营成果，以便作出各种决策；企业内部也需要及时了解这些信息，以便加强经营管理。解决这一矛盾，就需要会计人员把持续不断的企业生产经营过程划分为若干个相等的会计期间来计算利润，反映企业的财务状况和经营成果，提供财务信息。

会计期间通常是一年，称为"会计年度"。会计年度可以与日历年度相一致，也可以不一致。此外，企业还需按季度、按月份编制会计报表，即把季度和月份也作为一种会计期间。我国会计期间的起讫日期采用公历日期。会计期间的划分是一种人为的划分，实际的经济活动周期可能与之一致，也可能不一致，有的经济活动可以持续在多个会计期间，有的经济活动在一个会计期间内可能进行多次。轮船的生产一般都长于一年，而商业企业从购进到出售商品的时间较短，一年可以进行几次周转。同时应该指出，会计期间划分的长短会影响损益的确定，一般来说，会计期间划分得愈长，会计信息的质量愈真实。但是会计期间的划分也不宜过长，否则会影响会计信息使用的及时性。

会计分期假设对于会计核算十分必要，没有这一假设，会计上也就没有收入与费用的配比等概念及相关的处理方法。

4. 货币计量假设

货币计量假设是指会计主体在会计核算过程中以货币作为计量单位，并假设币值不变。它是对会计计量手段和方法的限定。

企业的各项资产、负债、收入、费用等之所以都使用货币这一统一的计量单位，是由货币的职能决定的。在市场经济条件下，货币是商品的一般等价物，是衡量一般商品价值的共同尺度。它具有价值尺度、流通手段、贮藏手段和支付手段的职能。因而，以货币为计量单位，是会计核算的必然选择。

货币计量假设是以货币币值稳定为前提条件的，不具备这个条件，很难充分保证以货币为计量单位进行计量和报告的准确性和可靠性。当币值波动不大或波动时间较短时，可不予考虑，仍应认为币值是稳定的；当币值发生持续的大幅度波动时，按照各国的会计惯例，就需要采用特殊的会计方法，引入物价变动会计。

在我国，人民币是国家法定的货币，一般企业应以人民币作为记账本位币。有外币收支的企业，也可以某种外币作为记账本位币，但这些企业在编制和提供财务报表时，应折合为人民币。对于境外企业，向国内报送会计报表时，也应当折合为人民币。

随着会计环境的变化、科技的发展和网络会计的产生，四大假设将面临严峻的挑战。

（二）会计基础

企业会计的确认、计量、记录和报告应当以权责发生制为基础。权责发生制原则，是指会计核算中应以权利责任的发生来决定收入费用的归属期间。

按照权责发生制，一项收入之所以列入某个时期，是由于在该时期赚得了该收入，因而具有享受该项收入的权利；一项费用之所以分配给某个时期，是由于该时期接受了该项费用提供的服务，因而负有承担该项费用的责任。权责发生制原则要求，凡是当期已经实现的收入和已经发生或应当负担的费用，不论款项是否收付，都应作为当期的收入和费用处理；凡是不属于当期的收入和费用，即使款项已经在当期收付，都不应作为当期的收入和费用处理。

权责发生原则是用以确认收入和费用归属期的原则，其产生的基础是持续经营原则和会计分期原则，只有在会计分期的基础上才需要划分收入费用的归属期。在企业会计核算中遵循权责发生制原则，就能正确合理地确定各个会计期间的收入和费用，进而正确确定各个会计期间的损益。

相对于权责发生制，收付实现制是目前我国行政单位会计所采用的会计基础，它是以收到或支付的现金作为确认收入和费用的依据。事业单位会计除经营业务可以采用权责发生制外，其他业务也采用收付实现制，企业会计统一要求以权责发生制为会计基础。

第三节 会计核算的基本程序和方法

一、会计核算的基本程序

会计核算的基本程序，是指会计数据处理与信息加工的程序。会计要从无数经济数据中辨认出含有会计信息的数据，使之能进入会计信息系统，通过加工处理，转换成有用的信息，再输送给会计信息的使用者。简而言之，会计核算的基本程序为：确认、计量、记录和报告。

（一）会计确认

会计确认，是指根据一定的标准，辨别哪些数据能否及何时进入会计信息系统并如何进行报告的过程。这是属于会计确认的广义概念，它几乎包括了辨认、计量、记录和报告的全过程。狭义的会计确认概念仅指记录和报告过程中的确认，即是否记录、何时记录、当作哪一项要素来记录；应否计入财务报表，何时计入报表，当作哪一项要素来报告。

关于确认所涉及的应否记录及当作哪一项要素记录的问题，可根据会计六要素，即资产、负债、所有者权益、收入、费用、利润的定义来判断，凡可以具体化为六要素的，并符合它的定义和特性的，都可进入会计信息系统，这也是确认能否进入会计信息系统的最基本的标准。

至于确认何时能进入会计信息系统，即时间标准问题，有两种基础可供选择：

（1）收付实现制：一切要素的确认，尤其对于收入和费用的确认，均以现金流入或现金流出的时间为标准。

（2）权责发生制：一切要素的确认，尤其对于收入和费用的确认，均以权利已形成或义务（责任）已发生为基础。

之所以会产生以上两种处理方法，是因为经济业务发生的时间与相应的现金收支行为的发生时间常常不一致，从而发生一些应收未收，应付未付的经济事项，这时就产生收入与费用的确认是以现金的流入流出为标准，还是以权利和义务的形成和发生为标准。企业的会计确认一般都选择权责发生制作为时间确认的基础。

（二）会计计量

会计计量主要解决会计的计量尺度及计量属性这两方面的问题。

1. 会计计量尺度

在前述的会计定义与会计假设中，均提到了会计是以货币为计量单位来反映企业及其他单位的经济活动。由此可知，货币是会计计量尺度。由于经济活动的复杂性，实物度量单位已无法对企业形形色色的经济活动进行连续、系统、全面和综合的反映，货币作为商品价值尺度的必然表现，就必须取代实物度量单位。

2. 会计计量属性

会计计量属性，是指会计要素可用财务形式定量化的方面，即能用货币单位计量的方面。会计要素同样可以从多个方面予以货币计量，从而有不同的计量属性。因此，伴随着资本运动所引起的会计要素变化（尤其是资产），可以分别从不同的角度和方面来进行计量。例如，某一设备，它既可以按最初取得的实际价格（历史成本）进行计价，也可以按现在取得该设备的重置成本（即现行成本）计价，还可以按现在出售它的售价计价。按照 2014 年 7 月修订的《企业会计准则——基本准则》规定，会计计量属性主要包括：历史成本、重置成本、可变现净值、现值、公允价值等计量属性。

（三）会计记录

记录是指运用预先设计的账户（会计要素的再分类与具体化）和有关文字及金额，对资本运动过程中经过确认而可以进入会计信息系统处理的每项数据，按复式记账的要求，在账簿上加以登记的过程。它是会计核算中的一个重要环节，形成会计核算的一个子系统——复式簿记系统。通过会计的记录，既对资本的运动进行详细的描述与量化，又对数据进行分类、汇总及加工。只有经过这一程序，会计才能生成有助于经济决策的财务信息。

（四）会计报告

会计报告是指把会计所形成的财务信息传递给信息使用者的手段。通过记录生成的信息量又大又分散，不易系统地理解与掌握，还必须进一步地被提炼和概括，使其成为财务指标体系，从而便于信息使用者的使用。因此，会计形成了编制财务报表这一专门方法。报表不是把复式簿记所形成的资料重新罗列一次，而是对账簿资料的再加工，这也就存在着哪些数据应进入报表及如何进入报表的问题，这是另一意义上的确认，有人称之为第二次确认。

二、会计核算方法

会计核算方法，是指对会计对象进行连续、系统、完整的记录、计算、反映所应用的方法。会计是一个经济信息系统，其目的是提供有助于经济决策的财务信息和其他经济信息。会计核算方法，是用来实现会计目的、发挥会计职能的不可缺少的重要手段。可以说，没有会计核算方法，会计就无法提供财务信息，会计也就不复存在。

会计核算方法主要有：设置账户、复式记账、填制与审核凭证、登记账簿、成本计算、财产清查、编制财务报表等。这些方法，互相配合，互相渗透，形成一个完整的会计核算方法体系。

（一）设置账户

设置账户，是指对会计对象的具体内容进行分类反映的一种方法，企业经济活动纷繁复杂，设置了账户，就可以进行分类记录和归纳反映各类经济业务所引起的资产、负债、所有者权益以及收入、费用和利润的增减变动，以便提供各种不同性质的会计信息。正确地设置账户，对于填制凭证、登记账簿和编制报表均具有十分重要的意义。

（二）复式记账

复式记账，是指对每项经济业务在相互联系的两个或两个以上有关账户中同时进行登记的一种方法。

采用复式记账，可以在两个或两个以上账户中相互联系地反映经济业务的来龙去脉，例如，用银行存款购买材料，这一经济业务的发生，一方面使得企业材料增加，另一方面引起银行存款的减少。这一经济业务需要在两个账户上登记，这两个账户就产生了对应关系，这种对应关系有利于了解经济业务的内容和核查账簿记录的正确性，并通过账户记录的发生额和余额进行试算平衡工作，为期末编制财务报表提供正确数据。

(三) 填制与审核凭证

填制和审核凭证，是指采用具有一定格式的书面证明文件记录经济业务、明确经济责任，并经审核无误后据以登记账簿的一种方法。会计凭证是用来记录经济业务、明确经济责任的书面证明，是登记账簿的依据。填制和审核凭证有利于保证会计记录的完整、可靠以及经济业务的合理、合法，为账簿记录提供真实可靠的原始数据，保证会计核算的质量。对于任何一项经济业务，都要由经办人员取得或填制凭证，所有凭证都要经过会计部门和有关部门的审核，只有经过审核无误的凭证，才能作为记账的依据。

(四) 登记账簿

登记账簿，是指在账簿上连续、系统、全面、科学地记录与反映各项经济业务的一种方法。登记账簿必须以凭证为依据，按照规定的会计科目，在账簿中序时地或分门别类地登记，并定期进行结账和对账，做到账证相符、账账相符、账实相符，以便提供编制财务报表所需的各种资料。

(五) 成本计算

成本计算，是指企业在供、产、销各阶段发生的各种费用按一定的对象进行归集和分配，借以计算和确定各成本计算对象的总成本和单位成本的一种方法。

在工业企业生产经营过程的每个阶段，都要用到成本计算这一专门方法，如材料采购成本的计算、产品制造成本的计算、产品销售成本的计算等。通过成本计算，可以反映生产经营过程中所发生的各项费用是否节约；通过产品成本计算，可以为编制财务计划和制定产品价格提供依据；通过产品成本计算，可以正确地确认资金耗费的补偿价值，保证企业再生产过程的顺利进行。因此，正确进行成本计算，具有重要意义。

(六) 财产清查

财产清查，是指通过定期或不定期的盘点实物、核对往来款项，以查明财产和资金的实有数额，并及时调整账簿记录，保证账实相符的一种方法。

在会计核算工作中，由于自然的和人为的各种原因，如损耗、盗窃、散失、灾害、错记等，使账面资料与实际情况发生差异，为了保证会计记录的正确性，保护企业财产不受损失，必须定期或不定期地进行财产清查。在清查中发现账实不符情况，应查明原因，明确责任，根据问题的不同性质作出账务处理，以保证日常核算资料的真实性和正确性。通过财产清查，还可以加强财产管理，充分挖掘物资潜力，加速资金周转。

(七) 编制财务报表

编制财务报表，是指采用一定的表格形式，定期总括地反映企业财务状况、经营成果和现金流量等的一种方法。

财务报表的编制主要是以账簿记录为依据，经过加工整理而形成的一套比较完整的指标体系。财务报表所提供的信息，不仅是企业内部管理人员全面了解和检查计划完成情况，评定工作成绩，发现存在问题，从而改进经营管理，挖掘内部潜力的重要依据；也是外部有关单位和人员进行经济决策及企业受托责任解除的重要依据。因此，编制财务报表是发挥会计职能作用、实现会计目标所必不可少的一种专门方法。

上述会计核算的各种专门方法相互联系、相互依存，构成了一个完整的方法体系。在会计实务中，必须将这些方法密切配合，综合运用。这些方法之间的基本关系是：对于日常发生的经济业务，要填制和审核凭证；按照规定的会计科目对经济业务进行分类，并应用复式记账法记入有关账簿；对于生产经营过程中发生的各项费用，应当进行成本计算；对账簿记录，要定期或不定期通过财产清查加以核对；在保证账实相符的基础上，根据账簿记录，编制财务报表。其中，填制与审核凭证是开始环节，登记账簿是中间环节，编制财务报表是最终环节，统称会计实务工作三环节。会计核算七大方法的相互关系如图1-2所示。

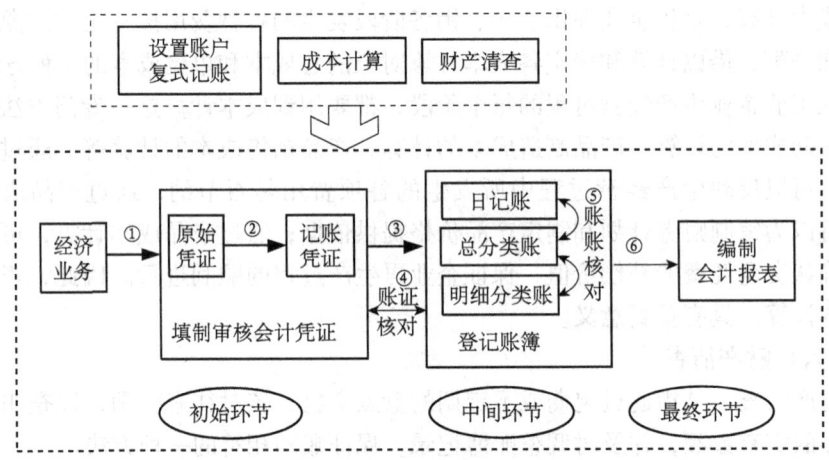

图1-2 会计核算方法关系

第四节 会计学及其分支

一、会计学

会计学是一门研究和揭示会计发展规律的科学，是人们从事会计实践活动的经验总结。它以马克思主义的辩证唯物论和政治经济学为指导，充分运用经济学、管理学、数学以及信息论、系统论、控制论的理论和方法，不断完善和发展起来的一门兼有管理学和应用经济学特点的科学。

会计学的研究内容涉及会计的一切方面，如会计的历史、本质、属性、目标、对象、职能、程序、方法、组织、制度和原则等。但其研究的重点则是会计信息系统的程序方法、技术和由此生成的会计信息。

会计学来自会计实践，它既是对会计实践经验总结和概括，又是对会计实践的服务和指导，并受到会计实践的检验，不断在实践中得到拓展和完善。

二、会计学分支

（一）按研究内容不同划分

会计学按研究内容的不同可划分为：会计学原理、财务会计、成本会计、管理会计、审计学。

1. 会计学原理

会计学原理阐述会计的基本理论、基本技术和基本方法。它研究会计的定义、对象、职能等基本概念，研究会计恒等式、复式记账、会计凭证、账簿和财务报表，初步研究资产、负债、所有者权益、收入、费用及利润的确认、计量、记录和报告。而这些均是各门会计学分支的共性问题，因此，它是进一步学习其他会计学分支的基础和指南。

2. 财务会计

财务会计阐述会计要素处理的基本理论和方法。它主要包括流动资产、长期投资、固定资产、无形资产、递延资产和其他资产会计，流动负债和长期负债会计，所有者权益会计，收入、费用及利润确定和分配会计等。它受企业会计准则的指导。

3. 成本会计

成本会计阐述成本预测、计划、控制、核算、分析、考核和决策的基本理论和方法，为企业经营管理决策提供所需要的各种成本信息。它主要包括实际成本计算，成本预测和决策的方法，成本计划的编制，成本分析和成本控制，目标成本的确定等。

4. 管理会计

管理会计阐述为提高经济效益，利用财务会计资料和其他资料，评价过去、控制现在、规划未来的基本理论和方法。它主要包括经营决策，投资决策，预算与控制、责任会计等。

5. 审计学

审计学主要阐述注册会计师审查，评价企业经营活动及其财务报告并出具审计报告的基本理论和方法。

（二）按主体不同划分

按会计主体的不同，会计学可划分为宏观会计学和微观会计学。

1. 宏观会计学

宏观会计学是以整个社会经济活动为核算范围，如社会会计，将整个社会或者国家作为会计核算的主体，设立社会账户，并运用借贷记账法和账户之间的关系，反映整个社会或国家的经济活动。西方国家认为国民经济核算体系就是社会会计。

2. 微观会计学

微观会计学则以微观企业为核算主体。

（三）按会计目的不同划分

按会计所反映的活动目的不同，可划分为营利组织会计与非营利组织会计。

1. 营利组织会计

营利组织会计即为企业会计。

2. 非营利组织会计

非营利组织会计则是提供资产、负债、基金或者净资产、收入、支出及结余方面信息的会计，以便为资财提供者（政府和捐赠者）考核组织是否按要求运作、管理和处置资财提供相关信息的会计。因为不以营利为目的，资财提供者不能获得财务上的好处，会计也就不反映所有者权益，而只反映资产减负债的差额。

营利组织与非营利组织的概念不是按照某个单位组织活动的结果，而是按照其活动的目的划分的。所以非营利组织是指不以营利为目的的单位组织，而营利组织是指以营利为目的的企业。营利两个字不能写作"盈利"，因为盈利是指单位组织的总收入大于总支出的差额，它反映的是活动的结果而不是目的。以某个单位组织活动的目的而不是结果来划分营利组织和非营利组织，是研究非营利组织会计理论的根本出发点。

【本章小结】

会计的产生与发展的历史充分说明了：有什么样的会计环境，就有什么样的会计思想、会计法制、会计理论和方法，特定历史阶段的会计一定是该阶段会计环境的产物。会计环境因素包括社会经济水平、科学技术水平、文化与教育水平以及政治与经济制度状况。

由于人们对会计本质的不同认识，存在着从多种不同角度对会计的多种定义，主要包括管理工具论、艺术论、管理活动论和信息系统论。会计的特点主要有：以货币为主要计量单位、以凭证为基本依据和以提供连续、系统、完整的财务信息为己任。总的来说，会计对象就是再生产过程中的资金运动。具体内容包括静态资金运动状况下的资金占用（资产）、资金来源（负债和所有者权益）；动态资金运动状况下的收入、费用、利润等方面的信息。这六个方面构成了六大会计要素。会计的职能是指会计本身所固有的、内在的本质功能，包括反映、控制、评价、预测、参与决策等，其中反映与控制构成了会计的基本职能。会计目标是会计信息使用者期望财务报告所提供的信息应达到的境地。我国的会计目标是"向财务报告使用者提供与企业财务状况、经营成果和现金流量等有关的信息，反映企业管理层受托责任履行情况，有助于财务会计报告使用者作出经济决策"。财务会计报告信息使用者包括投资者、债权人、政府及其有关部门和社会公众。会计目标、会计环境和会计职能之间的关系是：会计环境决定会计目标，同时会计目标的提出受会计职能的制约。会计目标会随着会计环境的变化和会计职能的发展发生相应的变化，但一定时期内的会计目标是相对稳定的。会计的基本假设是企业会计确认、计量、记录和报告的前提，是对会计核算所处时间、空间环境等所作的合理设定，它具有客观性、难以正面证明、独立性的特点。会计主要有四大假设：会计主体假设、持续经营假设、会计分期假设和货币计量假设。权责发生制是会计核算的基础。

会计核算的基本程序为确认、计量、记录和报告。会计核算方法主要有设置账户、复式记账、填制与审核凭证、登记账簿、成本计算、财产清查、编制报表。

总之，会计学是一门研究和揭示会计发展规律的科学，是人们从事会计实践活动的经验总结，是一门兼有管理学和应用经济学特点的学科。按研究内容的不同，会计学可划分为会计学原理、财务会计、成本会计、管理会计和审计学；按主体不同，会计学可划分为宏观会计学、微观会计学；按会计反映目的不同，可划分为营利组织会计和非营利组织会计。

【知识拓展】

会计本质之争

本质就是事物的根本性质，是由事物内部特殊矛盾所决定的一事物区别于它事物的根本属性。

关于会计本质问题的探讨引发了20世纪80年代会计学术界的大争论，产生了"艺术论""管理工具论""信息系统论""管理活动论""控制论"等多种观点。

1. 艺术论

持"艺术论"观点者认为，会计是一种记录、分类和总结企业的交易并报告和解释的艺术，它强调会计人员的专业知识和技能。1941年美国会计师协会所属会计名词委员会的《会计名词公报》第1号《复查与提要》（Review and Resume）对会计所下的定义是："会计是一种艺术（Art），是关于诚实有效和以货币形式记录、分类、汇总具有财务性质的经济业务和会计事项，以及说明其经营成果的艺术。"其后该委员会又在1953年8月发布的第43号《会计研究公报》中重申："会计是一种艺术，旨在将具有或至少部分具有财务特征的交易事项，以有意义的方式且以货币来表示，予以记录、分类及汇总并解释由此产生的结果。"公报对上述定义中涉及的"艺术"一词作了解释："艺术有一部分是科学。但艺术还包括加到科学上的艺术家的技巧和经验。对会计来说，定义强调的是会计人员运用其知识，以解决特定问题的那种创造性的技巧与能力。"

2. 管理工具论

管理工具论认为，会计是反映和监督生产的一种方法，是管理经济的一种工具。明确提出会计就是一种管理工具的是苏联的会计学者马卡洛夫，他在《会计核算原理》中写道："会计核算是在完成国民经济计划的各个部门中反映和监督经济活动的方法。在社会主义经济中，会计核算是对国民经济统一体系的各个环节的活动进行监督和领导的最重要工具。"

这种观点在我国20世纪50~80年代比较流行。在50年代，一些会计核算原理教材指出，会计核算是经济核算的一种，是反映经济过程中各个经济事实或经济现象的一种工具。在60年代出版的会计学原理教材则提出，会计是用来反映经济过程，进行观察、计量、登记和分析的方法。持这种观点的人认为，不能把会计和会计工作混为一谈，会计是从事会计活动的手段，它是一个独立的方法体系。这个方法体系是人们长期从事会计实践的经验总结，把它用于会计实践，才表现为会计工作。并认为会计这种独立的方法体系，主要是用来提供微观经济信息的，或者说主要是执行反映职能的。既然会计是一种技术方法，那么它本身就不可能有管理职能，而只是服务于管理的工具或手段。

3. 信息系统论

以葛家澍教授为代表的"信息系统论"学派认为，"会计是旨在提高企业和各单位活动的经济效益，加强经济管理而建立的一个以提供财务信息为主的经济信息系统。它在企业和各单位范围内，主要用于处理价值运动（在社会主义条件下为资金运动）所形成的数据并产生与此有关的信息，起反映的职能；上述数据与信息的进一步利用，又能起监督、预测、规划和分析评价等控制职能。会计的上述两项基本职能，都有助于进行正确的经济决策和财务决策。"

裘宗舜认为"会计是为了提高经济效益，充当国民经济管理或生产经营管理的工具，运用其专门方法而形成的财务、成本信息系统，属于经济信息系统。"主要理由是：（1）按照法约尔的观点，管理和会计都是经营的六种职能活动（技术、商业、财务、安全、会计和管理）之一，会计是有别于管理的另一种活动或职能。（2）经济信息系统在管理对象与管理者之间起中介作用。经济管理系统和经济信息系统是两个系统，但它们之间存在着对应同构关系。会计属于经济信息系统，是经济信息系统的子系统——财务、成本信息系统。（3）会计的对象是国民经济或生产经营过程中能运用货币单位来表达的这部分活动或运动，即价值运动。会计具有反馈控制、前馈控制和防护性控制功能。会计不是执行系统，更不是决策中心，它主要属于反馈系统。（4）协助管理部门控制企业组织，是会计信息系统的一项主要职能。会计以其持有会计信息和知识参与决策、影响决策，与决策有紧密的相关性。

4. 管理活动论

以杨纪琬教授为代表的"管理活动论"学派主张把会计看成是人们管理生产过程的一种社会活动，从原始阶段"单式记账"下简单的计量、核查、比较，到工业革命后"复式记账阶段"下反映和监督，再到今天，"计算机会计"时代的预测、计划、决策、控制、分析，会计无不体现它的管理本质。并认为，"无论从历史还是现实看，会计工作都是一种管理工作，会计工作中属于信息处理的内容，也是伴随着对会计信息反映的经济业务进行不同程度的管理活动而进行的，如记账工作就和审核工作结合在一起，算账工作则和分析评价活动同时展开。因此从严格意义说，处理会计数据和加工会计信息本身也是一种管理工作。""管理活动论"将会计提高到与管理科学同等重要的地位。

5. 控制论

持"控制论"观点者认为，会计是人类为实现对社会经济的控制所进行的一项基本活动。杨时展教授认为，"现代会计是一个以货币量度，按公认标准来计量、控制、认定受托责任的完成情况，以便决策的控制系统。"控制系统与信息系统的不同之处在于：第一，信息系统要解决的是：主体对客体的不定性的认识问题；而控制系统要解决的却是主体对客体的保证问题。在这里，客体利润是通过计划明白知晓的，控制系统的作用在于保证这个已知利润按原计划所定之数实现。第二，信息系统要解决的，只是失真的问题；而控制系统除了要解决失真的问题，还要解决客观真实符合主观意愿的问题。郭道扬教授认为：在不同的历史阶段，由于受社会经济和科学技术发展水平的制约，会计控制的作用范围及其深度、完成会计控制所采用的手段、方法，以及人们对会计控制在管理国家经济与私人经济中的地位与作用的认识都是不相同的。会计控制系统与科技控制系统、经济控制系统均处于非平衡状态的开放性系统,在这三大系统中始终存在着信息的相互交流与交换,并通过它们的相互作用产生出一种综合控制力量,也正是这种综合性控制力量控制着人类经济的航向,永久性地推动着世界经济的发展。

在上述关于会计本质的大讨论中,"信息系统论"与"管理活动论"成为主流观点,并日趋融合。持"信息系统论"观点者将会计定义为:会计是旨在提高企业和各单位活动的经济效益,加强经济管理而建立的一个以提供财务信息为主的经济信息系统。持"管理活动论"观点者认为:会计对象以会计作为一项管理活动为前提,其核算与监督的对象是企业单位中的价值运动,即资金运动。会计作为一个以提供财务信息为主的信息系统,需要加工数据形成信息。会计处理的对象来源于资金运动,加工生成的信息又作用于资金运动。

参考文献:

[1] 杨纪琬、阎达五:"论'会计管理'",《经济理论与经济管理》,1982年第4期。

[2] 葛家澍、唐予华:"关于会计定义的探讨",《会计研究》,1983年第4期。

[3] 裘宗舜、吴茂:"会计本质的探索",《江西财经学院学报》,1986年第5期。

[4] 郭道扬:"会计控制论(上)",《财会通讯》,1989年第7期。

[5] 郭道扬:"会计控制论(下)",《财会通讯》,1989年第8期。

[6] 杨时展:"现代会计的特质(上)",《财会通讯》,1991年第2期。

[7] 杨时展:"现代会计的特质(下)",《财会通讯》,1991年第3期。

【本章思考题】

1. 影响会计的环境因素有哪些?
2. 标志着近代会计发展的重要里程碑是什么?
3. 从会计产生与发展史中,你可以得出什么结论?
4. 会计有哪些特点?
5. 试述会计对象的内容。
6. 何谓会计职能?试述其作用。
7. 会计有哪几大假设?简述其主要内容。
8. 如何理解会计目标?
9. 会计核算的基本程序有哪些?
10. 会计的基本要素有哪些?它们之间的关系怎样?
11. 什么是会计的基本方法,试述它们之间的关系?

第二章 账户设置与借贷记账法

【引入案例】

小张和小李开了一家服装店。但是这两个人没有学过会计,也不知道如何记账。当月,该服装点涉及的交易如下:

(1) 收到商品的订单,当货物发出后将收到2 000元。
(2) 发出一份商品订单,订购价值1 200元的商品。
(3) 将货物运给顾客并收到2 000元现金。
(4) 收到所定的货物并支付1 200元现金。
(5) 用现金支付银行800元利息。
(6) 赊购12 000元的设备。

小张和小李两人不知道该服装店的资产是否增值?当月是否盈利?你学完本章内容,能给小张和小李进行解答吗?

【学习目的与要求】

1. 了解经济实体资金的运转方式及各个经济要素之间的关系。
2. 了解会计要素的概念及内容以及会计恒等式的内容运转方式。
3. 了解记账规则和会计分录的基本概念。
4. 明确经济业务发生后对会计恒等式中各会计要素的影响及变化规律。
5. 掌握会计科目的作用及科目内容,会计科目与账户的区别与联系、掌握设置账户的必要性和基本结构。
6. 重点掌握借贷记账方法的记账符号、账户结构、记账规则、会计分录及试算平衡。

第一节 会计要素及其平衡关系

一、会计要素

（一）会计对象与会计要素的关系

任何一个经济实体的经济行为都体现为资金的运动，会计核算就是用资金流动来反映经济行为的实现。在所有的经济实体中企业资金运动体现了实体产品的材料构成，产品制造和产品销售，经济活动过程最具有代表性。会计基本核算方法以企业核算来实现，以下我们通过对企业资金运动来反映会计核算过程。会计对象是企业资金及其运动，企业会计核算是针对企业经济活动进行反映和监督的专业方法，企业经济活动涉及企业经济资源变化的全过程，因此，会计反映和监督的是资金运动的变化过程。为了系统、全面地反映和监督企业的经济活动，有必要将会计对象进行归类，分类出代表一定意义的项目，这就是会计要素。会计要素是对会计对象进行的基本分类，是会计核算对象的具体化。企业会计是通过对会计要素进行反映和监督来实现企业资金运动过程的控制，同时，用一定的方法将会计要素进行计算、整理，构筑了财务报表的基本框架，由此，会计要素又称为会计报表因素。

表面上看，企业资金运动变化多端，但实际上从形成与变化上理解，都是从静态和动态两方面反映经济资源的状况和变化情况。会计核算就是针对经济资源状况和变化来反映资金运动，反映经济资源状况及变化的因素有六个，会计核算上称为会计要素。其中反映经济资源状况的有三个要素，即资产、负债和所有者权益，这是反映企业财务状况的要素，也是组成资产负债表的基本要素，是一种经济资源的静态表现形式；反映经济资源变动的有三个要素，即收入、费用和利润。这是反映企业经营成果形成的要素，也是组成利润表的基本要素，是一种经济资源的动态表现形式。所以我们将资产、负债、所有者权益、收入、费用和利润等称之为会计六要素，其中资产、负债、所有者权益称之为资产负债表要素；收入、费用和利润称之为利润表要素。会计核算工作就是通过对会计要素的确认、计量、记录和报告实现的。

（二）会计要素的内容

1. 资产：企业生存与发展的定海神针

（1）资产的概念与特征。

经济实体离不开资金，经济实体的经济活动说到底是资金运动，企业的资金在会计核算具体运用上表现资产状态,是企业不可或缺的经济资源,是企业生存与发展的定海神针。资产是指企业过去交易活动或经济事项中形成的、由企业拥有或控制的、预期将给企业带来未来经济效益或效用的经济资源。一项经济资源能否确认为资产,需要符合资产的定义,并同时满足以下两个条件:该经济资源有关的经济利益很可能流入企业;该经济资源的成本或价值能够可靠地计量。所以,资产具有以下几项特征:

第一,资产是企业生存和发展的经济资源。资产是企业生存和发展不可或缺的经济资源,是能够影响企业经济活动的经济支柱。资产的经济资源属性缘于其价值属性,没有价值的东西不能成为资产,如口头承诺、虚假合同等。无论是实物形式还是虚拟存在,都将影响企业的生存与发展。

第二,资产是企业过去的交易活动或经济事项中形成的经济资源。资产形成是一种历史形态,是经过过去的交易活动或经济事项中购买、生产、建造行为或其他形式取得的经济资源。预期的、未来发生的交易或事项不能形成企业资产。如某企业计划在 8 月份购买一批原材料,5 月份与销售方签订了购买合同但没有支付任何款项,由于没有资金运动,那么企业 5 月份就不能将该批材料确认为资产,该项交易在 8 月份发生资金支付后才能确认资产。

第三,资产是为企业所拥有或控制的经济资源。资产的确认是对所有权归属的确认,资产作为一项经济资源必须为企业所拥有或者控制。拥有是指企业取得某项经济资源的所有权;控制是指虽然不享有该项资源的所有权,但该项经济资源能被企业所控制。如某企业的加工车间有甲、乙两台设备。甲设备系从外地企业购入,乙设备系从本地企业以经营租入方式获得,两台设备都在使用。那么企业对甲设备拥有所有权能够确认为资产,对乙设备既没有所有权也没有控制权,因而不能确认为企业的资产。

第四,资产能够给企业带来预期的经济效益或效用的经济资源。企业资金运动必然造成资金的增减变化,拥有的资产只有在未来的经济活动中为企业带来经济效益,直接或者间接导致经济利益流入企业;或为企业使用,为企业创造效用。如受托加工物资是委托方的资产,不能作为受托方资产;盘亏、毁损的材料不能产生未来经济利益或为企业使用,因此应该从企业资产中注销。

(2) 资产的种类。

企业的资产按其流动性可以划分为流动资产和非流动资产。通常在一年内或在超过一年的一个营业周期内变现或耗用的资产为流动资产;通常在一年以上或在超过一年的一个营业周期以上才能变现或耗用的资产称为非流动资产。流动资产与非流动资产具体内容,如图 2-1 所示。

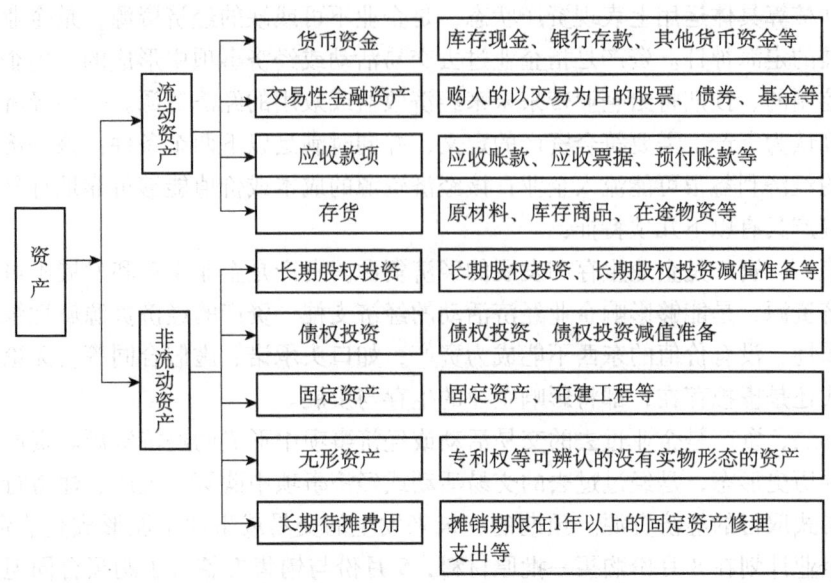

图 2-1 资产的分类

2. 负债：企业做大做强的催化剂

（1）负债的概念与特征。

做大做强是每一个企业的终极梦想，无论企业资产实力多么雄厚，资金总是有限的。企业要做大做强就必须借助外部力量，因此企业向外举借一定金额的外债，就成为企业发展的催化剂，企业举债就是负债。负债是指交易活动或经济事项中形成的，企业必须承担的，将来需通过资产或劳务来偿还的现时经济义务。负债的确认必须满足两个条件：一是与该经济义务有关的经济利益可能流出企业；二是未来流出的经济利益的金额能够可靠地计量。所以，负债具有以下几项特征：

第一，负债是企业的现时经济义务。经济义务是指企业已经承诺的法定义务，债务可以通过具有约束力的合同或者契约来确认，如应付账款、银行借款等；也可以通过法律法规规定的形式形成，如企业按照税法规定应缴纳的税款的义务；还可以通过企业与其他法定关系者依据约定责任形成的经济义务，如应该支付给员工的工资薪酬与福利。

第二，负债是企业过去交易活动或经济事项中形成的。负债是指企业在现行条件下已经发生的经济义务，未来发生的交易活动或经济事项形成的义务不属于现时义务。这种义务的确认必须具有一定的法律依据和程序，形成已经发生的经济联系和责任，具有历史时效性。

第三，负债是企业必须承担的经济义务。负债是经过确认的历史法定关系形成的现行条件下的经济义务，企业必须承认和负担。一般来说，企业已经形成的债务必须无条件履行,如果发生变更必须由当事人双方按法定程序协商解决。

第四,负债是将来需通过资产或劳务来偿还的经济义务。负债在未来必然导致经济利益流出,导致经济利益流出的形式很多,如用现金偿还、以实物资产偿还、以提供劳务偿还、以部分转移资产部分提供劳务形式偿还。

(2)负债的种类。

负债按流动性分为流动负债和非流动负债。流动负债是指将在一年内或者超过一年的一个营业周期内偿还的短期债务;非流动负债是指偿还期在一年以上或者超过一年的一个营业周期以上的长期债务。流动负债和非流动负债包括很多项目,具体如图2-2所示。

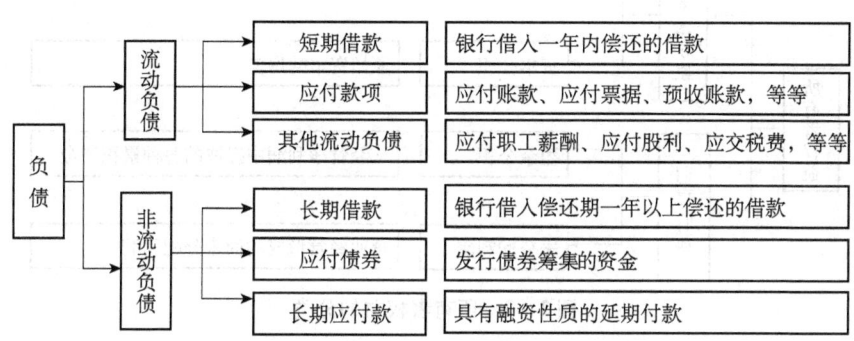

图2-2 负债的分类

3. 所有者权益:企业走上台面的原动力

(1)所有者权益的概念与特征。

每一个经济实体的确立都必须有一定的启动资金,这部分资金首先是由股东投资形成的,这就是经济理论上资本,也是企业股东投资的最初资本,企业走上台面的原动力。企业走向市场和壮大是靠资金来支撑的,企业股东投资是由一定结构的资本组成。首先来源于股东投资,因此,企业的经济利益是由拥有股份的投资者享有的,这就是所有者权益。所有者权益是指所有者在企业资产中享有的经济权益,是企业全部资产扣除全部负债后由所有者享有的剩余权益,又称为股东权益。所有者权益是企业投资者对企业资产的剩余索取权,表明企业归谁所有。由于所有者权益是资产的剩余索取权,所以企业在清算时,资产要优先清偿债务,剩余权益才分配给投资者。但企业投资者在利用资金获得收益的同时也要承担因为风险可能造成的损失,因此权益会发生增减。

所有者权益与负债构成企业全部资产的资金来源,都对企业资产拥有要求权。相对于负债而言,所有者权益具有以下三方面特征:

第一,所有者权益是一种剩余权益。它是在保证资产偿还债权人权益之后的一种剩余权益,因此,又称净资产。

第二,所有者权益是一种永久权益。除非企业发生损失减资、破产清算或自然灾害毁损等,没有股东协商同意,企业不需要偿还所有者权益。

第三,所有者权益是一种无限权益。投资者能够参与利润的分配,凭借在企业所占份额享有利益分配权,上不封顶,下不保底。

(2) 所有者权益的种类。

按照所有者权益的形成途径不同分为原始资本积累和留存收益。原始资本积累是指投资者投入的原始资本及其增值;留存收益是指经营者通过经营过程产生的净收益的积累。具体组成如图2-3所示。

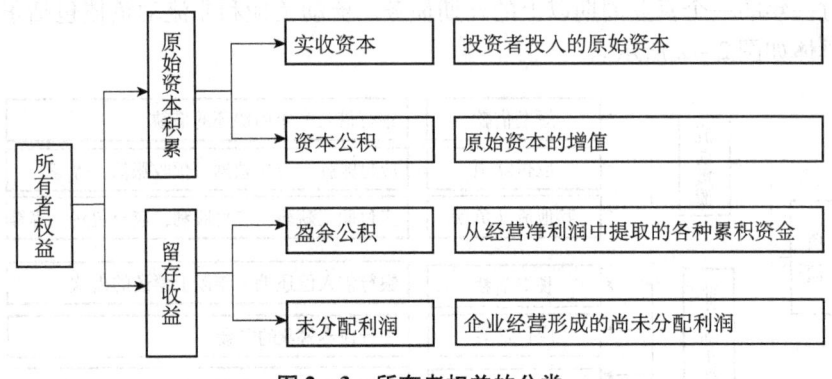

图2-3 所有者权益的分类

4. 收入:企业稳定盈利的不竭源泉

(1) 收入的概念与特征。

企业要维持正常运转必须拥有一定的收入渠道,企业要获得经营利润必须拥有大量的收入来源,保证企业稳定盈利的不竭源泉是源源不断的收入。收入是指企业在日常活动中形成的、会导致所有者权益增加的、与所有者投入无关的经济利益的总流入。

收入确认是收入核算的关键,而收入确认必须满足以下条件:一是合同各方已批准该合同并承诺将履行各自义务;二是该合同明确了合同各方与所转让商品或提供劳务(以下简称"转让商品")相关的权利和义务;三是该合同有明确的与所转让商品相关的支付条款;四是该合同具有商业实质,即履行该合同将改变企业未来现金流量的风险、时间分布或金额;五是企业因向客户转让商品而有权取得的对价很可能收回。因此,收入具有以下四方面特征:

第一,收入是企业在日常经济活动中形成的。日常活动是指企业为实现其经营目标而从事的经常性活动以及与之相关的交易活动。也就是说如果不是日常活动所形成的经济利益的流入则不能确认为收入,这部分经济利益只能确认为利得(营业外收入)。如企业出售房产形成的净收益,应当作为利得予以确认,而不能计入正常的营业收入。

第二,收入会导致所有者权益的增加。企业收入是实实在在的经济利益的流入,会增加企业利润,而利润又是构成企业所有者权益的留存收益的基础;同时,收入的形成总是伴随着资产的增加或负债的减少,或两者兼而有之,因此,收入直接导致所有者权益的增加。

第三,收入是与所有者投入无关的经济利益的总流入。企业经济利益流入包括两个方面:一是投资者投入资本的增加;二是经营过程中的经营收益流入。收入就表现为除所有者投入资本以外的其他经济利益的流入。

第四,作为合同收入的一部分,企业应当在履行了合同中的履约义务,即在客户取得相关商品控制权时确认收入。

(2) 收入的种类。

企业收入的来源渠道多种多样,不同收入来源特征有所不同,其收入确认条件也往往存在差别,如销售商品、提供劳务、让渡资产使用权等。具体组成如图2-4所示。

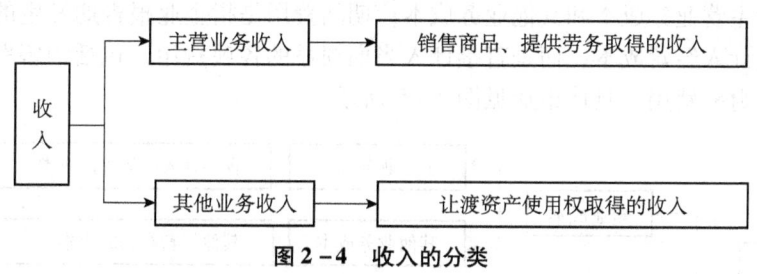

图2-4 收入的分类

5. 费用:不能不发生和不得不控制的消耗

(1) 费用的概念与特征。

收入与费用是相辅相成的,取得收入就要发生一定数量的费用。费用是指企业为了实现经营目标在日常生产经营过程中发生的资源消耗。从广义上来讲,消耗是指一切损耗,包括经营性与非经营性的消耗。经营性的损耗一般指经营过程中的经营费用与成本消耗;非经营性的损耗一般指与企业经营活动没有直接关联的消耗,如自然灾害损失、不可抗力形成的损失等。从狭义上讲,费用是指与生产经营有直接关联的消耗。企业通常将费用认定为狭义上消耗。

费用的确认必须满足以下条件:与费用相关的经济利益很可能流出企业;导致资产的减少或负债的增加;经济利益流出的金额能够可靠地计量。因此,费用具有以下特征:

第一,费用是日常活动中所形成的消耗。企业费用界定为日常活动所形成的,主要是为了区分费用与损失。只有为实现其经营目标而从事的经常性活动以及与之相关的交易活动发生的消耗才可以认定为费用;不是日常活动而是偶然发生的经济利益的流出不能作为费用确认,一般作为当期损失直接在经营利润中反映。如处置固定资产发生净损失与日常活动无关,故应当将其计入损失,而不能将其作为费用确认。

第二，费用将导致所有者权益的减少。相对收入而言，费用不可避免的减少企业收益，直接减少所有者权益。因此，费用不能不发生的消耗，同时为了保证企业盈利水平就应该加强费用控制，做到以最小的费用消耗取得最大的收益。

第三，费用与向所有者分配利润无关。经营过程中发生费用消耗与向投资者分配利润都可能企业导致经济利益的流出，但两者有本质的区别。经营过程中发生的费用是为了取得盈利而发生的相应消耗，与收益具有配比作用；向投资者分配利润是一种投资增值的返还，与资本有密切关系。

（2）费用的种类。

企业费用的开支内容多种多样，有的直接通过现金支付，有的通过预付摊销，有的是通过资产使用进行折耗摊销。按照费用功能可以分为营业成本和期间费用两大类。营业成本是指生产经营过程中与经营活动直接有关的费用成本开支，分为主营业务成本和其他业务成本；期间费用是指企业报告期发生的不能直接或间接计入经营成本，而是直接计入当期损益的各项费用，包括销售费用、管理费用和财务费用。具体组成见图2-5所示。

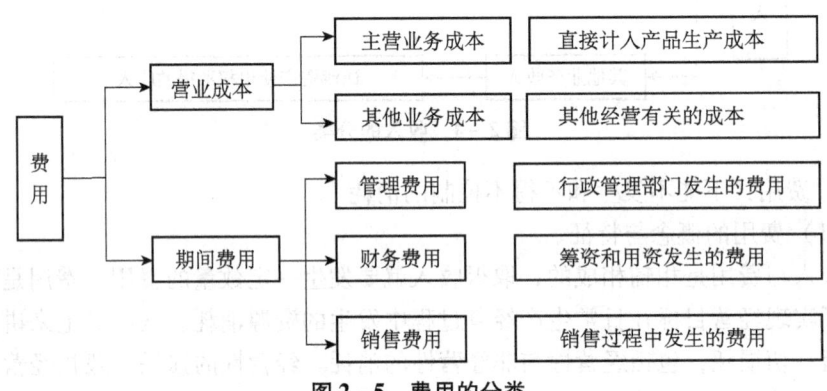

图2-5　费用的分类

6. 利润：让人疯狂的梦想

（1）利润的概念和特征

一定时期的全部收入扣除全部支出就形成企业的盈利，这就是通常意义上的利润，也可以称之为经营成果或当期损益。利润是指企业在一定会计期间的经营成果。利润包括收入减去费用后的净额、直接计入当期利润的利得和损失等。企业是否盈利必须看收入与费用的比较结果。利润的特征：

第一，影响企业利润的因素除了收入与费用外，还包括利得（营业外收入）和损失（营业外支出）。

第二，收入大于费用，企业形成盈利；收入小于费用，企业形成亏损。

第三，盈利增加所有者权益，亏损减少所有者权益。

(2) 利润的内容

利润按照形成过程分为营业利润、利润总额和净利润。具体组成见图 2-6 所示。

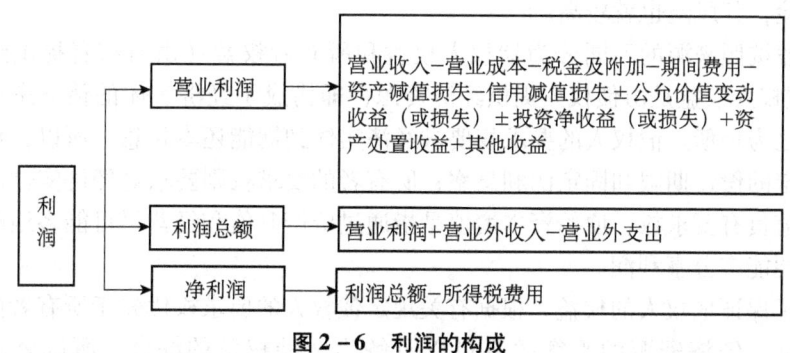

图 2-6 利润的构成

二、会计要素平衡关系的表现

任何形式的经济实体，无论规模多大，无论是进行产品生产还是经营贸易，所有的经营活动都必须拥有或控制一定数量的经济资源，如货币、实物、土地、机器、设备、厂房等，这些经济资源在会计核算上统称资产。资产是企业可以支配和运用的经济资源。这些经济资源从经济学上讲是价值与使用价值的转变，从表现形态上讲是物质形态的转换。资产从形成到使用再到形态改变必然经过来源和占用两种方式。首先，资产是从一定的来源渠道取得的，或者是向债权人借入的，或者是投资者投入的。这样，经济资源的提供者在把资产提供给经济实体使用时，就对经济实体的资产享有一定的要求权，这种要求权在会计上叫作权益。其次，资产是经济实体经济资源的具体占用形态。由于使用目的和用途不同，存在着各种不同的表现形态，如流动资产、长期投资、固定资产和无形资产等。

资产表现为经济资源的占用形态，权益表现为资产的来源渠道，资产与权益反映的不是对立和孤立的两个资源形式，而是同一经济资源的两个方面，它们互相依存，对立统一。没有无权益的资产，同样也没有无资产的权益，两者在任何时点、任何场合在金额上始终相等。如果用公式表示，可以表现出一种平衡关系，具体表达如下：

资源占用 = 来源渠道　　　　　　　　　　　　　　　　　　(2.1)

即：资产 = 权益　　　　　　　　　　　　　　　　　　　　(2.2)

三、会计恒等式的形成

在市场经济条件下，风险是客观存在的，且与收益成正比，高收益必然伴随着高风险。由于债权人和所有者对获得收益的期望不同，也表明了两者对待风险的不同态度。经济实体内部风险包括财务风险和经营风险两个方面，债权人的收益形成的财务风险，经济实体负有还本付息的责任和风险，但利息是固定的、有限的，其风险也应有限；而所有者是期望获得尽可能多的收益，形成内容复杂的经营风险，其风险也就较高。

权益按照来源的不同分为债权人权益和所有者权益（由所有者提供经济资源）。债权人权益是由债权人提供经济资源，即构成了经济实体的债务来源，会计上称之为负债。债权人的要求权要求经济实体到期能还本付息，所以，负债一般有固定的偿还期限和固定的利息率；所有者的要求权则要求对经济实体原始资本及增值负有要求权，原始资本增值是指通过资产升值和经营尽可能多地赚取利润，以便能多分享利润。

为了保证债权人的权益，根据有关规定债权人的要求权优先于所有者的要求权，因此，经济资源的平衡关系可以分解为两种权益的综合，所以公式可表达为：

资产 = 债权人权益 + 所有者权益 (2.3)

即：资产 = 负债 + 所有者权益 (2.4)

在会计核算中，将"资产 = 负债 + 所有者权益"称为会计的基本恒等式。会计恒等式又叫会计的方程式或平衡公式，是资产、负债和所有者权益三个会计要素之间内在依存关系的表达式。该恒等式的左边是资产，是企业拥有或控制的经济资源，是企业经济资源的表现形式；右边是负债、所有者权益，是企业经济资源的来源方式。

由于资产、负债和所有者权益属于时点的会计要素，属于某一时点的状态要素，因此式（2.4）被称为静态恒等式。

【例 2 – 1】2018 年 6 月 1 日，江南机械制造有限公司注册成立。成立时的资产是 6 000 万元，其中 4 000 万元是由投资者投入的，另外 2 000 万元是向银行借款来的，则企业拥有的总资源为 6 000 万元，其中表现形式为占用资产 6 000 万元，来源方式为权益 6 000 万元，分别为负债 2 000 万元和所有者权益 4 000 万元。公式表示如下：

资源占用（60 000 000） = 来源渠道（20 000 000 + 40 000 000）

即：资产（60 000 000） = 负债（20 000 000） + 所有者权益（40 000 000）

会计恒等式是会计原则和会计核算的出发点，是会计方法形成的基础。首先，会计恒等式是会计确认、会计计量、会计原则和会计核算方法的形成依据；其次，会计恒等式是确认会计科目、设置账户和复式记账的依据；同时，会计恒等式还是编制会计报表的理论依据。在编制资产负债表时，把报表分成左右两方，左方列示资产，右方列示负债和所有者权益，最后左边的资产总计与右边的负债和所有者权益合计在金额上应相等。总之，会计是以平衡为核心文化的社会科学，是建立在平衡原则基础上的方法体系。

企业的资金运动往往表现为资金筹集、资金运用和资金分配几个方面。企业一方面通过对筹集资金的运用、耗费，取得一定的收入，收入的取得表现为资产的增加或负债的减少，最终导致企业所有者权益的增加；另一方面，企业在取得收入过程中总是会发生一定经济利益的流出，即费用，而费用的发生表现为资产的减少或负债的增加，最终导致企业所有者权益的减少。将某一期间（年、季、月）广义的收入和广义的费用进行对比即可获得该期间的经营成果。其公式为：

收入 − 费用 = 利润 (2.5)

由于收入、费用和利润属于时期的会计要素，属于某一时间段的经营成果的体现，因此式（2.5）被称为动态恒等式。

【例2−2】江南机械制造有限公司本月共形成各种收入5 500 000元，发生各种支出共计4 600 000元，因此企业当月增加利润900 000元，表现为所有者增加权益900 000元。公式表示如下：

收入（5 500 000） − 费用（4 600 000） = 利润（900 000）

式（2.5）表明了收入、费用和利润之间的关系。由于企业获得的经营成果在利润未分配前归所有者享有，所以在期末结账前，我们把利润看成是所有者权益中的一个组成部分。

则上述业务的会计恒等式则变为：

资产（60 900 000） = 负债（20 000 000） + 所有者权益（40 900 000）

如果将利润从所有者权益中单独分离出来，则会计恒等式可变为式（2.6）：

资产 = 负债 + 所有者权益 + 利润 (2.6)

根据上例：

资产（60 900 000） = 负债（20 000 000） + 所有者权益（40 000 000） + 利润（900 000）

如果将利润进一步分拆成收入和费用两个会计要素，则会计恒等式可变为式（2.7）：

资产 = 负债 + 所有者权益 + （收入 − 费用） (2.7)

资产（60 900 000） = 负债（20 000 000） + 所有者权益（40 000 000） + 收入（5 500 000） − 费用（4 600 000）

式（2.6）、式（2.7）被称为会计恒等式的扩展等式，也被称为会计综合恒等式。

四、经济业务对会计恒等式的影响

企业发生经济业务对经济资源会产生变化，而经济资源的变化必然会引起会计要素发生增减变化，但是，无论经济业务如何引起经济资源发生变化，其结果都不会影响会计恒等式的平衡关系，即会计恒等式左边与右边的金额始终相等。下面举例进行说明：

【例2-3】江南机械制造有限公司在2018年6月30日有关资产总计为6 400万元，其中负债为2 300万元，所有者权益为4 100万元。具体如表2-1所示的简易资产负债表。

表2-1　　　　　　　　　　　　资产负债表
2018年6月30日　　　　　　　　　　　　　　金额：元

资产	金额	负债及所有者权益	金额
库存现金	3 300	短期借款	10 300 000
银行存款	1 200 000	应付账款	2 500 000
应收票据	100 000	应交税费	100 000
应收账款	1 000 000	应付职工薪酬	100 000
原材料	3 010 000	长期借款	10 000 000
库存商品	3 486 700	负债合计	23 000 000
长期股权投资	7 200 000	实收资本	40 000 000
无形资产	11 000 000	资本公积	100 000
固定资产	37 000 000	盈余公积	800 000
		未分配利润	100 000
		所有者权益合计	41 000 000
资产合计	64 000 000	负债及所有者权益合计	64 000 000

江南机械制造有限公司在2018年7月份发生如下经济业务，试分析经济业务对会计恒等式的影响。

(1) 7月5日，接受所有者追加投入资本1 000 000元，其中现金500 000元款项已存入银行，机器设备500 000元已经验收进入企业使用。

这项经济业务，所有者追加投入资本1 000 000元，导致所有者权益中的实收资本增加1 000 000元；同时，款项存入银行，使资产中的银行存款增加500 000元，增加企业机器设备已经验收由企业使用，使资产中的固定资产增加500 000元。资产总额增加1 000 000元。会计恒等式左右两边以相等的金额增加，故不改变会计恒等式的平衡关系。即：

资产（65 000 000）＝负债（23 000 000）＋所有者权益（42 000 000）

(2) 7月10日，以银行存款1 000 000元归还前欠供货单位的原材料款项款。

这项经济业务，一方面，使企业资产中的银行存款减少1 000 000元，另一方面使企业承担的负债中的应付账款也减少1 000 000元，即以资产偿还债务，

会导致资产和负债以同等金额同时减少。由于会计恒等式左右两方以相等的数额减少,故不改变会计恒等式的平衡关系。即:

资产（64 000 000）＝负债（22 000 000）＋所有者权益（42 000 000）

（3）7月18日,企业购入发电机一台,价格500 000元,以银行存款支付,发电机已交付使用。

这项经济业务,一方面使企业资产中的固定资产增加500 000元,另一方面使企业资产中的银行存款减少500 000元。这说明以存款购买设备,会使资产项目内部一个项目增加,另一个项目发生减少,而且金额相等。由于资产内部项目此增彼减,增减金额相等,资产总额不变,故不改变会计恒等式的平衡关系。即:

资产（64 000 000）＝负债（22 000 000）＋所有者权益（42 000 000）

（4）7月21日,收回上月份某购货单位前欠货款1 000 000元,存入银行。

这项经济业务,一方面使企业资产中的银行存款增加1 000 000元,另一方面使企业资产中的应收账款减少1 000 000元。这说明如果以现款方式收回债权,会使资产内部项目一增一减,且金额相等。由于资产内部项目此增彼减,增减金额相等,资产总额不变,故不改变会计恒等式的平衡关系。即:

资产（64 000 000）＝负债（22 000 000）＋所有者权益（42 000 000）

（5）7月24日,企业应付给股东E所属单位购料款1 500 000元,经企业股东会议与股东E协商,同意将欠款转作股东E对公司增加的投资。

这项经济业务,一方面使企业负债中的应付账款减少1 500 000元,另一方面使企业所有者权益中的实收资本增加1 500 000元。由于负债减少,所有者权益增加,增减金额相等,负债与所有者权益总额不变,故不改变会计恒等式的平衡关系。即:

资产（64 000 000）＝负债（20 500 000）＋所有者权益（43 500 000）

（6）7月25日,向银行借入短期款项2 000 000元,款项已存入银行。

这项经济业务,一方面使企业资产中的银行存款增加2 000 000元,另一方面使企业负债中的短期借款增加2 000 000元。导致会计恒等式左右两边以相等的金额增加,故不改变会计恒等式的平衡关系。即:

资产（66 000 000）＝负债（22 500 000）＋所有者权益（43 500 000）

（7）7月28日,公司股东大会决议将50 000元的资本公积以内部股份方式转增实收资本。

这项经济业务,一方面使企业所有者权益中的实收资本增加50 000元,另一方面使企业所有者权益中的资本公积减少50 000元,导致所有者权益内部项目此增彼减,增减金额相等,所有者权益金额不变,负债和所有者权益总计也不变,故不改变会计恒等式的平衡关系。即:

资产（66 000 000）＝负债（22 500 000）＋所有者权益（43 500 000）

这些经济业务发生之后，引起了资产、负债和所有者权益的增减变化，具体项目变化如下：

银行存款 = 1 200 000 + ①500 000 - ②1 000 000 - ③500 000 + ④1 000 000 + ⑥2 000 000 = 3 200 000（元）

应收账款 = 1 000 000 - ④1 000 000 = 0（元）

固定资产 = 37 000 000 + ① 500 000 + ③500 000 = 38 000 000（元）

短期借款 = 10 300 000 + ⑥2 000 000 = 12 300 000（元）

应付账款 = 2 500 000 - ②1 000 000 - ⑤1 500 000 = 0（元）

实收资本 = 40 000 000 + ①1 000 000 + ⑤1 500 000 + ⑦50 000 = 42 550 000

资本公积 = 100 000 - ⑦50 000 = 50 000（元）

这些经济业务发生之后改变了各会计要素的金额，出现了新的平衡关系，如表 2-2 所示的简易资产负债表。

表 2-2　　　　　　　　　　　资产负债表
2018 年 7 月 31 日　　　　　　　　　　　　　单位：元

资产	金额	负债及所有者权益	金额
库存现金	3 300	短期借款	12 300 000
银行存款	3 200 000	应付票据及应付账款	0
应收票据及应收账款	100 000	应交税费	100 000
原材料	3 010 000	应付职工薪酬	100 000
库存商品	3 486 700	长期借款	10 000 000
		负债合计	22 500 000
长期股权投资	7 200 000	实收资本	42 550 000
无形资产	11 000 000	资本公积	50 000
固定资产	38 000 000	盈余公积	800 000
		未分配利润	100 000
		所有者权益合计	43 500 000
资产合计	66 000 000	负债及所有者权益合计	66 000 000

由上可知，企业发生的经济业务会引起有关会计要素发生增减变动，或者是会计恒等式左右两方同时增加，或者是会计恒等式左右两方同时减少，或者是会计恒等式的左方（资产）内部项目发生增减变动，或者是会计恒等式的右方（负债和所有者权益）内部项目发生增减变动。这些变化最终都不会改变会计恒等式的平衡关系。

企业虽然要发生大量的多种多样的经济业务，而这些多种多样的经济业务，不外乎以下四种类型：

类型Ⅰ：经济业务的发生引起会计恒等式左右两方金额同时增加，由于双方增加金额相等，故变动后左右双方仍保持平衡关系。

类型Ⅱ：经济业务的发生引起会计恒等式左右两方金额同时减少，由于双方减少金额相等，故变动后左右双方仍保持平衡关系。

类型Ⅲ：经济业务的发生引起会计恒等式左方即资产内部项目此增彼减，由于增减金额相等，变动后资产总额不变，故左右双方仍保持平衡关系。

类型Ⅳ：经济业务的发生引起会计恒等式右方即负债，及所有者权益内部项目发生增减变动，由于增减金额相等，变动后负债和所有者权益总计的金额不变，故左右双方仍保持平衡关系。

以上四种类型可用图 2-7 表示。

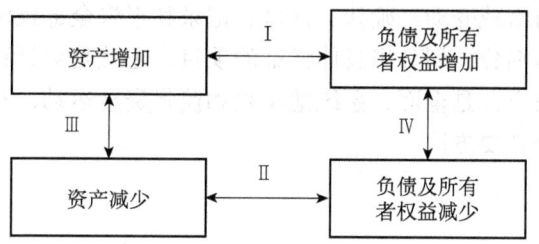

图 2-7 经济业务的四种类型

据此，还可以将四大类型经济业务进一步具体化，可分为九种情况。下面归纳九种情况的经济业务与会计恒等式的关系，如表 2-3 所示。

表 2-3   经济业务与会计恒等式的关系

经济业务		资　产	=	负　债	+	所有者权益
类型Ⅰ	1	增加		增加		
	2	增加				增加
类型Ⅱ	3	减少		减少		
	4	减少				减少
类型Ⅲ	5	增加　减少				
类型Ⅳ	6			增加　减少		
	7					增加　减少
	8			增加		减少
	9			减少		增加

由此可知，任何时点，企业的所有资产，无论其处于何种形态（如库存现金、银行存款、固定资产等），都必须有相应的来源。或者是借入的，或者是所有者投入的，或者是经营过程中所赚取的（这一部分也归所有者）。换言之，企业的所有资产都必定有相应的来源，这样，"资产＝负债＋所有者权益"这一等

式,在任何情况下,其左右平衡的关系都不会被破坏。企业发生的任何经济业务,只会引起会计等式的左边或右边某一会计要素内部有关项目等额增减或者某一会计要素增加另一会计要素等额减少,或者引起会计等式左右两边同时发生等额的增减变化,但无论如何都不会破坏会计等式,仍维持会计等式的左右平衡关系。

第二节 会计科目与账户设置

为了能正确反映各项经济业务引起的会计要素有关项目的增减变动情况,通过对各会计要素的增减变动来确认、计量、记录和报告全部经济业务,还需要针对六要素进行具体细分,划分出具体详细的项目,也就是会计科目和账户,确定会计科目、设置账户,是全面、系统地反映和监督资金运动,有效地控制和管理企业的经济活动的必要方法。

一、会计科目

(一) 会计科目的设置原则

会计科目是对会计对象的具体内容即会计要素进行分类核算的项目。

如前所述,经济业务的发生必然造成经济资源变化,也会引起会计要素发生增减变动。在实际工作中反映会计要素的增减变动情况,是通过设置会计科目和账户进行分类的。如,为了核算和监督各项资产的增减变动,我们需要设置资产类会计科目,资产类会计科目又可以细分为"库存现金""银行存款""原材料""库存商品""应收账款""无形资产""固定资产"等科目;为了核算和监督负债的增减变动,我们需要设置负债类会计科目,负债类会计科目又可以细分为"短期借款""应付账款""应付票据""应付职工薪酬""长期借款""应付债券"等科目;为核算和监督所有者权益的增减变动,我们需要设置所有者权益类会计科目,所有者权益类会计科目又可以细分为"实收资本""资本公积""盈余公积""利润分配"等科目;为了核算和监督收入的增减变动,我们需要设置收入类会计科目,收入类会计科目又可以细分为"主营业务收入""其他业务收入"等科目;为了核算和监督费用的增减变动,我们需要设置费用类会计科目,费用类会计科目又可以细分为"主营业务成本""管理费用""财务费用""销售费用""其他业务成本"等科目;为了核算和监督利润的增减变动,我们需要设置利润类会计科目,利润类会计科目又可以细分为"本年利润""利润分配"等科目。

在实际工作中,为了统一会计核算与管理工作,会计科目主要是通过会计制度预先规定的，也可以由企业相关制度进行必要的补充和完善。设置会计科目是设置账户、处理账务所必须遵循的方法和制度，是正确组织会计核算的重要依据。设置会计科目不是一种随意行为，企业在设置会计科目时应遵循以下原则。

1. 全面反映会计对象内容的原则

设置会计科目必须全面、系统地反映会计对象的全部内容和资金运动的全过程。会计科目是对会计对象具体内容进行分类核算的项目，每一个会计科目都有其特定的内容，所以在设置会计科目时，应该做到全面性、系统性，不能有任何遗漏。同时，会计科目的设置，除了设置各行各业通用的会计科目外，还必须反映会计对象的特点，根据会计对象具体内容的特点设置相应的会计科目，不能千篇一律。例如，工业企业的主要经济活动是工业产品制造，故应设置反映生产耗费和生产成果的会计科目，如"生产成本""制造费用"等科目；服务行业只有劳务发生，就必须设置"劳务成本"等科目；而行政单位不实行成本核算就没有必要设置成本核算科目。

2. 符合经济管理要求的经济管理的相关性原则

会计核算必须符合经济管理的具体要求，会计科目设置也就必须符合经济管理的要求，所以，会计科目设置必须与经济活动的相关。首先，要符合国家宏观经济管理的要求，根据宏观经济管理要求来划分经济业务的类别，设定分类的标识。如生产制造类企业可以设置成本类科目，商品流通类企业就没有成本类科目。其次，企业设置会计科目时应考虑包括投资者在内的其他有关方面对企业经营情况了解的要求，如企业应该设置反映资产、负债、所有者权益、收入、费用和利润等会计科目，而行政事业单位就只有设置资产、负债、净资产、收入、费用结余类会计科目就可以了。最后，还应符合经济实体自身经济管理的要求，为企业的经营预测、决策及管理提供所需信息，如企业可以设置"本年利润"科目，行政事业单位就没有利润形成，只能设置"本年结余"科目。社会团体会计科目设置就更加简单。

3. 统一性与灵活性相结合的原则

所谓统一性，是指会计科目设置是在财政部门统一领导下，按照提供的会计信息的具体要求，依据《企业会计准则》设置的会计科目体系。如 2006 年 11 月，我国财政部正式以《企业会计准则——应用指南》附录：《会计科目及其主要账务处理》的形式单独颁布，对会计科目的设置及其核算的内容统一进行规定，以保证各行各业提供的会计信息都能进行相互比较。同时，该规范允许企业可以在保证提供统一核算指标的前提下，根据其实际情况和经济管理要求，对统一规定的会计科目作必要的增补或兼并。因此，设置会计科目时将统一性与灵活性相结合，实际上就是使企业提供的会计信息更加符合会计信息使用者的需要，即保证会计信息的有用性。

4. 保持相对稳定性和可比性的原则

会计核算是在持续经营的前提下进行的，为了保证经济资源核算的稳定性和可比性，会计科目必须保持一定时期的稳定。企业设置的会计科目在一定时期内应保持相对稳定和可比性，以便在一定范围内进行综合汇总和不同时期的对比分析。

5. 简明适用性的原则

会计科目必须符合经济活动过程运动的需要，符合经济资源内容的需要，符合经济管理要求的需要，但科目设置上讲究经济适用。既反映不同行业的个性，特殊行业的特性又反映市场经济的共性，但科目形式上精确明了、简明扼要。在设置会计科目时，对每个会计科目的特定内容必须严格、明确地界定。会计科目的名称应和其核算的内容相一致，要求简单明确，字义相符，避免使用者产生误解；同时，还应对会计科目进行分类、编号。

（二）会计科目的层级

会计科目不是只反映一个层面的含义，应该根据经济活动与市场细分的特点设置。会计科目按其提供指标的详细程度，或者说提供信息详细程度，可以分为两大类。

1. 总分类科目

总分类科目又称一级科目或总账科目。它是对会计对象不同经济内容所作的总括分类，是进行总分类核算的依据，所提供的是总括指标。在我国总分类科目原则上由财政部门统一制定，并要求所有经济实体在反映经济活动时共同实施的。按照财政部 2006 年 11 月颁布的《会计科目及其主要账务处理》的规定，会计科目分为资产类、负债类、共同类、所有者权益类、成本类、损益类六大类，其中，共同类会计科目是为了适应一部分特殊会计准则的需要而设置的，一般企业通常不需要共同类会计科目。部分会计科目的具体名称和编号如表 2-4 所示。

表 2-4　　　　　　　　会计科目名称和编号

顺序号	编号	会计科目名称
一、资产类		
1	1001	库存现金
2	1002	银行存款
3	1012	其他货币资金
4	1101	交易性金融资产
5	1121	应收票据
6	1122	应收账款
7	1123	预付账款

续表

顺序号	编号	会计科目名称
8	1131	应收股利
9	1132	应收利息
10	1221	其他应收款
11	1231	坏账准备
12	1401	材料采购
13	1402	在途物资
14	1403	原材料
15	1404	材料成本差异
16	1405	库存商品
17	1406	发出商品
18	1407	商品进销差价
19	1408	委托加工物资
20	1411	周转材料
21	1471	存货跌价准备
22	1501	债权投资
23	1502	其他债权投资
24	1503	其他权益工具投资
25	1511	长期股权投资
26	1512	长期股权投资减值准备
27	1521	投资性房地产
28	1531	长期应收款
29	1532	未实现融资收益
30	1601	固定资产
31	1602	累计折旧
32	1603	固定资产减值准备
33	1604	在建工程
34	1605	工程物资
35	1606	固定资产清理
36	1701	无形资产
37	1702	累计摊销

续表

顺序号	编号	会计科目名称
38	1703	无形资产减值准备
39	1711	商誉
40	1801	长期待摊费用
41	1811	递延所得税资产
42	1901	待处理财产损溢
二、负债类		
43	2001	短期借款
44	2101	交易性金融负债
45	2201	应付票据
46	2202	应付账款
47	2203	预收账款
48	2211	应付职工薪酬
49	2221	应交税费
50	2231	应付利息
51	2232	应付股利
52	2241	其他应付款
53	2501	长期借款
54	2502	应付债券
55	2701	长期应付款
56	2702	未确认融资费用
57	2711	专项应付款
58	2801	预计负债
59	2901	递延所得税负债
三、共同类		
60	3001	清算资金往来
61	3002	货币兑换
62	3101	衍生工具
63	3201	套期工具
64	3202	被套期项目

续表

顺序号	编号	会计科目名称
四、所有者权益类		
65	4001	实收资本
66	4002	资本公积
		其他综合收益
67	4101	盈余公积
68	4103	本年利润
69	4104	利润分配
70	4201	库存股
五、成本类		
71	5001	生产成本
72	5101	制造费用
73	5201	劳务成本
74	5301	研发支出
六、损益类		
75	6001	主营业务收入
76	6051	其他业务收入
77	6101	公允价值变动损益
78	6111	投资收益
		资产处置收益
79	6201	其他收益
80	6301	营业外收入
81	6401	主营业务成本
82	6402	其他业务成本
83	6403	税金及附加
84	6601	销售费用
85	6602	管理费用
86	6603	财务费用
87	6701	资产减值损失
88	6702	信用减值损失
89	6711	营业外支出
90	6801	所得税费用
91	6901	以前年度损益调整

2. 明细分类科目

明细分类科目，又叫三级科目或明细科目，是根据会计制度的要求，企业按照经济业务的具体需要设置的对总分类科目所含内容再作详细分类说明的会计科目，它提供的是总分类科目具体内容和详细指标或信息。如"原材料"总分类科目下按材料的品种或规格、类别分设明细科目，可以具体反映各类别材料的库存情况。

在实际工作中，大多数总分类科目下需要设置明细分类科目。明细分类科目是依据企业经济业务的具体内容设置的，其所提供的明细资料主要满足企业内部经营管理的需要。每个企业的具体情况是各不相同的，经营管理的水平也各不相同，所以明细分类科目的名称、核算内容和使用方法不能通过会计制度加以统一规定，而应由企业根据其实际情况自行规定。

企业根据管理的需要，也可以在总分类科目与明细分类科目之间增设二级科目，即设置提供中间性核算指标的科目，所提供的指标或信息介于总分类科目和明细分类科目之间，又称之为类目，反映某一类经济资源的经济指标及会计信息。二级科目也是由企业根据经营管理的实际需要和经济业务的具体内容自行设置的。

由上述可知，会计科目按其提供指标或信息的详细程度，一般可以分为三级：即一级科目（总分类科目）、二级科目（类目）、三级科目（明细分类科目），其中三级科目还可以按照实际需要继续细分，如四级科目、五级科目等。总分类科目统辖下属数个明细科目或统辖下属数个二级科目，然后再在二级科目下设置明细科目。会计科目按其提供指标详细程度分类，如表 2-5 所示。

表 2-5　　　　会计科目按提供指标详细程度的分类

总分类科目 （一级科目）	明细分类科目	
	二级科目	明细科目（三级科目）
原材料	原料及主要材料	圆钢
		生铁
		⋮
	辅助材料	机油
		防锈剂
		⋮
	燃料	汽油
		柴油
		⋮
⋮	⋮	⋮

二、设置账户

（一）设置账户的意义

会计科目中规定了对会计对象具体内容进行分类核算的项目，会计核算利用设置会计科目的形式有效地细分经济资源项目，有利于反映资金运动的具体内容，但无法反映每一项会计科目的具体经济指标。为了序时、连续、系统地记录由于经济业务的发生而引起的会计要素的增减变动，提供各种经济活动的会计信息和经济资源的指标，还应根据规定的会计科目的内容在账簿中开设账户。所谓账户，是指具有一定格式，用来分类、连续地记录经济业务，反映会计要素增减变动及其结果的户籍。设置账户是会计核算的一种专门方法。正确地运用账户，对加强宏观、微观经济运行具有重要意义，为经济管理提供完整的经济指标，为经济实体进行经济分析提供会计信息，为决策者进行经济决策提供依据。

（二）会计科目与账户的异同点

账户是根据规定的会计科目开设的，会计科目与账户有着密切联系。但是会计科目和账户在理论上是有区别的，在会计学中是两个不同的概念，两者之间既有联系又有区别。

1. 会计科目与账户的联系

会计科目是对会计对象的具体内容进行分类核算的项目；账户是根据会计科目开设的，分类、连续地记录经济业务，反映会计对象具体内容增减变化及其结果，为经济管理提供数据资料的一种手段。由此可见，会计科目与账户两者的共同点是：（1）名称相同。由于账户是根据会计科目设置，并按照会计科目命名，以会计科目作为它的名称，两者完全一致。（2）形式相同。两者都是分门别类地反映某一项经济业务的形式，在形式上没有差别。（3）性质相同。两者都是反映同一性质的经济项目，无论来源还是占用上属于同一属性，在实际工作中将两者作为同义词理解，互相通用，不加区分。

2. 会计科目与账户的区别

在会计核算中会计科目与账户又是不同的，具体表现在以下几个方面：（1）概念不同。会计科目是对会计对象的具体内容进行分类核算的标志或项目；账户是根据会计科目开设的，具有一定的结构，用来系统、连续地记载各项经济业务的一种手段。（2）内容不同。会计科目只表明某一项经济名称，而不反映具体内容；账户除表明相同的经济内容外，还具有一定的结构、格式，同时通过账户的结构反映每一项经济内容的增减变化情况。（3）作用不同。会计科目设置在反映经济业务时只作为项目分类，会计科目仅是会计对象具体内容进行分类的标志；账户还通过一定的结构、格式反映经济业务的具体指标和增减变化方向，具体记录业务的内容。

(三)账户的分类

在实际工作中,设置账户也与会计科目一样,分总分类账户和明细分类账户。总分类账户又称总账,是按总分类科目开设的,提供的是总括核算指标,对明细分类账户起控制和统驭作用,一般只用货币计量;明细分类账户又称明细账,是按明细分类科目开设的,提供的是明细分类核算指标,对总分类账户起补充说明作用。除采用货币量度外,有时还采用实物量度作为其辅助计量。

(四)账户的基本结构

账户除了名称(会计科目)外,还应有一定的结构,账户的结构是源于会计的账簿。在实际会计工作中,账户是由名称、格式、结构等组成的,就是账簿的基本账页。账户的格式并非如此简单,而是根据实际需要来设计账户的具体格式。对于一个完整的账户而言,除了必须反映增加数和减少数以外,还应包括其他栏目。一个完整的账户结构应包括以下内容:

(1)账户名称;
(2)日期及内容摘要;
(3)登记的依据及凭证号数;
(4)反映增加额、减少额及余额的部分。

现将我国实际工作中会计记账时常使用的账户基本格式(通常称为"三栏式"账户)列示如表2-6所示。

表2-6　　　　　　　　账户名称(会计科目)

年		凭证		摘要	借方	贷方	借或贷	余额
月	日	种类	号数					

从上述表2-6的表格格式来看,账户的核心组成部分是金额指标,即借方、贷方、余额等,是反映经济业务的经济指标。企业的各项经济业务所引起会计要素的变化,虽然是千变万化,但是从数量上看,无非是两种情况,即增加或减少。所以用来反映企业在某一会计期间内各种数据的账户,在结构上就应分成左右两方。一方用来登记增加数,另一方则用来登记减少数,至于到底哪一方登记增加,哪一方登记减少,则由其所采用的记账方法和所记录的经济内容所决定。为了说明问题和便于学习,我们一般用"T"字形来表示简化的账户基本结构,具体如图2-8所示。

图2-8　简化的账户基本结构

每个账户一般涉及四个金额要素，即期初余额、本期增加额、本期减少额和期末余额。本期增加额是指在一定会计期间内记录在账户增加方的数额合计，又称本期增加发生额；本期减少额是指在一定会计期间内记录在账户减少方的数额合计，又称本期减少发生额；余额一般是与记录增加额的方向相同，本期的期末余额即为下期的期初余额。正常情况下，账户四个数额之间的关系为：

账户期末余额 = 账户期初余额 + 本期增加发生额 − 本期减少发生额

第三节 记账方法

一、记账方法种类

经济业务的发生会引起会计要素发生增减变动，如何将发生的经济业务记录到有关的账户中，这就涉及记账方法问题。会计核算中通过设置账户，全面、系统地反映各会计要素有关项目的增减变动及结果，但记账方法的选择将直接影响会计核算的质量。所谓记账方法，是指记录经济业务的规则，通过记账方法来确定经济业务如何通过账簿反映出来。

会计发展史上看，记账方法有单式记账法和复式记账法两类。借贷记账法出现之前，单式记账法一直是经济实体进行会计记账的专门方法，那只能说明经济核算处于簿记时代；借贷记账法出现之后标志着会计时代的到来，复式记账法至今仍最主要的会计核算方法。

单式记账法，是指一项经济业务发生后，一般只在一个账户进行记录的记账方法。在单式记账法下，通常只登记库存现金和银行存款的收付业务，以及应收、应付款的结算业务，一般不登记实物的收付业务。采用单式记账法手续简单，但没有设置完整的账户体系，账户之间也没有对应关系，不能全面、系统地反映经济业务发生而引起的会计要素的增减变动及结果，不便于检查账户记录的正确性，因而是一种不够科学的记账方法。

复式记账法是指对每一项经济业务，都要以相等的金额在两个或两个以上相互联系的账户中同时登记的一种记账方法。它是针对单式记账法而言的一种具有科学性的会计记账方法，与单式记账法相比复式记账法具有以下两个特点：一是每一项经济业务，都要在两个或两个以上相互联系的账户中同时登记。由此，通过账户记录不仅可以全面、清晰地反映出经济业务的来龙去脉，而且还能通过会计要素的增减变动，全面、系统地反映经济活动的过程和结果。二是每项经济业务发生后，在有关账户中进行记录时，其金额必须相等。因此，可以对账户记录的结果进行试算平衡,以便检查账户记录的正确性。正是因为复式记账法具有以上特点,因而被认为是一种科学的记账方法。

复式记账法按其记账符号的不同,在我国曾出现借贷记账法、增减记账法和收付记账法等。当时借贷记账法适用于生产制造企业,增减记账法适用于流通服务行业,收付记账法适用于金融保险业及行政事业单位。但是实践证明,增减记账法和收付记账法有其缺陷,最科学的是借贷记账法。借贷记账法是世界各国普遍采用的一种记账方法,它同样也是在我国应用最广泛的一种记账方法。从1992年开始,我国颁布的《企业会计准则》中明确规定中国境内的所有企业都应当采用借贷记账法。因此,目前会计界认为借贷记账法即是复式记账法。

二、借贷记账法

借贷记账法是以"借""贷"作为记账符号,以"有借必有贷,借贷必相等"作为记账规则的一种复式记账法。首先,借贷记账法是一种复式记账法的形式,对每一项经济业务都在两个或两个以上相互联系的账户中同时登记;其次,对应账户以相等的金额进行登记;最后,借贷记账法以"借""贷"作为记账符号,表明经济数据增减变化的记账方向。

借贷记账法在会计核算应用中包括记账符号、账户结构、记账规则、会计分录、试算平衡几个方面的内容。

(一)记账符号

1. 记账符号的特定含义

借贷记账法以"借""贷"作为记账符号。记账符号是用以指明经济业务记录方向而规定使用的符号,用来记录经济业务的增减变化方向。"借""贷"两字的含义,最初是从借贷资本的角度来解释的,分别表示债权、债务的增减变化。随着商品经济的发展,经济活动的内容日趋复杂,记录的经济业务已不再局限于货币资金的借款业务,而是扩展到记录财产物资的增减变化和经营损益等。因此,当借贷记账法上升为一种专门的记账方法时,"借""贷"二字不能只记录债权、债务业务,而应记录企业经济活动的全部内容,以反映会计要素的增减变化。自此,"借""贷"二字不再有借贷关系所包含的词语上的原义,而成为会计上的专门术语。

2. 记账符号的作用

"借""贷"二字成为记账符号,在会计核算中具有特定的含义和赋予特定的功能,具体表现在记账方向、金额变化和余额性质上。

第一,表明记账方向。"借""贷"在借贷记账法上可以指明账户的记账方向(即借方或贷方)。如前所述,所有账户都有一定格式来说明经济指标的增减变化情况，都包括"增""减"两个方向，在借贷记账法下即——借方、贷方。经济业务发生到底记增减还是减少，必须通过借方、贷方来表示，因此，记账方向是记录经济业务发生而引起的会计要素的增减数额。

第二，表明指标增减。"借""贷"指明账户的记账方向的同时还表示已登记在账户中"借方"和"贷方"的数字所涉及的资金数量是增加还是减少情况。也就是说，经济业务发生引起的经济项目数据的增减如何通过借贷记账法记入"借方"和"贷方"。为此，借贷记账法假设：对于资产和费用类账户，登记在借方的数字表示增加，登记在贷方的数字表示减少；对于负债、所有者权益、收入和利润类账户，登记在借方的数字表示减少，登记在贷方的数字表示增加。通过假设，经济业务发生引起的会计要素增减变化就可以对应地记录在账户指标中，并形成对应关系。

第三，表明账户性质。账户性质是指按照经济业务基本要求对会计要素分类的属性。目前，按性质分类一般将会计科目分为六大类：即资产类、负债类、所有者权益类、收入类、费用类和利润类或者资产类、负债类、损益类、成本类、所有者权益类五类。根据经济项目数据的增减变化，一般假设经济指标的余额在增加方，所以增加方与余额的方向相同。在借贷记账法方法下，记账符号可以指明账户余额的方向，在一般情况下，资产类账户的余额方向在借方；负债和所有者权益类账户的余额方向在贷方，所以记账符号可以表明账户的性质。

（二）账户结构

如前所述，账户结构源于账簿中账页的基本格式，但涉及经济指标金额变化的基本栏目只有增加方、减少方和余额方。在借贷记账法方法下，如果我们将其他栏目忽略，假设格式的左边为借方，格式的右边为贷方，简化的账户格式"T"字形就将账户分为借方、贷方和余额方，分别用来登记经济业务金额的增加额、减少额和余额。但究竟哪一方记录增加额？哪一方记录减少额？余额在哪一方？这应根据账户所反映的经济内容和与此相联系的账户的性质来确定。

1. 资产、负债和所有者权益类账户的结构

账户的结构与账户的性质是紧密联系在一起的。从性质上讲，反映各项资产的账户称为资产账户，反映各项负债的账户称为负债账户，而反映各项所有者权益的账户即为所有者权益账户。从会计恒等式来看，资产在公式的左边，负债和所有者权益在公式的右边，这两类账户在性质上是根本不同的。所以，在账户记录中就应该用相反的方向来表明它们的增加额和减少额。而在资产负债表中把表格分成左右两方，左方即为资产，右方为负债和所有者权益。所以，我们习惯性地作出这样的假设，资产类账户的借方（左边）登记其增加额，贷方（右边）

登记其减少额,余额一般在借方。而负债、所有者权益类账户由于与资产类账户的性质刚刚相反,则其借方(左边)登记其减少额,贷方(右边)登记其增加额,余额一般在贷方。

2. 收入、费用和利润类账户的结构

企业资本在运动过程中总会发生增减变化的,资本增减有两种情况,一是持产增值,包括投资增值和资产增值;一是经营增值,是经营过程中经营所得产生增值。因此,为反映和控制企业生产经营活动的过程和结果,企业还应设置收入、费用和利润类账户。

根据扩展了的会计恒等式:资产+费用=负债+所有者权益+收入(2.8)。可知,费用类账户与资产类账户同在公式左边,则其基本结构应与资产类账户相同,即借方(左边)记录其金额增加额,贷方(右边)记录其金额减少额或转销数。收入类账户基本结构应与负债、所有者权益类账户相同,借方(左边)记录其金额减少额或转销数,贷方(右边)记录其金额增加额。收入类账户和费用类账户本期发生额在月末应全部转入利润类账户,所以月末无余额;但成本类账户本期发生额月末不得转入利润类账户,所以月末一般有余额。同时,根据扩展了的会计恒等式:资产=负债+所有者权益+利润,利润类账户结构则与所有者权益类账户结构一致,借方(左边)记录其金额减少额或转销数,贷方(右边)记录其金额增加额。利润类账户平时有期末余额,但在年末应将期末余额全部转入利润分配账户,所以年末无余额。

3. 账户发生额、余额的计算

(1)本期发生额的计算。

在一定会计期内(年、季、月)账户都会发生增减变化,账户所登记的增加额或减少额的合计数称为本期发生额。本期发生额反映了各会计要素在本期增减变动的情况,是会计人员记账的直接对象。在借贷记账法方法下,在账户"借方"登记的发生额的合计数称为本期借方发生额;在账户"贷方"登记的发生额的合计数称为本期贷方发生额。

(2)余额的计算。

会计核算是以会计分期作为记账依据的,一定时期反映会计期内各经济指标的增减变动及结余情况是会计工作必须提供的会计信息。因此,所有账户除了登记经济业务发生而引起的会计要素增减变动外,还应在期末反映会计要素增减变动后的结果,即余额。余额是指某一时点各账户的结余数,是将一定时期内借方发生额和贷方发生额相比较形成的,余额反映了一定期间记账的结果。

在实际工作中,一般到期末时计算经济指标的余额。余额应分期初、期末余额。会计期末计算出的余额叫期末余额,本期的期末余额通过结账转到下个会计期间形成了下一个会计期间的期初余额。

余额的计算必须要注意以下几个方面：首先，余额只表示一个经济指标的账户方向，不是借方就是贷方。一般情况下，余额的方向与账户登记增加额的方向相同。余额方向是作为经济指标分析的重要依据，如果出现异常情况，就应引起警觉，查明原因。如原材料的正常余额应当在借方，当它出现贷方余额时，则应查明原因。

当然，并不是所有的异常情况都是不正常的。如"应收账款"账户，属于资产类账户，其正常余额在借方，但有时也有可能出现贷方余额，这并非记账的错误，而是企业多收了款，此笔款由应收变为应付了，这时的"应收账款"应理解为"预收账款"了，其性质由债权变为债务。

其次，登记账户从期初余额入手。企业在账户中登记某一个会计期间经济业务之前，先应登记期初余额。而在期末计算余额时，也应把期初余额考虑在内。所以，期末余额的计算与金额的多少，取决于期初余额、本期借方发生额和本期贷方发生额三个因素。每个账户三个因素中金额方向相同，则其关系是相加；反之，金额方向不同，则其关系是相减。

最后，余额的方向表明账户的性质。一般来讲，有余额的账户只有三类，即资产类账户、负债类账户、所有者权益类账户。收入类账户、费用类账户通过期末结账后一般无余额。利润看成所有者权益的一个组成部分，其余额计算方法也与所有者权益类账户相同。

资产类账户借方登记增加金额，贷方登记减少金额，余额一般在借方，所以余额在借方的账户一般是资产类账户。有关账户的余额计算公式如下：

期末余额（借方）=期初余额（借方）+本期借方发生额-本期贷方发生额

(2.9)

负债类账户借方登记减少金额，贷方登记增加金额，余额一般在贷方。有关账户的余额计算公式如下：

期末余额（贷方）=期初余额（贷方）+本期贷方发生额-本期借方发生额

(2.10)

所有者权益类账户期末余额计算公式同负债类账户一致。所以余额在贷方的账户一般是负债类账户或者是所有者权益类账户。

当然，也有特殊情况，如，"应付账款"账户，属于负债类账户，其正常余额在贷方。如果出现借方余额，表明企业多付了货款或者是预付了货款，此笔款由应付变为应收了，这时的"应付账款"应理解为"应收账款"或"预付账款"了，其性质由债务变为债权。这种情况也就改变了性质，成为资产类账户。

资产、负债、所有者权益、收入、费用和利润类账户的结构，可用T型表示，如图2-9所示。

借方	资产类账户	贷方
期初余额××× 本期增加额××× ……		本期减少额××× ……
本期发生额××× 期末余额×××		本期发生额×××

借方	负债类账户	贷方
本期减少额××× ……		期初余额××× 本期增加额××× ……
本期发生额×××		本期发生额××× 期末余额×××

借方	所有者权益类账户	贷方
本期减少额××× ……		期初余额××× 本期增加额××× ……
本期发生额×××		本期发生额××× 期末余额×××

借方	收入类账户	贷方
本期减少额或转销数××× ……		本期增加额××× ……
本期发生额×××		本期发生额×××

借方	费用类账户	贷方
本期增加额××× ……		本期减少额或转销数××× ……
本期发生额×××		本期发生额×××

借方	利润类账户	贷方
本期减少额××× ……		期初余额××× 本期增加额××× ……
本期发生额×××		本期发生额××× 期末余额×××

图 2-9 账户结构

下面举例说明本期发生额和期末余额的计算方法。

【例 2-4】以【例 2-3】江南机械制造有限公司在 2018 年 7 月份发生的"银行存款"收支情况和"实收资本"增减变化情况来看账户基本结构的形成，以及"银行存款"及"实收资本"期末余额的计算。

以"银行存款"账户来说明资产类账户期末余额的计算，其计算方法如图 2-10 所示。

银行存款 = 1 200 000 + ①500 000 − ②1 000 000 − ③500 000 + ④1 000 000 + ⑥2 000 000 = 3 200 000（元）

借方		银行存款	贷方	
期初余额	1 200 000			
①收入	500 000	②支出	1 000 000	
④收入	1 000 000	③支出	500 000	
⑥收入	2 000 000			
本期发生额	3 500 000	本期发生额	1 500 000	
期末余额	3 200 000			

图 2-10

以"实收资本"账户来说明权益类账户期末余额的计算，其计算方法如图 2-11 所示。

实收资本 = 40 000 000 + ①1 000 000 + ⑤1 500 000 + ⑦50 000 = 42 550 000

借方	实收资本	贷方	
	期初余额	40 000 000	
	①追加投资	1 000 000	
	⑤债转股	1 500 000	
	⑦转增资本	50 000	
本期发生额	本期发生额	2 550 000	
	期末余额	42 550 000	

图 2-11

所有者权益类账户期末余额的计算与负债类账户相同。

（三）记账规则

在借贷记账法下，会计上登记经济业务是按照一定的规律进行的，即"有借必有贷，借贷必相等"。也就是说，在借贷记账法下，对于任何一项经济业务，都必须同时在两个或以上账户进行登记，其中一个（或几个）账户在借方登记，另一个（或几个）账户一定在贷方登记，且记入借方账户的金额与记入贷方账户的金额必定相等。此记账规则是依据以下三个方面的原理来确定的。

1. 复式记账法原理

根据复式记账原理规定，对任何一项经济业务都必须在两个或两个以上相互联系的账户中以相等的金额进行登记。这两个或以上相互联系的账户是存在对应关系的对应账户，一个登记借方，另外一个必定在贷方登记，而且金额相等。

2. 借贷记账法原理

借贷记账法是以会计恒等式为基本依据来计算每一个账户经济指标的，登记账户金额时要求对每个账户中涉及金额的增减必须以相反的方向进行记录。如资产类账户其借方登记金额的增加，而贷方则登记金额的减少。这样，当经济业务发生时，必须在两个以上相互联系的账户中以相反方向进行登记，即一个登记借方，另外一个必定在贷方登记，而且金额相等。

3. 对应关系原理

在借贷记账法下，经济业务发生后必然涉及借贷方两类账户，这两类账户存在着应借、应贷的关系，这种关系称之为账户的对应关系；存在着相互对应关系的账户，称之为对应账户。掌握账户的对应关系有利于充分反映了会计要素具体内容增减变化的来龙去脉；通过账户对应关系，就可以清楚地了解每一项经济业务的资金流动状况；通过账户对应关系，可以检查经济业务的处理方法是否合理。如已知"库存现金"账户的借方和"银行存款"账户的贷方发生对应关系，据此，就可以知道此项经济业务表示的具体内容是企业从银行提取现金。

运用借贷记账法的记账规则登记经济业务时，一般按以下步骤进行：首先，分析经济业务中所涉及的账户名称，并判断账户的性质；其次，判断账户中所涉及的资金数量是增加还是减少；最后，根据账户的结构确定记入账户的方向。

下面举例说明借贷记账法的记账规则。

【例 2-5】 江南机械制造有限公司在 2018 年 8 月份发生以下几项经济业务，以此分析发生的经济业务所涉及的账户、记账方向及金额。

（1）8 月 6 日收到股东 A 追加投入的资本 500 万元，款项已存入银行。

这项经济业务，涉及资产类的"银行存款"和所有者权益类的"实收资本"两个账户，两者涉及的金额都是增加，按照账户结构规定，资产类账户增加额记入借方，所有者权益类账户增加额记入贷方。因此，这项业务应同时记入"银行存款"账户的借方和"实收资本"账户的贷方，且其金额均为 500 万元。

资产类账户（增加额）借方 ⟵⟶ 所有者权益类账户（增加额）贷方

（2）8 月 10 日以存款 70 万元归还欠供货单位购货款。

这项经济业务，涉及资产类的"银行存款"和负债类的"应付账款"两个账户，两者涉及的金额都是减少，按照账户结构规定，资产类账户减少额记入贷方，负债类账户减少额记入借方。因此，这项业务应同时记入"应付账款"账户的借方和"银行存款"账户的贷方,且其金额均为 70 万元。

负债类账户(减少额)借方⟵⟶资产类账户(减少额)贷方

(3) 8 月 15 日从银行提取现金 5 000 元备用。

这项经济业务,涉及"库存现金"和"银行存款"两个资产类账户,前者涉及的金额增加,后者涉及的金额减少,按照账户结构规定,资产类账户增加额记入借方、减少额记入贷方。因此,这项业务应同时记入"库存现金"账户的借方和"银行存款"账户的贷方,且其金额均为 5 000 元。

资产类账户(增加额)借方⟵⟶资产类账户(减少额)贷方

(4) 8 月 20 日向银行借入短期款项,直接偿还欠供应单位的货款 660 000 元。

这项经济业务,涉及"短期借款"和"应付账款"两个负债类账户,前者涉及金额的增加,后者涉及金额的减少,按照账户结构规定,负债类账户增加额记入贷方、减少额记入借方。因此,这项业务应同时记入"应付账款"账户的借方和"短期借款"账户的贷方,且其金额相等均为 660 000 元。

负债类账户(减少额)借方⟵⟶负债类账户(增加额)贷方

以上四项经济业务代表了四个类型的经济业务,显然,可以得出结论,任何经济业务的发生,不论其涉及哪一类账户,都以相等的金额同时记入一个账户的借方和另一个账户的贷方,也就是以"有借必有贷、借贷必相等"的记账规则来登记账户。其关系如图 2-12 所示。

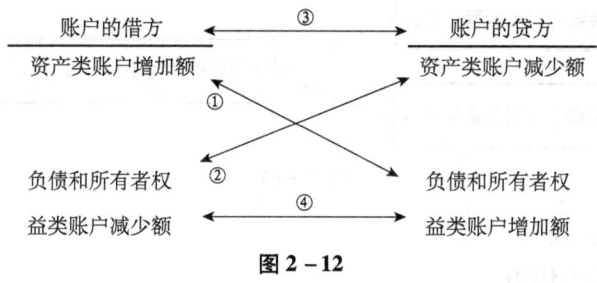

图 2-12

在实际工作中,经济活动形式多种多样,很多经济业务的对应关系比较复杂,涉及两个以上的账户,此时登记账户时同样应遵循"有借必有贷,借贷必相等"的记账规则。现继续以江南机械制造有限公司在 2018 年 8 月份发生的经济业务为例说明如下:

(5) 8 月 19 日购入不需要安装的设备一台,价值 700 000 元,其中 350 000 元已以转账支票付讫,其余款项尚未支付。

这项经济业务,涉及三个账户,包括"固定资产""银行存款"两个资产类账户以及"应付账款"一个负债类账户,其中"固定资产"和"应付账款"账户涉及的金额是增加,而"银行存款"账户涉及的金额是减少,按照账户结构规定,资产类账户增加额记入借方、减少额记入贷方,负债类账户增加额记入贷方。因此，这项业务应记入"固定资产"账户借方 700 000 元，同时还应记入"银行存款"账户贷方 350 000 元、"应付账款"账户贷方 350 000 元，借贷方金额相等。具体如图 2-13 所示。

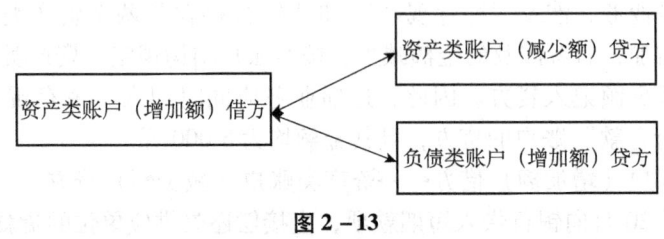

图 2-13

（6）8 月 25 日，收到股东 D 投入的资本 4 500 000 元，其中 500 000 元是货币资金，款项已存入银行，另外 4 000 000 元系机器投资，且已验收入库。

这项经济业务涉及三个账户，包括"银行存款""固定资产"两个资产类账户以及"实收资本"一个所有者权益类账户，三者涉及的金额均增加，按照账户结构规定，资产类账户增加额记入借方，所有者权益类账户增加额记入贷方。因此，这项业务应记入"银行存款"账户借方 500 000 元、"固定资产"账户借方 4 000 000 元，同时记入"实收资本"账户贷方 4 500 000 元，借贷方金额相等。具体如图 2-14 所示。

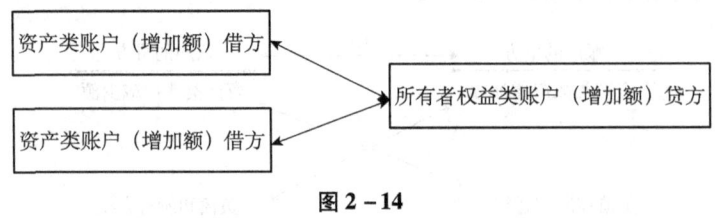

图 2-14

（四）会计分录

1. 会计分录的作用

企业日常要发生大量的经济业务，都必须逐笔记入账户，工作量非常大，而且也易发生差错，进而影响到企业所提供的会计信息的正确性。所以，在登记账户之前我们必须做好会计信息整理工作，即填制记账凭证。会计核算的基本程序是根据发生的经济业务填制和审核会计凭证，通过会计凭证登记账簿，根据会计账簿编制会计报表，其中填制记账凭证是会计核算最基础和细致的工作。在实际工作中，填制记账凭证是在规定的格式中进行的。为了更好地完成会计教学工作，我们利用会计分录代替记账凭证，也就是说，会计分录的方法只有在会计教学中使用。按照记账程序，首先要根据发生的经济业务编制会计分录（相当于记账凭证），然后再据以登记 T 型账户（相当于登记账簿）。至于记账凭证与登记账簿的相关内容会在以后有关章节中进行介绍。

2. 会计分录的含义与格式

会计分录又称记账公式或称分录。它是指按照复式记账的要求，对每项经济业务列示出应借、应贷的账户名称及其金额的一种记录。即在各项经济业务登记到账户之前，都要先根据经济业务的内容，运用借贷记账法的记账规则，确定所涉及的账户及其记账方向和对应金额。

会计分录的基本格式是：

借：相关账户　　　　　　　　　　　　×××（金额）
　　贷：对应账户　　　　　　　　　　×××（金额）

现以【例2-5】所举的六项经济业务为例，编制会计分录如下：

（1）借：银行存款　　　　　　　　　　5 000 000
　　　　贷：实收资本——股东A　　　　　　　5 000 000
（2）借：应付账款　　　　　　　　　　700 000
　　　　贷：银行存款　　　　　　　　　　　700 000
（3）借：库存现金　　　　　　　　　　5 000
　　　　贷：银行存款　　　　　　　　　　　5 000
（4）借：应付账款　　　　　　　　　　160 000
　　　　贷：短期借款　　　　　　　　　　　160 000
（5）借：固定资产　　　　　　　　　　700 000
　　　　贷：银行存款　　　　　　　　　　　350 000
　　　　　　应付账款　　　　　　　　　　　350 000
（6）借：银行存款　　　　　　　　　　500 000
　　　　　　固定资产　　　　　　　　　4 000 000
　　　　贷：实收资本　　　　　　　　　　4 500 000

3. 编制会计分录的基本步骤

会计分录是根据经济业务的具体内容来编制的，基本步骤如下：

（1）首先根据经济业务的具体内容分别找出涉及的账户。如以【例2-4】中（6）为例，收到股东D投入的资本4 500 000元，其中500 000元是货币资金，款项已存入银行，另外4 000 000元系机器投资，且已验收入库。此业务涉及："银行存款""固定资产""实收资本"三个账户。

（2）了解每一个账户的性质。如"银行存款""固定资产"属于资产类账户，"实收资本"属于所有者权益类账户。

（3）分析每一个账户的增减情况，根据其性质登记相应方向。如"银行存款""固定资产"两个资产类账户增加，应该记借方；"实收资本"属于所有者权益类账户增加，应该记贷方。

（4）根据借贷记账法的记账规则，按照标准的会计分录格式编制会计分录。

如【例2-5】中（6）的分录为：

  借：银行存款   500 000
    固定资产   4 000 000
   贷：实收资本   4 500 000

4. 会计分录种类

填制会计分录的基本原则是明确账户对应关系，理顺经济业务资金的来龙去脉。会计分录按所涉及的账户数量多少，可以分为简单会计分录和复合会计分录。其中：简单会计分录，指涉及的账户数量只有两个，也就是一个账户的借方与另一个账户的贷方发生对应关系的会计分录，即一借一贷的会计分录。复合会计分录，指涉及的账户数量在两个以上，也就是一个账户的借方与另外几个账户的贷方发生对应关系的会计分录，即一借多贷的会计分录；或几个账户的借方与另外一个账户的贷方发生对应关系的会计分录，即多借一贷的会计分录；几个账户的借方和几个账户的贷方发生对应关系的会计分录，即多借多贷的会计分录。企业编制复合会计分录，可以全面、集中地反映经济业务的全貌，简化记账手续，提高工作效率。

值得注意的是：（1）复合会计分录可以分成几个简单会计分录列示；（2）没有相互联系的经济业务形成的简单会计分录不可以合并成为复合会计分录；（3）一般不宜填制多借多贷的会计分录，实际工作中必须拆分成简单会计分录、多借一贷的会计分录或一借多贷的会计分录，主要原因是账户对应关系不明确。

（五）试算平衡

借贷记账法还有一项功能就是自动检查记账准确性，这就是试算平衡功能。企业在期末对账过程中，为了检查账户记录是否正确，一般采取编制试算平衡表的方式予以检查，了解记录的准确性。

试算平衡，就是根据记账规则的要求，按照会计恒等式原理，通过汇总方式计算各账户发生额和余额，来检查账户记录的正确性、完整性。借贷记账法遵循"有借必有贷、借贷必相等"的记账规则，即对企业所发生的每一项经济业务，同时记入有关账户的借方和贷方，且其金额应相等。以此类推，当某一会计期间所发生的业务都记入相关账户后，所有账户的借方发生额的合计数与贷方发生额的合计数也必然相等，这就是本期发生额平衡法。同样，某一会计期间所发生的业务都记入相关账户后，全部账户的借方期末余额的合计数与贷方期末余额的合计数也必然相等，这就是余额平衡法。试算平衡是通过编制试算平衡表进行的，既可以按照发生额编制，也可以按照余额编制，或者两者的结合。其平衡公式表达如下：

  全部账户本期借方发生额合计＝全部账户本期贷方发生额合计   （2.11）
  全部账户期末借方余额合计＝全部账户期末贷方余额合计   （2.12）

试算平衡表编制步骤：（1）将企业各账户的期初余额逐一登记在试算平衡

表的期初余额栏目;(2) 根据企业本期发生的经济业务编制会计分录;(3) 将本期各账户期初余额和本期发生额分别记入各账户的 T 型账户中,并计算出期末余额;(4) 将各账户本期借方发生额合计数和贷方发生额合计数及期末余额登记进入试算平衡表;(5) 计算出试算平衡表所有账户本期全部借方发生额合计数、所有账户本期全部贷方发生额合计数和所有账户余额合计数。最后,看看发生额与余额是否相等。下面举例说明试算平衡表的编制。

【例 2-6】江南机械制造有限公司在 2018 年 8 月各账户的月末余额如表 2-7 所示。

表 2-7　　　　　　　　2018 年 8 月各账户的月末余额　　　　　　　单位:元

资产	金额	负债及所有者权益	金额
库存现金	3 300	短期借款	12 300 000
银行存款	3 200 000	应付账款	0
应收票据	100 000	应交税费	100 000
应收账款	0	应付职工薪酬	100 000
原材料	3 010 000	长期借款	10 000 000
库存商品	3 486 700	负债合计	22 500 000
长期股权投资	7 200 000	实收资本	42 550 000
无形资产	11 000 000	资本公积	50 000
固定资产	38 000 000	盈余公积	800 000
		未分配利润	100 000
		所有者权益合计	43 500 000
资产合计	66 000 000	负债及所有者权益合计	66 000 000

该企业 9 月份发生如下经济业务:

(1) 收到股东 A 追加投入的资本 1 000 000 元,款项已存入银行。

(2) 企业购买一批材料,价值 25 000 元,材料已验收入库且款项已以银行存款支付。

(3) 企业为生产甲产品从仓库中领用材料 900 000 元。

(4) 企业购入不需要安装的设备一台,款项 1 500 000 元尚未支付,设备已交付使用。

(5) 企业向银行借入短期款项 300 000 元,直接归还供应单位货款。

(6) 月末,结转完工产品成本 900 000 元。

(7) 企业从银行提取现金 3 000 元。

根据上述业务编制会计分录如下:

(1) 借：银行存款　　　　　　　　　　　　1 000 000
　　　贷：实收资本　　　　　　　　　　　　　　1 000 000
(2) 借：原材料　　　　　　　　　　　　　　25 000
　　　贷：银行存款　　　　　　　　　　　　　　　25 000
(3) 借：生产成本　　　　　　　　　　　　　900 000
　　　贷：原材料　　　　　　　　　　　　　　　　900 000
(4) 借：固定资产　　　　　　　　　　　　1 500 000
　　　贷：应付账款　　　　　　　　　　　　　　1 500 000
(5) 借：应付账款　　　　　　　　　　　　　300 000
　　　贷：短期借款　　　　　　　　　　　　　　　300 000
(6) 借：库存商品　　　　　　　　　　　　　900 000
　　　贷：生产成本　　　　　　　　　　　　　　　900 000
(7) 借：库存现金　　　　　　　　　　　　　　3 000
　　　贷：银行存款　　　　　　　　　　　　　　　　3 000

根据以上分录登记相应的账户，期末结出各账户的本期发生额和期末余额，如图 2-15 所示。

借	库存现金	贷	借	银行存款	贷
期初余额　3 300			期初余额　3 200 000	(2)　25 000	
(7)　3 000			(1)　1 000 000	(7)　3 000	
本期发生额　3 000	本期发生额　—		本期发生额　1 000 000	本期发生额　28 000	
期末余额　6 300			期末余额　4 172 000		

借	应收账款	贷	借	原材料	贷
期初余额　0			期初余额　3 010 000	(3)　900 000	
			(2)　25 000		
本期发生额　—	本期发生额　—		本期发生额　25 000	本期发生额　900 000	
期末余额　0			期末余额　2 135 000		

借	库存商品	贷	借	固定资产	贷
期初余额　3 486 700			期初余额　38 000 000		
(6)　900 000			(4)　1 500 000		
本期发生额　900 000	本期发生额　—		本期发生额　1 500 000	本期发生额　—	
期末余额　4 386 700			期末余额　39 500 000		

借	短期借款	贷	借	应付账款	贷
	期初余额 12 300 000		(5) 300 000	期初余额 0	
	(5) 300 000			(4) 1 500 000	
本期发生额 —	本期发生额 300 000		本期发生额 300 000	本期发生额 1 500 000	
	期末余额 12 600 000			期末余额 1 200 000	

借	实收资本	贷	借	生产成本	贷
	期初余额 42 550 000		期初余额	(6) 900 000	
	(1) 1 000 000		(3) 900 000		
本期发生额 —	本期发生额 1 000 000		本期发生额 900 000	本期发生额 900 000	
	期末余额 43 550 000		期末余额 0		

图 2-15 T 型账户登记示意图

通过试算平衡表来检查账簿记录是否正确并不是绝对的，如果借贷双方合计数不相等，表明账户记录中必定存在差错；反之，如果借贷双方合计数相等，只能说明记账工作一般是正确的，但并不排除存在错误的可能性，这是因为试算平衡表是依据借贷记账法的记账规则进行的，只要违反记账规则的记账错误都能发现，而不违反记账规则的错误，如整笔分录重记或漏记、借贷双方同金额多记或少记、借贷双方记账方向颠倒、会计科目用错等，由于借贷双方合计数仍相等，所以通过试算平衡表不能发现记账错误。

根据账户记录进行试算平衡，如表 2-8 所示。

表 2-8　　　　　　　　　　　试算平衡表　　　　　　　　　　　单位：元

账户名称	期初余额		本期发生额		期末余额	
	借方	贷方	借方	贷方	借方	贷方
库存现金	3 300		3 000	—	6 300	
银行存款	3 200 000		1 000 000	28 000	4 172 000	
应收账款	0		—	—	0	
应收票据	100 000				100 000	
原材料	3 010 000		25 000	900 000	2 135 000	
库存商品	3 486 700		900 000	—	4 386 700	
固定资产	38 000 000		1 500 000	—	39 500 000	
长期股权投资	7 200 000				7 200 000	
无形资产	11 000 000				11 000 000	

续表

账户名称	期初余额		本期发生额		期末余额	
	借方	贷方	借方	贷方	借方	贷方
短期借款		12 300 000	—	300 000		12 600 000
应付账款		0	300 000	1 500 000		1 200 000
应交税费		100 000				100 000
应付职工薪酬		100 000				100 000
长期借款		10 000 000				10 000 000
实收资本		42 550 000	—	1 000 000		43 550 000
资本公积		50 000	—	—		50 000
盈余公积		800 000				800 000
利润分配		100 000				100 000
生产成本			900 000	900 000		
合计	66 000 000	66 000 000	4 628 000	4 628 000	68 500 000	68 500 000

【本章小结】

会计要素是会计对象的具体化。会计要素按《企业会计准则》规定分为六大类：资产、负债、所有者权益、收入、费用和利润。会计要素之间不是彼此独立的，而是相互依存的，它们之间的关系形成会计恒等式。其中：

资产＝负债＋所有者权益

利润＝收入－费用

经济业务的发生会引起会计恒等式的会计要素发生增减变动，但会计恒等式的平衡关系永远不会被破坏。其变化类型有四种：(1) 引起会计恒等式左右两边同等金额增加；(2) 引起会计恒等式左右两边同等金额减少；(3) 引起会计恒等式左边资产内部项目此增彼减，增减金额相等；(4) 引起会计恒等式右边权益内部项目此增彼减，增减金额相等。

会计科目是对会计要素进行分类核算的项目。企业应根据其实际情况设置会计科目、每一个科目都有特定的核算内容，会计科目按其详细程度不同分总分类科目和明细分类科目，企业还可根据其管理需要设置二级科目。

账户是根据会计科目开设的，具有一定格式，用来分类连续地记录经济业务，反映会计要素增减变动及其结果的一种工具，账户是会计的基本核算方法之一。账户是有格式的，其简化格式为"T"字型，在实际工作中最常用的采用三栏式。

复式记账法是指对每一项经济业务，都要以相等的金额在两个或两个以上相互联系的账户中同时登记的一种记账方法。它是一种科学的记账方法，是会计的基本核算方法之一。现在普遍采用的是借贷记账法，它是以"借""贷"作为记账符号，并以"有借必有贷，借贷必相等"作为一种记账规则的复式记账法。

【知识拓展】

负债理论的业主权论和主体论

负债理论包括业主权论和主体论。业主论认为只有业主（终极所有者）才是企业权益的享有者，企业资产为业主所拥有，负债是业主承担的未来义务，净收益表示业主财富的增加，在业主权论下对负债性质有两种观点：一是将负债视为负资产负债；二是将负债视为义务；主体论认为企业与其终极所有者是两个相互分离、独立存在的主体，在持续经营的前提下，资产、负债、收入、费用等都是企业主体所有的，企业的债权人与终极所有者一样是企业的资金提供者，同时，二者又因其向企业提供资金而拥有对企业的权益。一是负债视为权益或求偿权；二是将负债视为资金来源。

公积金的本质

公积金实质是企业所有者共享的但不能作为利润分配的权益。资本公积是与缴入资本相关的但又不享受权益的资本投入。盈余公积则与国外的法定准备相同，属于限制利润分配的一种手段。

美国的拨定留存收益完全是公司自己的事，其比例大小由股东大会决定，法律对此未作任何强制规定。拨定留存收益对利润分配作一限制，不须划拨相应的资产。对于与缴入资本相关的但又不享受所有者日常权益的资本投入，分项列示，如"超面值缴入股本""捐赠资本"等。日本的商法要求公司设立下列准备：（1）资本准备。即前面提到的资本公积金。包括股票溢价和因资本减少或兼并而产生的正差异。如果兼并时所产生的正差异等于法定准备与被合并公司其他留存收益之和，可以不作为法定准备，而在资本准备下列示。（2）法定准备。即前面提到的利润公积金。日本的公司在每一会计年度，至少按支付的现金股利的10%计提法定准备，提满股本的25%为止。法国的准备主要包括法定准备、约定准备、重估价准备以及管制资本利得准备等。法国公司必须按股本的10%提取法院定准备；约定准备是根据公司章程有关条款提取的准备或类似的任意准备；重估价准备是根据1975年法定重估价而设立的，一般显得并不重要。管制资本利得时，如果将利得列入准备，公司就可以要求15%的特别税率；但若用于分配时，必须纳全额的税。

行政事业单位的会计等式

（1）资产＝负债＋净资产
（2）收入－支出＝结余　　　理解：（结余是净资产的一个子项目）
（3）资产＝负债＋净资产＋收入－支出
这个公式可以进一步变形为：
资产＋支出＝负债＋净资产＋收入　　（资产负债表编表等式）

商朝基本计数和进位制

商朝时期属于甲骨文时代，这时基本计数的概念和进位制已经具备。

《殷墟文字丙编》第147片，是武丁时的占卜记录，内容如下：壬子卜，争贞：我其乍邑，帝弗口，若？三月。一、二、三、四、五、六、七、八、九、十。癸丑卜，争贞：勿乍邑，帝若？一、二、三、四、五、六、七、八、九、十。口丑卜，争贞：我宅邑，大口，帝若？三月。一、二、三、四、五、六、七、八、九、十。癸丑卜，争贞：帝弗若？一、口、口、口、五、六、口、口、九、十。

这段甲骨文的意思是：壬子日占卜，贞卜争问：我要兴建城邑，天帝没有什么不便，会答应吗？时在三月。癸丑日占卜，贞人争问：不兴建城邑，天帝答应吗？癸丑日占卜，贞人争问：我朝住在这个城邑，天帝同意吗？时在三月。这些甲骨文的记录表明，个位至万位的进位制已经在社会生活中得到运用，从而为文字叙述式的会计计量思想打下了基础。

公元前1400年中国商代甲骨文中有了相当完善的十进位值制记数法，这是世界上最早的十进位值制记数法——十进位制记数法早在我国原始社会就形成了，完成于奴隶社会初期的商代，到商代已发展为完整的十进制系统，并且有了"十""百""千""万"等专用的大数名称。1899年从河南安阳发掘出来的象形文字，是大约3 000多年前的殷代甲骨文。其中载有许多数字记录，最大的数目字是3万。如有一片甲骨上刻着"八日辛亥允戈伐二千六百五十六人。"（八日辛亥那天的战争中，消灭了敌方2 656人）。这段文字说明我国在公元前1600年，已经采用了十进位值制记数法。这种记数法中，没有形成零的概念和零号，但由于引入了几个表示数位的特殊的数字如十、百、千、万等 能确切地表示出任何自然数，因而也是相当成功的十进位值制记数法，历代稍有变革，但其基本框架则一直沿用至今。

【本章思考与练习题】

一、思考题

1. 什么是会计要素？其内容是什么？
2. 为什么任何经济业务的发生都不会破坏会计恒等式的平衡关系？

3. 什么是会计科目？会计科目分为哪几类？设置会计科目应遵循哪些原则？
4. 什么是账户？账户与会计科目有什么区别与联系？
5. 试说明账户的基本结构及一个完整的账户结构应包括的内容。
6. 什么是复式记账法？它有什么特点？
7. 什么是会计分录和账户对应关系？
8. 什么是借贷记账法的试算平衡？有哪几种编制方法？
9. 什么是借贷记账法？包括哪些基本内容？
10. 试说明借贷记账法下记账符号和账户结构。

二、练习题

1. 练习会计要素的划分

资料：某企业2018年3月末各项目资料如下：

（1）企业库存现金6 000元。

（2）存入银行的款项150 000元。

（3）向银行借入1年期借款100 000元。

（4）应付的购货款150 000元。

（5）应收取的销货款85 000元。

（6）库存材料80 000元。

（7）正在加工中的在产品50 000元。

（8）应付给职工的工资20 000元。

（9）仓库里存放的库存商品180 000元。

（10）向银行借入5年期的借款400 000元。

（11）房屋建筑物800 000元。

（12）机器设备500 000元。

（13）所有者投入资本2 000 000元。

（14）以前年度尚未分配的利润100 000元。

（15）提取的盈余公积金180 000元。

（16）专利权80 000元。

（17）对外单位长期股权投资700 000元。

要求：根据上述资料，判断各项目应属于哪一项会计要素；计算该企业资产总额、负债总额和所有者权益总额，并说明是否符合会计恒等式。

2. 练习经济业务发生对会计恒等式的影响

资料：某企业2018年4月1日资产项目合计为8 000 000元，负债项目合计为3 000 000元，所有者权益项目合计为5 000 000元。

该企业2018年4月份发生下列经济业务：

（1）接受新股东投入的资本2 000 000元，存入银行。

(2) 从银行提取现金 10 000 元备用。
(3) 以银行存款归还到期的短期借款 500 000 元。
(4) 用银行存款购入机器一台，价值 450 000 元，机器交付使用。
(5) 收到购货单位所欠货款 200 000 元，已存入银行。
(6) 以银行存款 40 000 元缴纳各种税金。
(7) 按规定将 100 000 元资本公积转增资本。
(8) 将一笔长期借款 300 000 元转作为对企业的投资。
(9) 接受股东投入的汽车一辆，价值为 200 000 元。

要求：

(1) 分析上述各项经济业务发生后，对会计恒等式中有关项目会计要素的增减变动，说明经济业务类型。

(2) 月末，计算资产、负债和所有者权益三要素的总额，并列出会计等式。

3. 练习常用会计科目的分类。

资料：

会计科目	资产类	负债类	所有者权益类	成本类	损益类
库存现金					
生产成本					
主营业务成本					
原材料					
固定资产					
累计折旧					
预收账款					
实收资本					
预付账款					
财务费用					
银行存款					
资本公积					
应收账款					
应付账款					
主营业务收入					

要求：上列会计科目各属于哪类？填入上表适当类别（用"√"表示）。

4. 分析会计科目

资料：见练习题 1 中的资料。

要求：判断上列各项目的科目名称及所属要素。

5. 熟悉各类账户的结构

资料：某企业2018年4月份有关账户的资料如下：

单位：元

账户名称	期初余额	本期借方发生额	本期贷方发生额	期末余额
库存现金	1 200	3 000	2 000	
预付账款	2 000		6 000	4 000
应付账款	3 000	6 000		3 500
固定资产	200 000	80 000	30 000	
资本公积		50 000	60 000	100 000
原材料	20 000		30 000	40 000
预收账款		3 000	5 000	8 000

要求：计算表中各账户的有关数据并填在相应的空格中。

6. 练习运用借贷记账法编制会计分录和登记账户

资料：某企业2018年6月初有关账户的期初余额如下：

单位：元

资产	金额	负债及所有者权益	金额
库存现金	2 000	短期借款	160 000
银行存款	80 000	应付账款	180 000
应收账款	26 000	应交税费	100 000
原材料	12 000	长期借款	1 000 000
库存商品	250 000	实收资本	2 460 000
生产成本	130 000	资本公积	150 000
固定资产	3 800 000	盈余公积	250 000
合计	4 300 000	合计	4 300 000

该企业6月份发生如下经济业务：

(1) 从银行提取现金6 000元。

(2) 接受新股东投入资本800 000元，款项已存入银行。

(3) 车间向仓库领用材料一批价值34 000元，用于A产品生产。

(4) 以银行存款80 000元偿还应付供货单位货款。

(5) 以银行存款购入全新汽车一辆，价值220 000元。

(6) 向银行取得3年期的借款600 000元，存入银行。

(7) 以银行存款交纳各种税金 30 000 元。
(8) 收到某股东投入材料一批价值 400 000 元，材料已验收入库。
(9) 经批准以资本公积 200 000 元转增资本。
(10) 收到购货单位前欠货款 20 000 元，款已存入银行。
(11) 以银行存款归还到期的短期借款 200 000 元。
(12) 完工产品一批已验收入库，其成本为 135 000 元。
(13) 将盈余公积 200 000 元转增资本。

要求：
(1) 根据上述各项经济业务，用借贷记账法编制会计分录。
(2) 开设各账户（T字型）登记期初余额、本期发生额及期末余额，编制总分类账户发生额和余额试算平衡表。

【本章案例分析】

案例名称：会计要素与会计科目的理解与应用

一、案例背景资料

高盛公司是由四个股东共同出资建立的股份制企业，总资金 6 000 万元，股东 A 出资现金 1 000 万元，股东 B 出资机器价值 1 800 万元，股东 C 出资厂房价值 1 000 万元，股东 D 出资土地价值 2 200 万元。用于制造甲、乙两大系列产品。经营者不满足现状，在企业建立后向银行借入长期借款 2 000 万元。会计是如何将公司资金完整地记入企业账本；公司发展涉及很多方面的问题，如原料购进、产品生产、工资支付、产品销售、价格制定等。

二、案例分析要点

1. 如果你是公司会计，你将从哪里入手？
2. 分析本公司的资产、所有者权益及负债有哪些要素项目？各自的金额是多少？
3. 该公司的现有数据能够体现会计恒等式的关系吗？
4. 指出该案例公司所涉及的会计科目，并编制有关会计分录。

第二章　账户与复式记账的应用

【引入案例】

小智是一名会计专业大一的学生，暑假时他去一家公司实习。在实习的过程中，他遇到了几个疑惑：

(1) 企业的发展离不开资金的筹备，那么，企业可以通过哪几种方式筹集资金，这些不同的方式在进行账务处理时又有哪些不同呢？

(2) 企业将筹集到的资金准备投入生产时，应该如何通过账务处理记录资金的运动呢？

(3) 企业进行生产的目的就是为了制造出产品，那么，企业在核算本企业产品成本的时候，除了发生计入产品生产成本的费用外，还会发生一些与生产产品无关的经济利益的流出。企业应该如何区分它们，并且如何进行账务处理呢？

(4) 对企业而言，销售环节是将转移到产品里的资金变现的环节。那么，企业应当如何记录账务，从而使管理者能够清晰地看出产品的销售收入与成本之间的关系呢？

(5) 企业应该如何计算并通过账簿将企业的经营成果记录下来呢？

同学们，看到这个案例，你们的心中是否也存在着类似的疑惑：复式记账在会计实务工作中是如何运用的？希望通过本章的学习，能够解开大家心中的疑惑。

【学习目的与要求】

1. 理解账户的设置内容、经济业务的类型，掌握账户和复式记账的应用。

2. 熟练掌握企业资金筹集业务的核算，包括投入资本和借入资本的核算，尤其是利息的核算。

3. 熟练掌握企业生产准备业务的核算内容，包括固定资产购建业务的核算、材料采购业务的核算，深刻理解和掌握资产入账价值的计量、采购时是否当即付款的会计处理。

4. 熟练掌握企业产品生产业务的核算，包括直接材料、直接人工、固定资产折旧、其他费用、制造费用的分配与结转、完工产品成本的计算与结转等。

5. 熟练掌握企业产品销售业务的核算，包括营业收入、营业成本、税金及附加，以及销售费用的核算。

6. 熟练掌握企业财务成果形成与分配的核算，包括营业外收支（即利得与损失）、月末结转、所得税费用的计算与结转、利润分配的核算及年末结转等。

第一节 资金筹集业务的核算

要建立一个企业，首先必须筹集一定数量的资金。资金筹集是企业生产经营活动的首要条件，是资金运动全过程的起点。企业筹资是指从各种渠道取得资金。企业的资金，从来源来看有两种途径：一是接受投资者投入的资金，形成投入资本（即所有者权益）；二是向债权人借入的资金，形成债务资本或借入资本（即债权人权益或负债）。本节主要介绍权益资本和借入资本的核算。

一、投入资本的核算

公司是指依照《公司法》在中国境内设立的有限责任公司和股份有限公司。公司可以设立分公司，但不具有法人资格，其民事责任由公司承担；也可以设立子公司，具有法人资格，依法独立承担民事责任。

任何一个公司的设立，都必须有注册资本。有限责任公司的注册资本为在公司登记机关登记的全体股东认缴的出资额。股东可以用货币出资，也可以用实物、知识产权、土地使用权等可以用货币估价并可以依法转让的非货币财产作价出资；但是，法律、行政法规规定不得作为出资的财产除外。股份有限公司的设立要有符合公司章程规定的全体发起人认购的股本总额或者募集的实收股本总额；设立方式有发起设立和募集设立两种，设立方式不同注册资本的含义也略有不同；前者，注册资本为在公司登记机关登记的全体发起人认购的股本总额，在发起人认购的股份缴足前，不得向他人募集股份；后者，注册资本为在公司登记机关登记的实收股本总额，且发起人认购的股份不得少于公司股份总数的35%。

投入资本是指投资者或全体股东（包括国家、法人、个人和外商）投入的资本金，体现出资者权益，其资本的取得主要通过接受投资、发行股票或内部融资形成。这里主要讲述公司因接受投资、发行股票形成的投入资本，包括实收资本（或股本）和资本公积等。实收资本（或股本）是指全体股东实际认缴的出资额所享有的份额部分（即投资者投资比例与公司注册资本总额之积），或因发行股票实际发生的股票面值（即股本），不同于但最终应当等于注册资本总额；股份制公司、企业投入的资本计入股本；有限制公司、合伙企业、个人独资企业投入的资本计入实收资本。资本公积是指全体股东实际认缴的出资额超过所享有份额的资本溢价，或因发行股票实际收到的超过股票面值的股本溢价。

（一）账户设置

1. "实收资本（或股本）"账户

该账户属于所有者权益类账户，核算投资者投入企业的资本增减变动和结存情况。其贷方登记企业实际收到投资者投入的资本；借方一般不进行核算，根据有关法规规定，一般不允许企业的投资人或股东在经营期间抽回其投资额。为了保护债权人的利益，只有企业解散或减资时，才核算投资人抽回的投资额；期末余额在贷方，表示期末企业资本数额或股本数额。当企业收到投资者投入资金超过其在注册资本中所占金额，则超过部分的资金作为资本溢价或股本溢价，在"资本公积"账户中核算，不计入本账户。本账户应当按投资者进行明细核算。

2. "资本公积"账户

本账户属于所有者权益类账户，核算企业收到投资者出资超过其注册资本或股本中所占的份额以及直接计入所有者权益的利得和损失等。其贷方登记企业取得的资本公积；借方登记由于其转增资本、弥补亏损等原因而引起的资本公积减少数；期末余额在贷方，反映企业资本公积的余额。本账户应按"资本溢价"或"股本溢价""其他资本公积"设置明细分类账户进行明细核算。

（二）投入资本业务的总分类核算

投入资本业务主要核算企业取得的资本和由于投资者投入资本超过其注册资本中所占的份额而增加的资本公积。股票发行分为溢价、平价、折价三种方式。我国规定企业不允许折价发行，只能溢价或者平价发行股票。由于股本是以其股票的面值计价的，溢价发行超过面值部分扣除相关手续费、佣金等发行费后应计入资本公积。下面举例说明其核算。

【例3-1】2018年12月1日，江南服装股份有限公司收到威海公司用于购买本公司发行的120万股股票的货币资金200万元，存入银行，股票面值为1元。

江南服装股份有限公司发行股票是溢价发行的，根据规定，发行的股票应按其面值作为股本，超过面值发行取得的资金应作为股本溢价，计入资本公积。因此这项经济业务的发生，一方面使公司银行存款增加，应记入"银行存款"账户借方；另一方面使公司的股本和资本公积增加，应记入"股本"账户和"资本公积"账户贷方。编制会计分录如下：

借：银行存款　　　　　　　　　　　　　　　　2 000 000
　　贷：股本——威海公司　　　　　　　　　　　　1 200 000
　　　　资本公积——股本溢价　　　　　　　　　　　800 000

【例3-2】2018年12月5日，江南服装股份有限公司收到宏信公司投入的机器一台，机器原价200万元。投资双方协议该设备按公允价值入账，该设备的公允价值为140万元，增值税税率为16%，增值税税额224 000元，换取本公司面值为1元的股票162.4万股。

根据规定，接受投资者投入的固定资产，按投资合同或协议约定的价值入账。这项经济业务的发生，一方面使公司资产中的固定资产增加，应记入"固定资产"账户借方；增值税224 000元单独作为抵扣的进项税额进行核算，不计入固定资产的入账价值，应记入"应交税费"账户借方；另一方面使公司所有者权益中的股本增加，应记入"股本"账户贷方。编制会计分录如下：

借：固定资产——机器　　　　　　　　　　　　1 400 000
　　应交税费——应交增值税（进项税额）　　　　　224 000
　　贷：股本——宏信公司　　　　　　　　　　　　1 624 000

【例3-3】2018年12月6日，江南服装股份有限公司收到雨虹公司投资的乙材料80 000千克，价值480 000元，增值税税率16%，增值税税额76 800元，换取本公司面值为1元的股票45万股。

这项经济业务的发生，一方面使公司资产中的原材料增加，其入账价值按双方约定的价值480 000元入账，应记入"原材料"账户借方；增值税76 800元单独作为抵扣的进项税额进行核算，不计入原材料的入账价值，应记入"应交税费"账户借方；另一方面使公司所有者权益中的股本增加，根据规定，公司收到投资者投入资本超过其注册资本中所占金额，应计入资本公积，因此应记入"股本"和"资本公积"账户贷方。编制会计分录如下：

借：原材料——乙材料　　　　　　　　　　　　　480 000
　　应交税费——应交增值税（进项税额）　　　　　　76 800
　　贷：股本——雨虹公司　　　　　　　　　　　　　450 000
　　　　资本公积——股本溢价　　　　　　　　　　　106 800

【例3-4】2018年12月6日，江南服装股份有限公司收到深鑫公司投入的商标权一项，双方约定按600 000元入账，增值税税率为6%，增值税税额36 000元，换取本公司面值为1元的股票60万股。

这项经济业务的发生，一方面使公司的无形资产增加，应记入"无形资产"账户借方；另一方面使公司的股本增加，应记入"股本"账户贷方。编制会计分录如下：

借：无形资产——商标权　　　　　　　　　　　　　　　　600 000
　　　应交税费——应交增值税（进项税额）　　　　　　　　 36 000
　　贷：股本——深鑫公司　　　　　　　　　　　　　　　　600 000
　　　　资本公积——股本溢价　　　　　　　　　　　　　　 36 000

【例3-5】2018年12月8日，江南服装股份有限公司向社会公众发行普通股400万股，每股面值1元，发行价10元，所筹集资金已存入银行。

这项经济业务的发生，一方面使公司银行存款增加，应记入"银行存款"账户借方；另一方面使公司的股本和资本公积增加，应记入"资本公积"账户和"股本"账户贷方。编制会计分录如下：
借：银行存款　　　　　　　　　　　　　　　　　　　　40 000 000
　　贷：股本——普通股　　　　　　　　　　　　　　　　 4 000 000
　　　　资本公积——股本溢价　　　　　　　　　　　　　36 000 000

二、借入资本的核算

借入资本是指通过银行或其他金融机构等渠道，采用银行借款、发行债券、商业信用融资等方式筹措获得的债务资本。其中，采用银行借款、发行债券等方式筹措获得的债务资本称为直接借入资本；商业信用融资主要指企业在经营过程中，通过赊购货物、预收货款等方式借入的资本，又称为间接借入资本。

本书主要介绍银行借款借入资本的核算，其核算内容主要包括三项：一是取得借款；二是持有期内应支付的借款利息；三是到期归还借款本金和利息。

银行借款按偿还期限的长短可分为短期借款和长期借款。短期借款是指企业在生产经营过程中，为弥补生产周转资金的不足，向银行或其他金融机构借入的偿还期限在1年以下（包括1年）的各种借款；长期借款是指企业向银行或其他金融机构借入的偿还期限在1年以上（不包括1年）的各种借款。

银行借款按付息方式可分为三种：按月付息、分期付息（如按季、半年、年付息）、到期一次付息。

（一）账户设置

1."短期借款"账户

本账户属于负债类账户，核算企业向银行或其他金融机构借入的期限在1年以下（包括1年）的各种借款。其贷方登记借入的各种短期借款本金；借方登记短期借款本金的归还；期末余额在贷方，反映企业尚未偿还的短期借款本金。本账户应按债权人设置明细账，并按借款种类进行明细核算。

2."长期借款"账户

本账户属于负债类账户，核算企业向银行或其他金融机构借入的期限在1年以上的各种借款。其贷方登记借入长期借款的本金及利息；借方登记偿还的本金；期末贷方余额，反映企业尚未偿还的长期借款。本账户应按贷款单位和贷款种类设置明细账，并按贷款种类进行明细核算。

3. "应付利息"账户

本账户属于负债类账户，核算企业按照合同约定支付的利息，包括吸收存款、分期付息到期还本的长期借款、企业债券等应支付的利息。其贷方登记按合同利率计算确定的应付未付利息；借方登记实际支付的利息；期末余额在贷方，反映企业应付未付的利息。本账户应按存款人或债权人设置明细账，进行明细核算。

4. "财务费用"账户

本账户属于损益类账户，核算企业为筹集生产经营资金等而发生的费用，包括利息支出（减利息收入）、汇兑损失（减汇兑收益）以及相关的手续费等。其借方登记企业发生的财务费用；贷方登记发生的应冲减财务费用的利息收入、汇兑收益；期末，应将本账户的余额转入"本年利润"账户，结转后本账户无余额。该账户应按费用项目设置明细账，进行明细核算。

（二）借入资本的总分类核算

直接借入资本按借款期限长短可分为短期借款和长期借款，主要核算包括借入本金、发生借款利息和归还本金三个方面的内容。下面举例说明其核算内容。

1. 短期借款核算

【例3-6】2018年12月1日，江南服装股份有限公司由于生产经营需要，向银行取得借款240万元，期限为6个月，年利率4.5%，合约规定利息在借款到期时支付，所得借款存入银行。

这项经济业务的发生，一方面使公司资产中的银行存款增加240万元，应记入"银行存款"账户借方；另一方面使公司负债中的短期借款增加240万元，应记入"短期借款"账户贷方。编制会计分录如下：

　　借：银行存款　　　　　　　　　　　　　　2 400 000
　　　　贷：短期借款　　　　　　　　　　　　　　2 400 000

【例3-7】2018年12月31日，江南服装股份有限公司计提本月银行短期借款利息9 000元。

企业向银行或其他金融机构借入的短期借款所应支付的利息，应按有关规定处理。这项经济业务的发生，一方面按照权责发生制，本月应负担借款利息9 000元（2 400 000×4.5%÷12），应记入"财务费用"账户借方；另一方面本月负担的借款利息记入"应付利息"账户贷方。编制会计分录如下：

　　借：财务费用——利息费用　　　　　　　　　9 000
　　　　贷：应付利息　　　　　　　　　　　　　　9 000

其余5个月的月末支付借款利息，会计分录同上。

【例 3-8】2019 年 6 月 1 日,公司以银行存款归还到期的 6 个月借款本金 2 400 000 元和利息费用 54 000 元。

这项经济业务的发生,一方面使公司负债中的短期借款减少,应记入"短期借款"账户借方;应负担的借款利息 54 000 元(9 000×6),应记入"应付利息"借方;另一方面使公司资产中的银行存款减少,应记入"银行存款"账户贷方。编制会计分录如下:

借:短期借款　　　　　　　　　　　　　　　　2 400 000
　　应付利息　　　　　　　　　　　　　　　　　　 54 000
　　贷:银行存款　　　　　　　　　　　　　　　　　　 2 454 000

2. 长期借款核算

【例 3-9】2018 年 12 月 31 日,江南服装股份有限公司为了购买一条生产流水线向银行借入 3 年期的借款 24 000 000 元,年利率 6%,按照约定到期一次还本付息,此项借款已存入公司在银行开设的账户中。

这项经济业务的发生,一方面使公司资产中的银行存款增加,应记入"银行存款"账户借方;另一方面使公司负债中的长期借款增加,应记入"长期借款"账户贷方。编制会计分录如下:

借:银行存款　　　　　　　　　　　　　　　　24 000 000
　　贷:长期借款——本金　　　　　　　　　　　　　24 000 000

【例 3-10】2019 年 1 月 31 日,江南服装股份有限公司计提本月利息 120 000 元(24 000 000×6%/12)。

按照《企业会计准则》规定,为购建固定资产的专门借款所发生的借款费用,符合条件的情况下资本化,计入资产的资本,其他借款费用均应于发生当期确认为费用,直接计入当期财务费用。在此例中为了简化核算,假设其借款费用均计入财务费用。因此,这项经济业务的发生,一方面使公司当期费用中的财务费用增加,应记入"财务费用"账户借方;另一方面使公司长期借款中的应计利息增加,应记入"长期借款——应计利息"账户贷方。编制会计分录如下:

借:财务费用——利息费用　　　　　　　　　　　120 000
　　贷:长期借款——应计利息　　　　　　　　　　　　120 000

以后 35 个月每月计提该长期借款的会计分录同上。

2021 年 1 月 1 日,江南服装股份有限公司归还所借本金 24 000 000 元及利息 4 320 000 元。

这项归还长期借款的经济业务的发生,一方面使公司银行借款本金减少,应记入"长期借款——本金"账户借方;同时长期借款中的应计利息 4 320 000 元 (24 000 000×6%×3) 减少,应记入"长期借款——应计利息"账户借方;另一方面银行存款减少,应记入"银行存款"账户贷方。编制会计分录如下:

```
借：长期借款——本金                                24 000 000
       ——应计利息                                  4 320 000
   贷：银行存款                                     28 320 000
```

【例3-11】 2018年12月1日，江南服装股份有限公司按照约定归还以前所借长期借款一年期利息1 440 000元。

这项经济业务的发生，一方面使公司负债中的应付利息减少，应记入"应付利息"账户借方；另一方面使公司资产中的银行存款减少，应记入"银行存款"账户贷方。编制会计分录如下：

```
借：应付利息                                        1 440 000
   贷：银行存款                                     1 440 000
```

以后每年借款利息处理同上。

【例3-12】 2018年12月8日，江南服装股份有限公司以存款归还三年前借入的到期的借款本金8 000 000元。

这项经济业务的发生，一方面使公司负债中的长期借款减少，应记入"长期借款"账户借方；另一方面使公司资产中的银行存款减少，应记入"银行存款"账户贷方。编制会计分录如下：

```
借：长期借款——本金                                 8 000 000
   贷：银行存款                                     8 000 000
```

第二节 生产准备业务的核算

企业为进行生产经营活动，就需要购置机器、设备，建造厂房、建筑物等固定资产，以及购买和储备产品生产用的材料等存货。因此，企业在资金筹集后，一方面要购建固定资产，另一方面要采购材料等劳动对象。生产准备业务主要核算两个内容，即固定资产购建业务的核算和材料采购业务的核算。

一、固定资产购建业务的核算

固定资产的购建包括固定资产的购买和建造。它是货币资金转化为非货币资金的过程。企业固定资产的取得，包括企业购建、接受投资者投入、融资租入和接受捐赠等，但是购建是企业取得固定资产最主要的方式。固定资产是指使用期限超过1年的房屋、建筑物、机器、机械、运输工具以及其他与生产、经营有关的设备、器具、工具等。它是一种有形资产，应该同时具有下列两个特征：一是企业为生产商品、提供劳务、出租或经营管理而持有的；二是使用寿命超过一个会计期间。

在固定资产购建过程中,关键环节是价值的确认。按照《企业会计准则》的规定,应当按成本进行初始计量,即购建的固定资产应按原价入账。从理论上讲,固定资产原价应包括企业为购建某项固定资产达到预定可使用状态前发生的一切合理的、必要的支出。其中外购固定资产的成本,包括购买价款、进口关税和其他税费,使固定资产达到预定可使用状态前所发生的可归属于该项资产的场地整理费、运输费、装卸费、安装费和专业人员服务费等。企业购买或建造固定资产中的进项税额按照规定是可以抵扣的;但购建不动产涉及的增值税进项税额应分两年抵扣,取得时抵扣60%,剩余的40%计入待抵扣进项税额,留待第二年继续抵扣。也就是说,增值税进项税额不计入固定资产成本。

（一）账户设置

1. "固定资产"账户

本账户属于资产类账户,核算企业固定资产原价的增减变动和结存情况。其借方登记增加的固定资产原始价值;贷方登记减少的固定资产原始价值;期末余额在借方,反映企业期末固定资产的账面原价。该账户应按固定资产类别、使用部门和每项固定资产设置明细分类账,进行明细分类核算。

2. "在建工程"账户

本账户属于资产类账户,核算企业进行基建工程、安装工程、技术改造工程、大修理工程等发生的实际支出,包括需要安装设备的价值。其借方登记发生各项工程的实际支出数;贷方登记固定资产竣工、交付使用时的实际支出数;期末余额在借方,反映企业尚未完工的基建工程发生的各项实际支出。该账户应按工程项目设置明细账,进行明细分类核算。

3. "工程物资"账户

本账户属于资产类账户,核算企业为基建工程、更新改造工程和大修理工程准备的各种物资的实际成本。其借方登记企业购入为工程准备的物资;贷方登记工程领用的物资;期末借方余额,反映企业为工程购入但尚未领用的专用材料的实际成本。本账户应当按照"专用材料""专用设备""工具器具"等进行明细核算。

4. "应付账款"账户

本账户属于负债类账户,核算企业因购买货物或接受劳务供应等而应付给供应单位的款项。其贷方登记因购买货物或接受劳务供应等而发生的应付未付的款项;借方登记已经支付或已开出承兑的商业汇票抵付的应付款项;期末贷方余额,反映企业尚未支付的应付账款。本账户应按供应单位设置明细账,进行明细分类核算。

5. "应交税费"账户

本账户属于负债类账户,核算企业按照税法等规定计算应交纳的各种税费,包括增值税、消费税、所得税、资源税、土地增值税、城市维护建设税、房产税、城镇土地使用税、教育费附加、矿产资源补偿费等。其贷方登记企业按规定计算应交纳的各种税费；借方登记实际交纳的各种税费；期末贷方余额，反映企业尚未交纳的各种税费。本账户应按税费种类设置明细账，进行明细分类核算。

本账户共设置10个二级科目，其中，本书只对两个重要的二级科目进行概述："应交税费——应交增值税"账户是用来反映和监督企业应交和实交增值税结算情况的账户，企业购买材料物资时交纳的增值税进项税额记入该账户的借方，企业销售货物时向购买单位收取的销项税额记入该账户的贷方。"应交税费——待抵扣进项税额"是一般纳税人在"应交税费"科目下增设的"待抵扣进项税额"的明细科目，该明细科目用于核算辅导期一般纳税人取得尚未进行交叉稽核比对的已认证专用发票抵扣联、海关进口增值税专用缴款书以及运输费用结算单据（以下简称增值税抵扣凭证）注明或者计算的进项税额。

（二）固定资产购建业务的总分类核算

企业固定资产既可以通过外购取得，也可以通过自行建造取得。下面分别介绍这两种情况下取得固定资产的核算。

1. 购入固定资产的核算

一般而言，外部购入固定资产是企业固定资产增加的主要渠道，包括购入不需要安装的固定资产和购入需要安装的固定资产。

（1）购入不需要安装的固定资产。

购入不需要安装即可投入使用的固定资产，是指购入就可交付使用，无须安装即达到预定可使用状态，如购买汽车等。固定资产应按实际支付的买价、运杂费、保险费及缴纳的相关税费等作为原价入账。如果是国外进口的固定资产，还包括按规定支付的关税。

①购入固定资产增值税进项税额可以抵扣。

【例3-13】2018年12月1日，江南服装股份有限公司购入一台不需要安装的生产用设备，增值税专用发票上载明买价400 000元，进项税额64 000元，包装费12 000元，运输费8 000元，增值税税率为10%，假定增值税税额可抵扣且当月已认证，其他相关费用4 000元，公司开出一张转账支票。

按照规定购入生产经营用的设备属于固定资产，其增值税是可以抵扣的。因此，固定资产的入账价值为424 000元（400 000+12 000+8 000+4 000），进项税额为64 800元（64 000+800），不应该计入固定资产的入账价值。这项经济业务的发生，一方面按确定的原价使公司资产中的固定资产增加，应记入"固定资产"账户借方，同时因购买设备发生的进项税额64 800元，应记入"应交税费"账户借方；另一方面使公司资产中的银行存款减少，应记入"银行存款"账户贷方。编制会计分录如下：

借：固定资产——设备　　　　　　　　　　　　　　　　424 000
　　　　应交税费——应交增值税（进项税额）　　　　　　 64 800
　　　　　贷：银行存款　　　　　　　　　　　　　　　　　488 800
　（2）购入需要安装的固定资产。

　　购入需要安装的固定资产，是指购入后需经过安装才能达到预定可使用状态。购入需要安装的固定资产，从购入到交付使用需要有一个过程，而且在该过程中会陆续发生各种费用，即安装成本。因此，固定资产的原价应包括支付的买价、运杂费、保险费、相关税费和安装成本等。在会计核算中，企业购入固定资产时发生的各项实际支出和安装成本，应先记入"在建工程"账户借方。安装完毕交付时，应将安装工程的全部支出（即已确定的固定资产的入账价值）从"在建工程"账户的贷方转入"固定资产"账户的借方。

　　【例3-14】2018年12月3日江南服装股份有限公司向雨虹公司购入需要安装的机器一台，发票注明价款200 000元，增值税税额32 000元，运输费4 000元，增值税税额400元，其他相关费用6 000元，款项尚未支付，设备已交付安装。假设购入固定资产时增值税进项税额可以抵扣且已认证。

　　这项经济业务的发生，一方面使公司的在建工程成本增加，应记入"在建工程"账户借方，同时购买机器发生的进项税额，应记入"应交税费"账户借方；另一方面款项未付使公司负债中的应付账款增加，应记入"应付账款"账户贷方。编制会计分录如下：

　　借：在建工程——机器　　　　　　　　　　　　　　　 210 000
　　　　应交税费——应交增值税（进项税额）（32 000+400）32 400
　　　　　贷：应付账款——雨虹公司　　　　　　　　　　　242 400

　　【例3-15】2018年12月4日，上述机器安装时领用甲材料8 800元，以现金支付安装工人工资3 200元。设备安装调试完毕，交付使用。

　　安装机器时发生的安装成本应计入固定资产的原价，先记入"在建工程"账户。因此，这项经济业务的发生，一方面使公司在建工程成本增加，应记入"在建工程"账户借方；另一方面使原材料减少，应记入"原材料"账户贷方，而安装人员工资发生时以现金支付，应记入"库存现金"账户贷方。编制会计分录如下：

　　借：在建工程——机器　　　　　　　　　　　　　　　　12 000
　　　　贷：原材料——甲材料　　　　　　　　　　　　　　　8 800
　　　　　　应付职工薪酬　　　　　　　　　　　　　　　　　3 200
　　借：应付职工薪酬　　　　　　　　　　　　　　　　　　 3 200
　　　　贷：库存现金　　　　　　　　　　　　　　　　　　　3 200

　　【例3-16】2018年12月6日，上述机器安装调试完毕，交付使用。

机器安装调试完毕时,应确定固定资产的原价,其入账价值为 222 000 元 (210 000 + 12 000)。因此。这项经济业务的发生,一方面使公司资产中的固定资产增加,应记入"固定资产"账户借方;另一方面使公司资产中的在建工程减少,应记入"在建工程"账户贷方。编制会计分录如下:

借:固定资产——机器　　　　　　　　　　　　　222 000
　　贷:在建工程——机器　　　　　　　　　　　　　　222 000

2. 自行建造固定资产的核算

企业自行建造的固定资产是指企业自行建造房屋、建筑物、各种设施等,按建造时发生的实际支出,记入"在建工程"账户借方。按照规定,一般纳税人购进不动产或取得的不动产在建工程,其进项税额自取得日起分两年从销项税额中抵扣,即:第一年抵扣的60%,借记"应交税费——应交增值税(进项税额)",留待第二年抵扣的40%,借记"应交税费——待抵扣进项税额"。工程完工,办理竣工结算交付使用时,将累计发生的实际支出作为固定资产的原价,从"在建工程"账户贷方转入"固定资产"账户借方。

【例 3-17】江南服装股份有限公司自行建造仓库一幢,有关业务如下:

(1) 2018 年 12 月 3 日,江南服装股份有限公司购入为建仓库准备的专用物资 2 000 000 元,增值税 3 200 00 元,款项已通过银行付讫。

这项经济业务的发生,一方面使公司资产中的工程物资增加,应记入"工程物资"账户借方。由于 2016 年 5 月 1 日起,购入工程物资用于建造仓库,均可抵扣进项税额。用于不动产及不动产在建工程需要分两年进行抵扣,第一年抵扣 60%,第二年抵扣 40%,所以本期"应交税费——应交增值税(进项税额)"可以抵扣的金额为 192 000 元 (320 000×0.6),"应交税费——待抵扣进项税额"为 128 000 元 (320 000×0.4);另一方面使公司银行存款减少,应记入"银行存款"账户贷方。编制会计分录如下:

借:工程物资　　　　　　　　　　　　　　　　　2 000 000
　　应交税费——应交增值税(进项税额)　　　　　 192 000
　　　　　　——待抵扣进项税额　　　　　　　　　　128 000
　　贷:银行存款　　　　　　　　　　　　　　　　　2 320 000

(2) 2018 年 12 月 6 日,工程开始动工,领用工程物资 2 000 000 元。

这项经济业务的发生,一方面使公司资产中的工程物资减少,应记入"工程物资"账户贷方;另一方面使公司资产中的在建工程成本增加,应记入"在建工程"账户借方。编制会计分录如下:

借:在建工程——仓库　　　　　　　　　　　　　2 000 000
　　贷:工程物资　　　　　　　　　　　　　　　　　2 000 000

(3) 2018 年 12 月 7 日,计算应付建仓库有关工程人员的工资薪酬 7 800 000 元。

这项经济业务的发生，一方面使公司资产中的在建工程成本增加，应记入"在建工程"账户借方；另一方面使公司负债中的应付职工薪酬增加，应记入"应付职工薪酬"账户贷方。编制会计分录如下：

借：在建工程——仓库　　　　　　　　　　　　　7 800 000
　　贷：应付职工薪酬——工资　　　　　　　　　　　　7 800 000

（4）2018年12月9日，公司从银行提取现金7 800 000元，并以现金发放工程人员工资。

这项经济业务的发生，一方面使公司资产中的库存现金增加，银行存款减少，应记入"库存现金"账户借方和"银行存款"账户贷方；另一方面使公司负债中的应付职工薪酬减少，库存现金减少，应记入"应付职工薪酬"账户借方和"库存现金"账户贷方。编制会计分录如下：

借：库存现金　　　　　　　　　　　　　　　　　7 800 000
　　贷：银行存款　　　　　　　　　　　　　　　　　　7 800 000
借：应付职工薪酬　　　　　　　　　　　　　　　7 800 000
　　贷：库存现金　　　　　　　　　　　　　　　　　　7 800 000

（5）2018年12月10日，公司仓库竣工，经验收交付使用。

仓库竣工交付使用，固定资产原价确定，其入账价值为9 800 000元（2 000 000＋7 800 000）。这项经济业务的发生，一方面按已确定的原价增加固定资产，记入"固定资产"账户借方；另一方面在建工程成本减少，记入"在建工程"账户贷方。编制会计分录如下：

借：固定资产——仓库　　　　　　　　　　　　　9 800 000
　　贷：在建工程——仓库　　　　　　　　　　　　　　9 800 000

二、材料采购业务的核算

材料物资是制造企业不可缺少的物质要素，是产品制造成本构成中的重要组成部分。企业在生产准备过程中，应储备生产过程所需要的各种材料物资。材料按其在生产过程中的作用，可分为原料及主要材料、辅助材料、外购半成品（外购件）、修理用备件、包装材料、燃料等。企业的各种材料可以直接从外单位购进，也可以委托外单位加工，有些材料还可以自制，以及接受投资者投入和接受捐赠等，在此我们仅介绍外购材料的核算。购进材料时，企业要与供应单位办理款项的结算，支付采购材料的货款、进项税额、运输费、装卸费等采购费用。材料到达企业应由仓库验收入库，以备生产车间或者管理部门领用。按照会计准则的规定，购入材料入账价值确定可以按实际成本和计划成本核算。在此，仅介绍按实际成本核算。制造企业材料采购实际成本包括：

（1）买价，指购进材料发票所示的货款金额。

(2) 运杂费，包括运输费、装卸费、包装费、保险费、仓储费等。

(3) 运费中的合理损耗，指企业与供应部门或者运输部门所签订的合同中规定的合理损耗或必要的自然损耗。

(4) 入库前的挑选整理费用，指购入的材料在验收入库前进行挑选整理发生的费用，包括挑选整理过程中发生的工资薪酬和必要的损耗，扣除下脚料、残料的价值。

(5) 购入材料负担的税费（如进口关税等）和其他费用等。

以上五项中（1）、（5）应直接计入各种材料的采购成本，对于（2）、（3）、（4），采购过程中能分清应由某种材料负担的，应直接计入该种材料的采购成本；不能分清应由某种材料负担的，应按一定的标准（如材料的重量、买价等）采用一定的方法，分配计入各种材料的采购成本。

（一）账户设置

为了及时反映材料采购业务，正确计算材料采购成本，反映和监督库存材料的增减变动情况，以及因采购材料而与供应单位发生的结算关系，核算中应设置以下账户：

1. "在途物资"账户

本账户属于资产类账户，核算企业采用实际成本进行材料日常核算，货款已付尚未验收入库的购入材料或商品的采购成本。其借方登记企业购入材料、商品的金额；贷方登记所购材料、商品到达验收入库的成本；本账户期末余额在借方，反映企业在途材料、商品等物资的采购成本。本账户可按供应单位和物资品种设置明细账，进行明细分类核算。

2. "原材料"账户

该账户属于资产类账户，核算企业库存各种材料的增减变动及其结存情况。其借方登记已验收入库材料的成本；贷方登记发出库存材料的成本；期末借方余额，反映企业库存材料的成本。该账户应按材料类别及品种、规格设置明细账，进行明细分类核算。

3. "预付账款"账户

该账户属于资产类账户，核算企业按照购货合同预先付给供应单位的款项。其借方登记按合同规定预付给供应单位的货款和补付的货款；贷方登记收到所购货物的应付金额和收到退回多付的货款。期末如为借方余额，反映企业实际预付的款项；期末如为贷方余额，反映企业尚未补付的货款。本账户应按照供应单位设置明细账，进行明细分类核算。

4. "应付票据"账户

该账户属于负债类账户，核算企业对外发生债务时所开出承兑的商业汇票，包括银行承兑汇票和商业承兑汇票。其贷方登记企业开出、承兑汇票或以承兑汇票抵付货款的金额；借方登记已支付的到期汇票金额；期末贷方余额，反映企业持有尚未到期的应付票据款。

（二）材料采购业务的总分类核算

材料采购业务核算方法在实际工作中分按实际成本计价的核算和按计划计价的成本核算。按计划成本计价的核算将在中级财务会计介绍，在此只介绍按实际成本计价的核算，并假定可抵扣增值税均已认证。

材料采购业务核算主要涉及收料和付款两个方面。

收料应由物资仓库办理收料手续，会计部门根据物资仓库转来的收料单和供货单位开出的发票账单办理付款并记账。需要注意的是，为了完整地反映材料采购成本，在采购过程中发生的材料采购成本，无论是否入库，都通过"在途物资"账户进行核算，月末再做结转材料实际成本的核算。

购进材料按是否支付货款和采购费用，一般分三种情况：立即付款（即材料入库或在途中且货款已支付）、赊购（即材料入库但货款未支付）和预付货款（即先支付货款后材料入库）。现分别举例说明。

1. 立即付款

【例3-18】江南服装股份有限公司为一般纳税人①，2018年12月10日，向宏信公司购买一批甲材料，收到宏信公司开出的增值税专用发票，数量240 000千克，单价11.6元，价款2 784 000元，增值税税额445 440元，运输费96 000元，增值税税额9 600元，均以银行存款付讫，材料已验收入库。

这项经济业务的发生，一方面发生材料采购成本2 880 000元（2 784 000 + 96 000），两者均构成材料采购成本，应记入"在途物资"账户借方，同时发生因购买材料和运输发生的进项税额为455 040元（445 440 + 9 600），应记入"应交税费"账户借方；另一方面有关款项均以银行存款支付，应记入"银行存款"账户贷方。编制会计分录如下：

借：在途物资——甲材料　　　　　　　　　　　　2 880 000
　　应交税费——应交增值税（进项税额）　　　　　 455 040
　贷：银行存款　　　　　　　　　　　　　　　　　3 335 040

2. 赊购

（1）因商业信用产生的赊购。

【例3-19】2018年12月12日，江南服装股份有限公司向雨辰公司购进乙材料300 000千克，单价5.8元，价款1 740 000元，增值税税额278 400元，运输费60 000元，增值税税额6 000元，已收到雨辰公司开出的增值税专用发票，款项尚未支付，材料已入库。

---

① 一般纳税人相对于小规模纳税人而言，两种企业的材料成本核算方法不同。

这项经济业务的发生，一方面发生材料采购成本 1 800 000 元（1 740 000 + 60 000），应记入"在途物资"账户借方，同时由于采购材料发生的进项税额 284 400 元（278 400 + 6 000）记入"应交税费"账户的借方；另一方面由于应付的款项未付使公司负债中的应付账款增加，应记入"应付账款"账户贷方。编制会计分录如下：

  借：在途物资——乙材料   1 800 000
    应交税费——应交增值税（进项税额）   284 400
     贷：应付账款——雨辰公司   2 084 400

【例 3-20】 2018 年 12 月 16 日，江南服装股份有限公司开出一张转账支票向雨辰公司支付购买乙材料的货款。

这项经济业务的发生，一方面使公司负债中的应付账款减少，应记入"应付账款"账户借方；另一方面使公司资产中的银行存款减少，应记入"银行存款"账户贷方。编制会计分录如下：

  借：应付账款——雨辰公司   2 084 400
    贷：银行存款   2 084 400

（2）采用商业汇票进行赊购。

【例 3-21】 2018 年 12 月 20 日，江南服装股份有限公司向泰安公司购进甲材料一批，重量 240 000 千克，单价 11.5 元，价款 2 760 000 元，增值税税额 441 600 元，运输费 120 000 元，增值税税额 12 000 元，公司开出三个月到期的一张商业承兑汇票，材料已入库。

这项经济业务的发生，一方面发生材料采购成本 2 880 000 元（2 760 000 + 120 000），应记入"在途物资"账户借方，同时由于采购材料发生的进项税额 453 600 元（441 600 + 12 000）记入"应交税费"账户的借方；另一方面由于应付的款项未付使公司负债中的应付票据增加，应记入"应付票据"账户贷方。编制会计分录如下：

  借：在途物资——甲材料   2 880 000
    应交税费——应交增值税（进项税额）   453 600
     贷：应付票据——泰安公司   3 333 600

待三个月后江南服装股份有限公司以银行存款承兑到期的商业汇票时，编制会计分录如下：

  借：应付票据——泰安公司   3 333 600
    贷：银行存款   3 333 600

3. 预付货款

【例 3-22】 2018 年 12 月 21 日，江南服装股份有限公司根据合同规定，以银行存款向泰安公司预付购买乙材料的货款 1 000 000 元。

这项经济业务的发生，一方面使公司资产中的银行存款减少，应记入"银行存款"账户贷方；另一方面使公司资产中的预付货款增加，应记入"预付账款"账户借方。编制会计分录如下：

　　借：预付账款——泰安公司　　　　　　　　　　1 000 000
　　　　贷：银行存款　　　　　　　　　　　　　　　　　　1 000 000

【例3-23】2018年12月22日，江南服装股份有限公司收到泰安公司运来的乙材料，增值税专用发票载明乙材料180 000千克，单价5.7元，价款1 026 000元，增值税税额164 160元，泰安公司代垫运输费54 000元。公司已预付货款1 000 000元，材料尚未入库。

这项经济业务的发生，一方面发生材料买价1 026 000元、运输费54 000元，二者均构成材料采购成本，应记入"在途物资"账户借方，同时，购买材料和运输劳务发生的进项税额记入"应交税费"账户借方；另一方面由于购买乙材料采用预付货款方式，收到材料时应按实际应付金额1 249 560元（1 026 000 + 164 160 + 54 000 + 5 400）记入"预付账款"账户贷方。编制会计分录如下：

　　借：在途物资——乙材料　　　　　　　　　　　1 080 000
　　　　应交税费——应交增值税（进项税额）　　　　　169 560
　　　　贷：预付账款——泰安公司　　　　　　　　　　　1 249 560

【例3-24】2018年12月24日，江南服装股份有限公司以存款补付欠泰安公司乙材料的货款249 560元。

这项经济业务的发生，一方面公司购买乙材料补付货款249 560元（1 249 560 - 1 000 000），应记入"预付账款"账户借方；另一方面公司资产中的银行存款减少，应记入"银行存款"账户贷方。编制会计分录如下：

　　借：预付账款——泰安公司　　　　　　　　　　　249 560
　　　　贷：银行存款　　　　　　　　　　　　　　　　　　249 560

4. 采购费用的分配与核算

当企业同时购进两种或两种以上材料时发生的采购费用，如果能分清对象的，可以直接计入相应材料的采购成本；如果不能分清对象的，应选择适当的分配标准在有关各种材料间进行分配，再分别计入各种材料的采购成本。其计算公式见式（3.1）：

$$\text{材料采购费用分配率} = \frac{\text{材料采购费用}}{\text{分配标准合计}} \tag{3.1}$$

式（3.1）中的分配标准，可选择购入材料的重量、体积、买价、件数等，在实际工作中，可根据具体情况选择使用。

某种材料应负担的采购费用的计算公式见式（3.2）：

$$某种材料应负担的采购费用 = 某种材料分配标准数 \times 材料采购费用分配率 \qquad (3.2)$$

【例3-25】2018年12月27日江南服装股份有限公司向华安公司采购甲材料50 000千克、乙材料50 000千克，单价分别为11.5元、5.7元，价款分别为575 000元、285 000元，增值税税率为16%，增值税税额为137 600元，原已预付货款1 100 000元，材料已验收入库。以银行存款支付甲、乙两种材料的运输费40 000元，增值税为4 000元。

这项经济业务的发生，一方面发生的材料买价构成材料采购成本，先记入"在途物资"账户借方，同时购买材料发生的进项税额应记入"应交税费"账户借方；另一方面由于购买材料采用预付货款方式，收到材料时应按实际应付金额997 600元（575 000 + 285 000 + 137 600）记入"预付账款"账户贷方。编制会计分录如下：

借：在途物资——甲材料　　　　　　　　　　　　575 000
　　　　　　——乙材料　　　　　　　　　　　　285 000
　　应交税费——应交增值税（进项税额）　　　　137 600
　贷：预付账款——华安公司　　　　　　　　　　997 600

由于公司采购甲、乙两种材料支付的运杂费没有分开计算，故需要采用一定的分配标准在两种材料间分配。假设本例中按材料重量比例作为分配标准，则运杂费计算如下：

运杂费分配率 = 40 000 ÷（50 000 + 50 000）= 0.4（元/千克）
甲材料应负担的运杂费 = 50 000 × 0.4 = 20 000（元）
乙材料应负担的运杂费 = 50 000 × 0.5 = 20 000（元）

根据上述分配结果，编制会计分录如下：

借：在途物资——甲材料　　　　　　　　　　　　20 000
　　　　　　——乙材料　　　　　　　　　　　　20 000
　　应交税费——应交增值税（进项税额）　　　　4 000
　贷：银行存款　　　　　　　　　　　　　　　　44 000

【例3-26】2018年12月28日，江南服装股份有限公司收到华安公司退回多预付的甲、乙两种材料的货款102 400元，存入银行。

借：银行存款　　　　　　　　　　　　　　　　　102 400
　贷：预付账款——华安公司　　　　　　　　　　102 400

5. 月末，计算并结转材料实际采购成本

【例3-27】2018年12月31日，江南服装股份有限公司本月所购甲、乙两种材料全部验收入库，编制收料汇总表，同时计算并结转入库甲、乙两种材料的采购成本。甲、乙两种材料的采购总成本及单位成本计算如表3-1所示。

表 3-1　　　　　　　　入库材料采购成本计算表

2018 年 12 月　　　　　　　　　　　　　　　　单位：元

成本项目	甲材料（530 000 千克）		乙材料（530 000 千克）	
	总成本	单位成本	总成本	单位成本
买价	6 119 000	11.55	3 051 000	5.75
采购费用	236 000	0.45	134 000	0.25
采购成本合计	6 355 000	12	3 185 000	6

注：此表数据来源于【例 3-19】【例 3-20】【例 3-22】【例 3-24】【例 3-26】。

从表 3-1 可以看出，这项经济业务的发生，一方面使公司资产中的原材料增加，应记入"原材料"账户借方；另一方面使公司资产中的在途物资减少，应记入"在途物资"账户贷方。编制会计分录如下：

　　借：原材料——甲材料　　　　　　　　　　　　　　　6 355 000
　　　　　　　——乙材料　　　　　　　　　　　　　　　3 185 000
　　　贷：在途物资——甲材料　　　　　　　　　　　　　6 355 000
　　　　　　　　——乙材料　　　　　　　　　　　　　3 185 000

由于【例 3-3】增加了乙材料 80 000 千克，价值 480 000 元；期初乙材料 40 000 千克，价值 240 000 元（见第八章表 8-3）。因此，本月乙材料的加权平均单位成本为（240 000 + 3 185 000 + 480 000）/（40 000 + 530 000 + 80 000）= 6（元/千克）。

第三节　产品生产业务的核算

产品，是指企业日常生产经营活动中持有以备出售的产成品、商品、提供的劳务或服务。产品生产业务是指产品在生产过程中所发生的业务。生产过程是产品制造企业经营活动的主要过程，是连接供应过程和销售过程的中心环节。企业应当根据所发生的有关费用能否归属于使产品达到目前场所和状态的原则，正确区分产品成本和期间费用。

产品成本，是指企业在生产产品过程中所发生的材料费用、职工薪酬等，以及不能直接计入而按一定标准分配计入的各种间接费用。制造企业产品成本一般设置直接材料、燃料和动力、直接人工和制造费用等成本项目。

（1）直接材料，指构成产品实体的原材料以及有助于产品形成的主要材料和辅助材料。

（2）燃料和动力，指直接用于产品生产的各种燃料和动力。生产中一般消耗的燃料和动力（如车间照明用电、取暖耗用燃料等），应计入制造费用。

（3）直接人工费，指企业直接从事产品生产工人的工资薪酬，包括工资、奖金、津贴、补贴、住房公积金、职工福利费、社会保险费、工会经费、职工教育经费、医疗保险费等。

（4）制造费用，指企业为生产产品和提供劳务而发生的各项间接费用，包括企业生产部门（如生产车间）发生的水电费、固定资产折旧、无形资产摊销、管理人员的职工薪酬、劳动保护费、国家规定的有关环保费用、季节性和修理期间的停工损失等。

制造企业一般按照产品品种、批次订单或生产步骤等确定产品成本核算对象；并根据生产经营特点和管理要求，确定成本核算对象，归集成本费用，计算产品的生产成本。本教材按产品品种确定产品成本核算对象。

期间费用是指在生产过程中发生的，与制造产品没有直接关系的费用，它直接计入当期损益，不计入产品制造成本。期间费用分管理费用、财务费用和销售费用。

管理费用是指企业为组织和管理企业生产经营所发生的各项费用。包括企业的董事会和行政管理部门在企业的经营管理中发生的或者应由企业统一负担的公司经费（包括行政管理部门职工薪酬、修理费、物料消耗、低值易耗品摊销、办公费和差旅费）、工会经费、董事会费（包括董事会成员津贴、会议费和差旅费等）、聘请中介机构费、咨询费（含顾问费）、诉讼费、业务招待费、技术转让费、矿产资源补偿费、研究费用、排污费等。

财务费用是指企业在筹集生产经营资金过程中所发生的费用。

销售费用是指企业在销售商品过程中发生的费用，包括广告费、运输费、装卸费、包装费、展览费、保险费、销售佣金、代销手续费、经营性租赁费以及销售部门发生的差旅费、工资、福利费等费用。

产品生产业务核算的主要内容包括生产过程中费用的发生、归集、分配和产品成本的核算。

一、账户设置

为了总括地对生产过程中的主要经济业务进行核算，正确反映和监督企业生产过程中发生的各项费用，计算产品成本，应设置"生产成本""制造费用""管理费用""应付职工薪酬""长期待摊费用""库存商品"等账户。

1．"生产成本"账户

本账户属于成本类账户，核算企业进行工业性生产，包括生产各种产品（如产成品、自制半成品、提供劳务等）、自制材料、自制工具、自制设备等所发生的各项生产费用，并据以确定产品实际生产成本。该账户借方登记企业为制造产品发生的直接费用（如直接材料、直接人工）以及应由产品成本负担的间接费用分配数；贷方登记已经生产完成并验收入库的产品以及自制半成品等实际成本；期末借方余额，反映企业尚未加工完成的各项在产品的成本。本账户应按生产产品的种类设置明细账，进行明细分类核算。

2."制造费用"账户

本账户属于成本类账户，核算企业为生产产品和提供劳务而发生的各项间接费用，包括工资和福利费、折旧费、修理费、办公费、水电费、机物料消耗、劳动保护费、季节性和修理期间的停工损失等。其借方登记各项间接费用的发生数；贷方登记分配计入有关成本计算对象的间接费用；期末除季节性生产外，该账户无余额。同时，本账户应按不同的车间、部门设置明细账，进行明细分类核算。

3."管理费用"账户

本账户属于损益类账户，核算企业为组织和管理企业生产经营所发生的管理费用。其借方登记发生的各项管理费用；贷方登记其冲减和转入"本年利润"账户的管理费用；本账户期末结账后无余额。该账户应按照费用项目设置明细账，进行明细分类核算。

4."应付职工薪酬"账户

本账户属于负债类账户，核算企业应付给职工的各种薪酬。贷方登记企业按规定计算应付给职工的各种薪酬；借方登记按规定向职工支付的工资、奖金、津贴等；期末贷方余额，反映企业应付职工薪酬的结余。

职工薪酬包括短期薪酬、离职后福利、辞退福利和其他长期职工福利。

短期薪酬具体包括职工工资、奖金、津贴和补贴，职工福利费，养老保险、医疗保险、失业保险、工伤保险和生育保险等社会保险费，住房公积金，工会经费和职工教育经费，短期带薪缺勤，短期利润分配计划，非货币性福利以及其他短期薪酬。

离职后福利，是指企业为获得职工提供的服务而在职工退休或与企业解除劳动关系后，提供的各种形式的报酬和福利，短期薪酬和辞退福利除外。

辞退福利，是指企业在职工劳动合同到期之前解除与职工的劳动关系，或者为鼓励职工自愿接受裁减而给予职工的补偿。

其他长期职工福利，是指除短期薪酬、离职后福利、辞退福利之外所有的职工薪酬，包括长期带薪缺勤、长期残疾福利、长期利润分享计划等。

本账户可以按照各具体应付职工薪酬项目分设二级、三级科目进行明细核算。

5."长期待摊费用"账户

本账户属于资产类账户，核算企业已经支出、但摊销期在1年以上（不包括

1 年）的各项费用。包括固定资产修理支出、租入固定资产的改良支出以及摊销期限在 1 年以上的其他待摊费用。该账户借方登记企业发生的长期待摊费用；贷方登记长期待摊费用的摊销数；期末借方余额，反映企业尚未摊销的各项长期待摊费用的折余价值。本账户应按费用的种类设置明细账，进行明细分类核算。

6. "库存商品"账户

本账户属于资产类账户，核算企业各种库存商品成本增减变动情况。其借方登记已经验收入库的商品成本；贷方登记发出商品成本；期末借方余额，反映企业各种库存商品的成本。该账户应按库存商品的种类、品种和规格设置明细账，进行明细分类核算。

除了设置和运用以上账户外，生产产品核算过程中涉及的其他有关账户，将在后面章节中介绍，此处从略。

二、产品生产业务的总分类核算

制造企业产品生产业务的核算，主要包括两项内容：其一，归集、分配一定时期内企业生产过程中发生的各项费用；其二，按一定种类的产品汇总各项费用，计算出各种产品的制造成本。为了完成以上核算，必须掌握费用核算的一般程序。在制造企业中，费用核算的一般程序如图 3-1 所示。

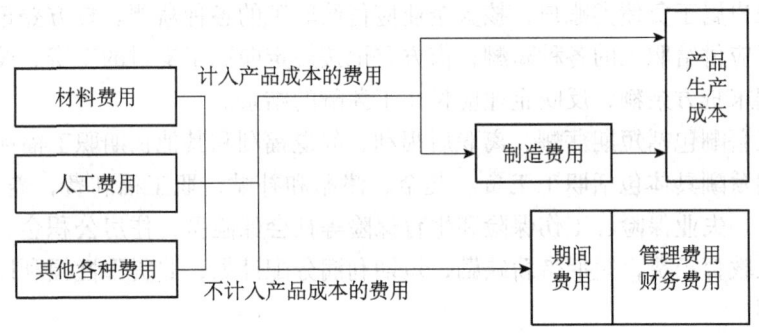

图 3-1 生产业务费用核算的一般程序

图 3-1 说明，产品生产业务核算的主要内容是归集和分配所发生的各项费用，以及按一定种类的产品汇集各项费用总额，最终计算产品成本。

（一）材料费用的核算

企业在生产过程中，必定要消耗各种材料，如各种原料及主要材料、辅助材料等。它们有的构成产品成本，应记入"生产成本""制造费用"账户；有的不构成产品成本，直接计入当期损益。具体耗用时，如按产品分别领用，则属于直接费用并根据领料凭证直接计入各种产品的成本。但有些材料是为制造几种产品共同领用并共同耗费的，应按照一定的标准分配计入各有关产品成本。

【例 3-28】2018 年 12 月 31 日，江南服装股份有限公司本月编制的材料费用汇总表如表3-2所示。要求编制各产品及有关部门耗用材料费用的会计分录。

表3-2　　　　　　　　　　材料费用汇总表　　　　　　　　金额单位：元
数量单位：件

用途	甲材料			乙材料			合计
	数量	单价	金额	数量	单价	金额	
制造产品耗用	495 000	12	5 940 000	180 000	6	1 080 000	7 020 000
其中：A产品	330 000	12	3 960 000	110 000	6	660 000	4 620 000
B产品	165 000	12	1 980 000	70 000	6	420 000	2 400 000
车间一般耗用	90 000	12	1 080 000	60 000	6	360 000	1 440 000
管理部门耗用	15 000	12	180 000	5 000	6	30 000	210 000
合计	600 000	12	7 200 000	245 000	6	1 470 000	8 670 000

根据表3-2可知，本月共发出材料8 670 000元，其中直接用于A、B产品耗用7 020 000元，应记入"生产成本"账户借方；制造部门一般耗用1 440 000元，应记入"制造费用"账户借方；管理部门一般耗用210 000元，不构成制造成本，作为本期期间费用应记入"管理费用"账户借方。同时，由于仓库发出材料，使公司资产中的库存材料减少，应记入"原材料"账户贷方。编制会计分录如下：

借：生产成本——A产品　　　　　　　　　　　　　　　4 620 000
　　　　　　——B产品　　　　　　　　　　　　　　　2 400 000
　　制造费用　　　　　　　　　　　　　　　　　　　1 440 000
　　管理费用　　　　　　　　　　　　　　　　　　　　 210 000
　贷：原材料——甲材料　　　　　　　　　　　　　　　7 200 000
　　　　　　——乙材料　　　　　　　　　　　　　　　1 470 000

（二）人工费用的核算

人工费用是指企业根据国家规定，按照每个职工劳动的数量和质量，按照按劳分配的原则支付给劳动者的薪酬，包括各种工资、奖金和津贴等以及为职工支付的各种保险和住房公积金。企业应在月末分配职工工资，按职工的工作岗位计入各成本费用账户，同时对企业而言构成了一种负债即应付职工薪酬，应付职工薪酬表明企业对职工在福利待遇方面所承担的一种支付责任。

企业对职工的工资等薪酬进行核算时，应根据工资结算汇总表或按月编制的"工资分配表"的资料登记有关总分类账户和明细分类账户，进行相应的会计处理。

【例3-29】 2018年12月31日，江南服装股份有限公司根据"工资分配表"分配本月工资费用5 200 000元，其中制造A产品的职工工资2 000 000元，制造

B 产品的职工工资 1 800 000 元，车间管理人员工资 650 000 元，行政管理人员工资 750 000 元。

这项经济业务的发生，一方面使公司应付给职工的工资增加，应记入"应付职工薪酬"账户贷方；另一方面发生的工资费用，记入相应的成本费用账户。其中制造 A、B 产品职工工资直接记入"生产成本"账户借方、车间管理人员工资记入"制造费用"账户借方、行政管理人员工资记入"管理费用"账户借方。编制会计分录如下：

借：生产成本——A 产品　　　　　　　　　2 000 000
　　　　　——B 产品　　　　　　　　　　1 800 000
　　制造费用　　　　　　　　　　　　　　　650 000
　　管理费用　　　　　　　　　　　　　　　750 000
　　贷：应付职工薪酬——工资　　　　　　　　　　5 200 000

【例 3-30】2018 年 12 月 31 日，江南服装股份有限公司按工资总额的 9%、5%、2%、2.5% 分别计提社会保险费、住房公积金、工会经费和职工教育经费。

公司应计提的社会保险费、住房公积金、工会经费和职工教育经费计算如下：

计提的社会保险费：5 200 000 × 9% = 468 000（元）

计提的住房公积金：5 200 000 × 5% = 260 000（元）

计提的工会经费：5 200 000 × 2% = 104 000（元）

计提的职工教育经费：5 200 000 × 2.5% = 130 000（元）

按 A 产品工人工资计提数：2 000 000 × 18.5% = 370 000（元）

按 B 产品工人工资计提数：1 800 000 × 18.5% = 333 000（元）

按车间管理人员工资计提数：650 000 × 18.5% = 120 250（元）

按行政管理人员工资计提数：750 000 × 18.5% = 138 750（元）

江南服装股份有限公司本月编制的相关费用汇总如表 3-3 所示。

表 3-3　社会保险费、住房公积金、工会经费和职工教育经费计算分配表

2018 年 12 月 31 日　　　　　　　　　　　　　　　　　　　　单位：元

项目	社会保险费 (9%)	住房公积金 (5%)	工会经费 (2%)	职工教育经费 (2.5%)	合计 (18.5%)
生产成本——A 产品	180 000	100 000	40 000	50 000	370 000
生产成本——B 产品	162 000	90 000	36 000	45 000	333 000
制造费用	58 500	32 500	13 000	16 250	120 250
管理费用	67 500	37 500	15 000	18 750	138 750
合计	468 000	260 000	104 000	130 000	962 000

公司提取社会保险费、住房公积金、工会经费和职工教育经费时，应按不同部门分别记入"生产成本""制造费用""管理费用"账户借方；同时记入"应付职工薪酬"账户贷方。编制会计分录如下：

借：生产成本——A产品　　　　　　　　　　　　370 000
　　　　　　——B产品　　　　　　　　　　　　333 000
　　制造费用　　　　　　　　　　　　　　　　120 250
　　管理费用　　　　　　　　　　　　　　　　138 750
　贷：应付职工薪酬——社会保险费　　　　　　468 000
　　　　　　　　　——住房公积金　　　　　　260 000
　　　　　　　　　——工会经费　　　　　　　104 000
　　　　　　　　　——职工教育经费　　　　　130 000

【例3-31】2018年12月31日，江南服装股份有限公司开出一张转账支票5 200 000元，发放本月职工工资。

这项经济业务的发生，一方面使公司负债中的应付职工薪酬减少，应记入"应付职工薪酬"账户借方；另一方面使公司资产中的银行存款减少，应记入"银行存款"账户贷方。编制会计分录如下：

借：应付职工薪酬——工资　　　　　　　　　5 200 000
　贷：银行存款　　　　　　　　　　　　　　5 200 000

【例3-32】2018年12月31日，公司职工张明报销培训费6 000元，以现金支票支付。

这项经济业务的发生，一方面使公司负债中的应付职工薪酬减少，应记入"应付职工薪酬"账户借方；另一方面使公司资产中的库存现金减少，应记入"银行存款"账户贷方。编制会计分录如下：

借：应付职工薪酬——职工教育经费　　　　　　6 000
　贷：银行存款　　　　　　　　　　　　　　　6 000

（三）折旧费用的核算

固定资产是制造企业进行生产活动不可缺少的劳动资料，其特点是长期使用不改变原来的实物形态，其价值随着它的使用逐渐地发生磨损，并以折旧的方式，分次地、部分地转移到有关成本费用中。我们将固定资产因使用发生磨损而损耗的那部分价值称为固定资产折旧，固定资产折旧计入有关成本费用时称为折旧费。

在会计核算过程中，由于管理上的需要，要求"固定资产"账户按原始价值反映其增减变动及结余情况。但固定资产的特点又决定了必须反映其损耗价值，并计算固定资产的净值。为此，需要设置"累计折旧"账户，用来核算固定资产累计损耗的价值。其贷方登记固定资产折旧数额，借方登记由于出售、报废、盘亏固定资产等原因注销已提折旧数额；期末贷方余额反映企业累计提取的折旧数额。将"固定资产"账户的借方余额减去"累计折旧"账户的贷方余额，即可确定期末固定资产实际价值。企业在按月提取折旧时，为制造产品而发生的固定资产折旧费，构成制造成本；与制造产品无直接关系的固定资产折旧费，不构成制造成本，直接作为当期损益，计入期间费用。

【例3-33】2018年12月31日，江南服装股份有限公司计提本月固定资产折旧费294 000元，其中生产车间负担196 000元，行政管理部门负担98 000元。

这项经济业务的发生，一方面提取的折旧费构成产品本期成本和费用，应记入"制造费用"和"管理费用"账户借方；另一方面使公司累计提取折旧增加，应记入"累计折旧"账户贷方。编制会计分录如下：

```
借：制造费用                                    196 000
    管理费用                                     98 000
    贷：累计折旧                                294 000
```

（四）其他费用的核算

企业在生产过程中除发生以上费用外，还会发生其他的一些费用。如耗用水电费、机器设备的维修费、财产物资保险费、办公费和差旅费等。

【例3-34】2018年12月31日，江南服装股份有限公司以银行存款支付本月的水电费121 470元。其中生产车间耗用68 000元、行政管理部门用电53 470元。

这项经济业务的发生，一方面使公司本月产品成本和费用增加，应记入"制造费用""管理费用"账户借方；另一方面使公司资产中的银行存款减少，应记入"银行存款"账户贷方。编制会计分录如下：

```
借：制造费用                                     68 000
    管理费用                                     53 470
    贷：银行存款                                121 470
```

【例3-35】2018年12月31日，江南服装股份有限公司以银行存款支付职工困难补助3 000元。

这项经济业务的发生，必须通过应付职工薪酬处理，因为所有用于职工个人的开支按职工薪酬准则的规定均应归属于职工薪酬范畴，所以，应编制两笔分录：即一方面使公司本月费用增加，应记入"管理费用"账户借方，同时应增加公司负债"应付职工薪酬——福利费"，记入其贷方；另一方面又减少公司负债"应付职工薪酬——福利费"，记入其借方，并使公司资产中的银行存款减少，应记入"银行存款"账户贷方。编制会计分录如下：

```
(1) 借：管理费用                                  3 000
        贷：应付职工薪酬——福利费                  3 000
```

(2) 借：应付职工薪酬——福利费　　　　　　　　　3 000
　　　贷：银行存款　　　　　　　　　　　　　　　　　　3 000

【例3-36】2018年12月18日，江南服装股份有限公司以银行存款28 000元购买本月办公用品，其中车间领用8 000元，行政管理部门领用20 000元。

这项经济业务的发生，一方面使公司本月成本和费用增加，应记入"制造费用""管理费用"账户借方；另一方面使公司资产中的银行存款减少，应记入"银行存款"账户贷方。编制会计分录如下：

借：制造费用　　　　　　　　　　　　　　　　　8 000
　　管理费用　　　　　　　　　　　　　　　　　　20 000
　　贷：银行存款　　　　　　　　　　　　　　　　　　28 000

【例3-37】2018年12月20日，江南服装股份有限公司员工夏帆出差预借差旅费7 000元，公司开出一张现金支票。

这项经济业务的发生，一方面使公司资产中的债权增加，应记入"其他应收款"账户借方；另一方面使公司资产中的银行存款减少，应记入"银行存款"账户贷方。编制会计分录如下：

借：其他应收款——夏帆　　　　　　　　　　　　7 000
　　贷：银行存款　　　　　　　　　　　　　　　　　　7 000

【例3-38】2018年12月28日，公司员工夏帆出差回来报销差旅费6 500元，原预借7 000元，余款500元以现金形式交回。

这项经济业务的发生，一方面使公司的管理费用和库存现金增加，应记入"管理费用""库存现金"账户借方；另一方面使公司的债权减少，应记入"其他应收款"账户贷方。编制会计分录如下：

借：管理费用　　　　　　　　　　　　　　　　　6 500
　　库存现金　　　　　　　　　　　　　　　　　　500
　　贷：其他应收款——夏帆　　　　　　　　　　　　7 000

【例3-39】2018年12月17日，江南服装股份有限公司支付生产车间设备保险费50 000元，保险期2年（含本月），公司开出一张转账支票。

这项经济业务的发生，一方面使公司资产中的长期待摊费用增加，应记入"长期待摊费用"账户借方；另一方面使公司资产中的银行存款减少，应记入"银行存款"账户贷方。编制会计分录如下：

借：长期待摊费用　　　　　　　　　　　　　　　50 000
　　贷：银行存款　　　　　　　　　　　　　　　　　　50 000

【例3-40】2018年12月31日，江南服装股份有限公司摊销应由本月负担的生产车间设备保险费3 000元。

这项经济业务的发生，一方面使公司产品成本中的制造费用增加，应记入

"制造费用"账户借方；另一方面使公司资产中的长期待摊费用减少，应记入"长期待摊费用"账户贷方。编制会计分录如下：

借：制造费用　　　　　　　　　　　　　　　　　　　　3 000
　　贷：长期待摊费用　　　　　　　　　　　　　　　　　　3 000

【例 3-41】2018 年 12 月 31 日，江南服装股份有限公司支付法律顾问费 6 000 元，公司开出一张转账支票。

这项经济业务的发生，一方面使公司费用中的管理费用增加，应记入"管理费用"账户借方；另一方面使公司资产中的银行存款减少，应记入"银行存款"账户贷方。编制会计分录如下：

借：管理费用　　　　　　　　　　　　　　　　　　　　6 000
　　贷：银行存款　　　　　　　　　　　　　　　　　　　　6 000

【例 3-42】2018 年 12 月 31 日，江南服装股份有限公司支付车间维修费用 5 000 元，公司开出一张转账支票。

此项经济业务的发生，（应注意：车间维修费用的支出，应记入"管理费用"而非"制造费用"）一方面使公司费用中的管理费用增加，应记入"管理费用"账户借方；另一方面使公司资产中的银行存款减少，应记入"银行存款"账户贷方。编制会计分录如下：

借：管理费用　　　　　　　　　　　　　　　　　　　　5 000
　　贷：银行存款　　　　　　　　　　　　　　　　　　　　5 000

（五）制造费用分配的核算

制造费用应当按照合理的分配标准按月分配计入各成本核算对象的生产成本。费用发生时，先记入"制造费用"账户借方，期末，将归集在"制造费用"账户借方的各项费用，全部分配转入"生产成本"账户借方，期末一般无余额。分配制造费用，应选择一定的分配标准，分配标准的选择应体现谁受益谁承担的原则，做到受益大的分配对象承担较多的制造费用；反之，则较少。制造费用分配率的计算公式见式（3.3）：

$$制造费用分配率 = \frac{制造费用总额}{分配标准合计} \quad (3.3)$$

某种产品应负担的制造费用的计算公式见式（3.4）：

$$某种产品应负担的制造费用 = 某种产品所占分配标准数 \times 制造费用分配率 \quad (3.4)$$

式（3.3）中的分配标准，可根据具体情况选择，一般以企业可以采取的分配标准包括机器工时、人工工时、计划分配率等为分配标准。一旦已经选定，如果以后更换、重新选择标准，应加以说明。

【例 3-43】2018 年 12 月 31 日，江南服装股份有限公司按生产 A、B 两种产品生产工时比例分配结转制造费用,其中 A 产品生产工时为 65 00 小时、B 产品生产工时为 6 000 小时。

根据【例 3-28】至【例 3-42】业务的会计分录,归集"制造费用"账户借方的费用总额为 2 485 250 元(1 440 000 + 650 000 + 120 250 + 196 000 + 68 000 + 8 000 + 3 000)。计算分配如下:

制造费用分配率 = 制造费用合计 ÷ 生产产品工时
　　　　　　　= 2 485 250 ÷(6500 + 6 000)= 198.82(元/小时)
A 产品应负担制造费用 = 6 500 × 198.82 = 1 292 330(元)
B 产品应负担制造费用 = 6 000 × 198.82 = 1 192 920(元)

公司根据分配结果,会计部门应编制"制造费用分配表",如表 3-4 所示。

表 3-4　　　　　　　　　制造费用分配表
2018 年 12 月 31 日　　　　　　　　　　　　　　　单位:元

应借账户	分配标准	分配率	分配金额
生产成本——A 产品	6 500	198.82	1 292 330
生产成本——B 产品	6 000	198.82	1 192 920
合计	12 500	198.82	2 485 250

会计人员根据表 3-3,编制会计分录如下:
借:生产成本——A 产品　　　　　　　　　　　　1 292 330
　　　　　　——B 产品　　　　　　　　　　　　1 192 920
　贷:制造费用　　　　　　　　　　　　　　　　2 485 250

(六)完工产品成本的核算

每月末,将制造费用分配到各种产品后,"生产成本"账户的借方归集了各种产品所发生的直接材料、直接人工以及制造费用等生产费用,如有产品完工,企业应该据此进行完工产品成本的计算。

成本计算是会计核算方法之一,产品成本的计算就是将企业生产过程中为生产产品所发生的各种费用按照所生产产品的品种、类别等进行归集和分配,以计算各种产品的总成本和单位成本。会计期末,应对"生产成本"账户进行结转,计算出本月完工产品成本,并将其从"生产成本"账户贷方转入"库存商品"账户借方,"生产成本"账户的期末借方余额为本月未完工产品成本。我们从"生产成本"账户的平衡关系如式(3.5)所示。

期初在产品成本 + 本期发生的生产费用 = 本期完工产品成本 + 期末在产品成本
　　　　　　　　　　　　　　　　　　　　　　　　　　　　　　　(3.5)

在式(3.5)中,等式左边为已知数,右边为未知数。具体计算完工产品成本有三种方法：

第一种，先计算期末在产品成本，然后算出本期完工产品成本；

第二种，先计算出本期完工产品成本，然后算出期末在产品成本；

第三种，两者同时计算。

由于计算完工产品成本属于成本会计范畴，在此，仅介绍第一种方法。其公式如式（3.6）所示：

本期完工产品成本 = 期初在产品成本 + 本期发生的生产费用 − 期末在产品成本

(3.6)

【例3−44】2018年12月31日，江南服装股份有限公司本月完工A产品50 000件，B产品100 000件，均已验收入库。其中月末在产品A产品15 000件，B产品9 000件。A、B产品月初、月末在产品成本资料如表3−5、表3−6所示。

表3−5　　　　　　　　　　期初在产品成本资料　　　　　　　　　　单位：元

产品名称	直接材料	直接人工	制造费用	合计
A	260 000	170 000	102 500	532 500
B	201 000	148 000	92 000	441 000
合计	461 000	318 000	194 500	973 500

表3−6　　　　　　　　　　期末在产品成本资料　　　　　　　　　　单位：元

产品名称	直接材料	直接人工	制造费用	合计
A	380 000	268 000	116 830	814 830
B	98 000	100 000	58 920	256 920
合计	478 000	368 000	225 750	1 071 750

根据【例3−28】至【例3−43】业务的会计分录，产品成本计算过程如下：

A产品完工产品成本

= 532 500 + (4 620 000 + 2 000 000 + 370 000 + 1 292 330) − 814 830

= 8 000 000（元）

B产品完工产品成本

= 441 000 + (2 400 000 + 1 800 000 + 333 000 + 1 192 920) − 256 920

= 5 910 000（元）

实际工作中，上述计算过程是在"生产成本"明细账中进行的。具体如表3−7、表3−8所示。

表 3-7　　　　　　　　　　　"生产成本"明细分类账

产品名称：A产品　　　　　　　　　　　　　　　　　　　　　　　　单位：元

2018年		凭证号数	摘要	借方			
月	日			直接材料	直接人工	制造费用	合计
12	1		期初余额	260 000	170 000	102 500	532 500
	31	31	领料	4 620 000			4 620 000
	31	32	生产工人工资薪酬		2 000 000		2 000 000
	31	33	生产工人工资薪酬		370 000		370 000
	31	45	分配制造费用			1 292 330	1 292 330
	31		本期费用合计	4 620 000	2 370 000	1 292 330	8 282 330
	31		合计	4 880 000	2 540 000	1 394 830	8 814 830
	31	46	结转完工产品成本	4 500 000	2 272 000	1 228 000	8 000 000
12	31		期末余额	380 000	268 000	166 830	814 830

表 3-8　　　　　　　　　　　"生产成本"明细分类账

产品名称：B产品　　　　　　　　　　　　　　　　　　　　　　　　单位：元

2018年		凭证号数	摘要	借方			
月	日			直接材料	直接人工	制造费用	合计
12	1		期初余额	201 000	148 000	92 000	441 000
	31	31	领料	2 400 000			2 400 000
	31	32	生产工人工资薪酬		1 800 000		1 800 000
	31	33	生产工人工资薪酬		333 000		333 000
	31	45	分配制造费用			1 192 920	1 192 920
	31		本期费用合计	2 400 000	2 133 000	1 192 920	5 725 920
	31		合计	2 601 000	2 281 000	1 284 920	6 166 920
	31	46	结转完工产品成本	2 503 000	2 181 000	1 226 000	5 910 000
12	31		期末余额	98 000	100 000	58 920	2 526 920

根据表 3-7、表 3-8 结果，一般还应编制产品成本计算表，具体如表 3-9 所示。

表 3-9　　　　　　　　　　　产品成本计算表

　　　　　　　　　　　　　　　2018 年 12 月　　　　　　　　　　　　　　单位：元

成本项目	A产品（50 000 件）		B产品（100 000 件）	
	总成本	单位成本	总成本	单位成本
直接材料	4 500 000	90	2 503 000	25.03

续表

成本项目	A 产品（50 000 件）		B 产品（100 000 件）	
	总成本	单位成本	总成本	单位成本
直接人工	2 322 000	46.44	2 231 000	22.31
制造费用	1 178 000	23.56	1 176 000	11.76
合计	8 000 000	160	5 910 000	59.1

根据表 3-9 产品成本计算表及库存商品入库单，编制会计分录如下：

借：库存商品——A 产品　　　　　　　　　　8 000 000
　　　　　　——B 产品　　　　　　　　　　5 910 000
　　贷：生产成本——A 产品　　　　　　　　8 000 000
　　　　　　——B 产品　　　　　　　　　　5 910 000

第四节　销售业务的核算

　　销售是企业生产经营活动的最后阶段，是企业产品价值的实现过程。产品销售业务包括产品销售收入的确认、相关费用的计算和确认以及销售款项的结算等业务。制造企业通过产品销售，收回货币资金，实现营业收入，以保证企业再生产的进行。同时，企业应反映已销产品的实际生产成本、销售产品应承担的税金以及在销售过程中发生的销售费用等。销售费用作为期间费用直接计入当期损益。

　　另外，企业在销售过程中还会获得除主营业务以外的其他销售或其他业务的收入，即其他业务收入。

　　销售业务核算的主要内容，包括销售收入、销售成本、税金及附加、销售费用的核算，以确定企业在一定期间的经营成果。

一、销售收入的核算

（一）销售收入的确认

1. 销售收入的含义

　　销售收入是指企业销售商品或提供劳务等日常经营活动中形成的，会导致所有者权益增加的、与所有者投入资本无关的经济利益的总流入。制造企业一般分为主营业务收入和其他业务收入。

　　企业应当在履行了合同中的履约义务，即在客户取得相关商品控制权时确认收入。取得相关商品控制权，是指能够主导该商品的使用并从中获得几乎全部的经济利益。

2. 收入确认条件

根据《企业会计准则——收入》（2017）规定，当企业与客户之间的合同同时满足下列条件时，企业应当在客户取得相关商品控制权时确认收入：

（1）合同各方已批准该合同并承诺将履行各自义务；

（2）该合同明确了合同各方与所转让商品或提供劳务（以下简称"转让商品"）相关的权利和义务；

（3）该合同有明确的与所转让商品相关的支付条款；

（4）该合同具有商业实质，即履行该合同将改变企业未来现金流量的风险、时间分布或金额；

（5）企业因向客户转让商品而有权取得的对价很可能收回。

在合同开始日即满足前款条件的合同，企业在后续期间无须对其进行重新评估，除非有迹象表明相关事实和情况发生重大变化。合同开始日通常是指合同生效日。

对于不符合上述规定的合同，企业只有在不再负有向客户转让商品的剩余义务，且已向客户收取的对价无须退回时，才能将已收取的对价确认为收入；否则，应当将已收取的对价作为负债进行会计处理。

对于企业与同一客户（或该客户的关联方）同时订立或在相近时间内先后订立的两份或多份合同，其销售收入的处理将在《中级财务会计》讲述。

本教材假定销售收入均符合收入确认条件。

（二）账户设置

为了反映和监督企业在销售过程所发生的收入，以及因此而与购买单位之间发生的货款结算业务，应设置以下账户。

1. "主营业务收入"账户

本账户属于损益类账户，核算企业在销售商品、提供劳务等日常活动中所产生的收入。该账户的贷方登记企业销售商品或提供劳务等所实现的收入；借方登记发生的销售退回和转入"本年利润"账户的收入；期末将本账户结转后无余额。该账户应按主营业务的种类设置明细账，进行明细分类核算。

2. "其他业务收入"账户

本账户属于损益类账户，核算企业除主营业务活动以外的其他经营活动实现的收入。包括出租固定资产、出租无形资产、出租包装物和销售材料等实现的收入。该账户的贷方登记企业实现的其他业务收入；借方登记转入"本年利润"账户的收入；期末将本账户结转后无余额。本账户应按其他业务的种类设置明细账，进行明细分类核算。

3. "应收账款"账户

本账户属于资产类账户，核算企业因销售商品、提供劳务等，应向购货单位或接受劳务单位收取的款项。其借方登记由于销售商品或提供劳务等而发生的应收账款；贷方登记已经收回的应收账款等；期末余额在借方，反映企业尚未收回的应收账款。该账户应按不同的购货单位或接受劳务的单位设置明细账，进行明细分类核算。

4．"应收票据"账户

该账户属于资产类账户，核算企业因销售商品、提供劳务等而收到的商业汇票。其借方登记企业收到的商业汇票；贷方登记票据到期收回的金额和持未到期票据向银行贴现的票面金额；期末借方余额，反映企业持有尚未到期的应收票据金额。

5．"预收账款"账户

本账户属于负债类账户，核算企业按照合同向购货单位预收的款项。其贷方登记预收购单位的货款和购货单位补付的货款；借方登记向购货单位发出商品销售实现的货款和退回购货单位多付的货款。期末余额如在贷方，反映企业向购货单位预收的款项；期末余额如在借方，反映企业应由购货单位补付的款项。该账户应按购货单位设置明细账，进行明细分类核算。

（三）销售收入的总分类核算

企业在销售商品或提供劳务时，由于所采用的销售方式或结算方式不同，其核算方法也不相同。

1．主营业务收入的核算

分别按钱货两清、先销售后收款（即赊销）及先收款后销售（即预收货款）三种情况举例说明。

（1）钱货两清。

【例3－45】2018年12月2日江南服装股份有限公司销售A产品40 000件，单价300元，价款12 000 000元；增值税税率16％，增值税税额1 920 000元。货物已发出，开出增值税专用发票，已收到转账支票并送存银行。

这项经济业务发生，一方面公司实现主营业务收入12 000 000元，应记入"主营业务收入"账户贷方，同时，由于销售商品发生销项税额1 920 000元，应记入"应交税费"账户贷方；另一方面由于货款已收，应记入"银行存款"账户借方。编制会计分录如下：

借：银行存款　　　　　　　　　　　　　　　　　　13 920 000
　　贷：主营业务收入——A产品　　　　　　　　　　　12 000 000
　　　　应交税费——应交增值税（销项税额）　　　　　1 920 000

（2）赊销（有两种情况）。

①根据对方的商业信用采取赊销的销售方式。

【例3－46】2018年12月3日，江南服装股份有限公司采用托收承付结算方式向深海公司发出 B 产品 30 000 件,单价 140 元,增值税税率 16%,代垫运杂费 5 000 元以现金支票支付,根据增值税专用发票和运杂费凭证,已向银行办理委托收款手续,但货款尚未收到。

这项经济业务的发生,一方面使公司实现收入 4 200 000 元 (30 000 × 140),应记入"主营业务收入"账户贷方,同时,由于销售 B 产品发生销项税额 672 000 元 (4 200 000 × 16%),应记入"应交税费"账户贷方;另一方面公司未收取货款,应记入"应收账款"账户借方,而代垫的运杂费,应记入"银行存款"账户贷方。编制会计分录如下:

借:应收账款——深海公司　　　　　　　　　　　4 877 000
　　贷:主营业务收入——B 产品　　　　　　　　　　4 200 000
　　　　应交税费——应交增值税(销项税额)　　　　672 000
　　　　银行存款　　　　　　　　　　　　　　　　5 000

【例 3-47】2018 年 12 月 5 日,江南服装股份有限公司收到以前向艺海公司销售产品的货款 2 400 000 元,存入银行。

这项经济业务的发生,一方面使公司资产中的银行存款增加,应记入"银行存款"账户借方;另一方面使公司资产中的应收账款减少,应记入"应收账款"账户贷方。编制会计分录如下:

借:银行存款　　　　　　　　　　　　　　　　　2 400 000
　　贷:应收账款——艺海公司　　　　　　　　　　　2 400 000

②根据购货单位签发的商业汇票采取赊销的销售方式。

【例 3-48】2018 年 12 月 7 日江南服装股份有限公司向艺海公司销售 B 产品 10 000 件,单价 140 元,增值税税率 16%。收到购货单位签发并由银行承兑的商业汇票一张。

这项经济业务的发生,一方面使公司的主营业务收入增加 1 400 000 元 (10 000 × 140) 和应交税费增加 224 000 元 (1 400 000 × 16%),应记入"主营业务收入"和"应交税费"账户贷方;另一方面使公司的应收票据增加,应记入"应收票据"账户借方。编制会计分录如下:

借:应收票据——艺海公司　　　　　　　　　　　1 624 000
　　贷:主营业务收入——B 产品　　　　　　　　　　1 400 000
　　　　应交税费——应交增值税(销项税额)　　　　224 000

(3) 采取预收货款方式销售商品。

【例 3-49】2018 年 12 月 9 日,江南服装股份有限公司预收新新公司货款 2 400 000 元,存入银行。

这项经济业务的发生,一方面使公司资产中的预收账款增加,应记入"预收账款"账户贷方;另一方面使公司资产中的银行存款增加,应记入"银行存款"

账户借方。编制会计分录如下：

借：银行存款　　　　　　　　　　　　　　　　　　　　2 400 000
　　贷：预收账款——新新公司　　　　　　　　　　　　　　　2 400 000

【例 3-50】2018 年 12 月 16 日，江南服装股份有限公司发运 B 产品 15 000 件给新新公司，单价 140 元。开出增值税专用发票，注明价款 2 100 000 元，增值税 336 000 元。

这项经济业务的发生，一方面使公司主营业务收入和应交增值税增加，应记入"主营业务收入"和"应交税费"账户贷方；另一方面，由于公司采用预收货款方式销售，应按收入实现时的实际应收金额记入"预收账款"账户借方。编制会计分录如下：

借：预收账款——新新公司　　　　　　　　　　　　　　2 436 000
　　贷：主营业务收入——B 产品　　　　　　　　　　　　　　2 100 000
　　　　应交税费——应交增值税（销项税额）　　　　　　　　336 000

【例 3-51】2018 年 12 月 18 日江南服装股份有限公司发运 A 产品 10 000 件给新华公司，开出增值税专用发票一张，注明单价 300 元，价款 3 000 000 元，增值税 480 000 元。原已预收货款 5 000 000 元，余款已退回。

这项经济业务的发生，一方面使公司主营业务收入和应交增值税增加，应记入"主营业务收入"和"应交税费"账户贷方；另一方面，由于公司采用预收货款方式销售，应按收入实现时的实际应收金额记入"预收账款"账户借方。编制会计分录如下：

借：预收账款——新华公司　　　　　　　　　　　　　　3 480 000
　　贷：主营业务收入——A 产品　　　　　　　　　　　　　　3 000 000
　　　　应交税费——应交增值税（销项税额）　　　　　　　　480 000

由于采用预收货款方式销售货物，余款已经退回。一方面要反映公司退回的多收货款，应记入"预收账款"借方；另一方面使公司资产中的银行存款减少，应记入"银行存款"账户贷方。编制会计分录如下：

借：预收账款——新华公司　　　　　　　　　　　　　　1 520 000
　　贷：银行存款　　　　　　　　　　　　　　　　　　　　1 520 000

2. 其他业务收入的核算

【例 3-52】2018 年 12 月 19 日，江南服装股份有限公司销售不需要的乙材料一批 10 000 千克，单价 10 元，增值税 16 000 元。收到一张转账支票。

这项经济业务的发生，一方面由于公司销售材料取得收入，应记入"其他业务收入"账户贷方，同时由于销售材料而发生的销项税额，应记入"应交税费"账户贷方；另一方面货款已收到，应记入"银行存款"账户借方。编制会计分录如下：

借：银行存款　　　　　　　　　　　　　　　　　116 000
　　贷：其他业务收入　　　　　　　　　　　　　　100 000
　　　　应交税费——应交增值税（销项税额）　　　16 000

二、销售成本、税金及附加、费用的核算

企业在某一会计期间为了实现收入，会付出相应的代价，需要发生一定的成本、费用。因此，销售业务的核算，包括销售成本、费用核算。其中已经销售的产品的生产成本就是产品的销售成本；企业按照国家规定的税率和税种按销售收入金额计算的税金及附加；销售过程中发生的销售费用，包括运杂费、装卸费、包装费、保险费、广告费以及为销售产品而专设的销售机构职工薪酬等。以下介绍在销售过程中发生的成本、费用核算内容。

（一）账户设置

1．"主营业务成本"账户

本账户属于损益类账户，核算企业因销售商品、提供劳务等日常活动而发生的实际成本。其借方登记已销售商品等的成本；贷方登记本期发生销售退回商品等成本和期末转入"本年利润"账户的当期销售商品成本；期末结账后该账户无余额。本账户应按照主营业务的种类设置明细账，进行明细分类核算。

2．"其他业务成本"账户

本账户属于损益类账户，核算企业确认的除主营业务活动以外的其他经营活动所发生的支出，包括销售材料的成本、出租固定资产的折旧额、出租无形资产的摊销额、出租包装物的成本或摊销额等。其借方登记企业发生的其他业务成本；贷方登记企业其他业务成本转入"本年利润"账户的数额；期末结账后本账户无余额。本账户可按其他业务成本的种类进行明细核算。

3．"税金及附加"账户

本账户属于损益类账户，核算企业经营活动发生的消费税、城市维护建设税、资源税、教育费附加及房产税、土地使用税、车船税、印花税等相关税费。借方登记企业按规定计算确定的与经营活动相关的税费；其贷方登记减免退回的税金和期末转入"本年利润"账户中的税金及附加；期末结账后本账户无余额。

4．"销售费用"账户

本账户属于损益类账户，核算企业销售商品和材料、提供劳务过程中发生的各种费用，包括保险费、包装费、展览费和广告费、商品维修费、预计产品质量保证损失、运输费、装卸费等以及为销售本企业商品而专设的销售机构（含销售网点、售后服务网点等）的职工薪酬、业务费、折旧费等经营费用。其借方登记企业发生的各种销售费用；贷方登记期末转入"本年利润"账户的销售费用；期末结账后本账户无余额。该账户可按费用项目设置明细账，进行明细分类

核算。

(二) 销售成本、费用的总分类核算

1. 主营业务成本的核算

【例 3-53】2018 年 12 月 31 日，江南服装股份有限公司汇总本月已销售 A 产品 50 000 件，单位制造成本为 160 元；销售 B 产品 55 000 件，单位制造成本为 59.1 元。月末结转已销售商品成本。

在实际工作中，制造企业销售商品成本，是根据销售商品数量乘以单位生产成本计算确定。按照企业会计准则规定确定已售商品的单位成本，可以采用先进先出法、全月一次加权平均法、移动加权平均法、个别计价法等，企业一经选定，不得随意变动。由于本例中已售商品的单位生产成本已知（见表 3-9），则 A、B 产品销售成本的计算如下：

A 产品销售成本 = 50 000 × 160 = 8 000 000（元）
B 产品销售成本 = 55 000 × 59.1 = 3 250 500（元）

这项经济业务的发生，一方面使公司费用中的主营业务成本增加，应记入"主营业务成本"账户借方；另一方面使公司资产中的库存商品减少，应记入"库存商品"账户贷方。编制会计分录如下：

```
借：主营业务成本——A                    8 000 000
           ——B                    3 250 500
    贷：库存商品——A                    8 000 000
           ——B                    3 250 500
```

2. 销售费用的核算

【例 3-54】2018 年 12 月 31 日，江南服装股份有限公司计算本月应付专设销售机构人员工资 400 000 元，并按工资总额的 9%、5%、2%、2.5% 分别计提社会保险费、住房公积金、工会经费和职工教育经费。

这项经济业务的发生，一方面使公司费用中的销售费用增加 474 000 元（400 000 + 400 000 × 18.5%），应记入"销售费用"账户借方；另一方面使公司负债中的应付职工薪酬增加，应记入"应付职工薪酬"账户贷方。编制会计分录如下：

```
借：销售费用——工资                      474 000
    贷：应付职工薪酬——工资                400 000
               ——社会保险费             36 000
               ——住房公积金             20 000
               ——工会经费               8 000
               ——职工教育经费           10 000
```

【例 3-55】2018 年 12 月 25 日，江南服装股份有限公司支付销售产品运杂

费 60 000 元、产品保险费 30 000 元，款项已用存款支付。

这项经济业务的发生，一方面使公司费用中的销售费用增加，应记入"销售费用"账户借方；另一方面使公司资产中的银行存款减少，应记入"银行存款"账户贷方。编制会计分录如下：

借：销售费用——运杂费　　　　　　　　　　　　　60 000
　　　　　　——保险费　　　　　　　　　　　　　30 000
　　贷：银行存款　　　　　　　　　　　　　　　　　　　90 000

3. 其他业务成本的核算

【例 3 – 56】2018 年 12 月 31 日，江南服装股份有限公司结转已销售乙材料成本 60 000 元（10 000×6）。

这项经济业务的发生，一方面使公司费用中的其他业务成本增加 60 000 元，应记入"其他业务成本"账户借方；另一方面使公司资产中的库存材料减少 60 000元，应记入"原材料"账户贷方。编制会计分录如下：

借：其他业务成本　　　　　　　　　　　　　　　　60 000
　　贷：原材料——乙材料　　　　　　　　　　　　　　60 000

4. 税金及附加

【例 3 – 57】2018 年 12 月 31 日，假定江南服装股份有限公司应交消费税率为 5%，计算并结转销售 A、B 产品应交消费税 1 135 000 元、销售乙材料应交消费税 5 000 元，其计算过程如下：

$$\begin{matrix}\text{销售 A、B 产品}\\ \text{应交消费税}\end{matrix} = \text{主营业务收入} \times 5\%$$

$$= [（45）12\,000\,000 + （46）4\,200\,000 + （48）1\,400\,000 + （50）2\,100\,000 + （51）3\,000\,000] \times 5\%$$

$$= 22\,700\,000 \times 5\% = 1\,135\,000（元）$$

销售乙材料应交消费税 = 其他业务收入 × 5%

$$= （52）100\,000 \times 5\% = 5\,000（元）$$

这项经济业务的发生，一方面使公司费用中的税金及附加增加，应记入"税金及附加"账户借方；而另一方面使公司负债中的应交税费增加，应记入"应交税费"账户贷方。编制会计分录如下：

借：税金及附加　　　　　　　　　　　　　　　　1 140 000
　　贷：应交税费——应交消费税　　　　　　　　　　1 140 000

【例 3 – 58】2018 年 12 月 31 日，假定江南服装股份有限公司应交城市维护建设税率 7%、应交教育费附加率为 3%。

根据江南服装股份有限公司 12 月份发生的经济业务计算应交城建税、应交教育费附加如下：

应交城市维护建设税 =（应交增值税 + 应交消费税）×7%
            =（1 517 800 + 1 140 000）×7% = 186 046（元）

应交教育费附加 =（应交增值税 + 应交消费税）×3%
            =（1 517 800 + 1 140 000）×3% = 79 734（元）

应交增值税 = 销项税额 − 进项税额
        = 3 648 000 − 2 130 200 = 1 517 800（元）

进项税额 =（2）224 000 +（3）76 800 +（4）36 000 +（13）64 800 +（15）32 400 +（18）192 000 +（19）455 040 +（20）284 400 +（22）453 600 +（24）169 560 +（26）137 600 +（26）4 000 = 2 130 200（元）

销项税额 =（46）1 920 000 +（47）672 000 +（49）224 000 +（51）336 000 +（52）480 000 +（53）16 000 = 3 648 000（元）

这项经济业务的发生，一方面使公司费用中的税金及附加增加，应记入"税金及附加"账户借方；另一方面使公司负债中的应交税费增加，应记入"应交税费"账户贷方。编制会计分录如下：

借：税金及附加　　　　　　　　　　　　　　　　　265 780
　　贷：应交税费——应交城市维护建设税　　　　　　　186 046
　　　　　　　　——应交教育费附加　　　　　　　　　79 734

第五节　财务成果业务的核算

企业的财务成果，是指企业在一定时期内生产经营活动所实现的净利润或净亏损，又叫盈亏，是企业最终的经营成果。企业收入大于费用的差额为盈利，收入小于费用的差额为亏损。利润是反映企业一定时期生产经营成果的重要指标。企业一方面应正确确定本期利润，另一方面对实现的净利润要根据有关法规规定进行分配。因此，财务成果业务核算的主要内容有两方面，即确定企业的利润和对利润的分配。

一、利润形成的核算

企业的利润是指企业在一定会计期间的经营成果。利润包括收入减去费用后的差额、直接计入当期利润的利得或者损失。

（一）净利润的组成

净利润是指扣除了所得税后的利润。其相关计算公式如下：

1. 营业利润

（1）营业利润含义与计算公式。

营业利润，是指企业在一定时期内从事日常生产经营活动所取得的利润，是

企业利润总额的主要内容。其计算公式见式 (3.7):

营业利润 = 营业收入 - 营业成本 - 税金及附加 - 销售费用 - 管理费用 - 财务费用 - 资产减值损失 ± 公允价值变动净收益 ± 投资净收益 ± 资产处置收益 + 其他收益

(3.7)

其中,营业收入是企业经营业务所形成的收入总额,包括主营业务收入和其他业务收入。其公式见式 (3.8):

营业收入 = 主营业务收入 + 其他业务收入 (3.8)

营业成本是企业经营业务所发生的成本总额,包括主营业务成本和其他业务成本。其公式见式 (3.9):

营业成本 = 主营业务成本 + 其他业务成本 (3.9)

投资净收益是指企业对外投资取得的收益减去发生的投资损失后的差额。其公式见式 (3.10):

投资净收益 = 投资收益 - 投资损失 (3.10)

资产处置收益用来核算企业出售划分为持有待售的非流动资产(金融工具、长期股权投资和投资性房地产除外)或处置组时确认的处置利得或损失,以及处置未划分为持有待售的固定资产、在建工程、生产性生物资产及无形资产而产生的处置利得或损失。债务重组中因处置非流动资产产生的利得或损失和非货币性资产交换产生的利得或损失也包括在本项目内。该项目应根据在损益类科目新设置的"资产处置损益"科目的发生额分析填列;如为处置损失,以"-"号填列。

其他收益是指反映计入其他收益的政府补助。

(2) 营业利润计算举例。

根据【例3-1】至【例3-58】发生的经济业务,计算江南服装股份有限公司12月份的营业利润如下:

营业利润 = 22 800 000 - 11 310 500 - 1 405 780 - 564 000 - 1 290 720 - 0
　　　　　- 129 000 - 0 - 0 + 0 + 0 + 0
　　　　= 8 100 000 (元)

其中:

营业收入 = (46) 12 000 000 + (47) 4 200 000 + (49) 1 400 000
　　　　　+ (51) 2 100 000 + (52) 3 000 000 + (53) 100 000
　　　　= 22 800 000 (元)

营业成本 = 8 000 000 + 3 250 500 + 60 000
　　　　= 11 310 500 (元)

税金及附加 = 1 140 000 + 265 780
         = 1 405 780（元）
销售费用 = （55）474 000 + （56）90 000
        = 564 000（元）
管理费用 = （29）210 000 + （30）750 000 + （31）138 750 + （34）98 000
        + （35）53 470 + （36）3 000 + （37）20 000 + （39）6 500
        + （42）6 000 + （43）5 000
        = 1 290 720（元）
财务费用 = （7）9 000 + （10）120 000
        = 129 000（元）

2. 利润总额

利润总额是指企业在一定时期实现的税前利润总额。其计算公式见式（3.11）：

利润总额 = 营业利润 + 营业外收入 - 营业外支出　　　　　　　　　　(3.11)

其中，营业外收入是企业发生的与日常经营活动无直接关系的各项利得。营业外支出是企业发生的与日常经营活动无直接关系的各项损失。

3. 净利润

净利润是指企业实现的利润总额中扣除应交的所得税费用，分为"持续经营净利润"和"终止经营净利润"项目，分别反映净利润中与持续经营相关的净利润和与终止经营相关的净利润；如为净亏损，以"-"号填列。该两个项目应按照《企业会计准则第42号——持有待售的非流动资产、处置组和终止经营》的相关规定分别列报。本教材为"持续经营净利润"，其计算公式见式（3.12）：

净利润 = 利润总额 - 所得税费用　　　　　　　　　　　　　　　　(3.12)

所得税费用是企业根据国家税法的规定，对企业的经营所得，按规定的税率计算并交纳的税款。其计算公式见式（3.13）：

所得税费用 = 应纳税所得额 × 所得税税率　　　　　　　　　　　　(3.13)

（二）营业外收支的核算

营业外收支是指企业发生的与其生产经营活动无直接关系的各项收入和各项支出，包括营业外收入和营业外支出。

1. 账户设置

（1）"营业外收入"账户。

本账户属于损益类账户，反映企业发生的营业利润以外的收益，主要包括债务重组利得、盘盈利得、捐赠利得、非流动资产毁损报废收益等。该项目应根据"营业外收入"科目的发生额分析填列。其贷方登记企业取得的各项营业外收入；借方登记期末转入"本年利润"的各项营业外收入；期末结账后本账户无余额。本账户可按营业外收入项目设置明细账户，进行明细核算。

(2)"营业外支出"账户。

本账户属于损益类账户，反映企业发生的营业利润以外的支出，主要包括债务重组损失、公益性捐赠支出、非常损失、盘亏损失、非流动资产毁损报废损失等。其借方登记企业发生的各项营业外支出；贷方登记期末转入"本年利润"账户的营业外支出；期末结账后本账户无余额。本账户可按营业外支出项目设置明细账户，进行明细核算。

2. 营业外收支的总分类核算

假设江南服装股份有限公司2018年12月份发生的与营业外收支有关的业务如下：

【例3-59】2018年12月11日，江南服装股份有限公司收取洪都公司的违约款28 000元，存入银行。

这项经济业务的发生，一方面使公司资产中的银行存款增加，应记入"银行存款"账户借方；另一方面收取违约款，属于公司营业外收入，应记入"营业外收入"账户贷方。编制会计分录如下：

借：银行存款　　　　　　　　　　　　　　　　28 000
　　贷：营业外收入　　　　　　　　　　　　　　28 000

【例3-60】2018年12月14日，江南服装股份有限公司将一笔不能支付的雨欣公司的应付账款40 000元转为营业外收入。

这项经济业务的发生，一方面使公司负债中的应付账款减少，应记入"应付账款"账户借方；另一方面使公司收入中的营业外收入增加，应记入"营业外收入"账户贷方。编制会计分录如下：

借：应付账款——雨欣公司　　　　　　　　　　40 000
　　贷：营业外收入　　　　　　　　　　　　　　40 000

【例3-61】2018年12月17日，江南服装股份有限公司开出一张40 000元的现金支票，捐赠某灾区。

这项捐赠经济业务的发生，一方面使公司费用中的营业外支出增加，应记入"营业外支出"账户借方；另一方面公司开出一张现金支票，使公司资产中的银行存款减少，应记入"银行存款"账户贷方。编制会计分录如下：

借：营业外支出　　　　　　　　　　　　　　　40 000
　　贷：银行存款　　　　　　　　　　　　　　　40 000

【例3-62】2018年12月19日，江南服装股份有限公司由于违反经济合同用存款支付了8 000元的罚款支出。

这项经济业务的发生，一方面使公司费用中的营业外支出增加，应记入"营

业外支出"账户借方;另一方面使公司资产中的银行存款减少,应记入"银行存款"账户贷方。编制会计分录如下:

借:营业外支出　　　　　　　　　　　　　　　　　8 000
　　贷:银行存款　　　　　　　　　　　　　　　　　　　8 000

(三)利润总额或亏损形成的核算

我们已通过前述实例对形成企业利润的有关收入、费用业务进行了会计处理。但是,企业为了在每个会计期末确定本期实现的净利润总额或亏损总额,须将本期发生的各项收入、费用从上述收入、费用账户结转到"本年利润"账户,其收入与费用进行对比确定的差额,即为本期实现的利润或发生的亏损。

企业为了核算在本年度实现的利润或发生的亏损,应设置"本年利润"账户。本账户属于所有者权益类账户,其贷方登记期末从"主营业务收入""其他业务收入""营业外收入"以及"投资收益"(投资净收益)"资产处置收益""其他收益"等账户的转入数;借方登记期末从"主营业务成本""税金及附加""其他业务成本""销售费用""管理费用""财务费用""营业外支出""投资收益"(投资净损失)等账户的转入数;两者之差,若借方大于贷方,表示形成的亏损总额,亏损时不需要缴纳所得税;若贷方大于借方,表示形成的利润总额,也就是盈利,企业盈利时必须计算缴纳所得税。

利润总额或亏损形成时,与各损益类账户之间的关系,如图3-2所示。

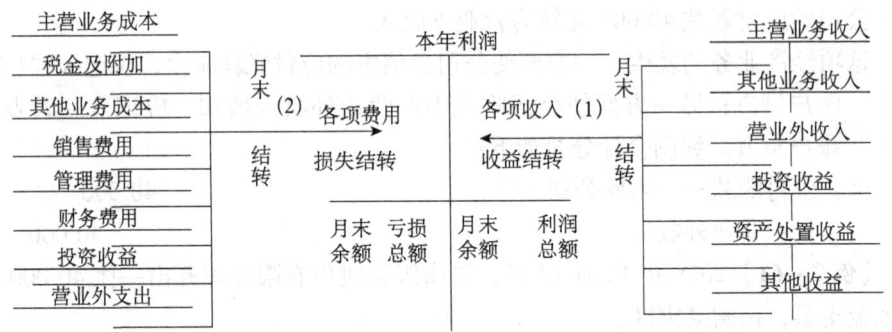

图3-2 利润总额或亏损总额的形成与各损益类账户之间的关系

【例3-63】2018年12月31日,江南服装公司将本月收入类账户的余额转入"本年利润"账户。

根据前面的例题可知,江南服装股份有限公司"主营业务收入"账户结账前的余额为22 700 000元,"其他业务收入"账户结账前余额为100 000元,"营业外收入"账户结账前余额为68 000元(28 000+40 000)。分别将上述收入、费用账户余额转入"本年利润"账户。编制会计分录如下:

借：主营业务收入 22 700 000
　　其他业务收入 1 00 000
　　营业外收入 68 000
　　贷：本年利润 22 868 000

【例3-64】2018年12月31日，江南服装公司将本月费用类账户的余额转入"本年利润"账户。

根据前面的例题可知，江南服装股份有限公司"主营业务成本"账户结账前余额为11 250 500元，"其他业务成本"账户结账前余额为60 000元，"税金及附加"账户结账前余额为1 405 780元，"销售费用"账户结账前余额为564 000元，"管理费用"账户结账前余额为1 277 250元，"财务费用"账户结账前余额为1 290 00元，"营业外支出"账户结账前余额为48 000元（40 000 + 8 000）。分别将上述收入、费用账户余额转入"本年利润"账户。编制会计分录如下：

借：本年利润 14 748 000
　　贷：主营业务成本 11 250 500
　　　　其他业务成本 60 000
　　　　税金及附加 1 405 780
　　　　销售费用 564 000
　　　　管理费用 1 290 720
　　　　财务费用 129 000
　　　　营业外支出 48 000

江南服装股份有限公司据此可以计算出12月份的利润总额：
本期实现的利润总额 = 22 868 000 - 14 748 000 = 8 120 000（元）

所计算出来的利润总额，即为企业在一定期间形成的经营所得。企业的经营所得应按税法的规定调整为应纳税所得额后计算缴纳所得税。

此时，我们也可以通过本节计算的营业利润来计算利润总额：
利润总额 = 8 110 000 + 68 000 - 48 000 = 8 120 000（元）

（四）所得税费用的核算

所得税是企业根据国家税法的规定，对企业的应纳税所得额，按规定的税率计算并交纳的税款。其计算公式见式（3.14）：

应纳所得税额 = 应纳税所得额 × 所得税税率　　　　　　　　　　　　（3.14）

企业应纳税所得额，从税法有关规定来看，与企业会计所得额（利润总额）通常条件下并不一致（如业务招待费等调整项目），所以具体计算纳税时，应该以企业实现的会计所得额（利润总额）为基础，按税法的有关规定进行调整，计算出应纳税所得额，并且按调整后的应纳税所得额计算征收所得税。税法规定企业所得税税率一般为 25%。①

1. 账户设置

企业所得税是企业在生产经营过程中发生的一项必要支出，应在净利润前扣除。为了反映和监督企业按规定从本期损益中减去的所得税，企业应设置"所得税费用"账户。

"所得税费用"账户属于损益类账户，其借方登记企业按税法规定的纳税所得计算的所得税额；贷方登记企业会计期末转入"本年利润"账户的所得税；期末结账后该账户无余额。

2. 所得税费用确认

但为简化核算，本书均假定不存在纳税调整事项，即应纳税所得额等于利润总额，此时，当期所得税费用的确认就是当期应交所得税。

事实上，一般都存在纳税调整，此时，当期所得税费用 = 应交所得税 ± 递延所得税资产（或负债）

有关所得税会计确认与核算，详见中级财务会计和高级财务会计的内容。

3. 所得税费用的总分类核算

月末，企业应交的所得税按国家规定的税率计算出来后应计入本期的费用，同时应转入"本年利润"账户。现举例说明如下：

【例 3-65】2018 年 12 月 31 日，假设江南服装股份有限公司本月不涉及调整纳税所得，即公司应纳税所得额与利润总额相同，计算本月江南服装股份有限公司应交所得税。所得税税率 25%。

应交所得税 8 120 000 × 25% = 2 030 000（元）

这项经济业务的发生，一方面使公司费用中的所得税费用增加，应记入"所得税费用"账户借方；另一方面由于所得税在计算时未交，使公司负债中的应交税费增加，应记入"应交税费"账户贷方。编制会计分录如下：

借：所得税费用　　　　　　　　　　　　　　2 030 000
　　贷：应交税费——应交所得税　　　　　　　　　2 030 000

（五）净利润形成的核算

净利润是根据利润总额扣除所得税费用以后形成的，如，江南服装股份有限公司 12 月的净利润计算如下：

净利润 = 8 120 000 - 2 030 000 = 6 090 000（元）

为反映净利润的形成，企业在月末还应将"所得税费用"结转至"本年利润"账户借方，月末结转后，所得税费用账户的期末余额是 0；本年利润账户的

---

① 企业所得税的一般税率为 25%。符合条件的小型微利企业，企业所得税税率为 20%。国家需要重点扶持的高新技术企业，企业所得税税率为 15%。非居民企业就其来源于中国境内的所得缴纳企业所得税，适用税率为 20%。

期末余额通常在贷方，表示年初至本月止累计实现的净利润。净利润的形成如图 3-3 所示。

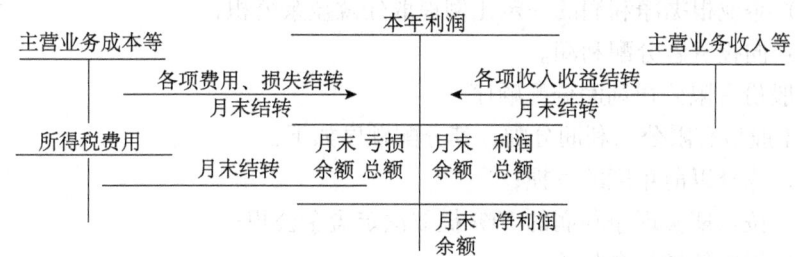

图 3-3　净利润的形成

【例 3-66】2018 年 12 月 31 日，江南服装股份有限公司将 12 月的所得税费用 2 030 000 元结转至"本年利润"账户。

这项经济业务的发生，一方面使公司所得税费用减少，应记入"所得税费用"账户贷方；另一方面使公司本年利润减少，应记入"本年利润"账户借方。编制会计分录如下：

　　借：本年利润　　　　　　　　　　　　　　　2 030 000
　　　　贷：所得税费用　　　　　　　　　　　　　　　　2 030 000

【例 3-67】2019 年 1 月 25 日，江南服装股份有限公司开出一张转账支票支付本月的所得税 2 030 000 元。

这项经济业务的发生，一方面使公司负债中的应交税费减少，应记入"应交税费"账户借方；另一方面使公司资产中的银行存款减少，应记入"银行存款"账户贷方。编制会计分录如下：

　　借：应交税费——应交所得税　　　　　　　　2 030 000
　　　　贷：银行存款　　　　　　　　　　　　　　　　　2 030 000

二、利润分配的核算

利润分配是指企业按国家规定和企业章程、投资者协议等，对企业当年可供分配利润所进行的分配。

（一）利润分配的原则

企业当期实现的净利润，并不是全部分配给投资者，因为企业要考虑今后生产发展的需要和有可能遇到的风险，因此，企业应将实现的净利润按照国家规定进行合理分配。

1. 一般企业利润分配顺序

企业可供分配利润（指企业当期实现的净利润，加上年初未分配利润或减去年初未弥补亏损等的余额），其顺序分配为：

(1) 弥补以前年度的亏损；
(2) 按当期实现净利润的 10% 计提法定盈余公积；
(3) 企业根据净利润的一定比例提取任意盈余公积；
(4) 向投资者分配利润。

2. 股份有限公司利润分配顺序

对于股份有限公司利润分配，其分配顺序如下：
(1) 弥补以前年度的亏损；
(2) 按当期实现净利润的 10% 提取法定盈余公积；
(3) 提取任意盈余公积；
(4) 按照股东持有的股份比例分配股利。

（二）账户设置

1. "利润分配"账户

本账户属于所有者权益类账户，核算企业利润的分配（或亏损的弥补）和历年分配（或弥补）后的积存余额。其贷方登记年终时从"本年利润"账户借方转来的全年实现的净利润总额和用盈余公积弥补以前年度亏损数；借方登记按规定实际分配的利润数或年终时从"本年利润"账户的贷方转来的全年亏损总额。年终余额在贷方，表示企业历年结存的未分配利润；年终余额在借方，表示历年积存的未弥补亏损。本账户应当按"未分配利润""提取法定盈余公积""提取任意盈余公积""应付现金股利或利润"等设置明细分类账户，进行明细分类核算。

2. "盈余公积"账户

本账户属于所有者权益类账户，核算企业从净利润中提取的盈余公积。其贷方登记提取盈余公积数；借方登记盈余公积的支出数，包括弥补亏损、转增资本等；期末贷方余额，反映企业提取的盈余公积余额。本账户应按"法定盈余公积""任意盈余公积"等项目设置明细账户，进行明细分类核算。

3. "应付股利"账户

本账户属于负债类账户，核算企业确定应分配给投资者的利润或现金股利。企业分配的股票股利，不通过本账户核算。其贷方登记企业确定应付给投资者的利润；借方登记实际支付的利润；其期末余额在贷方，反映企业尚未支付的利润。

（三）利润分配业务的总分类核算

1. 年末结转"本年利润"至"利润分配——未分配利润"贷方

年末，应将本年收入和支出相抵后结出的本年实现的净利润（或亏损）全部转入"利润分配"账户。如为净利数，应从该账户的借方转入"利润分配"账户的贷方；如为亏损额应从该账户的贷方转入"利润分配"账户的借方。年末结账后该账户无余额。但必须引起注意的是，在年度中间（即 1～11 月），"本年利润"账户的余额保留在本账户，不予结账，表示本年度累计实现的净利润或累计发生的亏损。

利润形成及分配时各账户之间的关系，如图3-4所示。

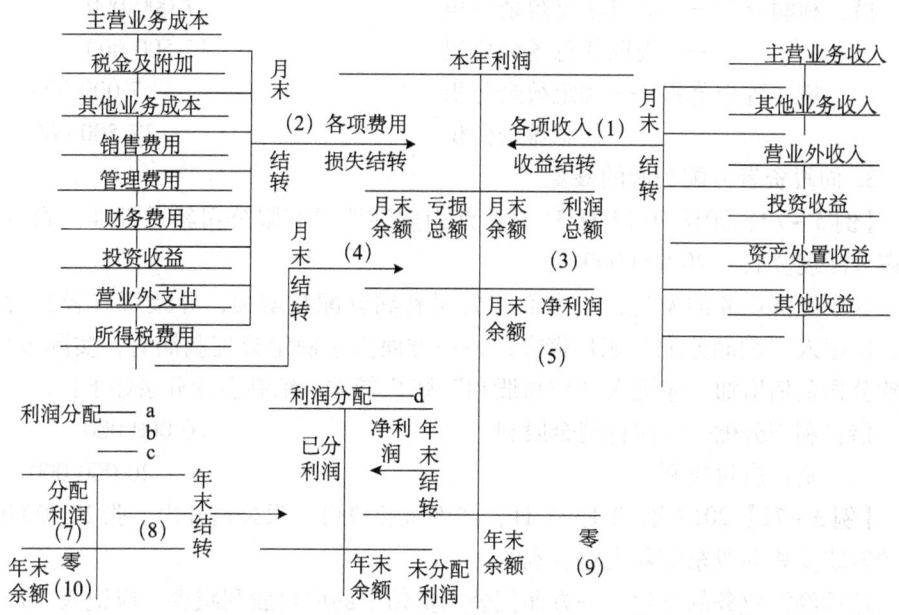

图3-4 利润形成及分配时各账户之间的关系

注：a 为提取法定盈余公积；b 为提取任意盈余公积；c 为向投资者分配利润；d 为未分配利润；（1）~（10）为核算顺序。

江南服装股份有限公司 2018 年 1~11 月份累计实现净利润 63 910 000 元，则 2018 年度实现净利润 70 000 000 元（63 910 000 + 6 090 000）。假设该公司年初未分配利润为 20 000 000 元，则年末可供分配利润为 90 000 000 元。年末利润分配时，发生如下经济业务：

【例 3-68】 2018 年 12 月 31 日，江南服装股份有限公司结转本年度实现的净利润。

公司本年度实现净利润 70 000 000 元，年末结账时应从"本年利润"账户借方转入"利润分配——未分配利润"账户贷方。编制会计分录如下：

借：本年利润　　　　　　　　　　　　　　　　70 000 000
　　贷：利润分配——未分配利润　　　　　　　　　　70 000 000

年末结转后，"本年利润"账户年末无余额。

2. 提取盈余公积的核算

【例 3-69】 2018 年 12 月 31 日，江南服装股份有限公司按本年实现净利润的 10%、25% 的比例，分别计提法定盈余公积、任意盈余公积。

这项经济业务的发生，一方面使公司利润分配数增加，导致所有者权益减少，应记入"利润分配"账户借方；另一方面使公司盈余公积增加，导致所有者权益增加，应记入"盈余公积"账户贷方。编制会计分录如下：

  借：利润分配——提取法定盈余公积   7 000 000
      ——提取任意盈余公积   17 500 000
    贷：盈余公积——法定盈余公积   7 000 000
      ——任意盈余公积   17 500 000

3. 向投资者分配利润的核算

【例 3-70】2018 年 12 月 31 日，江南服装股份有限公司经过批准，确定向股东分配现金股利 20 000 000 元。

这项经济业务的发生，一方面使公司利润分配数增加，导致所有者权益减少，应记入"利润分配"账户借方；另一方面由于确定分配利润时，实际未付，导致公司负债增加，应记入"应付股利"账户贷方。编制会计分录如下：

  借：利润分配——应付现金股利   20 000 000
    贷：应付股利   20 000 000

【例 3-71】2018 年 12 月 31 日，江南服装股份有限公司开出一张 20 000 000 元的转账支票向股东实际支付股利。

这项经济业务的发生，一方面使公司负债中的应付股利减少，应记入"应付股利"账户借方；另一方面使公司资产中的银行存款减少，应记入"银行存款"账户贷方。编制会计分录如下：

  借：应付股利   20 000 000
    贷：银行存款   20 000 000

4. 年末将已分配利润结转至"利润分配——未分配利润"账户借方

【例 3-72】2018 年 12 月 31 日，江南服装股份有限公司年末结转本年度已分配利润。

年终，"利润分配"账户下只有"未分配利润"明细分类账户有余额。即通过年末结账要将"利润分配"账户下的其他明细账户余额转入"未分配利润"明细账户。结账后，"未分配利润"明细账户余额在贷方表示历年结存未分配利润，在借方表示历年积存未弥补亏损。

江南服装股份有限公司本年已分配利润为 44 500 000 元（7 000 000 + 17 500 000 + 20 000 000），应从"利润分配"账户下的其他明细分类账户贷方转入"未分配利润"明细账户借方。编制会计分录如下：

  借：利润分配——未分配利润   44 500 000
    贷：利润分配——提取法定盈余公积   7 000 000
      ——提取任意盈余公积   17 500 000
      ——应付现金股利   20 000 000

江南服装股份有限公司2018年度可供分配利润为90 000 000元，则年末积存未分配利润为45 500 000元（90 000 000 – 44 500 000）。图3-3表示利润分配和年终结账后未分配利润形成的核算。

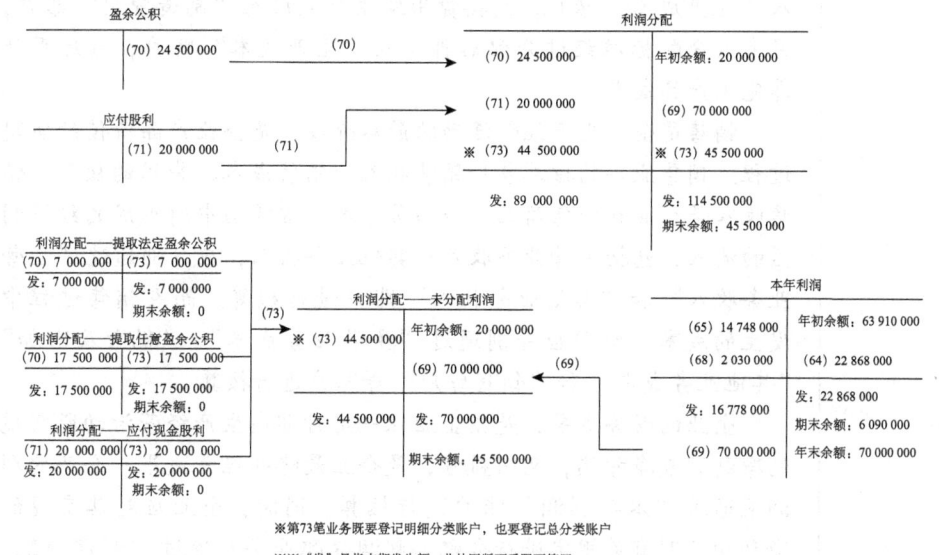

图3-5 利润分配和年终结账后未分配利润形成的核算

【本章小结】

　　资金筹集是企业生产经营活动的首要条件，是资金运动全过程的起点。企业的资金，从来源看有两种途径，即接受投资者投入资金和接受债权人投入资金。投资者投入资本记入"股本"，企业接受投资者投入资本超过其注册资本的数额记入"资本公积"。向银行借款的资金按偿还期限长短，分短期借款和长期借款，应分别核算其借款取得、支付利息和归还借款本金。

　　生产准备业务应核算固定资产购建业务和材料采购业务。固定资产应按其原价入账，固定资产原价应包括企业为购建某项固定资产达到预定可使用状态前发生的一切合理的、必要的支出。企业购建的固定资产在没有达到预定使用状态前应通过"在建工程"账户进行核算。材料采购本包括买价和采购费用，材料采购业务核算对于其发生的买价和采购费用应先通过"在途物资"账户，验收入库时再转入"原材料"账户。

　　产品生产业务的核算主要核算其成本费用。企业在生产过程中发生的资金耗费构成费用，而与制造产品相关的费用计入产品制造成本、与制造产品无关的费用计入期间费用。制造成本按计入产品成本的方式分直接费用和间接费用，其中直接费用在发生时直接记入"生产成本"账户，间接费用发生时先记入"制造费用"账户，月末按分配标准经过分配后再转入"生产成本"账户，然后再计算完工产品成本。

销售是企业生产经营活动的最后阶段，是企业产品价值的实现过程。销售业务的核算包括销售收入和销售成本、费用的核算。销售收入是企业在销售商品、提供劳务等日常活动中所形成的经济利益的流入，包括主营业务收入和其他业务收入，应分别通过"主营业务收入"和"其他业务收入"账户进行核算。而在销售过程中发生的成本、费用应分别通过"主营业务成本""税金及附加""其他业务成本"和"销售费用"等账户进行核算。

企业的财务成果，是指企业在一定时期内生产经营活动所实现的净利润或净亏损，又叫盈亏，是企业最终的经营成果。企业的利润应通过"本年利润"账户进行核算。同时，企业应对其实现的净利润按照有关规定进行分配，利润分配业务应通过"利润分配"账户进行核算。

【知识拓展】

金税三期

1994年1月我国推行新税制，核心内容之一是建立以增值税为主体税种的税制体系，并实施以专用发票为主要扣税凭证的增值税征管制度。

简介

为有效防止不法分子利用伪造、倒卖、盗窃、虚开专用发票等手段进行偷、骗、逃国家税款的违法犯罪活动，国家决定在纸质专用发票物理防伪的基础上，引入现代化技术手段强化增值税征收管理。

1994年2月国务院召开专题会议，指示要尽快建设以加强增值税管理为主要目标的"金税工程"。会议同意利用人民银行清算中心网络建设交叉稽核系统，同时指出防伪税控系统要先试点，后推行。为组织实施这项工程，国务院成立了国家税控系统建设协调领导小组，下设"金税工程"工作办公室，具体负责组织、协调系统建设工作。当年下半年防伪税控系统和交叉稽核系统开始试点，金税工程正式启动。

总体目标

根据一体化原则，建立基于统一规范的应用系统平台，依托计算机网络，总局和省局高度集中处理信息，覆盖所有税种、所有工作环节、国地税局并与有关部门联网，包括征管业务、行政管理、外部信息、决策支持等四大子系统的功能齐全、协调高效、信息共享、监控严密、安全稳定、保障有力的税收管理信息系统。就是要建立"一个平台、两级处理、三个覆盖、四个系统"。

一个平台指包含网络硬件和基础软件的统一的技术基础平台；

两级处理指依托统一的技术基础平台，逐步实现数据信息在总局和省局集中处理；

三个覆盖指应用内容逐步覆盖所有税种，覆盖所有工作环节，覆盖国地税局并与相关部门联网；

四个系统指通过业务重组、优化和规范，逐步形成一个以征管业务系统为主，包括行政管理、外部信息和决策支持在内的四大应用系统软件。

注册资本及其认缴与实缴

1. 注册资本、实缴登记制度

（1）注册资本。

注册资本是公司制企业的全体股东（发起人）认缴并在公司登记机关依法登记的出资总额（认购的股本总额）。注册资本是股东按照约定向公司转移财产（货币或可以用货币估价并可以依法转让的非货币财产）而形成的。股东出资缴付到位，就可以按照法律法规和公司章程，享有管理权、决策权、收益权。注册资本对公司而言至关重要。所以，资本制度是公司制度的核心，注册资本登记制度是公司登记制度的核心。

（2）实缴登记制。

2006年以前，我国实行的是严格的实缴登记制。即在公司设立之前，股东的所有出资必须完全缴付到位。公司登记机关通过审核《验资报告》，确认出资完全缴付到位，才能核发营业执照，公司成立。实缴登记制的好处是便于监管，一定程度上有利于公司通过营业执照向交易方传达公司资本实力的信息，弊端是公司设立成本太高，且易导致资本闲置。

2006年《公司法》经修订实施后，我国适当放松了注册资本缴付要求。法律规定首次出资额只要不低于注册资本的20%即可（公司成立时缴付到位并进行验资），其余部分由股东自公司成立之日起两年内缴足（其中，投资公司可以在五年内缴足）。这实际上是实缴登记制与认缴登记制的折衷。

2. 注册资本认缴登记制

（1）注册资本认缴登记制含义。

2014年3月1日起实施的新《公司法》规定：注册资本认缴登记制，就是在公司设立时，由公司股东（发起人）对其认缴出资额、出资方式、出资期限等进行自主约定，并记载于公司章程。

(2) 注册资本认缴登记制的基本内容。

第一，将注册资本实缴登记制改为认缴登记制。除法律、行政法规以及国务院决定对公司注册资本实缴另有规定的外，取消了关于公司股东（发起人）应当自公司成立之日起两年内缴足出资（投资公司应当在五年内缴足出资）的规定；取消了一人有限责任公司股东应当一次足额缴纳出资的规定。公司股东（发起人）自主约定认缴出资额、出资方式、出资期限等，并记载于公司章程。

第二，放宽注册资本登记条件。除法律、行政法规以及国务院决定对公司注册资本最低限额另有规定的外，取消了有限责任公司最低注册资本3万元、一人有限责任公司最低注册资本10万元、股份有限公司最低注册资本500万元的限制；不再限制公司设立时股东（发起人）的首次出资比例；不再限制股东（发起人）的货币出资比例。

第三，简化登记事项和登记文件。有限责任公司股东认缴出资额、公司实收资本不再作为公司登记事项。公司登记时，不需要提交验资报告。

(3) 注册资本认缴登记制的实施范围。

根据国务院公布的《注册资本登记制度改革方案》，国家对包括银行业金融机构、证券公司、期货公司、基金管理公司、保险公司、保险专业代理机构和保险经纪人、直销企业、对外劳务合作企业、融资性担保公司、募集设立的股份有限公司，以及劳务派遣企业、典当行、保险资产管理公司、小额贷款公司等27个行业，暂按现行规定执行，实行注册资本实缴登记制。这主要是考虑到一些特定行业由于行业自身和政府管理的特殊性，对其实缴注册资本的要求较高，特别是从国际上看，世界各国普遍对金融机构实施审慎监管，要求金融机构具备相当数量的实缴资本，以维护金融稳定。

除此以外的行业，采用注册资本认缴登记制。

公司章程

设立公司应当制定公司章程。公司章程是公司设立的最基本条件和最重要的法律文件，法定记载事项包括公司名称和住所、公司经营范围、公司注册资本、股东的姓名或者名称、股东的出资方式、出资额和出资时间、公司的机构及其产生办法、职权、议事规则、公司法定代表人，等等。股东应当在公司章程上签名、盖章。通常，公司章程的倒数第二条是有关"公司财务、会计"的规定，包括要求提取任意盈余公积。

营业税改增值税历程及税率

1. 营改增历程

2011年，经国务院批准，财政部、国家税务总局联合下发营业税改增值税试点方案。从2012年1月1日起，在上海交通运输业和部分现代服务业开展营业税改征增值税试点。至此，货物劳务税收制度的改革拉开序幕。自2012年8

月1日起至年底,国务院将扩大营改增试点至10省市,北京9月启动。截至2013年8月1日,"营改增"范围已推广到全国试行。同年12月4日,国务院总理李克强主持召开国务院常务会议,决定从2014年1月1日起,将铁路运输和邮政服务业纳入营业税改征增值税试点,至此交通运输业已全部纳入营改增范围。自2014年6月1日起,将电信业纳入营业税改征增值税试点范围。

2016年3月18日,国务院总理李克强主持召开国务院常务会议,部署全面推开营改增试点,进一步减轻企业税负。会议明确,从2016年5月1日起,全面推开营改增试点,将建筑业、房地产业、金融业、生活服务业纳入试点范围,全年预计减税5 000亿元。财政部和税务总局随后公告显示,建筑业和房地产业适用11%的税率,金融业和生活服务业适用6%的税率。建筑业、房地产业、金融业、生活服务业纳入营改增试点范围,意味着现行营业税纳税人全部改征增值税。

2. 增值税税率

基本税率为17%;纳税人销售粮食、自来水、暖气、图书等货物时,实行13%的低税率;提供交通运输、邮政、基础电信、建筑、不动产租赁服务(含纳税人以经营租赁方式将土地出租给他人使用),销售不动产,转让土地使用权,实行11%的低税率;增值电信服务、金融服务、现代服务(租赁服务除外)、生活服务、转让土地使用权以外的其他无形资产,实行6%的低税率;纳税人出口货物,税率为0,但是国务院另有规定的除外。

3. 增值税一般纳税人会计科目及专栏设置

(1) 应交税费——应交增值税(进项税额)

　　　　——应交增值税(销项税额抵减)差额征税的账务处理

　　　　——应交增值税(已交税金)

　　　　——应交增值税(转出未交增值税)

　　　　——应交增值税(减免税款)

　　　　——应交增值税(出口抵减内销产品应纳税额)

　　　　——应交增值税(销项税额)

　　　　——应交增值税(出口退税)

　　　　——应交增值税(进项税额转出)

　　　　——应交增值税(转出多交增值税)

(2) 应交税费——未交增值税

(3) 应交税费——预交增值税

(4) 应交税费——待抵扣进项税额

取得的不动产在建工程,按现行增值税制度规定准予以后期间从销项税额中抵扣的进项税额。

（5）应交税费——待认证进项税额

一般纳税人已取得增值税扣税凭证、按照现行增值税制度规定准予从销项税额中抵扣，但尚未经税务机关认证的进项税额。

（6）应交税费——待转销项税额

已确认相关收入（或利得）但尚未发生增值税纳税义务而需于以后期间确认为销项税额的增值税额。

（7）应交税费——增值税留抵税额

（8）应交税费——简易计税

（9）应交税费——转让金融商品应交增值税

（10）应交税费——代扣代交增值税

购入固定资产时增值税进项税额会计处理

1. 进项税额允许抵扣的范围

由于增值税征税范围中的固定资产，主要是机器、机械、运输工具以及其他与生产经营有关的设备、工具、器具，因此，增值税转型改革后允许抵扣的固定资产也是上述范围。准予抵扣的固定资产使用期限须超过 12 个月。从 2016 年 5 月 1 日起，全面实行营业税改增值税，一般纳税人领用材料用于固定资产或不动产以及不动产在建工程，只要不是专用于简易计税项目、免征增值税项目、集体福利或个人消费，也不属于非正常损失的购进货物，均可抵扣进项税额，但用于不动产以及不动产在建工程，则需要分两年抵扣，第一年抵扣 60%，第二年抵扣 40%。

自 2009 年 1 月 1 日起，增值税一般纳税人购进（包括接受捐赠、实物投资）或者自制（包括改扩建、安装）固定资产发生的进项税额，可凭增值税专用发票、海关进口增值税专用缴款书和运输费用结算单据从销项税额中抵扣。纳税人允许抵扣的固定资产进项税额，是指纳税人 2009 年 1 月 1 日以后（含）实际发生，并取得 2009 年 1 月 1 日以后开具的增值税扣税凭证上注明的或者依据增值税扣税凭证计算的增值税额。

自 2013 年 8 月 1 日起，增值税一般纳税人购进小汽车发生的进项税额可凭增值税专用发票、海关进口增值税专用缴款书和运输费用结算单据从销项税额中抵扣。

2. 不得抵扣的范围

下列项目的进项税额不得从销项税额中抵扣：

（1）用于简易计税方法计税项目、免征增值税项目、集体福利或者个人消费的购进货物、加工修理修配劳务、服务、无形资产和不动产。其中涉及的固定资产、无形资产、不动产，仅指专用于上述项目的固定资产、无形资产（不包括其他权益性无形资产）、不动产。纳税人的交际应酬消费属于个人消费。

（2）非正常损失的购进货物，以及相关的加工修理修配劳务和交通运输服务。

（3）非正常损失的在产品、产成品所耗用的购进货物（不包括固定资产）、加工修理修配劳务和交通运输服务。

（4）非正常损失的不动产，以及该不动产所耗用的购进货物、设计服务和建筑服务。

（5）非正常损失的不动产在建工程所耗用的购进货物、设计服务和建筑服务。纳税人新建、改建、扩建、修缮、装饰不动产，均属于不动产在建工程。

（6）购进的旅客运输服务、贷款服务、餐饮服务、居民日常服务和娱乐服务。

（7）财政部和国家税务总局规定的其他情形。

【本章思考与练习题】

一、思考题

1. 企业资金筹集有哪些渠道？如何核算？
2. 企业购建固定资产时应如何核算？
3. 企业材料采购成本包括哪些内容？如何计算和核算？
4. 简述企业生产过程中费用的核算程序。
5. 企业产品生产中需设置哪些账户？这些账户如何使用？
6. 试述产品制造成本的内容并计算。
7. 销售收入确定的条件是什么？结合结算方式说明销售收入的确认。
8. 企业销售业务需设哪些账户？这些账户如何使用？
9. 如何计算营业利润？
10. 什么是期间费用？包括哪些内容？
11. 财务成果的核算需设置哪些账户？如何使用？
12. 说明净利润的组成。
13. 企业净利润如何分配？

二、练习题

1. 资料：红谷公司2018年12月份发生如下经济业务（假设红谷公司为一般纳税人，增值税税率16%）。

（1）向银行借入6个月期限的借款2 000 000元，已存入银行。

（2）接受某华侨投资的汽车一辆，其价值为4 800 000元。

（3）购入一台需安装的设备一台，增值税专用发票载明其价款2 000 000元，增值税税额320 000元，对方代垫运输费20 000元，增值税税额2 000元。款项均已用存款支付，设备已交付安装。

(4) 上述设备在安装过程中耗用材料 30 000 元，并以存款支付 10 000 元的安装调试费用。

(5) 上述设备已安装完毕，并交付使用。

(6) 向前进公司预付购买甲、乙材料的采购款 400 000 元，开出一张转账支票。

(7) 从前进公司购进甲、乙两种材料已运到。其中甲材料 20 000 千克，单价 10 元；乙材料 20 000 千克，单价 20 元，增值税税额 96 000 元。

(8) 以现金支票支付甲、乙材料的运输费 24 000 元，增值税税额 2 400 元（按材料的买价比例分摊）。

(9) 以银行存款补付欠前进公司的材料款。

(10) 上述甲、乙材料已验收入库，结转其采购成本。

(11) 本月耗用材料 2 000 000 元，其中 A 产品耗用 1 000 000 元，B 产品耗用 800 000 元，车间一般耗用 140 000 元，行政管理部门耗用 60 000 元。

(12) 本月共发生工资费用 1 200 000 元，其中生产 A 产品工人工资 600 000 元，生产 B 产品工人工资 450 000 元，车间管理人员工资 90 000 元，行政管理人员工资 60 000 元。

(13) 开出一张现金支票，从银行提取现金 1 000 000 元。

(14) 以现金发放职工工资 1 000 000 元。

(15) 按工资总额的 5%、9% 计提住房公积金及社会保障费。

(16) 计提本月短期借款利息 20 000 元。

(17) 月末提取本月固定资产折旧费 300 000 元，其中车间负担 259 200 元，行政管理部门负担 40 800 元。

(18) 支付本月固定资产修理费 32 000 元，其中车间修理费 19 200 元，行政管理部门修理费 12 800 元。

(19) 按生产 A、B 产品工人的工资比例分配结转制造费用。

本月 A、B 产品已全部完工并验收入库。其中 A 产品月初在产品成本为 268 000 元，B 产品月初在产品成本为 172 000 元。

(20) 销售给昌南公司 A 产品一批，价款为 6 000 000 元，增值税税额 960 000 元；B 产品一批，价款为 4 000 000 元，增值税税额 640 000 元，货款未收。

(21) 结转上述销售产品成本，其中 A 产品销售成本为 2 800 000 元，B 产品销售成本为 2 000 000 元。

(22) 以存款支付 400 000 元的广告费。

(23) 开出一张转账支票，向希望工程捐赠 2 000 000 元。

(24) 销售一批不需用的材料 150 000 元，款已收并存入银行。

(25) 结转上述销售材料成本 110 000，消费税 4 000 元。
(26) 由于对方单位违约，收取违约金 60 000 元，款项已存入银行。
(27) 清理长期不能支付的应付账款 100 000 元。
(28) 以现金支付职工李明生活困难补助 30 000 元。
(29) 采购员预借差旅费 30 000 元，以现金支付。
(30) 采购员回公司报销差旅费 18 000 元，交回多余现金 12 000 元。
(31) 结转本月各项收入。
(32) 结转本月各项费用。
(33) 按本月实现利润的 25% 计算应交所得税，并结转至本年利润。
(34) 以存款交纳各种税金 600 000 元。
(35) 按净利润的 10% 提取法定盈余公积，5% 提取任意盈余公积。
(36) 确定分配给投资者利润 100 000 元。
(37) 公司开出现金支票向投资者实际发放利润 100 000 元。

要求：根据以上业务编制红谷公司的会计分录。

第四章 账户分类

【引入案例】

同学们,你们知道吗?世界上最大的图书馆是美国国会图书馆(The Library of Congress),它拥有1.62亿件藏品,其中包含3 860万册各类图书。而中国最大的图书馆——中国国家图书馆拥有3 500万件藏品,其中包含1 590万册图书。当你走进这两个巨大的图书馆,面对浩如烟海的图书,你该如何才能找寻到你所需要的图书呢?如果每一本图书都是被随意地放置在图书馆的书架上,那么要想找到某一本图书无异于大海捞针。事实上,为了能够快速地帮助每一位读者找到所需要的图书,每一个图书馆的图书都是按照科目分类放置的。人们按照图书的内容、形式、体裁和读者用途等,运用知识分类的原理,采用逻辑方法,将所有学科的图书按其学科内容分成几大类,每一大类下分许多小类,每一小类下再分子小类。最后,每一种书都可以分到某一个类目下,每一个类目都有一个类号。如此一来,每一位读者都能够快速地找到他们所需要的图书了。此外,为了使不同图书馆对同一本图书的分类一致,每一本图书在出版印刷时就已经在图书的版权页标明了图书分类号,同学们你们可以在这本教材的版权页找到该教材的图书分类号吗?

【学习目的与要求】

1. 了解账户分类的意义;
2. 掌握账户按经济内容的分类;
3. 熟练掌握账户按用途、结构的分类;
4. 理解账户按反映经济业务详细程度的分类。

第一节　账户分类概述

为了满足会计信息使用者对会计信息的需求和企业编制财务报告的需要，在会计核算工作中需要运用会计科目在账簿中开设一系列的账户，这是会计核算方法体系中的一项重要内容。对于每一个账户都规定了其核算内容，只能用于相应的经济业务的核算。账户分类，就是按照一定的标准对所有账户所进行的科学分类。对账户进行分类是人们认识和了解账户的一种有效方法。虽然账户之间在性质、内容、结构方面各不相同，但相互之间存在着密切的内在联系。通过对账户进行合理的分类，有助于建立完善的账户体系，明确账户之间的联系和区别，更好地掌握账户的设置和运用，从而提供核算指标的规律性。

一、账户分类的意义

企业的经济业务是复杂的，具有多样性的，不同的经济业务包含不同的经济内容。在实际工作中，为了加强企业的经营管理，就需要会计提供不同的会计信息资料。为了全面反映各项会计要素的增减变化情况，为企业的经济管理提供完整、系统的会计信息，必须对账户进行科学的设置和应用。而账户分类就是对账户设置和应用规律的进一步认识，因此分析账户分类具有重要意义。

（一）有利于明确设置每一个账户的目的和作用

通过账户的分类，可以进一步理解企业设置账户的目的，了解每一个账户在整个账户体系中的地位和作用。企业应该根据自身经济业务的特点和管理需要来设置账户，从而实现企业管理的目标。每一个账户都有其特定的经济内容。如为了反映企业银行存款的增减变化及结余情况，必须设置"银行存款"账户；为了反映企业产成品成本的增减变化及结存情况，必须设置"库存商品"账户；为了反映企业向银行或者其他金融机构借入的还款期限在1年以上的借款、还款及结存情况，必须设置"长期借款"账户。通过账户分类，可以进一步加深对每一个账户的认识，了解账户的作用以及所反映的经济业务。

（二）有利于掌握账户的用途和结构

通过账户的分类，有助于了解账户的用途和结构，掌握各类账户提供核算指标的规律性，以便正确而熟练地使用这些账户。对账户的认识，不能仅仅局限于每一个账户反映的经济内容是什么，还必须了解账户是怎样反映的，账户在反映经济业务时有何规律。通过账户的分类，在对账户个性认识的基础上，进一步认识其共性，掌握其一般规律，从而达到正确地运用这些账户的目的。

(三) 有利于完善账户体系

通过研究账户的分类,可以从整体上和理论上加深对账户体系的认识,从而有助于建立更完善的账户体系。运用更完善的账户体系是复式记账法区别于单式记账法的一个重要特点。通过对账户的分类研究,可以不断完善账户体系,使之更加科学化。

二、账户分类的标准

对账户加以分类,首先要确定分类的标准。运用不同的分类标准,可以把账户划分为不同的类别,账户分类的标准就是从某一个角度去寻找它们的共性。账户的共性是相对于分类标准而言的,对一种分类标准是同类的账户,但对另一种分类标准可能就是不同类的账户。账户分类标准一般有:以经济内容为分类标准、以用途和结构为分类标准、以反映经济业务详细程度为分类标准等。

(一) 账户按经济内容分类

账户按经济内容分类,是指账户按照所反映和监督的会计对象的具体内容进行分类。按经济内容分类是账户分类最基础的一种形式,其他分类是对这种分类方式的补充。账户按其反映的经济内容不同分为:(1)资产类账户;(2)负债类账户;(3)共同类账户;(4)所有者权益类账户;(5)成本类账户;(6)损益类账户等。

(二) 账户按用途和结构的分类

账户按用途和结构分类,是指在对账户按经济内容分类的基础上,对用途和结构基本相同的账户进行的一种分类。它是对账户按经济内容分类的补充。账户按其用途和结构的不同可分为:(1)盘存账户;(2)结算账户;(3)集合分配账户;(4)跨期摊配账户;(5)成本计算账户;(6)收入账户;(7)费用账户;(8)财务成果账户;(9)调整账户;(10)计价对比账户;(11)所有者投资账户。

(三) 账户按反映经济业务的详细程度分类

账户按反映经济业务的详细程度分类,是指账户按其所提供信息的详细程度不同进行的一种分类。它也是账户按经济内容分类的一种补充。账户按反映经济业务的详细程度分为总分类账户和明细分类账户。

第二节 账户按经济内容分类

账户的经济内容是指账户所反映和监督的会计对象的具体内容,账户的经济内容决定着账户的本质。账户之间最本质的差别在于其反映的经济内容不同。企业设置和运用什么账户，主要取决于企业会计对象的具体内容。通过对账户按经济内容进行分类，可以准确地了解每一个或每一类账户反映和监督的内容，以及所有账户的设置和运用能否适应企业经济活动的特点，能否满足企业经营管理的需要。同时，账户按经济内容分类也是企业编制会计报表的重要依据。

按经济内容分类，账户一般可以分为资产类、负债类、所有者权益类、成本类、损益类五大类，各个大类又可以分为若干小类。《企业会计准则——应用指南》共设置了166个会计账户，本章节主要对本书所涉及的主要会计账户进行了分类。

一、资产类账户

资产类账户是反映资产的增减变动及结存情况的账户。通过账户的发生额反映资产的增减变动情况；通过账户的余额反映期末资产的结存情况。资产类账户的特点是这类账户一般都有余额，且在借方。

资产按照变现能力的不同，可分为流动性资产和非流动性资产。因此，资产类账户按照资产的流动性也可分为流动资产账户和非流动资产账户。

1. 流动资产账户

流动资产账户反映的是在1年或者是超过1年的一个营运周期内变现或者耗用的资产。反映流动资产的账户，按照各项资产的流动性和在生产经营过程中所起的作用，又可分为反映货币资金的账户，如"库存现金""银行存款""其他货币资金"等账户；反映债权结算的账户，如"应收账款""应收票据""预付账款""应收股利""应收利息""其他应收款"等账户；反映存货的账户，如"原材料""库存商品"等账户。

2. 非流动资产账户

反映非流动资产的账户反映的是不能在1年或者超过1年的一个营运周期内变现或者耗用的资产。主要包括长期性的资产账户，如"固定资产""无形资产""在建工程"等账户。

二、负债类账户

负债类账户是指反映企业各种负债增减及结存情况的账户。通过账户的发生额反映负债的形成和偿付情况；通过账户的余额反映期末尚未偿付的债务。负债类账户的特点是这类账户一般都有余额，且在贷方。

负债按照偿还期的长短分为流动负债和非流动负债。因此，负债账户按照负债的流动性不同,也可分为流动负债账户和非流动负债账户。

1. 流动负债账户

流动负债账户反映的是将在1年或者超过1年的一个营运周期内偿还的债务。反映流动负债类的账户主要包括"短期借款""应付账款""应付票据""预收账款""其他应付款""应付股利""应付利息""应付职工薪酬""应交税费"等账户。

2. 非流动负债账户

非流动负债账户反映的是将在1年或者超过1年的一个营运周期以上偿还的负债,反映非流动负债的账户主要有"长期借款""应付债券"和"长期应付款"等账户。

负债还可按照形成负债的原因划分,分为反映生产经营活动中形成的负债账户和反映经营成果形成过程中的负债账户。反映生产经营活动形成的负债账户,主要反映企业之间的经济业务往来,如"应付账款""应付票据""预收账款""短期借款""长期借款"等账户;反映经营成果形成过程中的负债账户主要反映企业经营成果分配和所得税情况,如"应交税费""应付股利"等账户。

三、共同类账户

共同类账户是指用来核算和监督具有资产和负债双重性质的账户。该账户主要包括清算资金往来、货币兑换、衍生工具、套期工具、被套期项目五个账户。共同类账户的特点是需要从该账户的期末余额所在的方向来界定账户的性质。如"衍生工具""套期工具""被套期项目"等账户的期末余额在借方,则反映的是资产;如这些账户的期末余额在贷方,则反映的是负债。共同类账户多为金融、保险、投资、基金等公司使用。

四、所有者权益类账户

所有者权益类账户是为反映企业所有者权益的增减变动及结存情况而设置的账户。通过账户的发生额反映所有者权益的增减变动情况;通过账户的余额反映期末所有者权益的结余数。所有者权益类账户的特点是这类账户一般都有余额,且在贷方。

所有者权益的形成来源包括所有者投入的资本、直接计入所有者权益的利得和损失、留存收益等。因此,所有者权益类账户按照权益的来源不同可以分为反映投入资本的账户、反映留存收益的账户。反映投入资本的账户,如"实收资本""资本公积"账户;反映留存收益的账户,如"盈余公积""利润分配"等账户。

五、成本类账户

成本类账户是反映企业在生产经营过程中发生的各种成本支出的账户。成本类账户的设置具有较强的行业特点，不同行业之间的区别较大。虽然工业企业、工程施工企业和服务企业等都设置成本类账户，但具体内容、名称、种类又各不相同。作为对生产过程中发生的各项费用支出进行归集与分配的账户，企业设置的成本类账户通常包括"生产成本""劳务成本""工程施工""制造费用"等账户。

六、损益类账户

损益类账户是用来反映企业一定时期损益情况的账户。企业在生产经营活动中，通过销售商品或提供劳务等经营活动取得各项收入，同时也为生产经营活动发生相应耗费。企业取得的各项收入在补偿生产经营活动中消耗的各项支出后形成利润。为反映企业收入的取得、费用的发生和利润的形成，需设置两类账户：一类账户反映企业的收益情况即收入类账户；另一类账户反映生产经营过程中的成本费用情况即支出类账户；通过两类账户发生额的结转，结算出企业的利润。

收入类账户按照收入与企业的生产经营活动是否有关，又分为营业收入类账户和非营业收入类账户。营业收入是指企业在生产经营过程中所取得的与经营活动有关的主营业务收入和其他业务收入，以及企业对外投资所取得的投资收益。反映营业收入类的账户有"主营业务收入""其他业务收入""投资收益""公允价值变动损益"等账户；非营业收入是指企业所取得的与生产经营活动无直接关系的收入，主要包括"营业外收入"账户。

支出类账户按与生产经营活动是否有关来分，可以分为营业性支出类账户和非营业性支出类账户。营业性支出是指与企业生产经营活动有直接联系的各项支出，这类费用支出直接减少企业利润。从企业销售货物或提供劳务活动来看，发生的费用支出账户有"主营业务成本""营业税金及附加"账户；从企业经营管理过程来看，发生的费用支出账户有"管理费用""财务费用""销售费用"账户等；从企业财务成果中列支的税种来看，费用支出账户主要是"所得税费用"账户。非营业性支出是指与企业生产经营活动无直接关系的支出，主要包括"营业外支出"账户。

企业的账户按经济内容分类，可用图4-1表示。

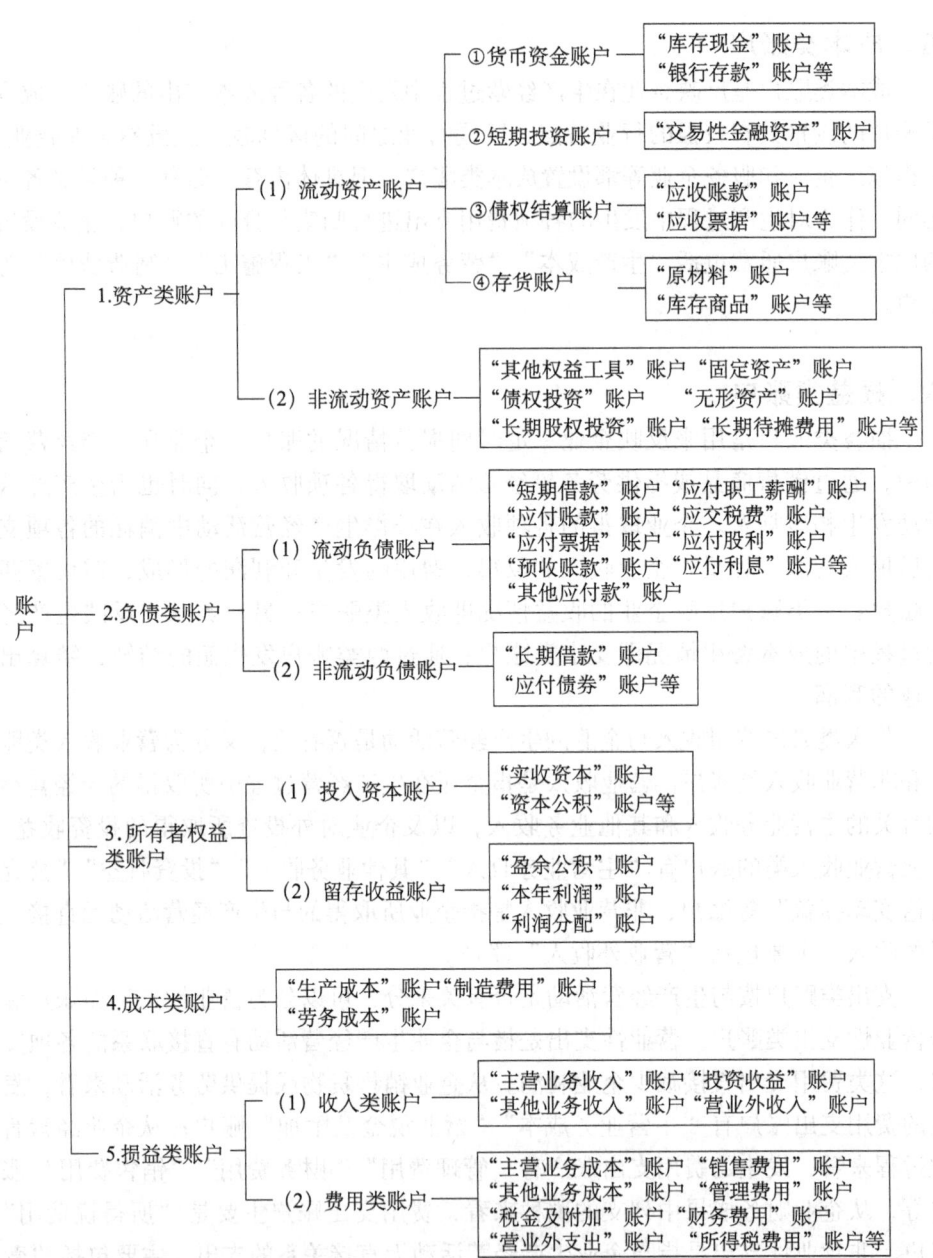

图 4-1 账户按经济内容分类

第三节　账户按用途和结构分类

账户按其经济内容分类，可以使我们完整地了解账户体系包括哪些账户，以及每一个账户反映的经济内容是什么。这对于我们正确区分账户的性质，合理地设置和运用账户，以及满足企业经营者经营管理的需要具有重要意义。但是仅按经济内容对账户分类还不够，这是因为，这一分类无法使我们了解各种账户的用途是什么，以及各类账户的基本结构、内容是什么样的。因此，为了深入地了解和掌握账户在提供核算指标方面的规律性，正确地设置和运用账户来记录经济业务，为决策人提供有用的会计信息，需要在按经济内容分类的基础上，进一步按照账户的用途和结构对其进行分类。

账户的用途，是指设置和运用这个账户的目的是什么，通过该账户的记录能够提供什么样的指标。账户的结构，是指在账户中如何记录经济业务，以及如何取得所需的各种指标，即账户的借方登记什么，贷方登记什么；本期借方发生额、本期贷方发生额分别提供什么指标；期末余额是在借方还是在贷方，提供什么样的经济指标。

由于每个账户的用途和结构都直接或间接地依存于账户的经济内容，因此，账户按经济内容分类是账户的基本分类方法，按用途和结构分类的账户体系是对按经济内容分类的账户体系的必要补充。账户按用途和结构分类，一般可以分为盘存类账户、结算类账户、集合分配类账户、跨期摊配类账户、成本计算类账户、收入类账户、费用类账户、财务成果类账户、调整类账户、所有者权益类账户、计价对比类账户等。下面以工业企业常用的基本账户为例说明各类账户的用途、结构和特点。

一、盘存类账户

盘存类账户是用来反映和监督各项财产物资增减变动及结存情况的账户。它是任何企业必须设置的账户，包括"库存现金""银行存款""原材料""库存商品""固定资产"等账户。盘存类账户按经济内容来看都是资产类账户，除货币资金外，通常表现为实物形态，因此它们的用途与结构基本相同。盘存类账户可以通过定期或不定期的实物盘点和对账方法来检查账务处理的正确性，检查账实是否相符，从而确定这些财产物资的实有数额，用以监督财产物资的安全完整，保证账户资料的正确性和真实性，发现财产物资在经营管理上存在的问题。由于这类账户可以通过盘点的方法来确定财产物资的实有数额，所以叫盘存账户。

盘存类账户的结构是，其借方登记各项财产物资的增加数，贷方登记财产物资的减少数，期末余额总是在借方，表示期末财产物资的结存额。盘存类账户的基本结构如图4-2所示。

盘存类账户

期初余额：期初财产物资结存额 发生额：本期财产物资的增加额	发生额：本期财产物资的减少额
期末余额：期末财产物资的结存额	

图4-2 盘存类账户基本结构

盘存类账户的特点：（1）盘存类账户除货币资金账户以外，实物明细账同时使用实物计量与货币计量两种指标，从而便于进行账实核对；（2）盘存类账户一般情况下余额在借方。如出现贷方余额，说明财产物资在收发存或核算上出现了错误，应查明原因，及时进行更正。

二、结算类账户

结算类账户是用来反映和监督企业同其他单位或个人之间发生的各项债权、债务结算关系的增减变动及结存情况的账户。由于结算业务性质的不同，决定了结算类账户具有不同的用途和结构。结算类账户按照账户的具体用途和结构分类，又可分为债权结算类账户、债务结算类账户和债权债务结算类账户三类。

（一）债权结算类账户

债权结算类账户是用来反映和监督企业债权的增减变动及实有数额的账户。属于这一类账户的有"应收账款""应收票据""应收股利""预付账款""其他应收款"等账户。这类账户的借方登记债权的增加数，贷方登记债权的减少数，余额在借方，表示尚未收回的债权金额。债权结算类账户的基本结构如图4-3所示。

债权结算类账户

期初余额：期初债权的实有数额 发生额：本期债权的增加额	发生额：本期债权的减少额
期末余额：期末尚未收回的债权数额	

图4-3 债权结算类账户基本结构

(二) 债务结算类账户

债务结算类账户是用来反映和监督企业债务的增减变动及结存情况的账户。属于这一类账户的有"应付账款""应付票据""预收账款""其他应付款""短期借款""应交税费""应付职工薪酬""应付股利"等。

债务结算类账户的贷方登记债务的增加数,借方登记债务的减少数,余额在贷方,表示债务期末的实有数。债务结算类账户的基本结构如图 4-4 所示。

债务结算类账户

发生额:本期债务的减少额	期初余额:期初债务的实有数额 发生额:本期债务的增加额
	期末余额:期末债务的实有数额

图 4-4 债务结算类账户基本结构

(三) 债权债务结算类账户

债权债务结算类账户,顾名思义,这类账户既反映债权结算业务,又反映债务结算业务,是双重性质的结算账户,是用来反映和监督企业同其他单位或个人,以及企业内部各部门之间应收、应付结算业务的增减变动和结存数的账户。由于企业同某一单位的往来结算业务经常发生变化,企业有时处于债权人的地位,有时处于债务人的地位。为了简化核算手续,减少账户的使用,在借贷记账法下可设置同时具有债权债务双重性质的结算账户,可以在同一账户中反映本企业与其他单位的债权、债务增减变化。这样,该账户就同时具有债权、债务双重性质。期末要根据账户余额的方向来确定其反映的经济业务的性质是资产还是负债。属于这一类账户的有"应付账款"、"应收账款"等账户。

债权债务结算类账户的借方登记债权的增加数和债务的减少数,贷方登记债务的增加数和债权的减少数,余额可能在借方,也可能在贷方。余额在借方,表示企业债权的实有数大于债务的实有数;余额在贷方,表示企业债务的实有数大于债权的实有数。这类账户的结构如图 4-5 所示。

债权债务结算类账户

期初余额:期初债权大于债务的差额 发生额:本期债权增加额或本期债务减少额	期初余额:期初债务大于债权的差额 发生额:本期债务增加额或本期债权减少额
期末余额:期末债权大于债务的差额	期末余额:期末债务大于债权的差额

图 4-5 债权债务结算类账户基本结构

如果企业不单独设置"预收账款"账户时,预收账款则通过"应收账款"账户核算。在这种情况下,"应收账款"账户同时核算企业销售产品和提供劳务的应收款项和预收款项。"应收账款"账户便属于债权债务结算类账户。同样,如果企业不单独设置"预付账款"账户时,预付账款则通过"应付账款"账户核算。在这种情况下,"应付账款"账户同时反映购进原材料的应付账款和预付账款,"应付账款"账户便属于债权债务结算类账户。

结算类账户的特点:(1)企业发生的债权或债务均以具体的结算对象为结算主体,因此,可以按每个债权、债务单位开设明细分类账户;(2)结算类账户一般只反映货币结算金额指标,不反映数量指标。

三、集合分配类账户

集合分配类账户是用来归集企业生产经营过程中某一阶段所发生的间接费用,并按照一定的标准在相应的成本计算对象上加以分配的账户。这类账户有助于反映和监督有关费用计划的执行情况和费用分配情况。由于具有汇集和分配费用的双重作用,所以称之为集合分配类账户。属于这一类账户的有"制造费用"等账户。

这类账户的结构是借方登记归集各种费用的发生,贷方登记费用在受益对象上的分配。在一般情况下,借方登记汇总的某种费用,应于期末按一定的标准全部分配给各受益对象。因此,集合分配类账户期末通常没有余额。集合分配类账户的结构如图 4 - 6 所示。

集合分配类账户

发生额:归集生产经营过程中某一阶段某种费用的发生数	发生额:分配到各受益对象上的费用数

图 4 - 6 集合分配类账户基本结构

集合分配类账户是一种过渡性的账户,一般按费用项目设置明细账。这类账户也只能提供金额指标,不提供数量指标。这类账户期末费用分配后一般无余额。

四、跨期摊配类账户

跨期摊配类账户是用来反映和监督企业应由若干个会计期间共同负担的费用,并将这些费用摊配于各个相应的会计期间的账户。在企业的生产经营过程中,费用的发生与支付往往不能在同一时期,有些费用支付是在某一个会计期间,但受益期却在其他会计期。根据权责发生制原则和配比原则,这些费用必须合理地分配到各个受益期。属于这类账户的有"长期待摊费用"等账户。

这类账户的借方登记费用的支出额或发生数额,贷方登记应由各会计期间产品或期间费用负担的费用摊配数额,借方余额表示已经支付或发生但尚未摊配的数额，贷方余额表示已经预提但尚未支付的预提费用数额。跨期摊配类账户基本结构如图4-7所示。

跨期摊配类账户

期初余额：以前各期已经支付但应由本期或以后各期分摊的费用 本期发生额：本期实际支付的各项费用	本期发生额：应由本期负担的费用实际摊销数
期末余额：期末已经支付尚未摊销的费用	

图4-7 跨期摊配类账户基本结构

五、成本计算类账户

成本计算类账户是用来反映和监督企业生产经营过程中的某一对象所发生的全部费用，并据此计算各成本计算对象实际成本的账户。属于这类账户的有"在途物资""生产成本""在建工程"等账户。"在途物资"账户用于归集在采购过程中发生的属于某一材料成本的各种成本费用，并以此计算原材料成本的账户。"生产成本"账户用于归集生产阶段所发生的属于某一产品成本负担的各种费用并以此计算产品生产成本的账户。"在建工程"账户是用来归集固定资产购建过程中发生的属于该固定资产成本的各项费用，并以此计算固定资产入账成本的账户。成本计算类账户的共同作用是提供在某一期间已完成和未完成经营活动中的产品成本信息。这类账户的结构如图4-8所示。

成本计算类账户

期初余额：期初尚未完成的某成本计算对象的实际成本 发生额：汇集经营过程中某计算对象本期发生并应计入成本的全部费用数	发生额：结转已完成的某成本计算对象的实际成本
期末余额：尚未完成的某成本计算对象的实际成本	

图4-8 成本计算类账户基本结构

成本计算类账户的特点：（1）成本计算类账户的期末余额一般在借方，表示尚未完工的或尚未到达的财产物资的成本或在产品成本。这类账户既是成本计算账户，又可起盘存账户的作用。（2）成本计算类账户的明细账要根据成本计算的对象和费用控制的责任部门和环节来设置。成本计算的明细账既应借助于货币形式，包括反映全部耗费，提供综合的成本信息；又应借助于实物和劳动时间形式反映物资和劳动消耗，提供具体的费用信息。

六、收入类账户

收入类账户是用来反映企业在一定期间内所取得的各种收入和收益的账户。属于这类账户的有"主营业务收入""其他业务收入""投资收益""营业外收入"等账户。这类账户的结构是：贷方登记企业一定会计期间取得的收入和收益数；借方登记企业一定会计期间收入和收益的减少和期末转入"本年利润"账户的数额。由于各项收入在期末都应转入"本年利润"账户，所以这类账户期末一般无余额。这类账户的结构如图4-9所示。

收入类账户	
发生额：本期发生的收入和收益减少数和期末转入"本年利润"账户的净收入数	发生额：本期发生的各项收入和收益的增加数

图4-9　收入类账户基本结构

收入类账户的特点是：除了设置总分类账户外，还应按照业务类别设置明细分类账户，进行明细分类核算；该类账户只提供价值指标。

七、费用类账户

费用类账户是用来反映和监督企业在生产经营过程中所发生的各种费用和支出的账户。属于这类账户的有"主营业务成本""其他业务成本""管理费用""财务费用""销售费用""税金及附加""所得税费用""营业外支出"等账户。这类账户的结构是：借方登记一定会计期间发生的费用数或支出数；贷方登记期末转入"本年利润"账户的费用和支出数额。由于各项费用和支出期末应全部转入"本年利润"账户，因此，这类账户期末一般无余额。费用账户的结构如图4-10所示。

费用类账户	
发生额：本期各项费用或支出的发生额	发生额：转入"本年利润"的费用数或支出数

图4-10　费用类账户基本结构

费用类账户的特点是：除了设置总分类账户外，还应按照业务类别设置明细分类账户，进行明细分类核算；该类账户只提供价值指标。

八、财务成果类账户

财务成果类账户是用来反映企业在一定时期内全部经营活动最终成果，并确定企业利润或亏损金额的账户，它主要包括"本年利润"账户。

财务成果类账户的结构为：贷方登记期末从收入账户转入的各种收入和收益数，借方登记从费用账户转入的各种费用支出数，贷方余额表示企业所实现的利润数，借方余额表示企业所发生的亏损数。年末，本年实现的利润数和亏损数都要结转记入"利润分配"账户，结转后财务成果类账户没有余额。"本年利润"账户的结构如图4-11所示。

财务成果类账户	
发生额：本期从费用账户转入的各项成本、费用支出数以及盈利结转	发生额：本期从收入账户转入的各项收入、收益以及亏损结转

图4-11 财务成果类账户基本结构

财务成果类账户的特点主要有：(1) 财务成果账户只反映财务成果的形成，因此，年度内各期末都有余额：贷方余额为利润，借方余额为亏损，年终结转后无余额；(2) 由于利润是以货币计量的，因此不提供数量指标。

九、调整类账户

调整类账户是用来调整某些资产类或权益类账户的账面余额，以求得这些账户实有数额的账户。属于这一类账户的有"累计折旧""利润分配""材料成本差异"等账户。调整类账户的设置主要是因为经济核算对象中部分项目在资金运动中发生增减变化，而管理上又要求其反映原始金额，所以应该设置可以对原有账户进行调整的账户。用来调整其他账户的账户称为调整账户，被其他账户调整的账户称为被调整账户。有了调整账户与被调整账户，就可以将经营管理和其他原因所需的两种不同的指标分别予以反映。这样，一方面通过调整账户和被调整账户提供经营管理上所需要的两个指标；另一方面还能通过调整，即将两个指标相加或相减之后得出经营管理上所需要的第三个指标。调整类账户按调整的方式不同，又可分为备抵调整账户、附加调整账户和备抵附加调整账户三类。

（一）备抵调整账户

备抵调整账户又称抵减账户，是用来抵减相关被调整账户金额的方法，以求得被调整账户的实际余额的账户。其调整方式是将备抵调整账户的余额从被调整账户的余额中减去，这个差额就是调整后所得的第三个指标，第三个指标实际上是反映被调整账户净值的指标。在这种调整方式下调整账户在结构上的显著特点是，调整账户余额与被调整账户的余额在方向上是相反的，即被调整账户是借方余额，备抵调整账户则一定是贷方余额；被调整账户是贷方余额，备抵调整账户则一定是借方余额。其调整可用下例公式表示，见式 (4.1)：

$$被调整账户余额 - 备抵调整账户余额 = 被调整账户的净值 \quad (4.1)$$

例如"累计折旧"账户是备抵调整账户，"固定资产"是它的被调整账户。

通过"固定资产"账户的借方余额可以获得"固定资产原始价值"这个指标，通过"累计折旧"账户的贷方余额可以获得"固定资产累计折旧额"这个指标，将"固定资产"账户借方余额减去"累计折旧"账户贷方余额，其差额则是经营管理上所需要的另一个指标，即"固定资产净值"。备抵调整账户与被调整账户的关系及其结构上的特点如图4-12所示。

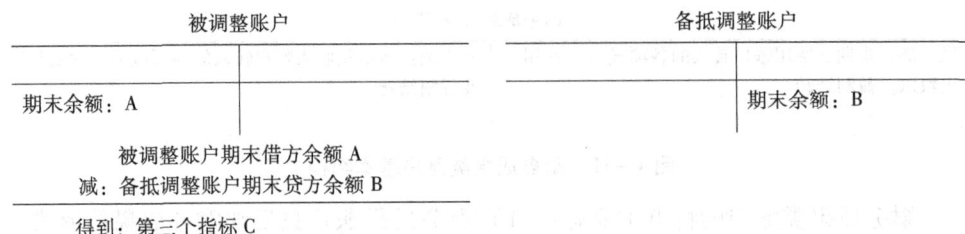

图4-12 备抵调整账户基本结构

（二）附加调整账户

附加调整账户，是用来增加相关被调整账户金额的方法，以求得被调整账户实际余额的账户。采用附加调整账户时，其调整方式是将被调整账户的余额加上附加调整账户的余额，两者相加之和就是调整后所得的第三个指标，这个指标也反映原被调整账户调整后的实际金额指标。其调整可用下例公式表示，见式（4.2）：

被调整账户余额 + 附加调整账户余额 = 被调整账户的实际余额　　（4.2）

附加调整账户结构上的显著特点是：附加调整账户的余额与被调整账户的余额在方向上是一致的，即都是借方余额，或都是贷方余额。需要说明的是，单纯的附加调整账户在实际工作中很少设置和运用。附加调整账户与被调整账户的关系及其结构上的特点如图4-13所示。

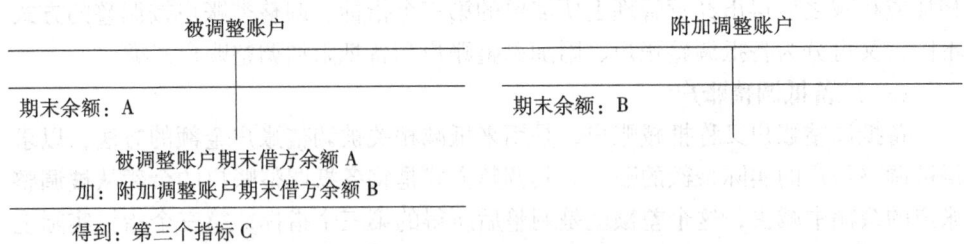

图4-13 附加调整账户基本结构

（三）备抵附加调整账户

备抵附加调整账户是同时具有备抵和附加两种调整作用的账户。当调整账户的余额与被调整账户的余额方向相反时，该类账户起备抵调整账户的作用，其调整方式与备抵调整账户相同；当该调整账户的余额与被调整账户的余额方向相同时，该类账户起附加调整账户的作用,其调整方式与附加调整账户相同。属于这类账户的有"材料成本差异"账户。下面以"材料成本差异"账户为例加以说明。

企业对材料的收、发业务核算可以采用按实际成本计价和按计划成本计价两种方式。在采用按计划成本进行核算的情况下,就应设置和运用"材料成本差异"账户,它就是备抵附加调整账户。这时"材料采购"账户的借方登记购入材料的实际成本,贷方登记验收入库的材料的计划成本,购入材料的实际成本与计划成本的差异(超支数或节约数)则从"材料采购"账户的贷方或借方转入"材料成本差异"的借方或贷方(超支或节约)。所以"材料成本差异"账户可能为借方余额,也可能为贷方余额。如为借方余额,则表示结存材料的实际成本超过计划成本的超支数;如为贷方余额,则表示材料的实际成本低于计划成本的节约数。"原材料"账户对于材料的收发都是按计划成本在借方或贷方登记,其借方余额表示结存材料的计划成本。要想知道结存原材料的实际成本,可根据"原材料"账户的借方余额加上"材料成本差异"账户借方余额或减去"材料成本差异"账户贷方余额计算求得。所以"材料成本差异"是用来调整"原材料"账户的备抵附加调整账户。这三个账户的结构及其关系如图4-14所示。

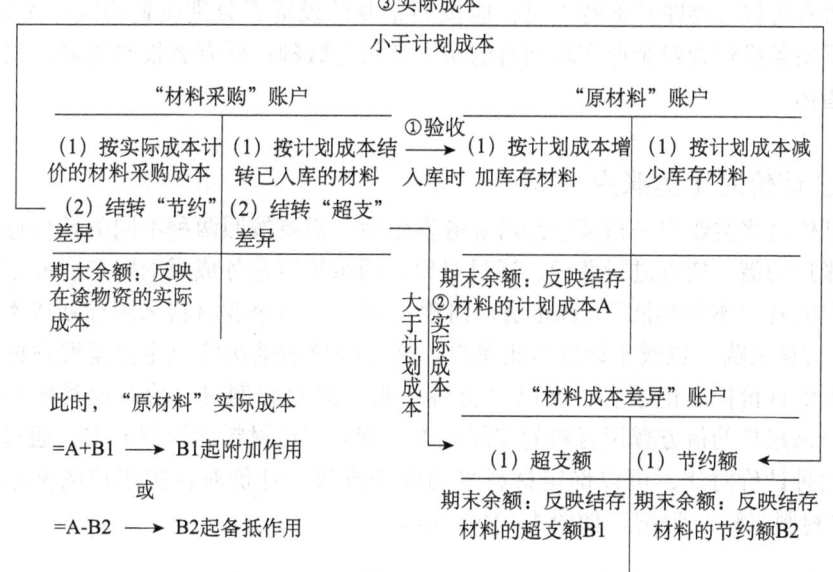

图4-14 材料采购、原材料及材料成本差异三账户的结构及其关系

在结构上,调整账户具有如下共同特点:(1)调整项目一般都有余额,只有在新开设的企业中,"累计折旧"账户可能没有余额;年初转销上年利润后,"利润分配"账户没有余额;尚未购买材料或购料的实际成本与计划成本完全相同时,"材料成本差异"账户没有余额。(2)调整账户可以开设明细账,也可以不开设明细账,但调整账户的明细账都只提供金额指标,不提供数量指标。

十、所有者权益类账户

所有者权益类账户是指用来反映所有者在企业所拥有的权益的增减变动和实有金额的账户。任何一个企业都必须设置所有者权益类账户。属于这类账户的有"实收资本""资本公积""盈余公积"等。

这类账户的结构为：其贷方登记投资者投资的增加数或其他所有者权益的增值额，借方登记投资者投资的减少数或其他所有者权益的抵减额，其余额在贷方，表示投资者投资的实有数额。所有者权益类账户的基本结构如图4-15所示。

所有者权益类账户

发生额：本期所有者投资的减少	期初余额：期初所有者投资的余额 发生额：本期所有者投资的增加数
	期末余额：期末所有者投资的余额

图4-15 所有者权益类账户基本结构

所有者权益类账户的特点是：应按照企业的投资者分别设置明细分类账户，以便反映各投资者对企业实际拥有的所有者权益数额；所有者权益类账户只提供价值指标。

十一、计价对比类账户

计价对比类账户是指某些经济业务发生后，需要按照两种不同的计价标准在同一账户的借、贷方进行登记，通过对比，用来确定业务成果的账户。属于这一类账户的有"本年利润""固定资产清理"账户，当企业材料采用计划成本核算时，"材料采购"也属于计价对比账户。这类账户的结构特点主要是账户的借贷按不同的计价标准记录。下面以"材料采购"账户为例对计价对比类账户进行说明。该账户的借方登记材料的实际成本，贷方登记材料的计划成本，通过借贷双方两种计价对比，可以确定材料采购业务成果。计价对比类账户的基本结构（以"材料采购"为例）如图4-16所示。

"材料采购"账户

发生额：本期未入库材料的实际成本以及转入"材料成本差异"账户贷方的节约额	发生额：入库材料的计划成本以及转入"材料成本差异"账户借方的超支额
期末余额：在途材料的实际成本	

图4-16 计价对比类账户基本结构

根据以上所述,账户按用途和结构的分类,如图4-17所示。

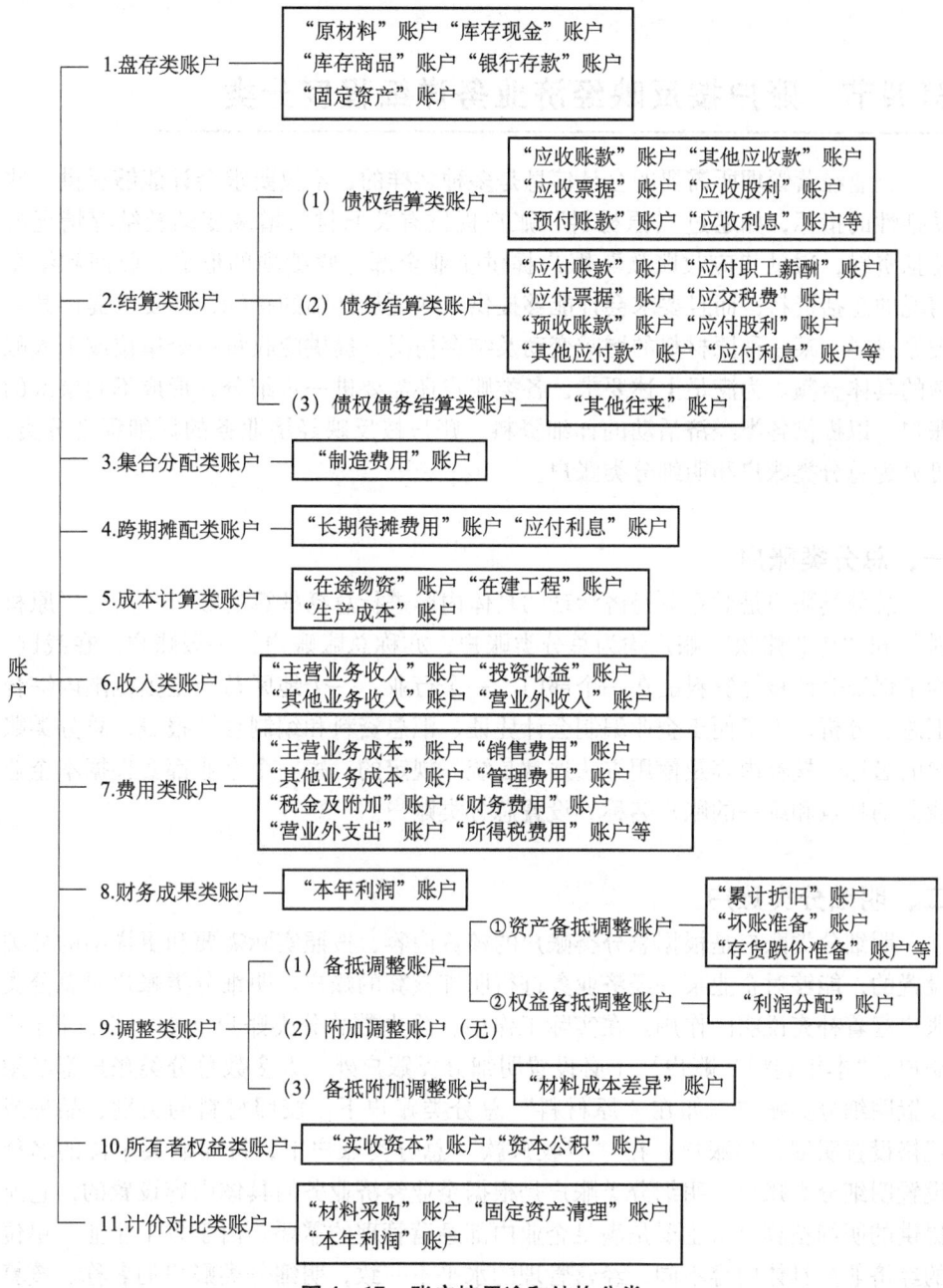

图4-17 账户按用途和结构分类

第四节　账户按反映经济业务详细程度分类

企业经营管理所需要的会计信息是多种多样的，不仅要求会计能够提供一些总括性的指标，如通过"原材料"账户提供有关原材料增减变动及结存情况的总括资料，通过"应收账款"账户提供企业全部应收款项的形成、收回和结余情况的总括资料；而且要求会计能够提供一些更加详细的指标，如要求提供某一类原材料、某一种原材料的增减变动及结存情况，提供应收每一个单位或个人账款的具体金额。为满足上述要求，各类账户还需要进一步细分，形成不同层次的账户，以提供各类经济活动的详细资料。账户按反映经济业务的详细程度分类，可分为总分类账户和明细分类账户。

一、总分类账户

总分类账户是对企业经济活动的具体内容进行总括核算的账户。上述"原材料"和"应收账款"账户均为总分类账户，亦称总账账户、一级账户。在我国，为了保证会计核算资料能在一个部门、一个行业、一个地区乃至全国范围内综合汇总、分析，为了便于企业编制会计凭证、汇总资料和编制会计报表，总分类账户的名称、核算内容及使用方法通常是统一规定的。每一个企业都要根据本企业业务的特点和统一的账户名称，设置总分类账户。

二、明细分类账户

明细分类账户是根据总分类账户的核算内容，按照实际需要和更详细的分类设置的，能够对企业某一经济业务进行明细核算的账户。明细分类账户对总分类账户起着补充说明的作用。在实际工作中，除少数总分类账户（如"累计折旧"账户、"本年利润"账户）不必设置明细分类账户外，大多数总分类账户都必须设置明细分类账户，如在"原材料"总分类账户下，按照材料的类别、品种或规格设置明细分类账户；在"应收账款"总分类账户下，按照购买单位的名称设置明细分类账户。明细分类账户是根据企业经济业务的具体内容设置的，它所提供的明细核算资料主要是满足企业内部经营管理的需要。由于各个企业、单位的经济业务具体内容不同，经营管理的水平不一致，明细分类账户的名称、核算内容及使用方法也不尽相同。各企业、单位应根据经营管理的实际需要和经济业务的具体内容自行设计规定。

如果某一总分类账户所属的明细分类账户较多，为了便于控制，还可增设二级账户。二级账户是介于总分类账户和明细分类账户之间的账户。它也是由企业单位根据实际需要和经济业务的具体内容自行确定的,它提供的核算资料比总分类账户详细,比明细分类账户概括。如企业的材料类别、品种较多,为便于控制,可在"原材料"总分类账户下,按照材料的类别设置"主要原料""燃料""辅助材料"等二级账户,在二级账户下再按材料的品种设置"钢材""铝材""铜"等明细分类账户。现以"原材料"账户为例,其总分类账户与明细分类账户如表4-1表示。

表4-1　　　　　　　　总分类账户与明细分类账户

总分类账户	明细分类账户	
	二级账户	明细账户(三级账户)
原材料	主要原料	钢材
		铝材
		铜
	辅助材料	油漆
		润滑油
	燃料	柴油
		煤炭

总分类账户只能提供总括的数据,明细分类账户只能提供详细的数据。如果采用平行登记法,使用不同的"通道"——总分类账和明细分类账——来传递同一个信息,能够比较容易发现在记账过程中出现的错误,从而可以排除信息只经过单一通道的干扰。所以在平行登记法下,利用总账和明细账之间的钩稽关系,还可以进行账账核对,以保证提供数据的正确性。

【本章小结】

账户分类,就是按照一定的标准对全部账户所进行的科学分类。对账户进行分类是认识和了解账户的一种有效方法。虽然账户之间在性质、内容、结构方面各不相同,但相互之间存在着密切的内在关系,从而对于各种账户按照一定的标准可以进行不同的分类。账户的科学分类帮助人们更好地掌握账户的设置和运用,有助于建立完善的账户体系,进一步掌握各类账户,从而提供核算指标的规律性。

账户按经济内容分类,是指账户按照所反映的会计对象的具体内容进行分类,它是账户分类的一种最基础的方法,其他分类是对它的一种补充。账户按其反映的经济内容不同分为:资产类账户、负债类账户、共同类账户、所有者权益类账户、成本类账户、损益类账户等。

账户按用途和结构分类,是指在账户按经济内容分类的基础上,对于用途和结构基本相同的账户进行的一种分类。它是对账户按经济内容分类的一种补充。账户按其用途和结构的不同分为:盘存类账户、结算类账户、集合分配类账户、跨期摊配类账户、成本计算类账户、收入类账户、费用类账户、财务成果类账户、调整类账户、计价对比类账户、所有者权益类账户。

账户按反映经济业务详细程度分类,是指账户按其所提供信息的详细程度不同进行的一种分类。它也是对账户按经济内容分类的一种补充。账户按反映经济业务的详细程度分为总分类账户、明细分类账户。

【本章思考与练习题】

一、思考题

1. 账户分类的意义是什么?
2. 按经济内容分类,账户可以分为几大类?为什么?
3. 按经济业务详细程度分类,账户可以分为几大类?为什么?
4. 按经济业务的用途和结构分类,账户可以分为几大类?为什么?
5. 什么是结算类账户?可以分为几种类型?各有何特点?
6. 简述调整账户的特点及种类,并说明原因。
7. 什么是计价对比账户?详细说明原因。
8. 收入账户有何特点?
9. 费用账户有何特点?
10. 成本计算账户有何特点?试举例说明。

二、练习题

某企业设置了以下账户:库存现金、银行存款、应收账款、原材料、生产成本、库存商品、制造费用、固定资产、累计折旧、应付账款、应交税费、预收账款、应付股利、本年利润、实收资本、资本公积、盈余公积、利润分配、销售费用、财务费用、管理费用、主营业务收入、主营业务成本、税金及附加。

请问以上账户按经济内容各属于哪一类?按用途和结构又各属于哪一类?

【本章案例分析题】

案例名称:江西机械制造有限公司账户设置与分类

一、案例背景资料

江南机械制造有限公司是一家从事机械制造的公司,该公司定期向江南钢铁有限公司购买钢材,有时候是使用银行存款来购买,有时候是通过赊购的方式购买。钢材验收入库之后会被机械制造车间领用,并用于机械的加工制造,机械加工制造完成之后,再由销售部门将该机械对外销售,有些销售可以直接收回货款,有些销售不能够直接收回货款。另外,当地的税务部门每个月还会向公司征收各种税费,每个月的月末会计部门通过账户的结转计算出当月的利润。

二、案例分析要点

请根据以上案例分析:
1. 江南机械制造公司在上述经营过程中需要设置哪些账户?
2. 这些账户按照其经济内容或者用途和结构分别属于哪些账户类别?

第五章 会计凭证

【引入案例】

  2011年,由公安部和国家税务总局督办,涉案金额达272亿元的"3·18"案件被河南洛阳警方宣告侦破。这是一起中国迄今为止涉案金额最大的虚开增值税发票案。2015年10月北京警方调查发现,石某通过代理160余家空壳公司的增值税专用发票领取业务为400余家公司虚开增值税发票,涉及的增值税总价税额高达12.7亿余元。事实上,尽管中国刑法对虚开增值税发票行为制定了严厉的处罚条款,但是虚开增值税发票案件在中国一直层出不穷,屡禁不止。发票作为单位和个人在购销商品、提供或接受服务以及从事其他经营活动中,所开具和收取的业务凭证,不仅是税务机关征税和审计机关审计的重要依据,也是会计核算的原始依据。既然发票是会计核算的原始依据,那么发票在会计上被作为什么?加强会计工作能够有效杜绝虚开增值税这一问题吗?

【学习目的与要求】

  1. 熟练掌握记账凭证的内容和填制方法;
  2. 熟练掌握主要原始凭证的填制方法和审核要求;
  3. 理解会计凭证的概念与凭证审核的意义;
  4. 了解会计凭证的种类,了解会计凭证传递和保管的一般程序和操作方法。

第一节 会计凭证概述

一、会计凭证的概念

  会计凭证是记录经济业务发生和完成情况、明确经济责任,据以登记账簿的一种具有法律效力的书面证明文件,是会计将各项经济业务登记入账的依据。在会计核算工作中,处理任何一项经济业务都必须有会计凭证,不能凭空记账,只有这样才能保证会计核算的真实与客观。

填制与审核会计凭证是会计核算的专门方法,是会计核算工作的起点和基础。经济单位发生或完成任何一项经济业务,都要由执行该项业务的人员负责填制或从有关外部单位或个人取得记录经济业务性质、内容、数量、金额、时间等情况,有相关单位和人员盖章签字明确责任的会计凭证送交本单位会计部门。经会计人员严格审核后,对符合进入会计系统的经济业务再次编制会计凭证。会计凭证是会计信息的载体之一,它构成了登记会计账簿的依据。

二、会计凭证的基本分类与主要区别

(一) 会计凭证的基本分类

经济业务的纷繁复杂决定了会计凭证是多种多样的。为了正确地使用和填制会计凭证,必须对会计凭证进行分类。会计凭证按其填制程序和用途,分为"原始凭证"和"记账凭证"两大类。

1. 原始凭证

原始凭证是在经济业务发生或完成时由业务经办人员直接取得或填制的、用以记录业务的发生或完成情况并明确有关经济责任的一种凭证。它是进行会计核算的原始资料和重要依据。任何经济业务的发生,都应由有关经办人员向会计部门提供证明该项经济业务的发生或完成、能够明确经济责任的书面单据。如购买原材料时向销售方取得的发票,固定资产交付使用时由经管部门填制的"固定资产移交使用验收单",外购材料入库时由保管部门填制的"收料单",生产部门领用材料时填制的"领料单",职工出差时取得的火车票,等等。原始凭证记载着大量的经济信息,又是证明经济业务发生的初始文件,具有较强的法律效力,是填制记账凭证和登记账簿的原始依据。

2. 记账凭证

记账凭证是由会计人员根据审核无误的原始凭证,运用复式记账方法填制的,用于确定经济业务应记科目、记账方向和记账金额的书面文件。由于原始凭证反映的仅是经济业务的具体内容,不可能清楚地表明应记账户的名称和方向,所以在将它们分类反映在账簿前,需要按照复式簿记的方法和要求,由会计人员指明应记账户名称、方向和金额,以利于登记账簿。

(二) 原始凭证与记账凭证的主要区别

原始凭证与记账凭证的区别主要体现在以下几个方面:

(1) 填制人员不同:原始凭证一般是由业务经办人员负责填制,记账凭证一律由本单位的会计人员填制；

（2）填制依据不同：原始凭证是根据已经发生或完成的经济业务填制，记账凭证是根据审核无误后的原始凭证填制；

（3）填制方式不同：原始凭证用于记录并证明经济业务发生的时间、内容、数量和金额，只是经济业务发生时的原始证明，记账凭证是要依据会计科目对已经发生的经济业务进行归类；

（4）凭证样式不同：原始凭证多种多样，其形状、大小、格式、填写内容因经济业务的不同而不同，记账凭证则有较固定的格式和填写内容；

（5）发挥作用不同：原始凭证是填制记账凭证的依据，记账凭证是登记会计账簿的依据。

三、填制与审核会计凭证的意义

填制与审核凭证作为会计核算的基本方法和会计工作的重要环节，不仅对会计核算、会计监督有重要意义，而且对企业和社会经济管理有着重要作用。填制与审核会计凭证是保证会计信息质量的前提，是发挥会计监督职能的重要环节，是加强经济责任制的重要手段。

（一）有利于保证会计信息的真实性

会计在经济管理中发挥的作用，取决于会计信息质量的高低。会计凭证记载了经济业务发生的时间和内容，是会计信息的资料来源，从而为会计核算提供了原始资料与证据。如果经过认真填制和严格审核的会计凭证能够真实记录和反映企业的经济活动，那么企业在此基础上提供的会计信息就是真实可靠的。因此，做好会计凭证的填制和审核工作有利于保证会计信息的真实性。

（二）有利于发挥会计的监督作用

由于会计凭证记录和反映了经济业务发生的过程和结果，因此，通过对会计凭证的严格审查，可以检查每一项经济业务是否符合企业和国家有关法律法规的要求，监督经济业务的合法性；可以检查各项经济业务是否符合企业经济效益目标，监督经济业务的合理性，从而可以及时制止和纠正各种违法违规行为，提高企业资源使用效率，为利益相关者创造更大的价值。

（三）有利于加强经济管理的责任制

填制和审核会计凭证，不仅要在会计凭证中写明经济业务发生的内容、时间、数量及金额等，而且要由有关业务经办人签名盖章，以示负责，明确经济责任。于是这就从客观上促使有关人员在自己的职责范围内严格按照规章办事，提高责任感，这就可以约束这些主体的经济行为，从而达到防范错弊、强化内部控制的目的。

第二节 原始凭证

一、原始凭证的种类及其常用格式和填制

原始凭证是用以载明经济业务的具体内容的载体。由于企业发生的经济业务纷繁复杂,反映其具体内容的原始凭证也品种繁多。为了更好地认识和利用原始凭证,必须按照一定标准对原始凭证进行分类。原始凭证可以按照其来源、填制方法和格式要求的不同进行分类,如图5-1所示。

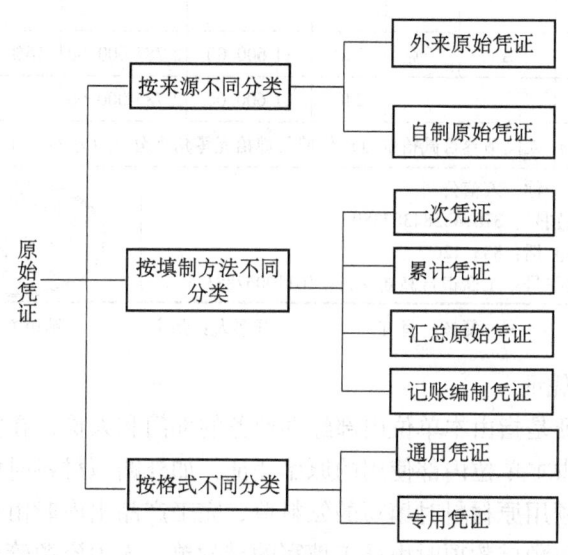

图 5-1 原始凭证的分类

（一）按来源不同分类

根据会计凭证的来源不同,会计凭证可以分为外来原始凭证和自制原始凭证两大类。

1. 外来原始凭证

外来原始凭证,是指在同外单位发生经济往来事项时,由本单位经办人向相关外单位或个人取得的凭证。如企业采购原材料时,从供货单位取得的增值税专用发票、办理银行业务时从银行取得的各种银行结算票据、出差人员出差期间所取得的火车票等。对于大多数企业而言,购买原材料时取得的增值税专用发票是最常用也是最重要的外来原始凭证,现以其为例说明外来原始凭证的格式与填制方法。

【例5-1】江南服装股份有限公司于2018年12月8日从宏信公司购入甲材料240千克,每千克单价为11 600元,增值税税率16%。此项业务取得宏信公司填制的增值税专用发票如表5-1所示。

表 5-1

2. 自制原始凭证

自制原始凭证是指由本单位内部经办业务的部门和人员，在完成某项经济业务时填制的、仅供本单位内部使用的原始凭证，如外购原材料时由仓储部门填制的收料单、车间领用原材料时填写的领料单、完工产品出库时由仓储部门填写的出库单、员工出差预借款项时由员工填写的借款单、人力资源管理部门编制的工资表、财务部门编制的固定资产的折旧计算表，等等。现以工业企业常用的"收料单"为例说明自制原始凭证的格式与填制方法。

【例 5-2】接【例 5-1】江南服装股份有限公司收到购入的甲材料后，经仓库管理人员验收，填制的"收料单"如表 5-2 所示。

表 5-2　　江南服装股份有限公司收料单

供货单位：宏信公司　　　　　　　　　　　　　收料单编号：6955
发票号码：054　　　　2018 年 12 月 08 日　　　收料仓库：1 号仓库

材料类别	材料编号	材料名称规格	计量单位	数量		金额			
				应收	实收	单价	买价	运杂费	合计
布匹	012	甲材料	千克	240	240	11 600.00	2 784 000.00	96 000.00	2 880 000.00
备注							合计		2 880 000.00

仓库主管：王韬　　记账：张宇　　仓管：林方　　收料：王松

(二) 按填制方法不同分类

原始凭证依据填制方法的不同又可分为一次凭证、累计凭证、汇总原始凭证、记账编制凭证。

1. 一次凭证

一次凭证是指只记录一项经济业务或若干项同类经济业务，并且填制手续是一次完成的原始凭证。外来原始凭证都是一次凭证，部分自制原始凭证属一次凭证。工业企业常用的"收料单""领料单"均为一次凭证，现以"领料单"为例说明其格式与填制方法。

【例5-3】 江南服装股份有限公司第一车间生产A产品领用甲材料32千克用于产品生产。领料时填制的"领料单"如表5-3所示。

表5-3　　　　　　　**江南服装股份有限公司领料单**

领料单位：第一车间　　　　　　　　　　　　　　　　　领料单编号：02543
领料用途：A产品　　　　　　2018年12月10日　　　　发料仓库：1号仓库

材料类别	材料编号	材料名称及规格	计量单位	数量		单价	金额
				申领	实发		
布匹	012	甲材料	千克	32	32	11 600.00	371 200.00
备注					合计		371 200.00

记账：张宇　　　　　发料人：顾鑫　　　　　审批人：刘洪　　　　　领料人：胡强

2. 累计凭证

累计凭证是在一定期间内连续地记载若干项不断重复发生的同类经济业务，至期末按其累计数作为记账依据的自制原始凭证。其特点是，它可以在一张凭证中连续、累计填列某一期间不断重复发生而分次进行的特定业务。其作用在于：可以减少凭证张数和简化填制手续；能够提供汇总指标；能够随时计算出累计数，便于控制支出。较为典型的累计凭证为"限额领料单"，现举例说明限额领料单的格式和填制程序。

【例5-4】 江南服装股份有限公司第一车间2018年12月计划生产B产品200件，每台产品消耗甲材料的定额为0.06千克，即全月领用甲材料定额12千克，该甲材料每千克单价5 800元。月初，公司生产计划部门根据上述生产计划和消耗定额填制"限额领料单"，第一车间先后于当月7日、18日、24日在限额内领用甲材料，并逐次填入限额领料单。限额领料单的常用格式及内容填列如表5-4所示。一般地，制造企业的计划部门根据市场需要，安排有关产品的生产任务，并确定材料的消耗定额，算出在规定的时间内可以领用的材料数量，并将其填入限额领料单。车间据以领用材料，每次领料，由仓库填入实际领料的数量，并随时结出尚可领用的余额。在规定期限终了时，在限额领料单上结出实际领用的材料总数，送交有关部门和会计部门作为核算的依据。

表 5-4　　　　　　　　江南服装股份有限公司限额领料单

领料单位：第一车间　　　　　　　　　　　　　　　　　领料单编号：04017
领料用途：B 产品　　　　　　　　2018 年 12 月　　　　　发料仓库：1 号仓库

材料类别	材料编号	材料名称及规格	计量单位	计划产量	单位产品消耗定额	领用限额	实发		
							数量	单价	金额
布匹	012	甲材料	千克	200	0.06	12	10	11 600	116 000

申领			实发				扣除代用		限额结余
日期	数量	领料部门负责人（签批）	数量	累计	领料人签字	发料人签字	领料单	数量	
7	5	王喜	5	5	刘凯	顾鑫			7
18	4	王喜	4	9	林风	顾鑫			3
24	1	王喜	1	10	汪洋	顾鑫			2

供应部门负责人：肖海　　　　生产计划负责人：石坚　　　　仓库主管：王韬

3. 汇总原始凭证

汇总原始凭证，是指在会计核算工作中，为简化记账凭证的编制工作，将一定时期内若干张记录同类经济业务的原始凭证，按一定标准加以汇总而填制完成的原始凭证。如发料凭证汇总表、收料凭证汇总表、工资结算汇总表等。编制汇总原始凭证的目的在于避免同类业务多次记账，节约会计成本，因此不能将非同类业务汇总编制汇总原始凭证。发料凭证汇总表一般由会计部门根据日常收到并整理的领料单按不同材料、不同成本费用项目归类汇总而编制。现以"发料凭证汇总表"为例说明。

【例 5-5】2018 年 12 月末，江南服装股份有限公司根据日常整理的各部门"领料单"编制的本月"发料凭证汇总表"如表 5-5 所示。

表 5-5　　　　　　　江南服装股份有限公司发料凭证汇总表

单位：元

用途	部门	材料	燃料	修理配件	合计
基本生产	A 产品	4 620 000			4 620 000
	B 产品	2 400 000			2 400 000
辅助生产	供电		5 000		5 000
	供气		4 000		4 000
	维修			1 000	1 000
车间一般消耗	第一车间	1 440 000	1 000		1 441 000
其他消耗	行政部	210 000	2 000	1 000	213 000
	工程部		3 000		3 000
合计		8 670 000	15 000	2 000	8 687 000

会计主管：张楠　　　　　复核：李海　　　　　制单：张红

4. 记账编制凭证

记账编制凭证是根据账簿记录和经济业务的需要编制的一种自制原始凭证。它是根据账簿记录,把某一项经济业务加以归类、整理而重新编制的一种会计凭证。例如在计算产品成本时,编制的"制造费用分配表"就是根据制造费用明细账记录的数字按费用的用途填制的。现以"制造费用分配表"为例说明。

【例 5-6】江南服装股份有限公司第一车间生产 A 产品和 B 产品两种产品,"制造费用"明细账记载该车间 2018 年 12 月共发生制造费用 2 485 250 元,按该厂成本核算制度,制造费用按生产工时分摊。当月甲产品工时 6 500 小时,乙产品工时 6 000 小时。月末,会计部门填制的制造费用分配表如表 5-6 所示。

表 5-6 江南服装股份有限公司制造费用分配表

2018 年 12 月 金额单位:元

应借科目		生产工时	分配率	分配金额
生产成本	A 产品	6 500	198.82	1 292 330
	B 产品	6 000	198.82	1 192 920
合计		12 500	198.82	2 485 250

会计主管:张楠　　　　　审核:李海　　　　　制单:张红

(三) 按格式不同分类

原始凭证按其格式不同分类,可以分为通用凭证和专用凭证两种。

1. 通用原始凭证

通用原始凭证,是指在全国或地区、系统范围内,规定统一格式和使用方法的原始凭证。如异地结算时使用的全国统一的银行结算凭证、某一地区统一规定的服务发票等。

2. 专用原始凭证

专用原始凭证,是指各单位自行规定其格式和使用方法的原始凭证,它只适用于特定单位并且有特定使用方法。如差旅费报销单等。

二、原始凭证的基本内容

企业发生的经济业务是多种多样的,记录经济业务的各种原始凭证其具体内容和格式也不尽相同,但无论哪种原始凭证,都必须客观、真实地记录和反映经济业务的发生、完成情况,都必须明确有关单位、部门和人员的经济责任。这些共同要求,决定了各种原始凭证必须具备以下几个方面的基本内容:(1) 填制单位名称或填制人姓名;(2) 原始凭证的名称;(3) 填制凭证日期;(4) 对外凭证所接收单位的名称;(5) 经济业务的内容摘要;(6) 经济业务所涉及的财产物资数量、单价和金额;(7) 填制单位或个人签字盖章;(8) 有关人员签字盖章，明确经办人责任，也是经济业务真实性的必要证据。

三、原始凭证填制的要求

原始凭证是具有法律效力的证明文件，是进行会计核算的依据，必须认真填制。为了保证原始凭证能清晰地反映各项经济业务的真实情况，原始凭证的填制必须遵循一定的要求。这些要求包括以下五个方面：

（一）内容真实

填制原始凭证要以事实为依据，根据经纪业务发生的实际情况，如实填写经济业务的内容，发生的日期、数量和金额，使原始凭证所记载的内容与经济业务的实际发生情况相符。不得弄虚作假，不得以匡算数或估计数填入，不得涂改、挖补。

（二）及时填制

原始凭证必须按照经济业务的执行和完成情况及时填制，不拖延、不积压，不事后补填，这对于保证会计资料的时效性非常重要。否则事过境迁，记忆模糊，容易出错。

（三）内容完整

原始凭证中的各项内容都必须逐次填写齐全，不可遗漏；名称要写全，不要简化；品名和用途要填写明确，不能含糊不清；有关业务部门或人员的签章必须齐全。

（四）书写规范

1. 笔墨规范

原始凭证要用蓝色或黑色笔书写，字迹清楚、规范，填写支票必须使用碳素笔，属于需要套写的凭证，必须一次套写清楚。

2. 数字规范

阿拉伯数字应一个一个地写，不得连笔写。用阿拉伯数字书写的金额前面应写人民币符号"￥"。人民币符号"￥"与阿拉伯数字之间不得留有空白。凡阿拉伯数字前写有人民币符号"￥"的，数字后面不再写"元"字。所有以元为单位的阿拉伯数字，除表示单价等情况外，一律填写到角分。无角分的，角位和分位可写"00"或符号"－"；有角无分的，分位应写"0"，不得用符号"－"代替。大写金额有分的，后面不加整字，其余一律在末尾加"整"字，大写金额前还应加注币值单位，注明"人民币""美元""港币"等字样，且币值单位与金额数字之间，以及各金额数字之间不得留有空隙。

3. 改错规范

各种凭证不得随意涂改、刮擦、挖补，若填写错误，应采用规定方法予以更正。对于重要的原始凭证，如支票以及各种结算凭证，一律不得涂改。对于预先印有编号的各种凭证，在填写出现错误后，要加盖"作废"戳记，并单独保管。

4. 遗失凭证处理规范

遗失外来发票应从填制单位取得该凭证记账联复印件并由填制单位盖章证明；

遗失车票、机票应由遗失人写出书面说明经证明人签证、领导审批后代替原凭证。

（五）用途明确

一式几联的原始凭证，应当注明各联的用途，连续编号，并且只能以一联作为报销凭证。

四、原始凭证的审核

为了发挥会计的监督职能，企业接受的原始凭证必须经过财会人员严格审核。只有审核无误的原始凭证，才能作为编制记账凭证和登记账簿的依据。原始凭证的审核是进行会计监督的第一道关口，它对保证会计信息质量有着十分重要的作用。因此，会计人员必须坚持原则，坚持制度，认真审查每一项应审核内容，正确处理不合格凭证。对于原始凭证的审核，主要有以下四个方面：

（一）审核原始凭证的合法性

审核原始凭证的合法性，即审核原始凭证中所反映的经济业务是否符合国家的法律法规，是否符合单位有关的财经纪律。

（二）审核原始凭证的真实性

审核原始凭证的真实性，即审核原始凭证是否如实反映了经济业务的本来面貌，是否是伪造的凭证，是否是涂改、挖补、刮擦过的凭证。从外单位取得的外来原始凭证，必须有填制单位的公章，从个人处取得的外来原始凭证必须有填制人的签章，否则不予以受理。

（三）审核原始凭证的完整性

根据原始凭证所必须具备的基本内容逐项审核，审核原始凭证内容是否完整。主要关注点在于：原始凭证的基本内容是否存在应填而未填或填写不清楚的现象。

（四）审核原始凭证的正确性

关于正确性审核，主要关注点在于：审核发生经济业务后取得的原始凭证是否在计算和填写方面存在错误，如业务内容或业务摘要与业务的数量、金额不相对应；业务所涉及实物量与单价的乘积与金额不符；业务各项具体内容的金额合计计算有误，等等。

第三节　记账凭证

一、记账凭证的种类及其常用格式和填制

记账凭证是由会计人员根据审核无误的原始凭证按设置的账户运用复式记账方法填制的，用于确定经济业务应记科目、记账方向和记账金额的书面文件。由

于原始凭证只表明经济业务的内容,而且种类繁多、数量庞大、格式不一,因而不能直接记账。为了做到分类反映经济业务的内容,必须按会计核算方法的要求,将其归类、整理、编制记账凭证,标明经济业务应记入的账户名称及应借应贷的金额,作为记账的直接依据。

经济业务的内容不同或管理上的要求不同,所填制的记账凭证也不同,会计工作中常按记账凭证所记录经济业务种类、所记录的应记账户和填制依据对记账凭证进行分类。各种企业目前采用的记账凭证种类如图5-2所示。

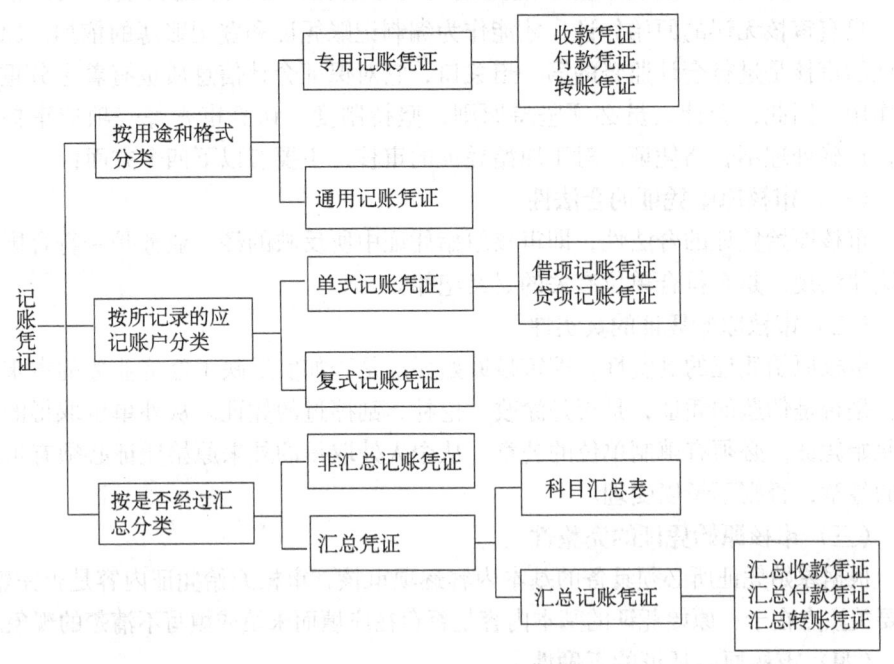

图5-2 记账凭证的分类

(一) 按用途和格式分类

记账凭证按其用途和格式不同,可以分为专用记账凭证和通用记账凭证。

1. 专用记账凭证

专用记账凭证是专门用来记录某一特定种类经济业务的记账凭证,按其所记录的经济业务是否与库存现金、银行存款收付有关又可进一步分为收款凭证、付款凭证和转账凭证三种,分别用于记录与货币(银行存款、库存现金)收款、付款有关业务、与货币收付无关业务的应记科目、记账方向、记账金额。一般预先印制好三种空白凭证,发生经济业务后根据业务类属在相应种类空白记账凭证中填入会计分录及相关内容。

(1) 收款凭证。

收款凭证是为了反映库存现金、银行存款增加的经济业务而编制的记账凭证，其格式如表 5-7 所示。

表 5-7　　　　　　　　**江南服装股份有限公司记账凭证**
　　　　　　　　　　　　　　　　收款凭证　　　　　　　　　　　总第___号

借方科目：_____　　　　　　　　　年　月　日　　　　　　　___收字第___号

摘要	贷方科目		√	金额									
	一级科目	明细分类科目		十	万	千	百	十	元	角	分	
												附件
												张
合计												

会计主管：　　　　记账：　　　　出纳：　　　　复核：　　　　制单：

现以公司发生与银行存款收款有关的业务为例来说明收款凭证的填制。

【例 5-7】 江南服装股份有限公司 2018 年 12 月 8 日销售 A 产品一批，价款 12 000 000 元，增值税税率为 16%，收到购货单位交来的金额为 13 920 000 元的转账支票一张，并已交银行办理结算。会计人员根据有关原始凭证填制收款凭证，具体填列内容和方法如表 5-8 所示。

表 5-8　　　　　　　　**江南服装股份有限公司记账凭证**
　　　　　　　　　　　　　　　　收款凭证　　　　　　　　　　　总第_256_号

借方科目：银行存款　　　　2018 年 12 月 08 日　　　　　　　银收字第_1_号

摘要	贷方科目		√	金额										
	一级科目	明细分类科目		亿	千	百	十	万	千	百	十	元	角	分
销售 A 产品收款	主营业务收入	A 产品			1	2	0	0	0	0	0	0	0	0
	应交税费	应交增值税（销）				1	9	2	0	0	0	0	0	0
合计				¥	1	3	9	2	0	0	0	0	0	0

附件 叁 张

会计主管：张楠　　记账：张宇　　出纳：胡强　　复核：张红　　制单：刘芳

如果公司发生的业务是与库存现金收款有关，则在左上角"借方科目"后填写"库存现金"；右上角编号填"现"收字号。贷方科目及金额填入栏内。

（2）付款凭证。
付款凭证是用来记录库存现金和银行存款付出业务的记账凭证，是根据有关库存现金和银行存款付出业务的原始凭证填制的。其格式如表5-9所示。

表5-9

江南服装股份有限公司记账凭证
付款凭证   总第___号

贷方科目：_____   年 月 日   ___付字第___号

摘要	借方科目		√	金额								附件
	一级科目	明细分类科目		十	万	千	百	十	元	角	分	
												张
	合 计											

会计主管：   记账：   出纳：   复核：   制单：

现以公司发生与银行存款付款有关的业务为例说明付款凭证的填制。

【例5-8】江南服装股份有限公司2018年12月8日归还宏信公司货款80 000元，以银行存款支付。会计人员根据审核无误的银行结算凭证填制付款凭证，如表5-10所示。

表5-10

如公司发生与库存现金付款有关的业务，在左上角"贷方科目"后填"库存现金"；右上角编号填"现"付字。借方科目及金额填入栏内。

值得注意的是，对于既可填制"收款凭证"，又可填制"付款凭证"的业务，为防止重复记账，按统一惯例，一律视为与付款有关的事项，只填制付款凭证，不编制收款凭证。如将库存现金存入银行，填制现金付款凭证；从银行支取备用现金，填制银行存款付款凭证。

(3) 转账凭证。

转账凭证是用来记录不涉及库存现金和银行存款收付的转账业务的记账凭证，是根据有关转账业务的原始凭证编制的。转账凭证的格式特点是：应借和应贷科目及金额全部记入栏框内，原因是各种"转账"业务的科目对应关系复杂，无法固定某个借方或贷方科目。其格式如表5-11所示。

表5-11　　　　　　　江南服装股份有限公司记账凭证
转账凭证　　　　　　　　　　总第＿＿＿号
年　月　日　　　　　　　　　转字第＿＿＿号

摘要	科目		√	借方金额	贷方金额	附件 张
	一级科目	明细分类科目		十 万 千 百 十 元 角 分	十 万 千 百 十 元 角 分	
	合　计					

会计主管：　　　　记账：　　　　复核：　　　　制单：

现以月末职工工资费用的分配业务为例说明转账凭证的填制。

【例5-9】江南服装股份有限公司月末结算12月应付职工工资5 200 000元，其中制造A产品的职工工资2 000 000元，制造B产品的职工工资1 800 000元，一车间管理人员工资650 000元，行政管理人员工资750 000元。会计人员根据"工资分配表"填制"转账凭证"记录其会计分录，填列内容如表5-12所示。

表5-12　　　　　　　江南服装股份有限公司记账凭证
转账凭证　　　　　　　　　　总第__258__号
2018年12月31日　　　　　　　转字第__120__号

摘要	科目		√	借方金额	贷方金额	附件 壹张
	一级科目	明细分类科目		千 百 十 万 千 百 十 元 角 分	千 百 十 万 千 百 十 元 角 分	
工资分配	生产成本	A产品		2 0 0 0 0 0 0 0 0		
	生产成本	B产品		1 8 0 0 0 0 0 0 0		
	制造费用	一车间		6 5 0 0 0 0 0 0		
	管理费用			7 5 0 0 0 0 0 0		
	应付职工薪酬				5 2 0 0 0 0 0 0 0	
	合　计			¥　　5 2 0 0 0 0 0 0 0	¥　　5 2 0 0 0 0 0 0 0	

会计主管：张楠　　　记账：张宇　　　复核：张红　　　制单：范兵

2. 通用记账凭证

所谓通用记账凭证，指一个企业不分业务种类，采用一种记账凭证格式记录各种经济业务的会计分录。它适合于所有经济业务，采用通用记账凭证，不再区分收款、付款和转账三类凭证，即无论是款项的收付业务还是转账业务，都采用统一格式的记账凭证。通用记账凭证通常适合于规模不大、款项收付不多的中小型企业。其格式与"转账凭证"相似，如表 5-13 所示。

表 5-13　　　　　　　江南服装股份有限公司记账凭证

年　月　日　　　　　　　　　　第___号

摘要	科目		√	借方金额									贷方金额									附件 张
	一级科目	明细分类科目		十	万	千	百	十	元	角	分	十	万	千	百	十	元	角	分		
	合　　计																				

会计主管：　　　　记账：　　　　出纳：　　　　复核：　　　　制单：

（二）按所记录的应记账户分类

1. 复式记账凭证

复式记账凭证又称多科目记账凭证。复式记账凭证是指将每一笔经济业务事项所涉及的全部会计科目及其发生额均在同一张凭证中反映的一种记账凭证。即一张记账凭证上登记一项经济业务所涉及的两个或者两个以上的会计科目，既有"借方"，又有"贷方"。前述的收款凭证、付款凭证、转账凭证和通用凭证均为复式记账凭证。其优点是，能够完整反映经济业务的全貌及账户的对应关系，且填写方便，附件集中，便于凭证的分析、审核和差错的查找。其缺点是，不便于按科目分工汇总、记账。

2. 单式记账凭证

单式记账凭证又称单科目记账凭证，是指在每张凭证上只填列一个账户名称的凭证。填列借方账户的即为借项记账凭证，填列贷方账户的即为贷项记账凭证。一项经济业务涉及几个账户就需要填制几张凭证，同时采用一定的编号方法将它们联系起来。单式记账凭证的优点在于：内容单一，方便按科目分工记账，也便于按科目分类汇总，并可加速凭证的传递。主要适用于会计工作量大、记账分工较细的单位。其缺点是：凭证张数多，内容分散，一张凭证无法完整反映一项经济业务的全貌及账户之间的对应关系，不便于检验会计分录的正确性。单式凭证的格式如表 5-14、表 5-15 所示。

表 5 – 14 　　　　　　　　　<u>江南服装股份有限公司记账凭证</u>
　　　　　　　　　　　　　　　借项记账凭证

　　　　　　　　　　　　　　　　年　月　日　　　　　　　　　　　第___号

摘要	一级科目	明细分类科目	金额	记账	附件共　张
合　计					

会计主管：　　　　记账：　　　　出纳：　　　　复核：　　　　制单：

表 5 – 15 　　　　　　　　　<u>江南服装股份有限公司记账凭证</u>
　　　　　　　　　　　　　　　贷项记账凭证

　　　　　　　　　　　　　　　　年　月　日　　　　　　　　　　　第___号

摘要	一级科目	明细分类科目	金额	记账
合　计				

会计主管：　　　　记账：　　　　出纳：　　　　复核：　　　　制单：

（三）按是否经过汇总分类

1. 非汇总记账凭证

非汇总记账凭证又称单一记账凭证，指依据原始凭证填制的只反映某项经济业务的记账凭证。前面介绍的收款凭证、付款凭证、转账凭证和通用凭证均属于非汇总记账凭证。

2. 汇总凭证

汇总凭证是对一定时期内所有分录凭证按总分类科目汇总借、贷方金额后填制的，记录各科目借方汇总金额和贷方汇总金额的记账凭证。现有的会计簿记系统为了保证会计记录的准确无误，要求对于发生的经济业务既要记入总分类账又要记入明细分类账。其中，明细分类账均应以单一记账凭证为依据（部分是以原始凭证为依据）逐笔登记，而总分类账则可根据单一记账凭证逐笔登记，也可以定期将所有单一记账凭证汇总填制汇总记账凭证，以汇总记账凭证为依据登记。按汇总方法不同，又可分为科目汇总表和汇总记账凭证两种。

（1）科目汇总表。

科目汇总表又称记账凭证汇总表，是指将一定期间所有的单一记账凭证全部汇总在一张表中。按汇总时间和记账次数不同又有两种格式，两种格式分别如表 5 – 16、表 5 – 17 所示。格式一所示科目汇总表汇总天数不固定，可据业务量大小灵活掌握，汇总填制一次记账一次。格式二所示科目汇总表一般固定每旬汇总填列一次，月末加总全月数一次记总账。

表 5-16   **科目汇总表**（格式一）

汇字第___号

年 月 日至 日　　　　记账凭证起讫号：

科目	总账页码	借方金额	贷方金额	记账
合计				

会计主管：　　　　记账：　　　　复核：　　　　制单：

表 5-17   **科目汇总表**（格式二）

年 月

科目	总账页码	1~10日 凭证号：		11~20日 凭证号：		21~31日 凭证号：		本月合计		记账
		借方	贷方	借方	贷方	借方	贷方	借方	贷方	
合计										

会计主管：　　　　记账：　　　　复核：　　　　制单：

（2）汇总记账凭证。

汇总记账凭证，是根据一定时期内的收款凭证、付款凭证、转账凭证按一定的方法加以汇总而重新填制的凭证，包括"汇总收款凭证""汇总付款凭证""汇总转账凭证"三种。汇总记账凭证一般5天或10天汇总填列一次，月末结出各次汇总金额的全月合计数后一次记入总账。其格式如表5-18至表5-22所示。

表 5-18   **汇总收款凭证**

借方科目：库存现金　　　　　　年 月　　　　　　汇收字第___号

贷方科目	金额				总账页码	记账
	1~10日 凭证：	11~20日 凭证：	21~31日 凭证：	合计		
合计						

会计主管：　　　　记账：　　　　复核：　　　　制单：

表 5-19　　　　　　　　　　　汇总收款凭证

借方科目：银行存款　　　　　　　　　年　月　　　　　　　　　　汇收字第＿＿号

贷方科目	金额				总账页码	记账
	1~10 日 凭证：	11~20 日 凭证：	21~31 日 凭证：	合计		
合计						

会计主管：　　　　　　记账：　　　　　　复核：　　　　　　制单：

表 5-20　　　　　　　　　　　汇总付款凭证

贷方科目：库存现金　　　　　　　　　年　月　　　　　　　　　　汇付字第＿＿号

借方科目	金额				总账页码	记账
	1~10 日 凭证：	11~20 日 凭证：	21~31 日 凭证：	合计		
合计						

会计主管：　　　　　　记账：　　　　　　复核：　　　　　　制单：

表 5-21　　　　　　　　　　　汇总付款凭证

贷方科目：银行存款　　　　　　　　　年　月　　　　　　　　　　汇付字第＿＿号

借方科目	金额				总账页码	记账
	1~10 日 凭证：	11~20 日 凭证：	21~31 日 凭证：	合计		
合计						

会计主管：　　　　　　记账：　　　　　　复核：　　　　　　制单：

表 5-22　　　　　　　　　　　汇总转账凭证

贷方科目：　　　　　　　　　　　　　年　月　　　　　　　　　　汇转字第＿＿号

借方科目	金额				总账页码	记账
	1~10 日 凭证：	11~20 日 凭证：	21~31 日 凭证：	合计		
合计						

会计主管：　　　　　　记账：　　　　　　复核：　　　　　　制单：

汇总转账凭证根据转账凭证的贷方科目设置，即汇总期间的转账凭证涉及几个贷方科目就要填几张汇总转账凭证。为方便汇总，平时填制转账凭证时，只能填制一借一贷或多借一贷分录，即只能一个贷方科目与一个或多个借方科目对应。

二、记账凭证的基本要素

记账凭证的主要作用是将审核无误的原始凭证中所记载的原始数据通过运用账户和复式记账系统编制会计分录转换为会计账簿所能接受的专用语言，使之成为登记账簿的直接依据。记账凭证作为登记账簿的直接依据必须具备以下基本内容：

(1) 记账凭证的名称，如"收款凭证""付款凭证""转账凭证"等；
(2) 记账凭证的填制日期，该日期不一定与原始凭证的日期相一致；
(3) 记账凭证的编号；
(4) 经济业务的内容摘要，即对所记载的经济业务内容的简明扼要的说明；
(5) 应记科目、记账方向和记账金额；
(6) 附件张数；
(7) 有关人员，如制单、复核、出纳、记账、主管人员签字或盖章。

三、记账凭证填制的要求

记账凭证填制的正确与否，直接关系到会计信息的真实性与正确性。因此，为保证记账凭证的质量，记账凭证各项内容的填制应遵循一定的规范。原始凭证的填写要求同样适用于记账凭证填制，此外，记账凭证的填制还应符合以下要求：

1. 填制日期正确

企业应如实填列编制记账凭证的日期。记账凭证日期与原始凭证日期或经济业务发生日期可能一致，也可能不一致。一些收付款业务发生时一般就要立即进行相应的账务处理，在这种情况下，收付款凭证上的日期就为实际发生收款或付款的日期。一些转账业务的原始凭证常常不能在经济业务发生当天送到会计部门，就会造成记账凭证日期与原始凭证日期不一致的现象。

2. 摘要简明扼要

摘要是对经济业务的简要说明，填写时既要防止简而不明，又要防止过于烦琐。应能使阅读者通过摘要就能了解该项经济业务的性质和特征。例如，对于收付款业务要写明收付款发生的原因。

3. 科目、金额和借、贷方向填写正确

记账凭证上的会计科目必须按照统一规定的会计科目名称来填列，不得随意

简化或变更；应按账户级次设置完整填写一级科目、明细分类科目。对于转账凭证，应根据对经济业务的分析分别填写相应的应借、应贷科目及金额。填写科目时，一般先借后贷。借方会计科目应和借方金额在同一行，贷方会计科目和贷方金额在同一行。金额栏数字的填写必须规范、准确，与所附原始凭证的金额相符。金额登记方向、数字必须正确，角分位不留空格。填入金额数字后，要在记账凭证的合计行计算填写合计金额。记账凭证中借、贷方的金额必须相等，合计数必须计算正确。

4. 凭证编号正确、完整

记账凭证采用通用凭证的情况下，可按经济业务发生的先后顺序编号。记账凭证采用收款、付款、转账凭证的，则按记账凭证的类别、顺序编号。编号时，应该按日期顺序编号，即每月都从1号编起，直至月末，不得跳号、重号。使用专用记账凭证的，一般采用"双重编号"，一份凭证既按全部凭证编"总字第×号"，又分别按收、付、转凭证编"收（现收、银收）字第×号""付（现付、银付）字第×号""转字第×号"。一项业务填制多张记账凭证的（单式凭证、有续页的复式凭证），应采用"分数编号法"对该项业务各张凭证编序号，如"$10\frac{1}{3}$"，表示该份记账凭证的本月编号为第10号，共三张，本张为第一张。

5. 按行逐项填写

记账凭证应按行逐项填写，不得跳行或留行，对记账凭证中的空行，应该画斜线或一条"S"形线注销。划线应从金额栏最后一笔金额数字下的空行划到合计数行上面的空行。

6. 附件完整并填列正确

除结账和更正错误外，记账凭证必须附有原始凭证，并注明所附原始凭证的张数。所附原始凭证张数的计算，一般以原始凭证的自然张数为准。与记账凭证中的经济业务记录有关的每一张证据，都应当作为原始凭证的附件。多份记账凭证以同一原始凭证为依据的，未附原始凭证的记账凭证应标明原始凭证"附于第×号记账凭证"。

7. 签字盖章正确完整

制单人员完成记账凭证后签字（或盖章）表示负责；复核人员对制单人员填列内容和签字审核确认无误后签字；出纳人员按收、付款凭证办理款项收、付并在凭证上作"收讫""付讫"记载后签字；记账人员将凭证记录过入账户后标明已记账标识并签字；会计部门负责人审阅确认无误后签字。通过不同人员的签字盖章，加强了凭证的管理，分清了会计人员的经济责任，使会计工作岗位之间相互制约、互相监督。

四、记账凭证的审核

为保证会计信息质量,监督款项的收付,除了编制记账凭证的会计人员应当认真负责、正确填制、加强自审以外,同时还应建立专人审核制度以对记账凭证进行审核。记账凭证审核是对凭证内容符合填制要求的再确定,包括以下内容:

(1) 内容的真实性。包括记账凭证是否有经审核无误的原始凭证为依据;记账凭证的记录内容与原始凭证所记录内容是否一致。

(2) 科目、借贷方向和金额的正确性。所使用的科目是否符合会计准则的规定;账户对应关系是否正确;借贷方金额是否相等;合计数是否正确。

(3) 填制内容是否完整。日期、凭证编号、摘要、科目、二级和明细科目、金额、附件张数等项目填列是否完整;有关人员签章是否齐全。

(4) 书写、改错的规范性。记账凭证书写是否规范;如果记账凭证被更正过,那么更正是否符合会计规范。

第四节 会计凭证的传递和保管

科学合理地组织会计凭证的传递,做好会计凭证的保管工作,是及时进行会计核算,为有关各方提供真实、准确的数据资料的保证;同时有利于强化内部会计监督,加强岗位责任制。

一、会计凭证的传递

(一) 会计凭证传递的概念

会计凭证传递,指会计凭证从编制或取得时起,至归档保管止在有关业务部门之间按照规定的时间、路线传递和处理的过程。会计凭证的传递是按照单位内部制度规定的程序和时间运行的。会计凭证的传递环节、路线、时间是内部会计制度和内部控制制度的重要内容。例如购入材料,对方客户寄来的账单、发票、提货单,经过采购人员核对合同后,一方面通知会计部门根据账单付款;另一方面通知运输部门提货将材料运进企业,还要通知检验部门进行质量检验,合格后仓库才能过磅点数。这表明凭证从填制到汇集在会计部门中有一个传递过程。这个过程包括由谁填制或取得凭证,各凭证分别交哪一个部门,由谁办理下一步手续,办完所有手续后流转到会计部门,由谁负责整理、填制记账凭证、登记账簿直到最后归档保管为止。

(二) 正确组织会计凭证传递的意义

会计凭证的传递过程,是相关部门或人员共同完成会计信息加工、传输并分享信息的过程,又是不同部门、岗位按各自职责协作完成经济业务的过程,还是各部门分工记录、审核经济业务数据分别办理各方面手续的过程。因此,合理组织会计凭证传递具有十分重要的意义:

第一,可以及时地把反映在会计凭证中的有关经济业务完成情况的资料,及时地传递到本单位内部各部门、各环节,这样有利于加强经济管理,提高工作效率。

第二,有利于促进经济效益提高。会计信息是公司管理者进行决策的重要依据,而会计凭证的及时有效传递,能够为公司管理者做出正确的经济和管理决策提供信息保证。

第三,有利于强化内部控制和会计监督,保证财产安全,保证会计信息质量。在会计凭证的传递过程中,通过会计凭证传递,可以起到相互牵制、相互监督的作用,从而有利于加强岗位责任制,有效发挥会计监督职能。

(三) 正确组织会计凭证传递的要求

各经济组织业务特点不同,管理要求不同,会计凭证传递的要求和条件也不同。但任何单位的会计凭证传递都应当力求既节约传递时间又确保工作质量,既简化传递程序又确保内部控制严密有效,既加快会计信息传输速度又确保会计信息真实可靠。因而,任何单位在制定会计凭证传递制度时,都应当满足三个方面具体要求:

第一,传递路线。要根据经济业务的特点、企业内部机构的设置和人员分工情况以及经营管理上的需要,恰当地规定各种会计凭证的联数与所必须流经的必要环节。既要保证有关部门和人员了解经济业务的情况,及时办理凭证手续,又要避免凭证传递经过不必要环节,从而提高工作效率。

第二,传递时间。要根据有关部门和人员办理经济业务所需要的时间,恰当地规定凭证在各环节的停留时间和传递交接时间,以保证会计凭证的及时和安全传递。

第三,会计凭证交接和签收制度。为了保证会计凭证的安全与完整,在各个环节都应该指定专门的人员办理交接手续,做到责任明确,手续齐全、严密,防止凭证丢失、毁损。

二、会计凭证的保管

会计凭证的保管是指会计凭证记账后的整理、装订、归档和存查工作。会计凭证是进行会计工作的基础,是重要的经济档案和历史资料,各单位对会计凭证必须妥善保管,在会计凭证填制后,必须对其加以整理、装订和归档存查,不得丢失或任意销毁。会计凭证的保管,既要做到确保安全和完整,又要便于凭证的事后检查和监督。会计凭证归档保管的主要方法和要求有:

(一) 日常由会计人员保管好会计凭证

会计凭证在未装订成册之前，一般都分散在有关会计人员手中使用或存放。在此期间，所有使用会计凭证的会计人员都应保管好会计凭证。

(二) 月末装订成册

月末根据会计凭证登记账簿后，应该将本月各种记账凭证加以整理，检查编号及附件是否齐全。再按照编号顺序连同所附原始凭证，整理、装订成册，以防失散。为了便于事后查阅，应在装订成册的凭证上加具封面，在封面上注明单位的名称、所属的年度和月份或起止日期以及记账凭证的种类、张数、起止号数，并由有关人员签名盖章。会计凭证封面格式如图 5-3 所示。

江南服装股份有限公司会计凭证封面

_____年_____月 共_____册，第_____册

××年××月第×册

收款凭证：_____号至_____号　　附件共_____张

付款凭证：_____号至_____号　　附件共_____张

转账凭证：_____号至_____号　　附件共_____张

会计主管（签章）：　　　　　装订人（签章）

图 5-3　会计凭证封面

(三) 年末登记存档保管

会计部门应建立档案保管清册，分类分年度详细登记存档资料，并应配置档案存放专门工具（箱、柜），档案分柜存放。年度终了，全年会计档案逐月逐项登入清册，移存专柜并贴上标识以便查找。有条件的单位，会计凭证等会计档案由会计部门保管一年后移送单位档案管理部门，并办理交接手续明确责任。

(四) 日常查阅和到期销毁

1. 查阅

查阅会计凭证等会计档案应经会计主管或单位领导同意，由档案管理人员配合。外部人员须具备查阅资格并持相关证明文件。除国家机关和上级单位审计、检查、调审外，一律不得将会计凭证等会计档案带出保管场所。特别情况带出本单位的应办理书面手续。

2. 保管期

2016 年 1 月 1 日起施行的《会计档案管理办法》规定：

（1）会计凭证（包括原始凭证、记账凭证）、会计账簿（包括总账、明细账和日记账）最低保存 30 年；

（2）银行存款余额调节表和银行对账单最低保存 10 年。

3. 到期销毁

会计凭证等会计档案保存期满可以销毁，但应遵循以下程序和要求：

（1）单位档案管理机构编制会计档案销毁清册，列明拟销毁会计档案的名称、卷号、册数、起止年度、档案编号、应保管期限、已保管期限和销毁时间等内容。

（2）单位负责人、档案管理机构负责人、会计管理机构负责人、档案管理机构经办人、会计管理机构经办人在会计档案销毁清册上签署意见。

（3）单位档案管理机构负责组织会计档案销毁工作，并与会计管理机构共同派员监销。监销人在会计档案销毁前，应当按照会计档案销毁清册所列内容进行清点核对；在会计档案销毁后，应当在会计档案销毁清册上签名或盖章。

（4）保管期满但未结清的债权债务会计凭证和涉及其他未了事项的会计凭证不得销毁，纸质会计档案应当单独抽出立卷，电子会计档案单独转存，保管到未了事项完结时为止。

（5）销毁清册应永久保存。

【本章小结】

会计凭证是记录经济业务发生和完成情况、明确经济责任的书面文件，也是登记账簿的重要依据。为了正确认识和运用会计凭证，需要对会计凭证进行分类。会计凭证按其填制的程序和用途，分为原始凭证和记账凭证两大类。原始凭证是用来记载和证明有关经济业务实际执行和完成情况、明确经济责任的书面文件。记账凭证是会计人员根据审核后的原始凭证编制的，用来确定会计分录，作为登记账簿的依据。对于原始凭证和记账凭证，按照不同的分类标准，又可以分为若干种类。会计凭证的填写必须符合有关的规定和要求。会计人员必须履行会计的监督职能，对原始凭证和记账凭证进行审核。只有审核无误的会计凭证才能作为登记账簿的依据。各单位还应规定会计凭证从取得或填制时至归档保管时止，在内部有关部门和人员之间的传递程序和传递时间。会计凭证作为重要的经济档案，必须按规定妥善保管。

【知识拓展】

【人民币符号是"¥"还是"￥"的争论】

货币符号是一种被用来作为货币名称的图像速记符号。在国际上，通常是使用 ISO4217 作为货币标识。每种货币都用一个唯一的 3 个字母组成的国际标准组织（ISO）代码标志，例如 GBP 代表英镑，USD 代表美元，CNY 代表人民币。不同于国际标准组织的货币符号，每个国家一般都使用一个图像符号来表示货币，例如，$用来表示美元；£ 用来表示英镑；¥用来表示人民币。但是，在中国关于人民币货币符号是 Y 加一横（¥）还是两横（¥）一直存在争议。支持"¥"的依据在于：中国人民银行于 1994 年 2 月 3 日发布的《中国银行关于统一使用人民币货币符号的通知》，在各个网站转载的该通知显示出来中国银行规定的人民币符号就是"¥"。特别是在当前的计算机环境下，"¥"被更多地运用在网页上面显示。支持"¥"的依据在于：人民币符号"¥"起源于人民币单位"元"，"元"的汉语拼音是"yuán"，因此，人民币符号就采用"元"字汉语拼音字母中的第一个字母"Y"。为了区别"Y"和阿拉伯数字之间的误认和误写，就在"Y"字上加上两横而写成"¥"，读音仍为"元"。另外，在第五套人民币 2005 年版的"全息磁性开窗安全线（100/50 元）"上，人民币符号的造型为"¥"。

【本章思考题】

1. 填制与审核会计凭证有何重要意义？
2. 会计凭证有哪些种类？
3. 什么是原始凭证、记账凭证，两者有何联系与区别？
4. 原始凭证的基本内容及填制要求有哪些？
5. 记账凭证的基本内容及填制要求有哪些？
6. 审核原始凭证、记账凭证的要点是什么？
7. 会计凭证传递和保管包括哪些内容，有什么要求？

【本章案例分析题】

江南服装股份有限公司记账凭证的填制

一、案例背景资料

江南服装股份有限公司 2018 年 12 月发生下列经济业务，该公司采用专用记账凭证。

(1) 3 日，向宏信公司购买甲材料 3 000 000 元，用银行存款支付。

(2) 5 日，收到新华公司所欠货款 1 360 000 元，款项存入银行。

(3) 10 日，财务部门员工王强出差，预借出差费用 2 500 元，用现金支付。

(4) 11 日，一车间领用甲材料，其中 A 产品使用 45 300 元、B 产品使用 56 200 元。

(5) 14 日，从银行取款 5 600 元。

(6) 15 日，王强报销差旅费 3 000 元。

（7）19 日，销售 A 产品 96 000 元，增值税税率为 16%，货款未收到。

（8）21 日，销售 B 产品 54 000 元，增值税税率为 16%，收到银行支票一张。

（9）27 日，A 产品完工入库 130 000 元，B 产品完工入库 15 000 元。

（10）29 日，计提长期借款利息 1 000 元。

（11）30 日，本月应提取的职工薪酬共计 450 000 元，其中 A 产品应承担 160 000 元，B 产品应承担 180 000 元，车间管理人员的薪酬为 40 000 元，行政管理人员的薪酬为 70 000 元。

二、案例分析要点

1. 请指出各项业务应填制的记账凭证种类，并填制记账凭证。

2. 该公司采用科目汇总表（格式一）登记总分类账，每旬一次汇总，根据上述记账凭证（分录凭证）填制各旬科目汇总表。

第六章 会计账簿

【引入案例】

上海熊猫机械(集团)有限公司(以下简称熊猫集团)系北京熊猫恒盛机械设备有限公司(以下简称恒盛公司)的股东,持有恒盛公司50%的股份。2007年7月9日、24日,熊猫集团两次特快专递向恒盛公司提出要求查阅从2004年4月起到现在的全部总账、明细账、记账及其他辅助性账簿会计账簿,但恒盛公司拒不提供。因此熊猫集团向北京市宣武区人民法院起诉要求判令恒盛公司向其提供上述会计账簿供查阅。被告答辩请求法院驳回熊猫集团的请求:①熊猫集团未向恒盛公司提出相关请求;②熊猫集团没有明确查阅公司账簿的具体事项及查阅目的,不符合查阅公司会计账簿的法定条件,熊猫集团只要查阅公司的财务报告就可以达到目的,没有必要查阅全部的资料;③恒盛公司有合理的依据,认为熊猫集团有不正当目的。一审法院依照《中华人民共和国公司法》第三十四条,判决如下:第一,恒盛公司于判决生效后10日内提供其2002年6月25日起至2008年1月30日期间的财务会计账簿供熊猫集团查阅;第二,驳回熊猫集团其他诉讼请求。同学们,熊猫集团为什么不惜以诉讼的方式要求查阅会计账簿?由此而生的另一个疑问就是,会计账簿到底是什么呢?上面记载了什么内容?为什么它会成为双方争执的焦点呢?学完本章,你们就会知道答案了。

【学习目的与要求】

1. 熟练掌握各种日记账、分类账的账页格式、记账程序、记账规则;
2. 掌握总分类账与明细分类账的相互关系、平行登记要点;
3. 理解错账更正的意义,掌握错账类型及其适用的更正方法;
4. 理解会计账簿的概念、意义及分类;
5. 了解对账、结账的内容、方法。

第一节　会计账簿概述

一、会计账簿的概念与意义

（一）会计账簿的概念

会计账簿简称账簿，是由具有一定格式而又互相联结的账页所组成，用以全面、系统、连续、综合地记录和反映各项经济业务的簿籍，是编制财务报表的依据。会计账簿的形式是印有特定格式、标明账户名称的账页有规则的分册组合，会计账簿所记录内容是会计凭证所载各项经济业务数据的分类整理和连续归集。在形式上，会计账簿是由若干账页组合的；在实质上，会计账簿是会计信息形成的重要环节，是会计资料的主要载体之一，也是会计资料的重要组成部分。

会计核算中，通过填制和审核会计凭证，虽能详细、具体地记载每一项经济业务的信息资料，但会计凭证零星分散、数量多、缺乏系统性。因此，为了全面、系统、连续地反映企业的经济活动，在会计核算工作中需要通过设置和登记账簿，将分散在会计凭证中的单项经济业务信息资料分类整理，系统归集，形成完整反映一个期间各项经济业务的、系统化的会计信息。设置和登记会计账簿是会计工作的重要环节，是会计核算的基本方法之一。

（二）设置和登记会计账簿的意义

设置与登记会计账簿的直接作用在于系统地记录、提供一个单位经济活动的各方面情况和数据。正确地设置和登记账簿，对于充分发挥会计在经济管理中反映、控制的职能具有重要意义。

（1）通过账簿可以根据信息使用者的需要对经济业务信息进行分类记录、计算，从而为编制财务报表提供所需资料。设置和登记账簿是编制财务报表的基础，是连接会计凭证与会计报表的中间环节。

（2）通过账簿可以连续反映各项财产物资的增减变化及结存情况，保证资金安全及合理使用；可以确定一个期间的经营成果，为财务成果的分配提供可靠依据。

（3）通过账簿可以提供资产、负债、所有者权益、收入、费用、利润成本等方面总括和详细的数据，为会计检查和分析提供依据。另外，会计账簿全面、连续的记录保存了一个单位经济活动的历史数据，是日后各种经济事项备查的重要依据。

二、会计账簿的种类与设置原则

（一）账簿的种类

一个单位为了获得不同方面的会计数据需要设置和登记各种账簿，不同的单位因会计核算和监督的要求不同，使用的账簿也有差异。会计账簿是由多种账簿构成的体系，各种账簿有着不同的功能和作用，可以按不同标准对它们进行分类。账簿的分类如图 6-1 所示。

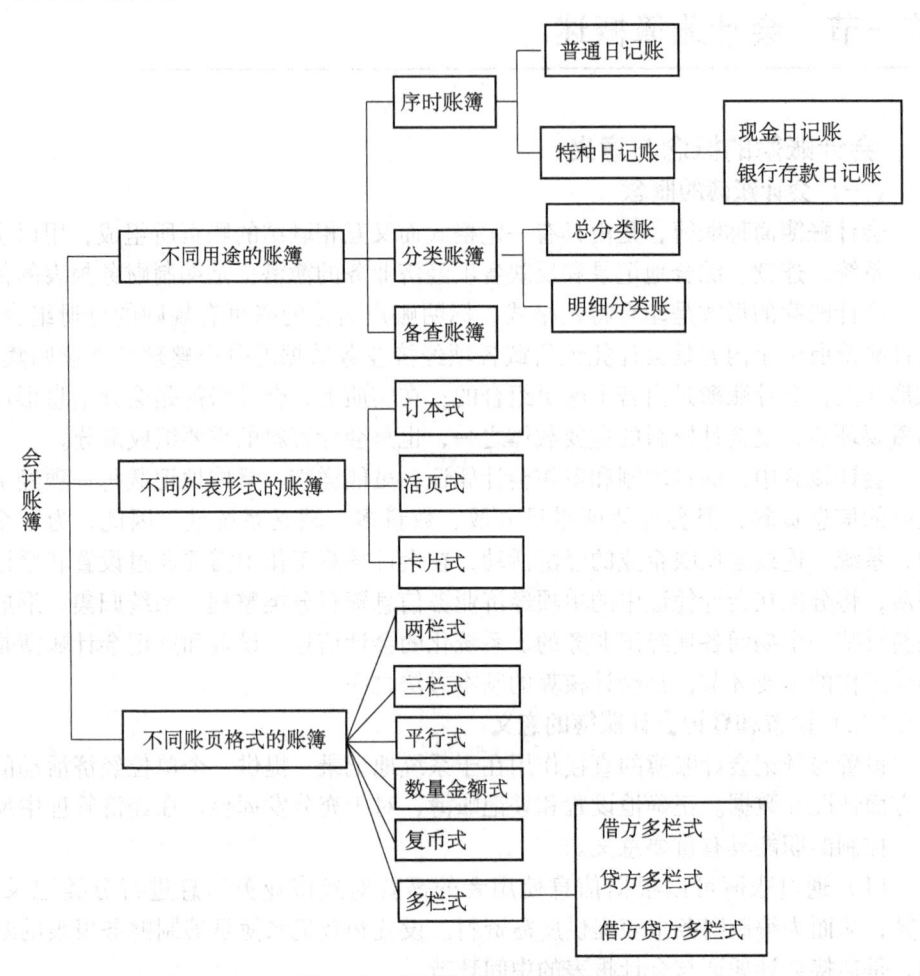

图 6-1 现行会计账簿主要种类

1. 账簿按其用途分类

账簿按照用途分类，一般可分为序时账簿、分类账簿和备查账簿三类。

（1）序时账簿。

序时账簿又称日记账，是按经济业务发生的先后顺序，逐日逐笔连续登记的账簿。由于序时账簿是按照时间顺序逐日逐笔记录反映经济业务内容的账簿，所以也称为。序时账簿一般有两种：一种是用于记录反映一个单位的全部经济业务，称为普通日记账；另一种是用于记录反映某特定类型或项目的经济业务，称为特种日记账。

普通日记账是根据经济业务发生先后顺序，不论其性质如何，逐日逐笔编制会计分录，将全部经济业务记入会计账簿。普通日记账产生于记账凭证之前，由于普通日记账是直接根据原始凭证在普通日记账上逐笔编制会计分录，所以也称为"会计分录簿"。这种日记账的优点是可以将每天发生的经济业务逐笔加以反映，但是不便于分工记账，而且不能将经济业务加以分类归集，过账的工作量又比较大。在中国，会计核算工作中的会计分录是以记账凭证为记录载体的，因此不设置普通日记账。

特种日记账是以原始凭证为依据，登记反复发生的某类（如赊购、赊销）经济业务会计分录的账簿。特种日记账主要是以记账凭证为依据，序时记录某特定类型经济业务的账簿。它主要包括记录库存现金增减变化及结余的"库存现金日记账"和记录银行存款增减变化及结余的"银行存款日记账"。库存现金日记账和银行存款日记账是各单位均必须设置的特种日记账。

（2）分类账簿。

分类账簿是指按不同科目分别开设账户，对全部经济业务按账户分类登记，用来记录反映一个期间会计要素各项具体内容增减变化资料的账簿。提供分类数据资料是会计核算的主要内容，分类账簿是会计账簿的主体，它所提供的核算资料是编制会计报表的主要依据和直接依据。分类账簿按所反映分类指标的详细程度不同，又分为总分类账簿和明细分类账簿。

总分类账簿简称总账，是按总分类科目分别开设账户，由全部总分类账户的账页组成的、用于总括反映经济业务情况的分类账簿。总分类账所提供的核算资料，是编制会计报表的主要依据，任何单位都必须设置总分类账。

明细分类账簿简称明细账，是按各总分类科目所属明细分类科目分别开设账户，由明细分类账户的账页按从属的总分类科目组成的，用于详细具体地反映资产、负债、所有者权益、收入、费用、利润、成本情况的分类账簿。明细账是对总账的补充和具体化。在实际工作中，每个会计主体可以根据经营管理的需要，为不同的总账账户设置所属的明细账。

某些情况下，分类账簿可以按经济业务发生先后次序逐日逐笔登记，即"序时"登记，此种账簿既是分类账簿又是序时账簿，称为"联合账簿"，实务中库存现金日记账和银行存款日记账是最常见的联合账簿。

（3）备查账簿。

备查账簿也称辅助账、备查簿，是对某些在序时账簿和分类账簿中未作记载或记载不全而经营管理又需要相关资料的经济事项进行补充登记的账簿。如记录以经营租赁方式租入固定资产的"租入固定资产登记簿"、记录受托加工物资的"受托加工物资备查簿"等。备查账簿可以对某些经济业务的内容提供必需的参考资料，但是它记录的信息不需编入会计报表中。备查账簿没有固定格式，可由各单位根据管理需要自行设置与设计。一个单位是否设置和设置哪些备查簿根据实际需要而定。

2. 账簿按其外表形式分类

账簿的外表形式指账页组合成册的形式。会计账簿按其外表形式特征不同，可以分为订本式账簿、活页式账簿和卡片式账簿。日记账、分类账根据各种账簿所载账户的变动性和数据的重要性不同，需要分别采用订本式、活页式、卡片式三种外表形式。

(1) 订本式账簿。

订本式账簿又称订本账，是指在账簿启用前即把一定数量的、按顺序编号的账页固定装订成册的账簿。订本式账簿的优点是账簿的账页固定，可避免账页散失，防止抽换账页，缺点是由于这种账簿的账页在使用前就已经固定，并已按页次顺序编号，不便于分工记账，同时也不能增减账页，容易造成预留账页不够或者预留过多，影响账簿记录的连续性或造成账页浪费。所以，必须在使用订本式账簿之前，准确地估算出一定时期内每一个账户对账页的需求量。也正因为此，订本账适用于所载账户数据比较重要的、由专人登记的、日常一般不需增加新账户的账簿。这些账簿包括总分类账、库存现金日记账、银行存款日记账。

(2) 活页式账簿。

活页式账簿又称活页账，是指由会计人员将若干账页采用活动式装订成册自行按序编页码，日常使用中视需要随时增加账页，年度结束时再固定装订的账簿。活页式账簿的特点是账簿所含账页平时采用活动式装订，使用中可据需要增补账页，当一本账簿账户太多时可分拆成多本账簿，便于分工记账，但容易散失和抽换账页。因此，账页应使用账夹固定并顺序编号。年度结束更换新账簿后应将账页固定装订成册。活页式账簿适用于日常需要增设新账户且账页需要量大的账簿。固定资产明细账之外的明细分类账簿一般采用此种形式。

(3) 卡片式账簿。

卡片式账簿又称卡片账，指由具有专门格式、分散的卡片作为账页组成的账簿。卡片式账簿的优缺点与活页账簿相同，使用时应按顺序编号并装置于专用卡片箱内。此外，卡片式账簿记录项目多，日常登记少，可跨年度连续使用，一般适用于固定资产明细账。这种账簿的优点是：便于随时查阅，也便于按不同要求归类整理，不易损坏；其缺点是：账页容易散失和随意抽换。

3. 账簿按其账页格式分类

账页格式指账簿内一张账页上所设的账户栏目结构。借贷记账法下，一个账户的基本结构是借方、贷方、余额三个主要栏目。而会计实务中因不同账户提供数据要求不同、不同单位的管理要求不同，可以一个账户一张账页，也可以多个相关账户组合于一张账页；一个账户可以采用基本结构，也可在基本结构基础上作必要的扩展。序时账簿和分类账簿目前采用的主要格式种类如下：

（1）两栏式账簿。

两栏式的结构与通用记账凭证相似，即一张账页上设借方金额、贷方金额两个基本栏目。普通日记账适用此种格式。

（2）三栏式账簿。

三栏式的结构特点是一张账页设一个账户，账户以借方、贷方、余额为主要栏目，只记录金额。一般单位的总分类账、库存现金日记账和银行存款日记账、债权和权益类明细账均适用此种账页格式。

（3）平行式（横线登记式）账簿。

平行式登记账簿是指在一张账页的同一行，记录登记某一项经济业务从发生到结束的有关内容。这种账簿的结构特点是一张账页设一个账户，账户分左右两栏，左边栏设时间、凭证、摘要、借方金额栏，右边栏设时间、凭证、摘要、贷方金额栏。其特点是将前后密切相关的经济业务在同一横线格登记，发生时登记左边栏，核销时登记右边栏，本月未核销的逐笔转入下月。平行式登记账簿可以对照反映一项经济活动的来龙去脉，对应关系清楚明了。这种格式主要适用于"材料采购"明细账，需要时，某些应收、应付款项的明细账也可采用此格式。

（4）数量金额式账簿。

数量金额式的结构特点是一张账页设一个账户，但账户的借方（收入）、贷方（发出）、结存三栏均再分设数量、单价、金额三个专栏，既登记金额又登记数量。实质是在"三栏式"基础上补充了数量、单价两项记录内容，主要为满足原材料、库存商品等实物资产明细账既核算数量又核算金额的需要。

（5）多栏式账簿。

多栏式的结构特点是一张账页组合或涉及多个账户，设有多个借方或贷方栏目。多栏式适用于一般单位的部分明细分类账，也适用于特定单位的总分类账、特种日记账。但具体格式有所不同：

①总分类账的多栏式格式。特点是一张账页上组合全部总分类账户，每一账户设借、贷方栏。总分类账采用多栏式时应按序时账簿要求登记，因此又称"日记总账"，是一种"联合账簿"。手工记账条件下，因账页篇幅有限，总分类科目多的单位无法使用此格式。

②特种日记账的多栏式格式。特点是在一张账页上设一个账户，账户借方（收入）栏下设"金额"栏和记录对应贷方科目的专栏；在贷方（支出）栏下设"金额"栏和记录对应借方科目的专栏。库存现金日记账、银行存款日记账采用此种格式的，称为"多栏式库存现金日记账"和"多栏式银行存款日记账"。采用此种格式，有利于了解库存现金、银行存款收支的来龙去脉，账簿记录和月末汇总还可以代替收款凭证汇总表、付款凭证汇总表，直接用于登记总分类账。

③明细分类账的多栏式格式。明细分类账按所记录内容的不同分别有三种多栏式格式:

a. 借方多栏式。特点是一张账页设借方、贷方、余额三栏,借方栏下再设多个专栏,分别用于记录某总分类科目所属各明细分类科目借方发生额及合计数。适用于费用和成本明细账。

b. 贷方多栏式。特点是一张账页设借方、贷方、余额三栏,贷方栏下再设多个专栏,分别用于记录某总分类科目所属各明细分类科目的贷方发生额及合计数。适用于收入明细账。

c. 借贷方多栏式。特点是一张账页设借方、贷方、余额三栏,借方、贷方栏下再设相关各账户专栏。"本年利润"明细分类账、应交所得税明细账一般采用此种格式。

(6) 复币式账簿。

复币式是三栏式的扩展,即一张账页一个账户,在借方、贷方、余额三个基本栏目下设"原币""汇率""人民币"专栏。主要适用于银行存款(外币存款)日记账、涉外债权债务明细账。

(二)会计账簿的设置原则

任何单位都应当根据本单位经济业务的特点和经营管理的需要有选择地设置一定种类和数量的账簿。一个单位会计账簿具体种类和数量的确定一般应满足下列要求:

(1) 账簿的设置要能保证全面、系统地反映和监督各单位的经济活动情况,为经营管理提供系统、分类的核算资料。

(2) 设置账簿要在满足实际需要的前提下,考虑人力和物力的节约,力求避免重复设账。

(3) 要力求简明实用,既要保证会计记录的系统和完整,又要避免过于烦琐,以便于日常使用和保存。

(4) 会计账簿的设置,必须有利于财会部门内部的分工和相互监督。

三、会计账簿的基本结构

尽管各种序时账簿、分类账簿的外表形式和账页格式多种多样,但这些账簿的设置与登记都是为了全面、系统、连续地记录经济业务,发挥会计的反映和控制职能,因此均应具备以下基本内容:

(1) 封面,主要标明记账单位名称、账簿名称、账簿所属年份。

(2) 扉页,包括账簿启用和经管人员一览表、账户目录表(科目索引)。账簿启用和经管人员一览表主要填列启用日期、账簿编号、页数、交接记录等内容(见表6-24);账户目录表主要按排列顺序填列账页页码和科目名称(见表6-25)。

（3）账页，是账簿的主体，账页的格式因账簿所反映经济业务内容不同而有区别，但一般都应有以下记录项目和栏目：

①账户名称（填写总账科目或明细科目）；

②记账日期栏（填写记账凭证的日期）；

③记账凭证栏（填写记账凭证的种类和编号）；

④摘要栏（填写经济业务的简要说明）；

⑤金额或数量栏，包括借方（收入）、贷方（支出或发出）、余额（结存）栏；

⑥总页次和分页次。

第二节 日记账、分类账的设置要求与登记方法

日记账簿、分类账簿是一个单位最重要的会计账簿。为提高会计核算的工作效率和会计信息的质量，任何单位均应根据相关法律法规及行业惯例，并结合自身条件和需要，完整地设置各种账簿，科学选择各种账簿的外表形式和账页格式，并运用正确方法登记账簿。

一、日记账的设置与登记

（一）普通日记账

1. 设置

普通日记账用于序时地记录各类经济业务的会计分录。普通日记账能够完整地反映经济活动的情况，保护原始凭证的安全，但不便分工记账，过账的工作量又比较大。因此，我国企业目前一般采用记账凭证登记会计分录，不设此账簿。普通日记账的账页格式一般采用两栏式，即"借方金额""贷方金额"两个基本栏目，具体格式如表6-1所示。

表6-1 　　　　　　　　　　　　普通日记账　　　　　　　　　　第　　页

2018年		分录号	摘要	会计科目		借方金额	贷方金额	过账
月	日			一级科目	明细分类科目			
12	8	1	购入甲材料	在途物资	甲材料	2 880 000.00		
				应交税费	应交增值税	640 800.00		
				银行存款	宝丰支行		3 340 800.00	

续表

2018年		分录号	摘要	会计科目		借方金额	贷方金额	过账
月	日			一级科目	明细分类科目			
	9	2	支付广告费	销售费用	广告费	5 000.00		
				银行存款	宝丰支行		5 000.00	
……	……	……	……	……	……	……	……	

2. 登记

普通日记账由会计人员登记，应每天按经济业务发生或完成的先后顺序，以原始凭证或汇总原始凭证为依据逐笔记账。

(二) 特种日记账

我国目前的特种日记账主要包括以记账凭证为依据登记的库存现金日记账和银行存款日记账。

1. 库存现金日记账

（1）设置与登记要求。

①设置。库存现金日记账是用来序时地反映库存现金收入、支出、结余情况的账簿，各单位均应设置。库存现金日记账账簿的外表形式采用订本式；账页格式一般采用"三栏式"，也可以根据需要采用"多栏式"。

②登记。库存现金日记账一般由出纳人员登记，依据专用记账凭证中的现金收款凭证、现金付款凭证、涉及库存现金增加的银行存款付款凭证，或依据通用记账凭证中涉及库存现金收、付的凭证，按经济业务发生的先后顺序逐日逐笔登记，每日终了时结出本日余额与库存现金核对，称为"日清"。月末应结出本月发生额、余额，采用"三栏式"格式时并与总分类账库存现金账户发生额和余额核对相符，称为"月结"。

（2）账页格式的种类及使用方法。

①三栏式库存现金日记账。"三栏式"是一般单位库存现金日记账常用的账页格式，具体栏目设置如表6－2所示。各栏目的登记内容如下：

日期栏：登记记账凭证填制日期；

凭证栏：登记记账凭证的种类如"现收"、"现付"、"银付"及编号；

摘要栏：登记记账凭证所列该经济业务的简要说明；

对方科目栏：登记记账凭证所载分录中与库存现金对应的借方科目或贷方科目名称。只用来说明某项库存现金收支的来源或去向，不作他用；

收入栏：登记记账凭证所载库存现金科目借方金额，及本栏发生额的每日和每月合计数；

支出栏：登记记账凭证所载库存现金科目贷方金额，及本栏发生额的每日和每月合计数；

结余栏：登记每日终了实际结余库存现金金额。

表 6-2　　　　　　　　　**库存现金日记账**（三栏式）　　　　　第　　页

2018年		凭证		摘要	对方科目	收入	支出	结余
月	日	字	号					
12	1			上月结转				2 000
	8	现付	1	付甲材料运费	原材料		3 600	
	8	银付	1	提取现金	银行存款	2 000		
	8	现付	2	张楠报销出差费用	管理费用		1 000	
	8	现收	1	收到销货款	主营业务收入	3 200		
	8			本日合计		5 200	4 600	2 600
	22			本日合计		1 100	700	3 000
	……			……	……	……	……	……
1	31			本月合计		18 445	15 445	5 000

②多栏式库存现金日记账。采用"收入、支出、结余"三栏式库存现金日记账，只能记录反映库存现金的增加、减少、结余金额，无法反映现金收入的来源（贷方科目及金额）和现金支出的去向（借方科目及金额），不能为加强现金收支分析与管理提供依据。因此，现金收支业务较多的单位，可以采用多栏式库存现金日记账。采用多栏式库存现金日记账时，可以另设现金出纳登记簿由出纳人员登记并每日结出余额与库存现金核对，库存现金日记账则由指定会计人员每日根据记账凭证汇总登记，并与出纳登记簿记录核对。此种方法有利于强化内部牵制。

多栏式库存现金日记账有两种具体格式：与收入对应的贷方科目、与支出对应的借方科目不多的单位，可采用一张账页上设置全部栏目的格式（如表 6-3 所示），对应科目较多的单位，可采用分账页格式，即分别设置"库存现金收入日记账"和"库存现金支出日记账"（如表 6-4、表 6-5 所示）。

表 6-3　　　　　　　　　**库存现金日记账**（多栏式）　　　　　第　　页

年		凭证		摘要	收入					支出					结余
月	日	字	号		贷方科目				收入合计	借方科目				支出合计	
					××	××	××	××		××	××	××	××		

第一种格式（见表6-3）的登记方法：日期、凭证、摘要栏同三栏式；收入栏下"收入合计"栏、"贷方科目"栏分别登记记账凭证所载库存现金借方金额和对应贷方科目金额及每日合计数；支出栏下"支出合计"栏、"借方科目"栏分别登记记账凭证所载库存现金贷方金额和对应借方科目金额及每日合计数；结余栏记录每日收入合计减每日支出合计后的余额。

表6-4　　　　　　　　　　库存现金收入日记账　　　　　　　　　第　　页

年		凭证		摘要	贷方科目						收入合计	支出合计	结余
月	日	字	号		××	××	××	××	××	××			

表6-5　　　　　　　　　　库存现金支出日记账　　　　　　　　　第　　页

年		凭证		摘要	借方科目						收入合计	支出合计	结余
月	日	字	号		××	××	××	××	××	××			

第二种格式（见表6-4和表6-5）的登记方法：首先，将记账凭证所载库存现金借方金额与对应贷方科目金额在"库存现金收入日记账"的"收入合计"栏、"贷方科目"栏分别登记，并每日分别结出合计数；其次，将记账凭证所载库存现金贷方金额与对应借方科目金额在"库存现金支出日记账"的"支出合计"栏、"借方科目"栏分别登记，并每日分别结出合计数。每日终了将"库存现金支出日记账"支出合计数过入"库存现金收入日记账"，并在"库存现金收入日记账"上逐日结出库存现金余额。

特别应当指出，采用专用记账凭证和多栏式库存现金日记账的单位，由于多栏式库存现金日记账完整记录了现金收款凭证、现金付款凭证，以及与库存现金有关的银行存款付款凭证的全部借、贷科目发生额，因此这些凭证无须另外汇总，库存现金日记账现金收入与对应各科目贷方金额、现金支出与对应各科目借方金额的本月合计数可直接可作为登记总分类账有关账户的依据。

2. 银行存款日记账

（1）设置与登记要求。

①设置。银行存款日记账是用来序时地反映银行存款增减变化和结余情况的账簿，各单位均应设置而不得以银行对账单或其他方式代替。银行存款设明细分类账的单位，银行存款明细账按序时要求登记，同时作为日记账；账簿的外表形式采用订本式；账页格式一般采用"三栏式"，也可根据需要采用"多栏式"。

②登记。一般由出纳人员登记，依据银行存款收款凭证、银行存款付款凭证、涉及银行存款增加的库存现金付款凭证，或根据通用记账凭证中涉及银行存款收、付的凭证，按经济业务发生的先后顺序逐日逐笔登记，每日终了结出当日发生额和结余数。每月终了结出当月发生额和结余数，并与银行对账单核对相符。采用"三栏式"账页时还应与总分类账银行存款账户发生额和余额核对相符。

（2）账页格式及其使用方法。

①三栏式银行存款日记账。"三栏式"是一般单位银行存款日记账的常用格式。栏目设置与三栏式库存现金日记账基本相同，只增加了结算凭证专栏，具体格式如表6-6所示。各栏目的登记内容如下：

日期栏：填入据以登记账簿的会计凭证的日期；

记账凭证栏：填入据以登记账簿的会计凭证类型及编号；

摘要栏：简要说明入账的经济业务的内容，力求简明扼要；

凭证栏：银行存款收入或支出所依据的银行结算凭证（如转账支票、现金支票等）种类及号码，主要为方便与银行对账；

对方科目栏：记账凭证中银行存款借方所对应贷方科目，或银行存款贷方所对应借方科目；

收入栏：记账凭证中银行存款科目借方金额及当日、本月收入合计数；

支出栏：记账凭证中银行存款科目贷方金额及当日、本月支出合计数；

余额栏：银行存款每日或月末结余金额。

表6-6　　　　　　　银行存款日记账（三栏式）　　　　　第　　页

2018年		凭证		摘要	结算凭证		对方科目	收入	支出	结余
月	日	字	号		种类	号数				
12	1									100 000
	8	银付	1	提取现金	现金支票	0136	库存现金		2 000	98 000
	8	银收	1	销售产品	转账支票	0103	主营业务收入	13 920 000		14 018 000
	8	银付	2	购买材料	转账支票	0101	原材料		3 229 440	10 788 560
	8	银付	3	归还货款	转账支票	0102	应付账款		80 000	10 708 560

续表

2018年		凭证		摘要	结算凭证		对方科目	收入	支出	结余
月	日	字	号		种类	号数				
	8			本日合计				13 920 000	3 311 440	10 708 560
	……			……	……	……	……	……	……	……
	31			本日合计				35 000	24 000	11 000
	31			本月合计				313 200	310 200	103 000

②复币式银行存款日记账。有涉外业务的单位，银行存款的外币存款明细账（日记账），既要登记外币的增、减、余，又要按汇率折换为人民币本位币登记增、减、余，因此应当采用复币式格式。复币式格式具体如表6-7所示。

表6-7　　　　　　　　　　**银行存款日记账（复币式）**　　　　　　　第　　页

币种：美元　　　　　开户银行：中国银行宝丰分行　　　账号：166820998765001

2018年		凭证		摘要	收入			支出			结余		
月	日	字	号		原币	汇率	人民币	原币	汇率	人民币	原币	汇率	人民币
12	1			上月结转							10 000	6.0	60 000
	5	收	01	结收货款	5 000	6.20	31 000						
	5	收	02	结收货款	3 000	6.10	18 300						
	5	收	06	结收货款	2 200	6.00	13 200						
	5	付	02	支付佣金				1 000	6.05	6 050			
	5			本日合计	10 200	6.127	62 500	1 000	6.05	6 050	19 200	6.065	116 450

③多栏式银行存款日记账。货币资金收支业务量大的单位，库存现金日记账采用多栏式格式时，银行存款日记账一般也采用多栏式格式。其具体格式与多栏式库存现金日记账基本相同，即以三栏式为基础，在"收入""支出"栏内设记录对方科目金额的专栏。对应科目不多的单位，采用一张账页包含全部栏目的格式（如表6-8所示），对应科目多的单位，采用分别设置"银行存款收入日记账""银行存款支出日记账"格式（如表6-9和表6-10所示）：

表6-8　　　　　　　　　　**银行存款日记账（多栏式）**　　　　　　　第　　页

年		凭证		摘要	结算凭证		收入				支出				结余
月	日	字	号		种类	号数	贷方科目			收入合计	借方科目			支出合计	
							××	××	××		××	××	××		

表 6-9　　　　　　　　　　　　银行存款收入日记账（多栏式）　　　　　　　第　　页

年		记账凭证		摘要	结算凭证		贷方科目						收入合计	支出合计	结余
月	日	字	号		种类	号数	××	××	××	××	××	××			

表 6-10　　　　　　　　　　　　　银行存款支出日记账　　　　　　　　　　第　　页

年		记账凭证		摘要	结算凭证		借方科目						支出合计
月	日	字	号		种类	号数	××	××	××	××	××	××	

多栏式银行存款日记账的登记和使用与多栏式库存现金日记账相同。

同时采用专用记账凭证和多栏式银行存款日记账的单位，由于多栏式银行存款日记账完整记录了银行存款收款凭证、银行存款付款凭证，以及与银行存款有关的现金付款凭证的全部借、贷科目发生额，因此这些凭证无须另外汇总，银行存款日记账中的收入合计与对应各科目贷方金额、支出合计与对应各科目借方金额的本月合计数可直接可作为登记总分类账有关账户的依据。

二、分类账簿的设置与登记

（一）总分类账

1. 设置与登记要求

（1）设置。总分类账簿是根据总分类科目开设账户，用来登记全部经济业务，进行总分类核算，提供总括核算资料的分类账簿，它是为会计报表提供主要数据资料的账簿，各单位均应设置。总分类账簿的外表形式应采用订本式，账页格式一般采用三栏式即一张账页一个账户，也可根据需要采用多栏式即一张账页设置全部账户。每年初启用新账簿时，按照统一科目表规定的顺序，将本单位各总分类科目分别填入账页开设账户。采用三栏式总分类账簿，开设账户时应为每一账户留足所需账页。

(2) 登记。总分类账簿应指定专门会计人员登记并管理。可以依据分录凭证逐笔登记；也可以定期将分录凭证分类汇总编制汇总记账凭证，或定期将分录凭证不分类汇总编制科目汇总表，按各总分类科目借方、贷方汇总数登记；库存现金日记账、银行存款日记账采用多栏式格式的单位，现金收款、现金付款、银行收款、银行付款凭证所涉及各科目的本月汇总数即日记账各专栏本月合计金额，可据日记账各科目本月合计数转登总账。特定单位应根据业务规模、业务特点选择一种登记总账的依据和方法，并采用相应的核算组织程序（具体内容在本教材第九章专门介绍）。

2. 账页格式及其运用

（1）三栏式总分类账。三栏式是一般单位常用的总分类账账页格式，此格式的具体栏目设置如表6-11所示。

表6-11　　　　　　　　　　总分类账（三栏式）

会计科目：　　　　　　　　　　　　　　　　　　　　　　　　　　　第　　页

年		记账凭证		摘要	借方	贷方	借或贷	余额
月	日	字	号					

各栏目需要登入的内容包括：

①日期栏：登入记账凭证或科目汇总表、汇总记账凭证的填制日期；

②凭证栏：登入记账凭证或汇总记账凭证种类、号数；

③摘要栏：登入记账凭证中的摘要，或登账数据的来源说明（如汇总×号至×号记账凭证）；

④借方栏：登入记账凭证或汇总凭证中所载应借记本科目的金额，本月合计、本年累计金额；

⑤贷方栏：登入记账凭证或汇总凭证中所载应贷记本科目的金额，本月合计、本年累计金额；

⑥借或贷栏：余额方向为借方时标明"借"，余额方向为贷时标明"贷"，无余额时标"平"；

⑦余额栏：上期结转余额及本期期末余额。

（2）多栏式总分类账。一般的多栏式总分类账采用的账页格式，是将全部总分类账户按科目编号顺序平行组合于一张账页。总分类账采用多栏式时，应依据记账凭证逐日逐笔登记，是兼有分类账簿与序时账簿功能的"联合账簿"，通常称为"日记总账"。其优点是能及时、全面反映资金运动情况，能在一张账页上详细反映每一笔经济业务的账户对应关系，但这种账簿篇幅较长，适用于经济业务较少的单位。多栏式总分类账的具体栏目设置如表6-12所示。

表6-12　　　　　　　　　　总分类账（多栏式）　　　　　　　　　第　　页

年		记账凭证		摘要	××（科目）		××（科目）		××（科目）		××（科目）		××（科目）	
月	日	字	号		借方	贷方	借方	贷方	借方	贷方	借方	贷方	借方	贷方

多栏式总分类账的登记方法：日常，按经济业务发生先后次序，以记账凭证为依据，逐日逐笔登记时间、凭证字号、摘要、借方科目金额、贷方科目金额；每月末，在本月最后一笔业务记录的下一行"摘要"栏标明"本月合计"，各科目"借方""贷方"栏分别登记当月合计数。再在下一行"摘要"栏标明"本年累计"，各科目"借方""贷方"栏登记本年累计数。最后再在下一行摘要栏标明"本月余额"，借方余额登在科目"借方"栏，贷方余额登在"贷方"栏。

（二）明细分类账

1. 设置和登记要求

（1）设置。明细分类账簿是按总分类各科目所属明细分类科目开设账户，用来分类记录经济业务详细情况的账簿总称。明细分类账簿记录是编制对外、对内财务报表的重要数据来源，除个别特殊总分类科目（如累计折旧等）之外，各单位均应根据需要，对总分类账簿中所有总账户设置完整的明细分类账，并按总分类账户的从属关系组成若干账册。

明细分类账所采用的外表形式分别是：固定资产明细账采用卡片式，其他明细分类账（不包括与序时账合并的库存现金和银行存款明细账）采用活页式。明细分类账所采用的账页格式分别是：原材料、库存商品明细账需要反映数量、金额两种数据指标，应采用数量金额式；收入、费用、成本明细账只反映金额，且平时一般只有一个方向（借、贷）发生额，可以将一个总分类账户所属各明细账户组合于一张账页，即采用多栏式账页；在途物资和材料采购明细账一般采用平行式；其他平时有两个方向发生额且只记金额的明细账一般采用三栏式。

（2）登记。一个单位的明细分类账繁多，必须由全体会计人员按分工专门登记；一般根据经审核无误的记账凭证按业务发生先后顺序逐笔登记，需要按原始凭证记录相关数据资料的应依据记账凭证所附原始凭证登记；可以逐日登记，也可定期登记，应收应付等往来账户和原材料、库存商品明细账户一般每日登记并且每日结出余额；所有明细账月末均应结出本月发生额、余额，按从属关系与总分类账户核对相符。

2. 账页格式及其运用

（1）三栏式明细账。三栏式明细分类账格式的特点，是一张账页一个账户，设借方、贷方、余额三个记录金额的栏目，适用于平时应记借、贷方金额的债权类、负债类、所有者权益类账户。三栏式明细账常用格式如表 6-13 所示。

表 6-13　　　　　　　　　<u>应付账款明细分类账</u>

明细分类科目：应付账款　　　　　　　　　　　　　　　　　　　　　　　　　　第　　页

2018年		记账凭证		摘要	借方	贷方	借或贷	余额
月	日	字	号					
12	1			上月结转			贷	200 000
	6	转	12	购材料欠款		5 600	贷	205 600
	8	银付	2	归还货款	80 000		贷	125 600
	31			本月合计	80 000	5 600	贷	125 600

（2）平行式明细账。平行式明细账格式的特点，是一张账页设一个账户，账户分左右两边，左边设时间、凭证、摘要、借方金额栏，右边设时间、凭证、摘要、贷方金额栏。同一对象两个环节的经济业务（增加与核销）在同一横线格登记，主要适用于在途物资和材料采购明细分类账。具体格式如表 6-14 所示。

表 6-14　　　　　　　　　<u>在途物资明细分类账</u>

类别：主要材料
名称、规格：甲材料　　　　　　　　　　　　　　　　　　　　　　　　计量单位：千克

2018年		凭证		摘要	供应单位	金额	2018年		凭证		摘要	收货仓库	金额
月	日	字	号				月	日	字	号			
10	8	转	5	购买甲材料	宏信公司	2 880 000	10	12	转	8	材料入库	1号仓库	2 880 000
	28	付	38	购买甲材料	宏信公司	2 880 000							
	31			本月合计		5 760 000					本月合计		2 880 000

登记方法：发生采购时按采购批次逐行在左边登记；验收入库后按对应批次在记录采购业务的同一行右边登记。本月未入库的逐笔转入下月。

（3）数量金额式明细账。数量金额式明细账账页格式的特点，也是一张账页一个账户，但在"收入（借方）"、"发出（贷方）"和"结存（结余）"三栏内分设记录数量、单价、金额的三个专栏。数量金额式明细账格式适用于需要提

供数量、金额两种指标的明细分类账簿，如原材料、库存商品明细分类账。具体栏目设置如表 6-15 所示。

表 6-15　　　　　　　　　　**原材料明细分类账**

类别：主要材料　　　　　　　　　　　　　　　　计量单位：千克
名称、规格：甲材料　　　　　　　　　　　　　　存放地点：1 号仓库
编号：012　　　　　　　　　　　　　　　　　　　储备定额：1 000

2018 年		记账凭证		摘要	收入			发出			结存		
月	日	字	号		数量	单价	金额	数量	单价	金额	数量	单价	金额
12	1			上月结转							600	11 600	6 960 000
	8	银付	2	外购入库	240	11 600	2 784 000				840	11 600	9 744 000
	31	转	90	本月领用				747.41	11 600	8 670 000	92.59	11 600	1 074 000
	31			本月合计	240	11 600	2 784 000	747.41	11 600	8 670 000	92.59	11 600	1 074 000

（4）多栏式明细账。多栏式明细分类账格式的特点，是在一张账页内设置若干个记录相关明细科目（或项目）的专栏，也即一张账页多个账户。其意义在于集中反映某一科目所属全部明细分类科目（项目）的核算资料，适用于收入、成本、费用、本年利润、应交所得税明细账。不同的明细账又有不同的多栏式类型。

①收入类明细账采用"贷方多栏式"。收入类总账所属明细分类账日常一般是贷方发生额，月末一次发生借方金额（结转本年利润），因此按明细科目分设贷方专栏，共用一个借方栏目。多栏式收入明细账只设贷方专栏，若有销货退回等引起的收入冲减，用红字记入贷方专栏。具体格式如表 6-16 所示。

表 6-16　　　　　　　　　　**主营业务收入明细分类账**

第　　页

2018 年		记账凭证		摘要	借方	贷方				余额
月	日	字	号			A 产品	B 产品	C 产品	合计	
12	8	银收	1	销售 A 产品		12 000 000			12 000 000	12 000 000
	25	转	11	销售 B 产品			4 200 000		4 200 000	4 200 000
	…		…	…		…	…	…	…	…
	31	转	30	结转本年利润	22 700 000					0
	31			本月合计	22 700 000	15 000 000	7 700 000		22 700 000	0

②成本、费用类明细账采用"借方多栏式"。成本、费用类总账所属明细分类账日常一般发生借方金额，月末一次发生贷方金额（结转本年利润），因此按各明细账户分设借方专栏，共用一个贷方栏目。多栏式成本、费用明细账只设借

方专栏，若平时发生冲减成本、费用事项（主营业务成本因销货退回冲减、财务费用因收到存款利息冲减等），用红字记入借方专栏。具体格式如表6-17所示。

表6-17　　　　　　　　　　制造费用明细分类账

第　　页

2018年		记账凭证		摘要	借方						贷方	余额
月	日	字	号		薪酬	折旧费	材料费	水电费	保险费	办公费		
12	5	现付	4	车间购文具						8 000		8 000
	31	转	51	车间人员薪酬	770 250							770 250
	31	转	53	车间折旧费		196 000						196 000
	31	银付	55	车间水电费				68 000				68 000
	31	转	54	车间领料			1 440 000					1 440 000
	31	转	56	设备保险费					3 000			3 000
	31	转	55	转生产成本							2 485 250	0
	31			本月合计	770 250	196 000	1 440 000	68 000	3 000	8 000	2 485 250	0

③本年利润、应交所得税明细账采用"借贷方多栏式"。本年利润由每月各项收入、费用结转形成，其明细分类账需设置借方、贷方、余额三栏，并在借方栏按费用科目分设专栏，在贷方栏按收入（收益）科目分设专栏；应交增值税账户日常有多个应借应贷事项，需要在借方、贷方栏目下分设若干专栏。多栏式本年利润明细账、应交增值税明细账具体格式如表6-18、表6-19所示。

（三）总分类账与明细分类账的关系及平行登记

1. 总分类账与明细分类账的联系与区别

（1）联系。一方面，两者所反映的经济业务内容相同，如"原材料"总分类账户与所属的"原料""主要材料""辅助材料"等明细分类账户都记录原材料的收入、发出、结存；另一方面，记账的原始依据相同，都是以"收料单""领料单""发出材料汇总表"等凭证为原始依据。

（2）区别。一方面，两者反映经济业务详细程度不同，总分类账户提供某科目增减变化的总括情况，而明细分类账户提供该科目增减变化详细情况，总分类账户只反映价值量指标，有的明细分类账还要反映实物量指标。另一方面，二者的作用不同，总分类账所核算的数据资料是所属明细分类账户所核算数据资料的综合，总分类账户对所属明细分类账户起统驭作用；明细分类账户的核算是对总分类账核算的补充，起补充和详细说明作用。

2. 总分类账户与所属明细分类账户的平行登记

（1）平行登记的含义。

所谓平行登记，指一项经济业务发生后，以会计凭证为依据，一方面要在有

本年利润明细分类账

表 6-18   第　页

2018年		凭证		摘要	借方								贷方				借或贷	余额
月	日	字	号		主营业务成本	其他业务成本	税金及附加	财务费用	管理费用	销售费用	…	合计	主营业务收入	其他业务收入	…	合计		
21	1			上月结转	0	0	0	0	0	0		0	0	0		0		0
12	31	转	66	利润结转	11 250 500	60 000	1 415 348	129 000	1 281 152	564 000		14 700 000	22 700 000	100 000		22 800 000	贷	8 100 000

应交增值税明细分类账

表 6-19   第　页

2018年		凭证		摘要	借方					贷方					借或贷	余额
月	日	字	号		进项税额	已交税金	出口抵税	转出未交	合计	销项税额	出口退税	进项税额转出	转出多交	合计		
12	8	银付	5	购买甲材料	445 440				445 440							
12	8	银收	1	销售A产品						1 920 000				1 920 000		
12	31			本月合计	445 440				445 440	1 920 000				1 920 000		1 474 560

关的总分类账户中进行总括登记；另一方面还要在其所属的有关明细分类账户中进行明细登记。平行登记规则是由总分类账与明细分类账的关系所决定的。

（2）平行登记的要点。

第一，记账期间相同。同一项经济业务，应依据会计凭证在同一期间记入相关的总分类账户和该总分类账户所属明细分类账户。

第二，记账方向相同。一项经济业务，如果在某总分类账户记入借方，则在其所属相关明细分类账户也记借方；反之，一项经济业务如在总分类账户记入贷方，则在相关明细分类账户也记入贷方。应注意的是，多栏式收入明细账因不设借方专栏，发生退货冲减收入时，用红字在贷方登记；多栏式费用明细账因不设贷方专栏，平时发生应冲减费用的业务（如收到存款利息应冲减"财务费用"）时，用红字在借方登记。

第三，记账金额相等。每一笔经济业务，记入某相关总分类账户的金额必须与记入该账户所属各有关明细账户的金额之和相等。即记入总分类账户的借方金额应与记入所属各明细账户借方金额（包括用红字记入贷方的金额）之和相等，记入总分类账户贷方的金额应与记入其所属明细账户贷方金额（包括用红字记入借方的金额）之和相等。

由于总分类账户与所属明细分类账户必须平行登记，因而总分类账户与其所属各明细分类账户的金额之间存在下列关系：

总分类账户期初余额＝所属各明细分类账户期初余额之和

总分类账户本期借方发生额＝所属各明细分类账户本期借方发生额之和

总分类账户本期贷方发生额＝所属各明细分类账户本期贷方发生额之和

总分类账户期末余额＝所属各明细分类账户期末余额之和

为保证记账的正确性，每月末总分类账各账户应与所属明细分类账核对。

总分类账户与所属明细分类账户的平行登记及金额关系举例说明如下：

【例6－1】江南服装股份有限公司2018年12月原材料总分类账期初余额1 020 000元，甲、乙材料明细分类账期初余额分别为960 000元和60 000元。12月购进甲材料530千克，单价12 000元/千克，金额为6 360 000元，购进乙材料530千克，单价6 000元/千克，金额为3 180 000元；12月共发出材料8 670 000元，其中直接用于A、B产品耗用7 020 000元；制造部门一般耗用1 440 000元，管理部门一般耗用210 000元。根据以上资料，编制会计分录如下：

①借：原材料——甲材料　　　　　　　　　　　　　　6 360 000
　　　　　　——乙材料　　　　　　　　　　　　　　3 180 000
　　贷：在途物资——甲材料　　　　　　　　　　　　6 360 000
　　　　　　　——乙材料　　　　　　　　　　　　　3 180 000

②借：生产成本——A 产品　　　　　　　　　　　　4 620 000
　　　　　　——B 产品　　　　　　　　　　　　2 400 000
　　　制造费用　　　　　　　　　　　　　　　　1 440 000
　　　管理费用　　　　　　　　　　　　　　　　　210 000
　　贷：原材料——甲材料　　　　　　　　　　　　7 200 000
　　　　　　——乙材料　　　　　　　　　　　　1 470 000

根据以上资料，原材料总分类账户记录如表 6-20 所示，甲、乙材料明细分类账记录如表 6-21、表 6-22 所示。原材料总分类账与所属明细账金额要素关系如表 6-23 所示。

表 6-20　　　　　　　　　　　　　　总分类账

会计科目：原材料　　　　　　　　　　　　　　　　　　　　　　第　　页

2018年		记账凭证		摘要	借方	贷方	借或贷	余额
月	日	字	号					
12	1			上月结转			借	1 020 000
	5	转	1	外购甲、乙材料入库	9 540 000			
	31	转	90	本月生产经营领用		8 670 000		
	31			本月合计	9 540 000	8 670 000	借	1 890 000

表 6-21　　　　　　　　　　　　原材料明细分类账

类别：主要材料　　　　　　　　　　　　　　　　　　计量单位：千克
名称、规格：甲材料　　　　　　　　　　　　　　　　存放地点：1号仓库
编号：012　　　　　　　　　　　　　　　　　　　　储备定额：1 000 000

2018年		记账凭证		摘要	收入			发出			结存		
月	日	字	号		数量	单价	金额	数量	单价	金额	数量	单价	金额
12	1			上月结转							80	12 000	960 000
	5	转	1	外购入库	530	12 000	6 360 000				610	12 000	7 320 000
	31	转	90	本月领用				600	12 000	7 200 000	10	12 000	120 000
	31			本月合计	530	12 000	6 360 000	600	12 000	7 200 000	10	12 000	120 000

表 6-22　　　　　　　　　　　　原材料明细分类账

类别：主要材料　　　　　　　　　　　　　　　　　　计量单位：千克
名称、规格：乙材料　　　　　　　　　　　　　　　　存放地点：2号仓库
编号：013　　　　　　　　　　　　　　　　　　　　储备定额：1 000 000

2018年		记账凭证		摘要	收入			发出			结存		
月	日	字	号		数量	单价	金额	数量	单价	金额	数量	单价	金额
12	1			上月结转							10	6 000	60 000
	5	转	1	外购入库	530	6 000	3 180 000				540	6 000	3 240 000
	31	转	90	本月领用				245 000	6	1 470 000	295	6 000	1 770 000
	31			本月合计	530	6 000	3 180 000	245 000	6	1 470 000	295	6 000	1 770 000

表 6-23　　　　**总分类账户与明细分类账户发生额及余额对照表**　　　　单位：元

账户名称	月初余额		本月发生额		月末余额	
	借方	贷方	借方	贷方	借方	贷方
原材料总分类账	1 020 000		9 540 000	8 670 000	1 890 000	
甲材料明细账	960 000		6 360 000	7 200 000	120 000	
乙材料明细账	60 000		3 180 000	1 470 000	1 770 000	

第三节　会计账簿的启用与登记规则

一、账簿的启用、交接规则

会计账簿是重要的会计档案，为了保证会计账簿记录的严肃性、合法性和资料的完整性，并明确记账责任，账簿启用和经管人员变动时应办理以下手续：

第一，账簿启用时应在封面上填列单位名称、账簿名称、所属年份；在账簿扉页的"账簿启用和经管人员一览表"（格式如表 6-24 所示）中如实填列各项内容（活页式账簿的"共计页数"于年末装订时填写），并加盖单位公章和单位负责人、会计主管、记账人员名章。设定账户后，在扉页"账户目录表"（格式如表 6-25 所示）中逐户登记账户名称、起始页码。

第二，会计主管或记账人员变动时，应在"账簿启用和经管人员一览表"中登记移接交事项的专栏中如实填列交接人姓名和交接日期，并由交接双方及会计主管人员盖章。移交人还应对各账户进行截止交接日结账并在结出的余额栏盖章，未结清或核对不符的账簿不得移交。

表 6-24　　　　　　　　**账簿启用和经管人员一览表**

账簿名称：　　　　　　　　　　　　　　　　　　　　　　　　单位名称：
账簿编号：　　　　　　　　　　　　　　　　　　　　　　　　账簿册数：
账簿页数：　　　　　　　　　　　　　　　　　　　　　　　　启用日期：
单位负责人（盖章）　　　　　会计主管（盖章）　　　　　记账人员（盖章）

移交日期			移交人		接管日期			接管人		会计主管	
年	月	日	姓名	盖章	年	月	日	姓名	盖章	姓名	盖章

表 6-25　　　　　　　　　**账户目录表**（科目索引表）

页码	科目	页码	科目	页码	科目	页码	科目	页码	科目

二、会计账簿登记规则

账簿启用后，就可以用来记账了。账簿是企业的基本财务信息资料库，又是编制会计报告的主要依据，因此账簿的登记必须做到内容完整、科目正确、摘要简明清楚、数据明确真实、字迹工整易认，并且不错记、不重记、不漏记。账簿登记应遵循以下规则：

（1）必须依据经审核无误的会计凭证登记，会计人员在登记账簿之前，应当首先审核会计凭证的合法性、完整性和真实性，这是确保会计信息真实性的重要措施。

（2）必须将会计凭证的日期、编号、业务内容摘要、借方或贷方金额等内容逐项在账页相关栏目登记齐全，并做到"摘要"简明扼要、文字规范工整、数字正确清晰。一笔经济业务登账完毕，应由记账人员在记账凭证上签字或盖章并标明已记账符号。

（3）记账必须使用蓝黑墨水或碳素墨水书写，即不得使用圆珠笔（银行复写账簿除外）、铅笔记账，以保持账簿记录的持久性并防止涂改；正常记账不得使用红墨水，但下列情况使用红墨水：结账划线、更正错账划线、用规定的红字更正法冲销错账、在只设借方（贷方）栏的多栏式账页中登记减少金额。会计核算中红字数字表示对蓝字数据的冲销或表负数。

（4）应按账户页次逐页逐行登记，不得隔页、跳行，如发生隔页或跳行失误，应用红色墨水将空页或空行划对角线注销，标明"此页空白"、"此行空白"，并由记账人员签字或盖章。

（5）一张账页记录使用完毕，应在账页最后一行结出本页合计及余额，在该行"摘要"栏标明"过次页"，上述金额转登入下一页第一行相关金额栏，该行"摘要栏"注明"承前页"，以保证账户记录的连续性。对"过次页"的本页合计数计算：需结计本月发生额的账户，结计"过次页"的本页合计数为本月1日起至本页最后一笔业务止的发生额合计；需要结"本年累计"发生额的账户，"过次页"的本月合计数为本年一月第一笔业务起至本页最后一笔业务止的发生额累计数；不需结本月发生额、本年累计发生额的账户，只将本页账户余额结转次页。

（6）按规定结出账户余额后，在"借或贷"栏按余额的实际方向标明"借"或"贷"，余额为零时，"借"或"贷"栏标明"平"字，金额栏写"0"。

（7）如发生记账文字或数字错误，应按规定方法更正，不得采用刮、挖、擦、补方法或用化学药水褪字更正。记账时，文字、数字书写不写满一格，一般占格距1/2，以备更正错账之用。

（8）订本式的账簿，都编有账页的顺序号，不得任意撕毁。活页式账簿也不得随便抽换账页。

第四节　日记账、分类账的错账查找与更正

我国现行库存现金日记账、银行存款日记账、总分类账、明细分类账所记载的数据资料，都是根据会计凭证"过账"形成，无论凭证错误或过账失误都会产生账簿记录错误。如发生错账必须更正，账簿数据方可用于编制报表从而保证财务信息的质量。查明错账原因是更正错账的前提，更正错账应当依据凭证与账簿记录之间的内在联系，采用正确方法。

一、错账的含义与类型

（一）错账的含义

一项经济业务因填制会计凭证不正确，或填制的凭证无误但过账失误，从而导致账簿记录发生错误即为错账。任何错账都会影响会计信息的真实性和正确性，因此都应查清原因并用规定的方法更正，更正错误后的账簿数据资料方可用于编制财务报告。

（二）错账的类型

1. 按产生原因分类

按产生原因来看，错账的类型可以分为两种：记账凭证填制错误引起的错账和过账失误导致的记账错账。

（1）记账凭证填制错误引起的错账。

①凭证中金额错误导致对应账户记录的金额错误。具体又有三种情况：凭证中借贷双方同时多计相等金额，导致对应账户多记相等金额；凭证中借贷双方同时少计相等金额，导致对应账户少记相等金额；凭证中借或贷一方多计或少计金额，导致对应账户中的某个账户金额错误。

②凭证中金额正确但科目或借贷方向确定错误，导致错记账户或错记账户的借贷栏目。

③凭证中科目或借贷方向错误，同时金额也错误，从而导致所记账户（或借

贷栏目）、记入金额均发生错误。

（2）过账失误导致的记账错账。即凭证中的科目、借贷方向、金额正确，但将凭证资料过入账簿时登记失误。包括记错账户、记错账户借贷栏目、错记金额。

2. 按对借贷平衡的影响分类

按对借贷平衡的影响来看，上述不同原因导致的错账可以分为两类，一类会影响账簿所记借贷金额失衡，另一类不影响账簿所记借贷金额失衡。

（1）影响借贷平衡的错账。包括凭证中某一应借或应贷科目金额错误产生的错账，以及过账失误导致的错账中某一科目金额过账失误导致的错账。

（2）不影响借贷平衡的错账。凡因凭证中借贷双方多计或少记相等金额、金额正确但科目确定错误或借贷方向写反导致的记账错误、过账错误中借贷双方以相等金额多记或少记以及错记账户或借贷栏目的错误，都不会影响账户所记借贷金额相等。

二、错账查找

（一）影响借贷平衡的错账查找

任何影响借贷不相等的错账金额，都要表现为期末试算平衡中的借贷差额。通过试算平衡发现的错账金额，必须确定产生错账的具体凭证、账户及错误类型，以便采取对应方法更正。查找导致错账的凭证、账户一般有以下方法：

1. 差数法、尾数法

所谓"差数法"即按照试算平衡中出现的借贷差额查找有相同金额的凭证。试算平衡中借贷方发生额不相等，由某笔分录漏记借方或贷方一方金额引起的可能性极大，因此，首先按借贷方相差数查证有相同金额的记账凭证，核对是否漏记某一方金额。

所谓"尾数法"即只查对尾数的差数法。若借贷方相差金额有角分数，则可按差数的角分数查对有相同角分数的会计分录，核实是否漏记该分录某一方金额。尾数法可缩小查找范围，提高查错效率。

2. 除2法

当凭证中应借应贷金额的一方在账户中记反方向时，则试算平衡时借贷相差数是该分录金额的1倍。因此，将借贷相差金额除以2，如某笔分录的金额与其商数相同，应核对该分录是否某一方记反方向。

3. 除9法

凭证中或过账时借、贷金额的某一方数字移位或数位颠倒是常见错账类型。除9法是一种即以试算平衡借贷相差数除以9，按其商或商的调整值查找引起错账的凭证、账户的方法。

（1）若一笔分录登账时一方金额被缩小（如600记为60），则借贷相差数必然是账户错登金额的9倍，将差数除以9，与其商相同金额的某账户的某笔记录数可能是错记数。如600记为60，借贷差540，除以9的商为60，60即为账户错登数，通过该记账数与凭证核对可查证。

（2）若一笔分录登账时一方金额被扩大（如60登为600），则借贷相差数一定是被错登分录金额的9倍，差数除以9，与其商相同金额的分录可能是被错记的分录。如60记为600，借贷差540，除以9的商为60，60即为错登账的分录金额。将差数除于9的商乘以10，则可从账户记录中找到错记数（540÷9×10 = 600，600为账户上错记数）。

（3）一笔分录借或贷方金额过账时被颠倒数位记入账户，也会使借贷方金额发生与"9"相关的差异，通过计算、调整可帮助查找错误源。

若颠倒后记入账户的金额大于原分录金额（如16记为61），则以账户借贷方的差数除以9，用其商（连）加"11"可找到被错记的分录。例如，16被颠倒为61登入账户，借贷差为45，45÷9+11=16，与16相同金额数的分录被错记入账。

若颠倒后记入账户金额小于原分录金额（如61被记为16），则以借贷方差数除以9，按其商（连）减"11"之后的绝对值可找到被错记的分录。例如，61被记为16，借贷差为45，45÷9－11－11－11－11－11 = －61，绝对值61即被错记分录的金额数。63记为36，借贷差为27，27÷9－11－11－11－11－11 = －63，绝对值63即被错记的分录。

（二）不影响借贷平衡的错账查找

影响借贷平衡的错账具有显在性，通过试算平衡即可发现。而不影响借贷平衡的错账具有潜在性，在查找出显在错账之后继续排除潜在的错账，是会计查错的必要程序。查找不影响借贷平衡的错账，主要方法有两种：一种方法是，全面复核记账凭证中借贷对应关系，适用于排除金额无误科目运用不当的错误；另一种方法是，试算平衡后，将本期全部记账凭证借、贷合计数相加，分别与试算平衡表借、贷合计数核对，适用于过账时某凭证借贷双方重记、漏记、以相等金额多记或少记的错误。若两者存在差额，再按"差数法"查找。

三、错账更正

会计人员在填制记账凭证和登记账簿时应认真细致、尽量避免错账。如果账簿记录发生错误，不允许用刮、擦、挖、补等方法更正，而必须区分不同类型的错账按规定的方法予以更正。错账更正方法通常有划线更正法、红字更正法和补充登记法等。

（一）划线更正法

在结账之前，如果记账凭证填制无误，但是在账簿记录中，由于过账失误导致的账簿记录（文字、数字）出现错误，一律采用"划线更正法"更正。具体方法：先在错误的文字或全部数字正中划一条红线表示注销，但应保持原记录文字或数字的内容清晰，易于辨认。然后，再在被注销的错字或错数上方填写正确的文字或数字。更正时需注意，如果是文字被写错，可以只更正个别错字；若是数字写错，必须将错误数字全部注销，不能只更正该数字中的个别错误数码。例如，在根据记账凭证登记账簿时把 5 761.00 误记为 5 261.00，应注销 5 261.00，填写 5 761.00，不能只更正其中的"2"。另外，错字或错数不能涂擦，应保持原字迹清晰可辨。更正后，更正人员应在更正处加盖印鉴以示负责。

（二）红字更正法

凡记账凭证错误导致的账簿记录错误，均应通过"填制更正凭证（更正原错误凭证的凭证）—更正凭证过账"的方法更正错账。其中，凭证中科目或借贷方向错误、凭证中借贷金额多计错误导致的错账，填制更正凭证时均需要用红字全部或部分冲销原错误金额，因此统称为"红字更正法"。根据两种错误特征的不同，又有不同的具体方法：

1. 全面冲销更正

凡凭证中科目或借贷方向发生错误，无论金额是否错误，该凭证已过账的数据应全部冲销，需要另填制正确凭证登账。具体方法：先填一张科目、借贷方向、金额数与原凭证相同，金额用红字填写的凭证，再用蓝字填一张正确的记账凭证。两个凭证均登记入账。举例说明如下：

【例 6-2】江南服装股份有限公司以银行存款支付借款利息 8 000 元。

原分录如下，已登记入账从而产生错账。

借：管理费用　　　　　　　　　　　　　　8 000
　　贷：银行存款　　　　　　　　　　　　　　　　8 000

更正方法是：先填一张与原错误分录相同的记账凭证，金额用红字填写。凭证按程序登记入账。

借：管理费用　　　　　　　　　　　　　　|8 000|

　　贷：银行存款　　　　　　　　　　　　　　　|8 000|

再用蓝字填一张正确分录的记账凭证，按程序登记入账。

借：财务费用　　　　　　　　　　　　　　8 000
　　贷：银行存款　　　　　　　　　　　　　　　　8 000

应当注意，不能以编制反方向会计分录的方法代替红字更正法，因为反向分录不能冲销原错误分录及其错账，反而虚增反方向发生额。

2. 金额冲减更正

凡记账凭证中借贷方金额大于应计金额（科目和借贷方向正确）所导致的错账，只涉及金额多记，通过更正凭证将所记金额的多记部分冲减即可。具体方法：填一张与原记账凭证借方、贷方科目相同的记账凭证，金额填原凭证的多计数，用红字填写。凭证按程序登入账簿。

【例6-3】江南服装股份有限公司计提本月短期借款利息8 000元。

因为会计人员在计算利息时出现错误，导致多计提利息800元，记账凭证分录如下：

借：财务费用　　　　　　　　　　　　　　　　　　8 800
　　贷：应付利息　　　　　　　　　　　　　　　　　　8 800

更正：填制下列红字金额的记账凭证并记账，冲减多记数。

借：财务费用　　　　　　　　　　　　　　　　　　800
　　贷：应付利息　　　　　　　　　　　　　　　　　　800

（三）补充登记法

如记账凭证中科目及借贷方向无误，但借贷方金额小于应记金额，所导致的错账不涉及账户或借贷栏目错误，仅仅是金额少记，通过填制更正凭证将少记金额补足即可，称为"补充登记法"。具体方法：按少计的金额编制一张与原记账凭证应借、应贷科目相同的记账凭证并登记入账。

【例6-4】江南服装股份有限公司本月应交消费税9 000元。

由于会计人员对消费税相关税法的理解出现失误，导致计算的消费税金额少计600元，原分录如下：

借：税金及附加　　　　　　　　　　　　　　　　　　8 400
　　贷：应交税费——应交消费税　　　　　　　　　　　8 400

更正：填制如下记账凭证并登记入账。

借：税金及附加　　　　　　　　　　　　　　　　　　600
　　贷：应交税费——应交消费税　　　　　　　　　　　600

第五节　对账与结账

登记账簿作为会计核算的一种专门方法，由紧密联系的记账、对账、结账三个方面内容构成。或者说，登记账簿的工作过程包括记账、对账、结账三个紧密联系的环节。即在日常将会计凭证登入账簿的基础上，还要定期对账、结账。

一、对账

（一）对账的含义

所谓对账，是指在会计核算中，为保证账簿记录正确可靠，定期对各账户发生额或余额与单位内部、外部相关凭证、账簿记录或实有财产物资之间的进行核对的过程。对账是保证账簿记录真实可靠，从而保证会计输出信息即报表资料真实可靠的重要方法。

（二）对账的内容

对账一般应包括以下内容：

1. 账证核对

账证核对，即账簿记录与所依据的会计凭证的核对，包括记账日期、凭证字号、业务内容摘要、借贷方金额等各项记账内容的核对。账户记录的唯一依据是会计凭证，因此若存在不相符时必须按规定方法及时更正。

2. 账账核对

账账核对指各种账簿记录的有关数据之间的核对。

（1）总分类账借贷方金额核对，即试算平衡。主要核对各账户本期借方发生额合计与贷方发生额合计是否相等，期末借方余额合计与贷方余额合计是否相等。

（2）总分类账与明细分类账、库存现金日记账、银行存款日记账的本期借方发生额、本期贷方发生额和期末余额分别进行核对。即核对库存现金总分类账户本期发生额、期末余额与库存现金日记账本期发生额、期末余额是否相符，银行存款总分类账户本期发生额、期末余额与银行存款日记账本期发生额、期末余额是否相符，总分类账其他各账户本期发生额、期末余额与所属明细分类账本期发生额、期末余额合计数是否相符。

（3）会计部门有关明细账与相关部门账簿记录核对。主要是财产物资明细账的期末结存数与保管或使用部门实物账的期末结存数进行核对。

3. 账实核对

账实核对指各类货币资金、实物资产、债权债务某时点账面（日记账、明细账）结余数与实有数之间的核对。账实核对既是保证会计核算数据真实可靠的重要方法，又是一个单位资金财产管理工作的重要环节，因此实务中属于财产清查工作范畴，财产清查的完整内容将在本教材第七章专门介绍。账实核对的主要内容：①将库存现金日记账账面余额与实有库存现金实际结余数额核对；②将银行存款日记账本期每笔收入、支出金额、期末余额与银行账（对账单）记录进行核对；③将各项财产物资明细账账面结存数与实有数进行核对；④将各种债权债务各明细账余额与相关对方单位账面余额进行核对。

（三）对账的时间

对账时间因对账内容不同而有不同要求，具体而言：①账证核对，主要在日常登账过程中进行，期末结账时根据需要复核；②账账核对，主要在结账过程中进行；③账实核对，有的不定期进行，有的则定期（月末、季末、半年或年末）

进行。具体将在本教材第七章专门介绍。

二、结账

（一）结账的含义

所谓结账，即在把一定时期内发生的全部经济业务登记入账的基础上，按照规定的方法，结算出账户的本期发生额和期末余额，并将余额结转下期或转入新账的过程。一个单位的经济活动是持续不断的，账簿记录的意义在于分期总结报告各期收入、费用、利润和期末资产、负债、所有者权益等情况。因而，结账是登记账簿的重要环节和方法。

（二）结账的种类与结账程序

1. 结账的种类

按结账时间或期间不同，结账可分为：①正常经营期间的结账。即在一定时期终了时为总结该期间经营成果、财务状况，为编制财务报表提供数据资料而进行的结账，按会计期间不同又包括月度、季度、半年度、年度结账。另外，某些账簿记录还要每日结账（特种日记账）。②企业因撤销、合并、重组等原因办理账务移交时进行的结账。

2. 结账的内容与程序

结账是以账簿记录的完整性和正确性为前提的，因此，不管何种时间（期间）的结账，都应全面做好各项准备工作，并在此基础上正确计算、登记并标示结账数据。

(1) 完成结账前准备工作。具体内容和步骤包括：

第一步，清理本期已发生或已完成的各项经济业务全部登记入账。

第二步，账项调整。包括根据权责发生制记账基础，对应计收入（如本期销售商品或劳务的收入、应收利息等）、应计费用（如应计提的折旧、职工薪酬、应付利息和税费等）填制会计凭证，按程序记账调整有关账项。

第三步，账项结转。包括结转制造费用、结转已完工产品成本、结转销售成本；将各收入、费用账户本期发生额结转至"本年利润"账户。账项结转同样通过填制会计凭证、记账方式办理。

在账项调整和账项结转前一般还应试算平衡，以保证调整、结转数的正确。账项调整、账项结转后一般应再次试算平衡。账项调整、结转、试算平衡是会计核算"循环"的重要环节，会计循环的完整含义在本教材第九章专门介绍。

(2) 结账。即确定各账户发生额和余额，正式在账户记录结账数并划线标明。

3. 结账的方法

(1) 月末结账。总分类账每月依据汇总凭证一次记账的，各账户月末结账只结记月末余额。每月多次记账的，一般应结出发生额和月末余额，即在登记最后一笔业务行的"余额"栏记录月末结余金额，"借或贷"栏注明余额借贷方向，在下行"摘要"栏标明"本月合计"，"借方""贷方"栏记录本月借方、贷方合计数，并在该行下面划一道通栏单红线，或该行上下各划一道通栏单红线，如表6-20至表6-22所示。

明细分类账中每次记账均需结出余额的账户（债权债务和实物资产明细账户），月末结账可以不结记发生额，因最后一笔业务记账时结出的余额即月末余额，因此在最后一笔业务行下面通栏划一道单红线即可，需结记发生额的，方法与总账相同，如表6-13、表6-15至表6-17所示。

明细分类账中日常每次记账时不结余额的账户（如收入、成本、费用），以及特种日记账（库存现金、银行存款），月末结账时必须结记发生额、余额。即在本月最后一笔业务行的下一行"摘要"栏标明"本月合计"，"借方""贷方""余额"栏分别记录本月借方、贷方发生额合计数和结余金额，并在该行下面通栏划一道单红线，如表6-2、表6-6所示。本月只发生一笔业务的只需在该笔记录行下面通栏划一道单红线，不需另外一行结记"本月合计"。明细账中的收入、费用等账户平时月末结账除结记"本月合计"，还应在"本月合计"的下一行结记本年累计发生额，并在该行下面再划通栏单红线。

（2）年末结账。总分类账各账户年末均应结记全年发生额和年末余额，即在最后一笔业务记录行或12月份"本月合计"行的下一行"摘要"栏注明"本年合计"，"借方""贷方""余额"栏分别记载全年借、贷方发生额合计数和年末余额，并在该行下面通栏划双红线；平时每月结记"本年合计"的明细账户，12月份的"本年合计"即全年累计，"本年合计"行下面由通栏单红线改为通栏双红线。以表6-22为例，2018年12月31日公司进行年末结账，如表6-26所示。

表6-26　　　　　　　　　　　**原材料明细分类账**

类别：主要材料　　　　　　　　　　　　　　　　　　　计量单位：千克
名称、规格：乙材料　　　　　　　　　　　　　　　　　存放地点：2号仓库
编号：120102　　　　　　　　　　　　　　　　　　　　储备定额：5 000

2018年		记账凭证		摘要	收入			发出			结存		
月	日	字	号		数量	单价	金额	数量	单价	金额	数量	单价	金额
12	1			上月结转							10	6 000	60 000
	5	转	1	外购入库	530	6 000	3 180 000				540	6 000	3 240 000
	31	转	90	本月领用				245	6 000	1 470 000	295	6 000	1 770 000
12	31			本月合计	530	6 000	3 180 000	245	6 000	1 470 000	295	6 000	1 770 000
12	31			本年合计	530	6 000	3 180 000	245	6 000	1 470 000	295	6 000	1 770 000

年度终了,除固定资产明细账等可以跨年使用外,新一年度应启用新账簿。凡有余额的账户,其余额逐户转入新账簿,可以由上年账簿逐户直接过入新账簿对应账户,结转时,原账户年末结账行下一行"摘要"栏注明"结转下年",新账簿对应账户第一行"摘要"栏注明"上年结转","余额"栏登记上年结转数,有"借或贷"栏的注明结转余额的借贷方向。也可以先根据上年账簿各账户年末余额填制"各账户年度余额表",根据年度余额表过入新账簿各账户,登记方法与直接过入法相同。年度余额表装订于新年度第一本会计凭证首页。

第六节 账簿的保管

一、账簿保管的意义

会计账簿、会计凭证、会计报告是三种形式不同但相互联系的记载各项经济业务发生完成情况的书面文件,是重要的经济档案,必须按统一要求妥善保存,以避免丢失、损坏并方便查阅。

二、账簿保管的内容和要求

(一) 整理装订

一个年度的各种账簿使用完毕,应全部归齐清点,除转次年继续使用的账簿与新账一并按分工使用保管外,其余账簿均应整理归档保管:所有活页式账簿检查账页齐全后在启用表填列账页页数,将活页式装订改为固定装订并加封面;所有账簿按总册数编号,各账簿编号在"启用表"登记。

(二) 归档保管

账簿整理、装订、编号完毕,转置专门存放场所,按年度顺序在会计档案保管清册上详细登记账簿名称、册数、页数,并由相关人员签字。会计账簿的查阅与会计凭证相同。

(三) 到期销毁

现行的《会计档案管理办法》规定,总账、明细账、日记账和其他辅助性账簿均最低需要保存 30 年,固定资产明细账在该项固定资产报废清理后最低需要保存 5 年。保管期满可以销毁,销毁时应事先书面申报并附销毁清册,经批准后由会计部门与档案管理部门共同办理。会计档案销毁清册应永久保存。

【本章小结】

会计账簿是由一定格式的账户账页按某种规则组合成册的,以会计凭证为依据全面、系统、连续地记录各项经济业务的簿籍的总称。设置与登记账簿是会计核算的基本方法之一。会计账簿包括序时账、分类账、备查簿三种不同用途的账簿。我国目前规定设置的序时账有库存现金和银行存款日记账，分类账则包括总分类账和明细分类账。日记账和分类账的外表形式有订本式、活页式和卡片式，而账页格式有两栏式、三栏式、平列式、多栏式、复币式、数量金额式等。各单位应按统一要求结合本单位实际情况合理设置账簿体系。

会计账簿的启用及记账人员、记账时间、程序、记账依据有一系列统一规定，应认真遵循不得违反。账簿均必须依据经审核无误的会计凭证登记，日记账应当"日清月结"，总分类账与明细分类账的登记应符合"期间相同、方向相同、金额相等"的平行登记规则。错账更正应使用规定方法。凡记账凭证无误、过账失误引起的错账，一律采用"划线更正法"；因记账凭证中科目或借贷方向错误导致的过账错误，采用全面冲销的"红字更正法"；记账凭证中科目与借贷方向正确但金额多计引起的错账，采用金额冲减的"红字更正法"；金额少计的则采用"补充登记法"。所有账簿都应进行期末对账、结账，并且年度使用完毕的账簿应全部整理、编号、造册存档，并严格按规定保管、销毁。

【知识拓展】

账簿名称和书写工具的历史演变

在中国的历史发展过程中，账簿的名称和书写工具也在不断地发展与变化，其整个历史发展变化过程可用下表加以概括。

划期与朝代		名称演变	书写载体	说明
商代至西周初		册、简册	竹片、木片	也采用骨片
西周至春秋		籍、籍书	竹片、木片	特殊称呼：要、要会
战国至三国两晋		籍、簿、簿书	竹简、木牍	少数采用帛
南北朝至清代		簿、账、簿账	纸、帛	
其中	唐代	簿、账、簿账、账簿	纸帛	账簿成册形式多为纸卷
	宋代	簿、账、簿账、账簿	纸张	订本式账簿产生与使用
	明代官厅	簿、簿籍	纸张	使用订本式账簿
	明代民间	账、簿、账簿	纸张	使用订本式账簿、"账"字产生
	清代	账、簿、账簿	纸张	使用订本式账簿

【本章思考与练习题】

一、思考题

1. 什么是会计账簿，设置与登记账簿有什么重要意义？
2. 一个单位设置会计账簿应遵循哪些原则？
3. 一个单位一般有哪几类不同用途的账簿，各类的主要用途是什么？
4. 三种外表形式各适用于哪些账簿，为什么？
5. 账簿为什么要采用不同账页格式，会计账簿有哪些账页格式？
6. 试述库存现金日记账的外表形式、账页格式、记账人员、时间、依据、对账要求。
7. 试述银行存款日记账的外表形式、账页格式、记账人员、时间、依据、对账要求。
8. 试述总分类账的外表形式、账页格式、记账时间、依据、对账要求。
9. 试述明细分类账的外表形式、账页格式、记账时间、依据、对账要求。
10. 试述总分类账与明细分类账的联系、区别。
11. 什么是总账与明细账平行登记？试述平行登记要点的主要内容。
12. 什么是对账，为什么要对账？试述对账的主要内容。
13. 试述结账的含义、结账的内容、程序。
14. 结账前为什么要进行账项调整？账项调整主要包括哪几项内容？
15. 账项结转的主要内容有哪些？
16. 什么是错账，错账有哪些种类？
17. 试述错账查找的目的、方法、意义。
18. 试述更正错账的各种方法、各种方法适用的错账类型及其原因。
19. 试述账簿保管的内容、要求。
20. 各种账簿的保存时间有什么规定？

二、练习题

（一）计算题

资料：

1. 江南服装股份有限公司上年末总分类账中原材料账户余额为 96 000 元；
2. 本年 5 月份公司发生的材料入库业务：
    （1）甲材料入库 45 000 元，发出 36 000 元；
    （2）乙材料入库 53 000 元，发出 28 000 元。

要求：

计算 5 月末公司原材料总账账户的借方、贷方发生额和月末余额。

（二）错账更正

资料：江南服装股份有限公司5月如下经济业务已填制记账凭证并过账：

1. 收到投资者追加投资480 000元人民币，已存入银行。原会计分录是：

   借：银行存款　　　　　　　　　　　　　　　　480 000
   　　贷：短期借款　　　　　　　　　　　　　　　　　480 000

2. 收到宏信公司归还欠货款90 000元，存入银行。会计分录是：

   借：银行存款　　　　　　　　　　　　　　　　9 000 000
   　　贷：应收账款——宏信公司　　　　　　　　　　900 000

3. 结转本月A产品销售成本5 000元。会计分录是：

   借：主营业务成本　　　　　　　　　　　　　　500
   　　贷：库存商品——A产品　　　　　　　　　　　　500

4. 开出现金支票支付职工张楠差旅费款3 000元，会计分录是：

   借：其他应收款——张楠　　　　　　　　　　　6 000
   　　贷：银行存款　　　　　　　　　　　　　　　　6 000

   记账时，记入其他应收款账户借方600元，库存现金账户贷方600元。

要求：指明错账性质与适用的更正方法；需要编制更正分录的分别编制更正分录。

【本章案例分析题】

案例名称：江南服装股份有限公司账簿的设置

一、案例背景资料

江南服装股份有限公司是一家从事服装加工制造的上市公司，该公司为了制造服装需要从外部购买10种原材料，购买原材料的货款有时通过银行存款直接支付，有时拖欠几个月再支付，原材料经过2个车间的加工，生产出可供销售的服装。江南服装股份公司的服装主要销售给利民服装贸易有限公司等5家客户，大部分销售是赊销，客户一般在销售之后的3个月之后归还货款。此外，在生产经营过程中，江南服装股份公司还向中国银行、农业银行申请了短期和长期贷款以弥补资金的欠缺，该公司每个月还需要向税务局缴纳增值税、所得税、教育费附加和房产税等税费，而且还经常在电视、网络或者报纸上进行广告宣传以促进产品的销售。

二、案例分析要点

基于上述案例和对于本章内容的学习，请对以下两个问题进行分析：

1. 请列出江南服装股份有限公司需要设置哪些账簿？
2. 每一种账簿都需要采用什么样的外表格式和账页格式？

第七章 财产清查

【引入案例】

　　西安达尔曼实业股份有限公司于1993年以定向募集方式设立，主要从事珠宝、玉器的加工和销售。1996年12月，公司在上交所挂牌上市，并于1998年、2001年两次配股，在股市募集资金共计7.17亿元。2004年5月10日，达尔曼被上交所实行特别处理，变更为"ST达尔曼"，同时证监会对公司涉嫌虚假陈述行为立案调查，随之股价一路狂跌至1元以下，2005年3月被终止上市，成为中国股市建立14年来第一只真正死去的股票。达尔曼第一大股东西安翠宝首饰集团公司的董事长许宗林曾两度名列福布斯中国内地百富榜，事发后携款逃往加拿大。

　　证监罚字〔2005〕10号指出达尔曼虚构销售收入、虚增利润，通过虚假签订建设施工合同和设备采购合同、虚假付款、虚增工程设备价款等方式虚增在建工程，重大信息（主要涉及公司对外担保、重大资产的抵押和质押、重大诉讼等事项）未披露或未及时披露。同时，证监会还处罚了担任达尔曼审计工作的三名注册会计师，理由是注册会计师在对货币资金、存货项目的审计过程中，未能充分勤勉尽责，未能揭示4.27亿元大额定期存单质押情况和未能识别1.06亿元虚假钻石毛坯。

　　对公司稽查的结果表明，达尔曼的业绩造假是从上市就开始的，其具体手法主要有以下几个方面：串通30多个关联的"壳公司"，共同编造公司经营业绩、生产记录；伪造资金转入转出痕迹；虚增资产消化账面虚增资金；虚假业绩支撑继续融资等。其中，为配合虚构销售收入、虚构公司经营业绩，达尔曼虚构了存货，2003年从壳公司购入的1亿元钻石实际是没有价值的锆石，数额巨大但却没有取得购货发票，这些锆石在形态上与钻石几乎相同，非专业人士难以分辨。另外，达尔曼第一次发行股票募集的1.47亿元资金主要用于固定资产投资，此后两次配股共募集近6亿元，也是主要用于固定资产投资。主要工程建设项目有珠宝首饰加工生产线扩建、西安国际珠宝交易中心、都江堰宝石加工中心、生态农业和园艺项目等，预计产生效益的周期为1~3年，达尔曼几乎每一年都要提出新的固定资产投资项目，但是这些项目总是迟迟不能发挥效益，"在建工程"价值总是高居不下。甚至有的固定投资项目根本就不存在，但却有实实在在的工程用款支出：例如"达尔曼珠宝一条街"的建造，账面显示投入了8 227万元，然而此工程根本子虚乌有，同样，"都江堰钻石加工中心""西安富士达传感器项目"都是有工程款投入，然而却看不到项目的在建工程实物和进展。

请同学们思考一下，这个案例当中对于存货、应收账款、在建工程以及大额订单等资产清查为什么没有揭示出企业存在虚假陈述？资产清查有什么意义？在资产清查当中，应当注意些什么呢？

【学习目的与要求】

1. 了解财产清查的意义和分类。
2. 掌握各种财产物资、货币资金和往来款项的清查方法和程序。
3. 掌握银行存款余额调节表的编制办法、"待处理财产损溢"账户的核算内容和财产清查结果的账务处理。
4. 掌握永续盘存制和定期盘存制的内容、优缺点及适用范围。

第一节　财产清查的意义和分类

一、财产清查的概念

财产清查，是指通过实地盘点、核对、查询并确定货币资金、往来款项、有价证券、债权债务等各项财产物资的实际结存数，并与账面结存数核对，以保证账实相符的一种会计核算的方法。

二、财产清查的原因及意义

财产清查不但是会计核算的一种重要方法，而且也是财产物资管理的一项重要制度。通过财产清查，可以发现账实是否相符，并可进一步分析账实不符的原因，分清各方责任，并按规定的手续及时调整账面数据，直至账实相符。

（一）财产清查的原因

企业的交易和事项，会计经过确认、计量、分类、记录和汇总之后，输出财务报告。在整个会计循环中，虽然复式记账的账户之间有内在钩稽性，存在一定的自检作用，但是会计信息在生产和传输的过程中，依然避免不了各种干扰而造成企业账户上的资产和负债的结存数与实际结存数出现差异，也就是账实不符，从而影响会计信息的可靠性。

企业账实不符的原因主要可以归结为以下几个方面：

（1）财产物资在保管过程中发生自然损耗，如干耗、消蚀、增重等；

（2）在财产物资的收发过程中，由于计量、计算、检验不准确而发生的品种、数量、质量上的差错与等级的变动；

（3）由于自然灾害和非常情况而造成的财产物资毁损；

（4）不法分子营私舞弊、贪污盗窃所造成的财产物资损失；

（5）在财产物资增减变动时，没有及时办理相关手续，发生漏记，导致差错；

（6）由于实务部门的管理人员管理不善或者工作失职而造成财产物资的损坏、变质、短缺或偷盗；

（7）由于在凭证和账簿的登记中出现漏记错记，造成往来款项的差错；

（8）由于未达账项引起的账与账不符；

（9）其他原因引起的资产损失或增长等。

除上述原因造成资产物资在数量、质量、金额上账实不符之外，还存在其他隐性的账实不符的情况。例如，有一些应收账款，因为长期未经清偿而长期挂账，实际上已经变成呆账或者坏账。不管是数量、质量、金额上的账实不符，还是隐性的账实不符，都需要及时清查以发现问题，调整账簿记录，实现账实相符，同时进一步明确账实不符的原因和责任，建立健全财产物资管理制度。

（二）财产清查的意义

财产清查在企业的会计核算与经营管理中十分重要，它是保证企业财产安全性与完整性的一个重要环节，它的重大意义主要表现在以下几个方面。

1. 保证账实相符，提高会计核算资料的真实性与可靠性

通过财产清查，可以查明各项资产的实际结存数与账面结存数的差异，以及发生差异的原因及责任，按照规定及时把账面结存数调整为实际结存数，从而达到账实相符，保证会计资料的真实性与可靠性。

2. 保证资产物资的安全与完整，完善企业的内部控制

健全企业内部控制制度，特别是建立内部牵制制度的目的之一，就是健全财产物资的管理制度，保护资产物资的安全与完整，提高资产物资的经营效率。内部控制执行是否有效、是否执行，又可以通过财产清查这个方法来检验。财产清查不仅可以查出账实是否一致，还可以查明各项资产物资的保管情况，比如是否完整，是否毁损、变质或被非法挪用、贪污盗窃等，以便及时采取措施。财产清查有利于促进建立健全财产物资保管员的岗位责任制，增强财产保管人员的责任心，同时加强财产物资的质量管理与会计记录，消除不安全因素，保护资产安全

无损。

3. 可以揭示财产物资的使用情况，从而提高财产物资的使用效率

通过财产清查，可以及时发现企业财产物资是否存在积压、不合理占用，或是储备不足等情况，以便尽早采取措施，充分挖掘物资潜力，促进企业合理占用资金，加速资金周转，提高各项资产的使用效率。尤其是对债权债务的清查，可以促进其及时结算，及时发现坏账并予以处理。

三、财产清查的分类

（一）按清查的对象和范围分类

财产清查按照清查的对象和范围，可以分为全面清查和局部清查。

1. 全面清查

全面清查是对本企业所有的全部财产物资进行全面彻底的清查盘点与核对，对于制造企业来讲，全面清查的对象一般包括库存现金、银行存款、固定资产、原材料、在产品、产成品、在途物资、委托加工物资、应收账款及其他应收款等等。

因为全面财产清查具有清查内容范围广、清查费用高的特点，所以一般来说，企业在以下几种情况下需要进行全面的财产清查：

（1）企业在正常的持续经营过程中，进行年终决算之前；

（2）企业发生重大经济犯罪案件的时候，为了落实案情、明确各方法律责任的时候；

（3）当企业主要负责人发生工作调离，为明确企业主要负责人的任期经济责任的时候；

（4）对企业的资产进行评估的时候；

（5）企业破产、撤销、合并或改变隶属关系的时候，需要进行清算并明确责任的时候；

（6）企业约定的营业期限到期，并不再延期经营；或者由于经营不善，股东大会决定歇业的时候；

（7）企业进行股份改制改造或其他经济体制改制等重大变化的时候；

（8）其他。

全面财产清查包括的内容范围有：

（1）包括库存现金、银行存款、在途货币资金、有价证券等在内的货币资产；

（2）包括房屋建筑物、机器设备、运输设备、仪器仪表等在内的固定资产；

（3）包括原材料、在产品、半成品、产成品、库存商品、在途物资、在途商品等在内的存货；

（4）各项债权债务款项；

（5）各项专项物资；

（6）委托其他单位加工与保管的材料、商品和物资；

（7）受其他单位委托加工与保管的商品物资；

（8）出租、出借和租入、借入的各项财产物资等。

2. 局部清查

局部清查是根据需要，仅对部分财产物资进行的清查。相对于全面清查而言，局部清查的范围小、内容少、涉及的人也少、费用也低。一般清查对象是那些流动性较大的资产，主要内容范围有：

（1）对于库存现金，由出纳员每日进行清点核对，做到日清日结；

（2）对于银行存款和银行借款，应当由出纳员每月至少与银行对账一次；

（3）对于原材料、在产品、产成品和库存商品，除年度安排一次全面清查外，平时应该每月进行有重点地抽查；

（4）对于贵重的财产物资，每月最少盘点一次；

（5）对于各项债权债务的结算款项，每年至少要核对2~3次，对于清查过程中发现的问题，要及时核查，及时解决。

（二）按财产清查的时间分类

财产清查按照清查的时间不同，可以分为定期清查和不定期清查。

1. 定期清查

定期清查是指根据管理制度或意向计划安排的时间，对财产物资进行的清查。这种清查的对象是不固定的，可以是全面清查，也可以是局部清查，清查的目的是保证会计核算资料的真实性与正确性，一般安排在年末、季末或月末结账的时候进行。

2. 不定期清查

不定期清查是事前不确定清查的时间，根据实际需要临时组织的清查，又称为临时清查。这种清查的对象一般是局部清查，但是也有可能是全部清查。一般来讲，在以下几种情况时进行不定期清查：

（1）更换出纳时，对库存现金和银行存款进行清查；

（2）更换财产物资的管理人员时，对其所保管的财产物资进行清查；

（3）因自然灾害或意外事故，致使财产物资受到非常损失时，对受损的财产物资进行清查；

（4）根据上级的要求，对企业进行临时性清产核资工作时进行清查；

（5）有关管理与监督部门对企业会计工作进行检查时，进行清查；

（6）当会计主体发生隶属关系变化，在进行资产评估或清产核资时，进行清查。

定期清查与不定期清查，按照清查对象的范围，可以是以全部资产估值为对象的全面清查，可以是一部分财产物资为对象的局部清查。

（三）按财产清查的执行单位分类

财产清查按照执行单位的不同，可以分为内部清查和外部清查。

1. 内部清查

内部清查是由单位自行组织的清查工作，也称为自查。在一个企业中，财产清查多属于内部清查的范畴，是会计核算工作中一个非常重要的环节。

2. 外部清查

外部清查是由上级主管部门、审计部门、司法机关以及社会中介机构，根据国家或上级主管部门的规定，对企业进行的财产清查，如注册会计师对企业的验资查账、审计与司法机关对企业进行检查、上级主管部门对下级部门进行监督时所进行的清查工作。

至于企业应采用何种清查方法，应根据企业的实际情况和实际需求而确定，要符合本企业的人力物力和财力情况，保证企业财产物资的安全与完整。

第二节 财产物资的盘存制度

财产清查的重要环节是盘点财产物资的实存数量，为了让盘点工作顺利进行，应建立相应的盘存制度。财产物资的盘存制度，是通过对财产物资的实物盘查、核对，来确定其实际结存情况的一种制度。财产物资的盘存制度一般有永续盘存制和定期盘存制两种。

一、永续盘存制（Perpetual Inventory System）

永续盘存制又称账面盘存制，是以账簿记录为依据来确认财产物资账面结存数量的方法。

（一）永续盘存制确定账面结存数量与金额的方法

永续盘存制是指平时依据会计凭证对各项财产物资的增减变动数在有关的明细账中连续地登记，并根据账簿的记录随时结算出各种财产物资的账面结存数量和金额的盘存制度。在财产清查时，根据账面记录和清查盘点的结果，确认财产物资盘盈和盘亏数，再根据定期实地盘点后的结果调整账面记录，以达到账实相符的状态。在永续盘存制下，财产物资账面期末余额的计算方法见式（7.1）、式（7.2）：

账面期末结存存货数量 = 期初账面结存存货数量 + 本期入库存货数量 − 本期发出存货数量　　　　　　　　　　　　　　　　　　　　　　　（7.1）

期末账面结存存货成本 = 期初账面结存存货成本 + 本期入库存货成本 - 本期发出存货成本 (7.2)

在永续盘存制下，存货的明细分类账要随时结算出各种财产物资的账面结存的数量和本期发出的数量，其中存货的计价方法主要采用个别计价法、先进先出法、一次加权平均法等。

【例 7-1】江南服装有限公司对库存原材料采用永续盘存制，其中原材料 12 月初结存 1 000 千克，单价 10 元，结存成本为 10 000 元。

2018 年 12 月原材料收发情况如下：

(1) 5 日购入 2 000 千克　　单价 10 元　　计价 20 000 元
(2) 10 日发出 1 500 千克　　单价 10 元　　计价 15 000 元
(3) 16 日购入 2 500 千克　　单价 10 元　　计价 25 000 元
(4) 20 日发出 3 000 千克　　单价 10 元　　计价 30 000 元
(5) 25 日购入 1 000 千克　　单价 10 元　　计价 10 000 元

月末实地盘点结果为：原材料实存 2 000 千克；结存余额为 20 000 元。

按永续盘存制的要求，原材料在明细账上的记录如表 7-1 所示。

表 7-1　　　　材料明细分类账（永续盘存制）

金额单位：元
数量单位：千克

材料名称：原材料

2018 年		凭证号数	摘要	收入			发出			结存		
月	日			数量	单价	金额	数量	单价	金额	数量	单价	金额
12	1		承前页							1 000	10	10 000
	5		购入	2 000	10	20 000				3 000	10	30 000
	10		发出				1 500	10	15 000	1 500	10	15 000
	16		购入	2 500	10	25 000				4 000	10	40 000
	20		发出				3 000	10	30 000	1 000	10	10 000
	25		购入	1 000	10	10 000				2 000	10	20 000
12	31		本月合计	5 500	10	55 000	4 500	10	45 000	2 000	10	20 000

通过以上实例可以看出，采用这种方法，如果会计人员记录有误或保管人员收发材料出现差错等，会使账面结存数量与期末实际结存数量产生差异。因此，在永续盘存制下，必须对库存的财产物资进行定期或不定期的盘点，目的是检查账实是否相符，一旦出现账实不一致，必须及时调整账面记录，以保证会计记录与实物资产保持一致。

（二）永续盘存制的优缺点及适用范围

永续盘存制的优点：对财产物资核算手续严密，要求逐日逐笔地登记财产物资增减变化的情况，并且随时结出其账面结存数，这样有利于企业及时掌握财产物资的收、发、存的动态状况。便于从数量和金额两个方面来管理企业的财产物资,有利于加强财产物资的管理,对保证企业财产物资的安全与完整具有重要的作用。

永续盘存制的缺点:它要求对企业的财产物资逐日逐笔地登记账簿,其核算的工作量是较大的,需要在会计核算上投入较多的人力和费用。

适用范围:这种方法在控制和保护财产物资安全与完整方面具有明显的优势,在实际工作中被大多数企业广泛地采用。

二、定期盘存制(Periodic Inventory System)

定期盘存制又称实地盘存制,是指会计期末根据对财产物资进行实地盘点确定期末结存数量,并据以倒轧出发出数量的盘存制度。

(一)定期盘存制确定账面结存数量与金额的方法

定期盘存制平时只在有关账簿中登记财产物资的增加数,不登记财产物资的减少数;到了期末,先对企业的财产物资进行实地盘点,再根据实地盘点所得的实存数来倒轧出本期的减少数;然后完成账面减少和结存的记录,使账实相符。采用定期盘存制倒轧本期减少数的计算公式,见式(7.3)、式(7.4):

期末结存存货成本 = 期末存货实地盘存数量 × 存货单价 (7.3)

本期发出存货成本 = 期初结存存货成本 + 本期入库存货成本 − 期末结存存货成本 (7.4)

根据以上公式可以倒轧出各项财产物资减少的数量或金额。其中,期末存货的计价方法主要有个别计价法、先进先出法、一次加权平均法等。

【例7-2】仍以【例7-1】江南服装有限公司的原材料12月份的收发情况为例,如果江南服装有限公司对原材料采用定期盘存制进行收入、发出与结存的核算,则原材料明细账上的记录与永续盘存制记录不相同。具体登记过程如表7-2所示。

表7-2　　　　　　　材料明细分类账(定期盘存制)

材料名称:原材料　　　　　　　　　　　　　　　　　金额单位:元
　　　　　　　　　　　　　　　　　　　　　　　　数量单位:千克

2018年		凭证号数	摘要	收入			发出			结存		
月	日			数量	单价	金额	数量	单价	金额	数量	单价	金额
12	1		承前页							1 000	10	10 000
	5		购入	2 000	10	20 000				3 000	10	30 000
	16		购入	2 500	10	25 000				5 500	10	55 000
	25		购入	1 000	10	10 000				6 500	10	65 000
12	31		本月发出				4 500	10	45 000	2 000	10	20 000
12	31		本月合计	5 500	10	55 000	4 500	10	45 000	2 000	10	20 000

通过以上实例可以看出，采用定期盘存制来核算库存材料，会计人员平时只要登记甲材料的增加数，月末通过实地盘点计算出甲材料库存 2 000 千克，单价 10 元，然后倒挤出本期发出额来，具体计算结果如下：

期末结存存货成本 = 2 000 × 10 = 20 000（元）

本期发出存货成本 = 10 000 + 55 000 − 20 000 = 45 000（元）

（二）定期盘存制的优缺点及适用范围

定期盘存制平时对财产物资的收发业务只记收入增加额，不记发出减少额，平时工作程序比较简单。不管当月发出财产物资多少次，月末明细账只要登记减少合计数即可，从而大大减少了明细账的登记工作量。

由于定期盘存制平时对库存财产物资的减少额不登账，这样做虽然减少了日常登账的工作量，但是各项减少的财产物资平时如果没有严密的手续，不利于实行日常的会计监督，不利于及时了解企业库存物资的动态情况；由于期末是以实际结存数额作为账面结存数额，倒轧出本期的减少数额。这样的计算方式容易掩盖财产物资管理中存在的问题，因为倒轧数成分比较复杂，既包含正常的减少数额，还可能包含由于丢失、损毁、盗窃、发货错误等原因造成的减少数额。

定期盘存制虽然有工作量少、方法简便等优点，但是定期盘存制是一种不完善的物资管理办法，只有在内部控制不够严密的小型企业、经营鲜活商品的零售企业等不能办理出库手续、商品质量不稳定的个别企业中使用，其他的财产物资尤其是贵重的财产物资均不允许采用这种盘存制度。

值得我们注意的是：对比永续盘存制和定期盘存制，永续盘存制虽然存在一定的缺点，但在控制和保护实物资产安全方面有明显的优势。在实际工作中，除实行这种盘存制度确有困难的企业外，一般的企业都应采用永续盘存制来核算企业的实物资产。

第三节　财产清查的程序与方法

财产清查是一项复杂、细致、涉及面广泛的工作，必须有计划、有组织、有步骤地认真做好各方面的准备工作。为了使财产清查工作有条不紊地进行，提高工作效率，保证财产清查工作的质量，达到财产清查的目的，应该确保参加财产清查的工作人员了解和熟悉财产清查的程序与方法。

一、财产清查的程序

（一）成立财产清查工作小组

财产清查是一项繁杂而又细致的工作，为了使该工作落到实处，必须成立专门的财产清查工作小组，具体负责财产清查的组织和管理工作。财产清查工作小组应由单位的领导、财会人员、相关的技术人员、物资保管人员和职工代表等组成。如果是全面清查或重要的清查任务，还应将清查工作小组分为财产清查领导小组和财产清查的工作小组两级组织机构。

（二）制定清查工作计划

根据清查的性质、种类、范围、要求与任务，要拟订出一个详细的财产清查工作计划。清查计划应该包括财产清查的范围、方法、时间进度安排，具体工作人员分工与职责等内容。

（三）财产清查前的业务准备工作

1. 财务部门做好账簿记录的准备

企业在进行财产清查前，要求相关的会计人员把有关账目登记齐全，结出余额，做到账簿记录完整、计算正确、账证相符、账账相符，为检查账实是否相符提供正确、可靠的账簿记录。

2. 物资管理部门做好管理实物的准备

财产物资管理部门应在进行财产清查前，督促财产物资保管人员将自己管理的财产物资整理至清查日，所有的经济业务要办理好相关的凭证手续并登记物资明细账，结出其余额，供清查结束后核对账存与实存时使用。要求财产物资保管人员对其管辖的各种财产物资进行必要的整理，整齐堆放、标明品种、规格、编号及数量，以便盘点核对。

3. 准备清查用具

要求清查小组的人员在进行财产清查前，将在财产清查中要使用的计量器具、仪表、有关表格等调试和设计好。

（四）盘点清查工作的实施

各项准备工作结束以后，清查工作小组成员应根据清查对象的特点分别采取与之相对应的方法。例如，对实物财产的数量、品种、类别、金额等予以盘点，同时由盘点人员做好盘点记录，并据以填制"盘存单"，然后根据盘存单资料和有关账簿资料填制"实存账存对比表"，检查账实是否相符，并将对比结果填入该表。记录盘点资料及其结果的表格，应由盘点人员、保管人员及相关人员签名盖章，以便明确责任。

（五）分析及处理清查结果

财产清查结束，应根据"实存账存对比表"上列示的对比结果调整账簿记录，并分析盘盈、盘亏的原因和性质，将结果上报上级领导。同时，针对清查中发现的问题，提出改进的意见和措施等。最后，对盘盈、盘亏的财产，按规定报请有关部门批准后，分别做出相应的账务处理，同时调整相应的账簿记录。

二、财产清查中常用的方法

由于各种财产物资的实物形态、体积、质量、堆放方式的不同,采用的清查方法也应不同。在实际工作中对财产物资的清查通常采用以下几种方法。

(一)清查财产物资的实存数量

1. 实地盘点法

实地盘点法是在财产物资的堆放地点,通过对实物进行逐一的清点或用计量器来确定实物实存数量的方法。这种方法清查的结果准确可靠,在企业大部分财产物资的清查中均采用,但是存在工作量大、耗用较多人力、耗费更多的时间等缺点。

2. 技术推算盘点法

技术推算盘点法,是指利用工程估测、几何计算、高空勘测等技术方法推算财产物资实存数量的方法。在实际工作中,对于那些大量成堆、价廉笨重难以逐一进行点数、丈量、过磅等实物清查,一般采用技术推算盘点法推算财产物资的实存数量,如露天堆放的煤、矿石和散装化肥、饲料、皮棉等。

3. 抽样盘存法

它是指采用抽取一定数量样品的方式对实物资产的实有数进行估算确定的一种方法。这种方法一般适用于数量多、重量和体积比较均衡的实物财产的清查。

(二)清查财产物资的金额

清查财产物资的实存数量确定之后,接下来就是要确定财产物资的金额。可通过计算的方法得到,对于难以确认其实存数量的财产物资,可以直接确定其金额。

1. 账面价值法

账面价值法就是将财产物资的实存数量乘以账面上的单位价值,从而计算得出财产物资的实存金额。这种方法的应用比较常见,在存货、固定资产的财产清查中都有大量的应用。

2. 评估确认法

评估确认法是由专门的评估机构,根据资产的特点,采用相应的资产评估方法,对有关的财产物资进行评估,以评估所确认的价值作为财产物资的实存金额。这种方法适用于企业改组、改制、联营、单位撤销、清产核资等情形。

3. 协商议价法

这种方法是让相关资产的利益相关各方,按照互惠互利的原则,参考目前的市场价,共同协商确定财产物资的实存金额。这种方法以协商议价作为财产物资的价值,适用于企业联营投资,或者是以资产对外投资的情形。

4. 核对账目法

核对账目法是指通过函件往来的方式,与经济往来单位进行账目核对,清查财产物资、货币资金、往来账目等的数量及金额的方法。以往来账目为例,本单位的往来账目先行进行核对，核对无误后再向其往来客户发出对账单，来核对相关的往来账目。这种核对法的对账单，可以通过函件的方式，采用由专人送交、快递、发传真或者通过互联网方式发送。这种方法主要适用于银行存款、银行借款、往来款项、出租出借的财产物资、委托加工物资以及外地存款的查询核实等。

三、实物资产的清查方法

实物财产是指具有实物形态的各种财产，包括原材料、半成品、在产品、产成品、低值易耗品、包装物和固定资产等。

（一）存货的清查

1. 存货清查的含义与内容

存货的清查，是指对库存商品、原材料、在产品、产成品、低值易耗品、包装物及委托加工的物资等的清查。

存货清查的内容就是要核对存货的账存数和实存数，查明盘亏和盘盈存货的品种、规格和数量以及产品变质、毁损、积压的存货的品种、规格和数量。

存货应当定期盘点，每年至少要盘点一次。

2. 存货清查的方法及步骤

存货的清查一般采用实地盘点法、技术推算法和函证核对法（一般委托外单位加工或保管的物质采用函证核对法）。

实地盘点法的具体步骤为：

第一步：所有的清查人员与库房的保管人员一同在现场对存货采用相应的清查方法进行盘点，确定其实存数量，并同时检查存货的质量情况。

第二步：对盘点的结果填在事先设计好的"盘存单"中，并由盘点人员和存货保管人员共同确认并签章。盘存单的格式如表7-3所示。

表7-3　　　　　　　　　　　　盘存单

单位名称：江南服装有限公司　　××年12月31日　　　　编号：0015
财产类别：原材料　　　　　　　存货地点：1号库　　　　　金额单位：元

序号	名称	规格型号	计量单位	数量	单价	金额	备注
020	甲材料	YCL00101	千克	58 150	11	639 650	
021	乙材料	YCL00102	千克	185 600	5	928 000	
……	……	……	……	……	……	……	……

盘点人：××（签章）　　　　　　　　　　实物保管人：××（签章）

以上盘存单是记录存货盘点结果的书面证明，也是反映企业存货实存数的原始凭证。要求清查人员认真盘点，如实填写，并承担相应的法律责任。

第三步：实物清点结束后，把"盘存单"与相应的存货会计上的账簿记录进行对比，存货若有差异，再填制"账存实存对比表"。盘点后通过与相关账目进行核对，发现江南服装有限公司甲材料账实相符，而乙材料有差异，其资料如表7-4、表7-5、表7-6所示。

表 7-4

原材料明细分类账

2018 年 12 月 31 日

名称、规格：甲材料 YCLD0101　　　　　　　　　　　　　　　　　　　　　　　　　　计量单位：千克

2018年		记账凭证		摘要	收入			发出			结存		
月	日	字	号		数量	单价	金额	数量	单价	金额	数量	单价	金额
12	1			承前页							90 000	11	990 000
		转	3	投入资本	36 000	11.11	400 000				126 000	11	1 390 000
		转	16	机器安装				400	11	4 400	125 600	11	1 385 600
		转	18	自建仓库				100 000	11	1 100 000	25 600	11	285 600
	31	转	28	外购	400 000	10.99	4 396 000				425 600	11	4 681 600
	31	转	29	本月领用				367 500	11	4 042 500	58 100	11	639 100
12	31			本月合计	436 000	11	4 796 000	467 900	11	5 146 900	58 100	11	639 100

表 7-5

原材料明细分类账

2018 年 12 月 31 日

名称、规格：乙材料 YCLD0102　　　　　　　　　　　　　　　　　　　　　　　　　　计量单位：千克

2018年		记账凭证		摘要	收入			发出			结存		
月	日	字	号		数量	单价	金额	数量	单价	金额	数量	单价	金额
12	1			承前页							50 000	5	250 000
		转	57					20 000	5	100 000	30 000	5	150 000
	31	转	1	外购	360 000	5	1 800 000				390 000	5	1 950 000
	31	转	90	本月领用				204 000	5	1 020 000	186 000	5	930 000
12	31			本月合计	360 000	5	1 800 000	224 000	5	1 120 000	186 000	5	930 000

盘点结束后，如发现某些资产账实不符，此时应填制账存实存对比表（也称盘亏盘盈报告表），以得出财产物资盘盈或者盘亏的金额，作为调整账面记录的原始凭证，同时账存实存对比表也是进行资产盈亏分析、明确经济责任的重要依据，其格式如表7-6所示。

表7-6　　　　　　　　　　　账存实存对比表

单位名称：江南服装有限公司　　　2018年12月31日　　　　　　　金额单位：元

序号	类别及名称	计量单位	单价	账存		实存		对比结果				备注
								盘盈		盘亏		
				数量	金额	数量	金额	数量	金额	数量	金额	
020	甲材料	千克	11	58 100	639 100	58 150	639 650	50	550			
021	乙材料	千克	2	186 000	930 000	185 600	928 000			400	2 000	
057	产成品——A	件	80	1 000	80 000	800	64 000			200	16 000	
058	产成品——B	件	10	100	1 000	101	1 010	1	10			

实物主管：××（签章）　　清查小组：××（签章）　　会计：××（签章）　　制表：××（签章）

账存实存对比表是调整账簿记录的原始依据，是日后分析账存与实存产生差异的原因，确定经济责任的原始证明材料；也是会计人员日后调整账面资料的原始凭证，相关的人员一定要在该表上签章。

（二）固定资产的清查

1. 固定资产清查的含义

固定资产的清查是对房屋、建筑物、机器设备、交通工具、仪器仪表等财产进行的清查。固定资产大部分是使用中的固定资产，分散在企业的各个部门，所以清查起来比较烦琐，要求清查人员认真地盘点核对。

企业应定期或者至少于每年年末对固定资产进行清查盘点，以保证固定资产核算的真实性，充分挖掘企业现有固定资产的潜力。

2. 固定资产清查的方法及步骤

固定资产清查通常也采用实地盘点法进行清查。固定资产的清查应按以下步骤进行：

第一步：在进行清查前会计部门应将固定资产总账的期末金额与固定资产明细账进行核对，保证固定资产总账与所属的明细账金额相一致。

第二步：进行实地盘点，对固定资产的所处状况进行清查，要按固定资产明细账上所列的名称、类别、编号、使用或存放地点等内容进行逐一的清查核对，确认账实是否相符。

第三步：根据盘点的结果，将那些在清查中发现的盘盈、盘亏和损毁的固定资产的情况，编制"固定资产清查盘盈、盘亏报告单"，其格式如表7-7所示。

表7-7　　　　　　　　　固定资产清查盘盈、盘亏报告单

单位名称：江南服装有限公司　　　　类别：2018年12月31日　　　　金额单位：元

编号	固定资产名称	账存数量	盘盈			盘亏			损毁			原因
			数量	重置价值	累计折旧	数量	原价	已提折旧	数量	原价	已提折旧	
049	设备	7台	1	10 000	20 000							
051	机床	5台				1	50 000	40 000				待查
059	电脑	16台							1	9 000	5 000	待查
处理意见		审批部门			清查小组			使用保管部门				

盘点人：××（签章）　　　　　　　　　　　　　　　实物保管：××（签章）

由于固定资产投资支出较大，使用年限较长，存放地点繁杂，在盘点时除了盘点数量是否相符外，还应注意固定资产的质量情况，是否有损坏、磨损、不配套、不符合实际需要的固定资产；在固定资产的使用情况方面要注意是否有不需用、未使用或使用不当的固定资产；还应对固定资产的维护与保养，附属设施是否有记录等进行清查。这样做是为了保证对固定资产的数量、质量、使用状况等情况有一个全面的了解，从而盘活固定资产的存量，提高利用效率。

四、货币资金的清查

货币资金的清查包括库存现金、银行存款以及其他货币资金。它是企业财产中最活跃的资产，流动性较强，是财产清查的一项重要内容。在这里我们重点介绍库存现金和银行存款的清查方法。

（一）库存现金的清查

1. 清查方法

库存现金的清查方法一般采用实地盘点法，通过盘点库存现金的实存数，再与库存现金日记账的账面余额进行核对，以查明盈亏的情况。进行库存现金的盘点时，应由清查人员会同库存现金的出纳人员共同在场清点。

其他有价证券的清查如国库券等的清查方法与库存现金清查的方法基本上一致，目的就是清查账实是否相符。

2. 清查步骤

其清查步骤如下：

第一步：在盘点前，由出纳人员将本期发生的所有现金收、付凭证全部登记

入账,并结出"库存现金"日记账的余额。

第二步:盘点时,为了明确经济责任,出纳人员必须在场,清查人员应逐张清点现金,如发现盘盈、盘亏的情况,必须会同出纳人员核实清楚。盘点时,除查明库存现金实际数与库存现金日记账的账面余额是否相符外,还要检查库存现金管理制度的遵守情况,如库存现金是否超过规定的库存限额,是否有以白条抵库①的现象,是否按规定范围使用现金,有无坐支现金的现象等。

第三步:库存现金盘点结束后,应及时填写"库存现金盘点报告表"。

"库存现金盘点报告表"具有双重意义,它既是库存现金的盘存单,又是账存实存对比表。它既是反映现金的实存数并据此调整账簿记录的重要凭证,又是分析账实不符的原因、明确经济责任的重要依据。"库存现金盘点报告表"的格式如表7-8所示。

表7-8　　　　　　　　　　库存现金盘点报告表

单位名称:江南服装有限公司　　2018年12月31日　　　　　　　　　单位:元

实存金额	账存金额	实存账存对比结果		备注
		盘盈	盘亏	
1 850	2 000		150	原因待查

盘点人:李×× 张××(签章)　　　　　　　　　出纳员:刘××(签章)

(二)银行存款的清查

1. 清查方法

银行存款由于没有实物形态,所以银行存款的清查方法与实物、库存现金资产的清查方法存在不同,宜采用企业的银行存款日记账与银行的对账单逐笔进行核对的方法。

2. 清查步骤

财产清查的步骤为:

第一步:在核对账目前,存款企业应检查银行存款账户的记录是否完整正确,本期发生的所有的收、付款凭证是否全部入账,并结出银行存款日记账的余额。

第二步:收到银行送来的对账单时,应将"银行存款日记账"上的每一笔

---

① 白条抵库是财务用语,指的是以个人或单位名义开具的不符合财务制度和会计凭证手续的字条与单据,抵冲库存现金或实物的行为。一般包括不遵守有关现金及物资管理制度要求,用白条或其他凭证,据以借出、挪用或暂付现金、原材料、商品、产品出库等。用白条抵库,是单位库存现金管理工作中的一种典型违法行为,会使实际库存现金减少,日常开支所需现金不足,还会使账面现金余额超过库存现金限额,难以进行财务管理。严重的,还容易产生挥霍浪费、挪用公款等问题。因此,用白条抵库是一种违反财经纪律的行为,应坚决杜绝。

业务与银行对账单逐笔勾对，对于没对上的账项应用记号标出，以便分析其原因。

第三步：对银行日记账和银行对账单中不一致的账项，应查明是否属于未达账项。

第四步：根据核对出来的未达账项与双方银行存款余额编制"银行存款余额调节表"，然后检查双方余额是否相符。

3. 未达账项

（1）含义。

所谓未达账项，是指企业和银行之间对于同一业务，由于收、付款的结算凭证在传递、接收时间上的不一致，记账时间不一致，从而导致一方已经取得凭证并登记入账，而另一方没有接到凭证尚未登记入账的款项。

（2）未达账项的四种情况。

企业与银行之间的未达账项主要有以下四种情况：

①存款企业已经收款入账，而银行尚未收款入账。例如，企业在同城销售产品，收到购货方自带的转账支票，开出销货发票后企业就可以做银行存款的增加，但此时购货方的转账支票尚未送存银行，因而银行未入账。如果在此时对账，就会形成企业已收款而银行未收款的情况。

②存款企业已经付款入账，而银行尚未付款入账。例如，企业开出一张转账支票购入材料，该企业可根据转账支票的存根、发货票和收料单等凭证，记银行存款的减少，而银行由于没收到支付款项的凭证就尚未入账，如果在此时对账，就会形成企业已付而银行未付款的情况。

③银行已经收款入账，而存款企业尚未收款入账。例如，企业委托其他单位代销商品的货款，银行收到代销商品的货款后记银行存款的增加，而企业尚未接到有关凭证尚未入账。如果在此时对账，就会形成银行已收而企业未收的情况。

④银行已经付款入账，而存款企业尚未付款入账。例如，银行收到电力公司向企业采用托收无承付方式收取的电费单据，银行将电费划转付出后立即记了银行存款的减少，而企业尚未收到电费的付款通知，尚未入账，如果在此时对账，就会形成银行已付而企业未付的情况。

以上所述的任何一种情况的未达账项如果存在，都会使企业的银行存款日记账与银行对账单的余额不相符。因此，企业在与银行对账时，应首先查明有无未达账项，如果有未达账项可编制"银行存款余额调节表"，把未达账项考虑进去后，再确定企业与银行双方所记的账是否一致，双方的账面余额是否相等。

4. 银行存款余额调节表的编制

（1）含义。

银行存款余额调节表，是在银行对账单余额和企业银行存款日记账余额基础上,各自加上对方已收而本企业未收的未达账项的数额,减去对方已付而本企业未付的未达账项的数额,使其双方余额一致的一种调节方法。

(2)编制方法举例。

编制"银行存款余额调节表"时,根据企业银行存款日记账余额和银行对账单余额与未达账项之间的关系可以有余额法、差额法两种方法。

①余额法,是以银行和企业双方银行存款余额为基础进行调节,使之一致的方法。其调节公式如图7-1所示。

银行对账单的银行存款余额	企业银行存款日记账的余额
+企业已经收到而银行尚未收到的款项	+银行已经收到而企业尚未收到的款项
-企业已经付出而银行尚未付出的款项	-银行已经付出而企业尚未付出的款项
±银行的记账差错	±企业的记账差错
=银行对账单调整后的余额	=企业银行存款日记账调整后的余额

图7-1 银行存款余额调节表(余额法)

这种方法,在实际工作中被普遍采用,它能比较清晰地反映企业与银行之间银行存款余额的调节关系。

下面用这种方法举例说明银行存款余额调节表的编制。

【例7-3】江南服装有限公司2018年12月31日收到银行对账单如表7-9所示,企业的银行存款日记账如表7-10所示。

表7-9　　　　　　　　中国工商银行洪城分理处对账单

2018年		凭证号数	结算凭证号数	摘要	收入	支出	存或欠	余额
月	日							
12	1			上月结转			存	203 260
	5	5		转支1125		150 000	存	53 260
	11	9		托收7126	200 000		存	253 260
	15	12		现支2147		20 000	存	233 260
	20	15		转支1126		33 200	存	200 060
	27	18		托收7557	150 000		存	350 060
	29	26		现支2148		62 060	存	288 000
	30	32		转支4785	20 000		存	308 000
	30	36		委托付款1317		58 000	存	250 000
12	31	38		利息收入	108		存	250 108
12	31	40		手续费		72	存	250 036

表7-10　　　　　　　　　　　银行存款日记账

2018年		凭证号数	结算凭证号数	对方科目	摘要	收入	支出	余额
月	日							
12	1				承前页			203 260
	7	12	转支1125	原材料	材料付款		150 000	53 260
	10	17	托收7126	主营业务收入	存入货款	200 000		253 260
	15	25	现支2147	库存现金	提取现金		20 000	233 260
	21	36	转支1126	原材料	付购料款		33 200	200 060
	27	48	托收7557	主营业务收入	存入销货款	150 000		350 060
	28	51	转支3154	预收账款	收回欠款	52 000		402 060
	29	55	现支2148	库存现金	提取现金		62 060	340 000
12	31	57	委托收款1276	原材料	付购材料款		120 000	220 000

根据以上资料，经过逐笔的核对，发现以下未达账项：

12月28日，票号为"转支3154"的对方科目为"预收账款"的企业已收账款而银行未收账款52 000元。

12月31日，票号为"委托收款1276"的对方科目为"原材料"的企业已付账款而银行未付账款120 000元。

12月30日，票号为"转支4785"的银行已收账款而企业未收账款20 000元。

12月30日，票号为"委托付款1317"银行已付账款而企业未付账款58 000元。

12月31日，银行已经计算并且记录了银行存款的利息收入而企业尚未得到通知，因而未加记录。

12月31日，银行已经计算并且记录了收取企业的相关业务手续费，而企业尚未得到通知，因而未加记录。

最后根据上述有关资料及核对后的结果编制银行存款余额调节表，如表7-11所示。

表7-11　　　　　　　　银行存款余额调节表　　　　　　　　单位：元

项目	金额	项目	金额
银行对账单余额	250 036	企业银行存款日记账余额	220 000
加：企业已收银行未收账项 减：企业已付银行未付账项	52 000 120 000	加：银行已收企业未收账项 　　银行存款利息 减：银行已付企业未付账项 　　银行手续费	20 000 108 58 000 72
调整后余额	182 036	调整后余额	182 036

表 7-11 的结果说明，企业和银行双方账面余额各自补记对方已入账而本企业尚未入账的金额（包括增加和减少的金额），然后来验证调整后的账面余额是否相符。如果相等，表明双方所记账目相符无误；否则，说明记账有错误，应进一步查明原因予以更正。

②差额法，是以银行存款日记账余额与银行对账单余额之间的差额进行调节，使之一致的方法。其调节公式如式（7.5）所示。

银行对账单的存款余额 − 企业日记账的存款余额 = 企业已付出而银行未付账项 − 企业已收到而银行未收账项 + 银行已收到而企业未收账项 − 银行已付出而企业未付账项 (7.5)

仍用表 7-9、表 7-10 的资料，采用差额法来编制银行存款余额调节表，如表 7-12 所示。

表 7-12　　　　　　　　银行存款余额调节表　　　　　　　　单位：元

项目	金额	未达账项	金额
银行对账单余额	250 036	企业已付银行未付账项	120 000
		减：企业已收银行未收账项	52 000
减：企业银行存款日记账余额	220 000	加：银行已收企业未收账项 银行存款利息	20 000 108
		减：银行已付企业未付账项 银行手续费	58 000 72
差额	30 036	差额	30 036

表 7-12 是以差额是否相等来检查银行存款日记账记录准确与否，其作用与余额法异曲同工，但在实际工作中用余额法的企业还是较多。

尤其值得注意的是调整后的银行存款余额，是根据企业银行存款日记账账面余额与银行对账单余额和未达账项调节后得出的余额，对于银行已入账而企业未入账的各项经济业务，应在接到银行的收、付款结算凭证后再行入账。因此，银行存款余额调节表只是调整账面余额而不是更改账簿记录，对银行已经入账而单位尚未入账的未达账项，不能根据"银行存款余额调节表"作账务处理。对于长期悬置的未达账项，应及时查阅凭证、账簿及有关资料，进一步查明原因，必要时应与银行联系，查明实情，尽快解决悬账问题。所以，银行存款余额调节表并不能作为企业更改账簿记录的原始凭证，而是查明企业与银行双方账簿记录有无差错的一种清查方法。

以上银行存款的清查方法，也适应于银行借款的清查。

(三) 其他货币资金的清查

其他货币资金是指除库存现金、银行存款以外的其他各种货币资金，主要包括外埠存款、银行汇票存款、银行本票存款、在途货币资金和信用证存款等。

其他货币资金的清查方法采用函证法，其清查的步骤为：

第一步：采用函证方式证实其存款确实存在。

第二步：查明各项存款存放时是否属于正常业务的需要，手续是否健全、合法。

尤其要注意外埠存款，它远离所在企业，不易管理与控制，其用途、使用情况特别要查明，以保证企业货币财产的安全。

五、往来款项的清查方法

往来款项的清查，主要包括对应收账款、应付账款、预收账款、预付账款、其他应收款、其他应付款等的清查，它的清查方法一般采用"函证核对法"。其清查的步骤为：

第一步：检查清查单位的各项往来款记录的完整性与正确性。

第二步：对每一个经济往来单位都逐一编制"往来款项对账单"（一式两联，一联留存，一联作为回联单），采用电函、信函寄发、互联网发送或派专人送交给对方单位核对等。对方单位核对无误后，应在回单上盖章并发回给发出企业；如果对方单位发现数字不符，应在回单上注明不符的原因，然后发回给发出企业，作为进一步核对与查找的依据。发出企业据此查出问题产生的原因之后，应再次核对，直至相符为止。

往来款项对账单格式如图 7-2 所示。

往来款项对账单

××单位：

你单位 2018 年 9 月 1 日到我公司采购原材料甲 10 000 吨，已付货款 60 000 元，尚未支付货款 40 000 元，请核对后将回联单寄回。

江南服装有限公司（盖章）

2018 年 12 月 31 日

请沿此虚线裁开，将以下回联单寄回！

往来款项对账单

江南服装有限公司：

你单位寄来的"往来款项对账单"已经收到，我方证实 2018 年 9 月 1 日到江南服装有限公司采购原材料甲 10 000 吨，已付货款 60 000 元，尚未支付货款 40 000 元，经核对相符无误。

××单位（盖章）

2019 年 1 月 20 日

图 7-2 往来款项对账单

第三步：企业根据清查的结果编制"往来款项清查报告单"。其格式如表7-13所示。

表7-13　　　　　　　　　往来款项清查报告单

单位名称：江南服装有限公司　　2018年12月31日　　　　　　　　　单位：元

总分类账户		明细分类账户		清查结果		不相符的原因					备注
科目	余额	科目	余额	相符金额	不相符金额	未达账项	拖付款项	争议金额	无法收回	无法支付	
应收账款	150 000	甲企业	30 000	10 000	20 000				20 000		
		乙企业	20 000	20 000							
		丙企业	100 000	80 000	20 000	20 000					
应付账款	80 000	A单位	50 000	50 000							
		B单位	30 000	28 000	2 000					2 000	

清查人员：陈晓宇　　　　　　　　　　　　　　　　　　　记账：李莎莎

第四节　财产清查结果的账务处理

一、财产清查结果的处理程序

通过财产清查可以确定企业财产物资的账存与实存之间的差异，我们应对财产物资的账实差异进行认真地调查与分析，查明是由于何种原因引起的差异，目的是明确经济责任，并据以提出处理意见，呈报有关部门（或上级有关部门）领导审批处理。同时，在清查的过程中发现企业在财产物资管理上和会计核算上存在的问题，应提交给有关部门并就相关问题提出可行性的建议，让相关部门认真总结经验与教训，制订出整改的措施，从而提高企业财产物资的管理水平。

对于上述清查发生的差异，应根据账存与实存对比表、固定资产盘盈（盘亏）报告单、库存现金盘点报告表、往来款项清查报告单等及时调整账项，保证账实相符。企业对资产清查的结果，应当按照国家有关会计准则规定进行认真处理。资产清查中发现的盘盈和盘亏等问题，首先要核准金额，然后按规定的程序和权限批准后，才能进行会计处理，在实际工作中对财产清查结果的处理应按以下步骤来完成。

1. 核准数字（包括金额和数量），查明原因

根据清查情况，将全部的清查结果填列在"实存账存对比表"等有关的表格中。在进行具体的处理之前，应对这些原始凭证中所记录的库存现金、银行存款、存货、固定资产的盘盈、盘亏数字进行全面的核实，对各项差异产生的原因

进行分析，以便明确经济责任，针对不同的原因所造成的盈亏据实提出处理意见，呈报有关领导和部门批准。对于在核对过程中出现的争议问题及时组织清理，对于超储积压物资应同时提出处理方案。

2. 调整账簿记录，做到账实相符

在核准数字查明原因的基础上，就可以根据"实存账存对比表"等原始凭证编制记账凭证，并据以登记有关账簿，使库存现金、银行存款、存货、固定资产和应收款项做到账实相符。其调整账簿记录的原则是：以"实存"为准，当盘盈时，补充账面记录；当盘亏时，冲销账面记录。在调整了账面记录、做到账实相符后，就可以将所编制的"实存账存对比表"和撰写的文字说明，按照规定程序一并报送有关部门和领导批准。

3. 报请批准，进行批准后的账务处理

当有关部门领导对所呈报的资产清查结果提出处理意见后，企业应严格按照批复意见编制有关的记账凭证，及时进行批准后的账务处理，将发生的差异编制记账凭证记入到相关的收入、费用、支出以及债权与债务账户，登记有关账簿，并追回由于责任者个人原因造成的资产损失，完成整个财产清查结果处理程序。

二、"待处理财产损溢"账户的核算内容

为了反映和监督企业在财产清查中各项财产物资的盘盈、盘亏和损毁及处理的情况，应设置"待处理财产损溢"账户对其清查的结果进行核算。该账户是资产类账户，用来核算在清查过程中查明的各项财产盘盈、盘亏和损毁的价值。借方登记各项财产物资的盘亏或毁损额和报经批准后转销的各项财产物资的盘盈数额。贷方登记各项财产物资的盘盈数额和报经批准后转销的各项财产物资的盘亏或毁损数额。期末处理前的借方余额，反映尚未处理的各项财产物资的净损失，即盘亏和毁损大于盘盈的余额；期末处理前的贷方余额，反映尚未处理的各项财产物资的净溢余，即盘盈大于盘亏和毁损的余额。

企业清查的各种财产的损益，应于期末前查明原因，并根据企业的管理权限，经股东大会或董事会，或经理（厂长）会议或类似机构批准后，在期末结账前处理完毕。如清查的各种财产损溢，在期末结账前尚未经批准的，在对外提供财务会计报告时，先按上述规定进行处理，并在会计报表附注中作出说明；如果其后批准处理的金额与已处理的金额不一致的，调整会计报表相关项目的年初数。

物资在运输途中发生的非正常损耗与短缺，也通过本账户核算。企业如有盘盈的固定资产，一般应作为前期差错记入"以前年度损益调整"账户。

三、财产清查结果的账务处理①

(一) 存货盘盈、盘亏和毁损的账务处理

存货应当定期盘点,每年至少盘点一次。对盘盈、盘亏、毁损的存货,应先通过"待处理财产损溢"账户核算,同时要及时查明原因,然后根据企业的管理权限,经股东大会或董事会,或经理(厂长)会议或类似机构批准后,在期末结账前处理完毕。根据批准的处理决定,盘盈的存货,应冲减当期的管理费用;盘亏的存货,在减去过失人或者保险公司等赔款和残料价值之后,计入当期管理费用,属于非常损失的,计入营业外支出。盘盈或盘亏的存货,如在期末结账前尚未批准相关处理意见,应在对外提供财务会计报告时先按上述办法进行处理,并在会计报表的附注中作出说明,如果其后批准处理的金额与已经处理的金额出现差异,则应按照差异调整会计报表的相关项目的年初数。

1. 存货盘盈的会计处理

【例7-4】江南服装有限公司在12月份的财产清查中发现甲材料盘盈50千克,单位成本11元/千克,盘盈金额为550元(见表7-6);又盘盈B产品1件,单位成本10元/件,盘盈金额为10元。以上情况已报上级领导部门。

借:原材料——甲材料　　　　　　　　　　　　550
　　产成品——B产品　　　　　　　　　　　　 10
　贷:待处理财产损溢——甲材料　　　　　　　　　550
　　　　　　　　　　——B产品　　　　　　　　　10

【例7-5】承【例7-4】,以上盘盈的存货经上级领导部门批准,甲材料与A产品属于自然因素造成的盘盈,以上盘盈均批准作为冲减管理费用处理。

借:待处理财产损溢——甲材料　　　　　　　　　550
　　　　　　　　　——B产品　　　　　　　　　 10
　贷:管理费用　　　　　　　　　　　　　　　　 560

2. 存货盘亏的会计处理

【例7-6】江南服装有限公司在12月份的财产清查中发现乙材料盘亏400千克,单位成本为5元/千克(见表7-6);A产品盘亏200件,单位成本为80元/件。以上情况已上报主管部门。

借:待处理财产损溢——乙材料　　　　　　　　 2 000
　　　　　　　　　——A产品　　　　　　　　 16 000
　贷:原材料——乙材料　　　　　　　　　　　　 2 000

---

① 会计实务中,本章的会计处理也应登记到账簿中,然后再编制会计报表。本教材考虑到编写工作的难度与篇幅,以及读者大多为初学者,为简化起见,未将本章内容纳入会计报表的编制范围。感兴趣且又喜欢探究的读者可以思考一下,如果编制会计报表考虑本章内容,还要不要再增加会计分录?为什么?

产成品——A产品　　　　　　　　　　　　　　　　　　　　　　　16 000

3. 企业审核批准处理后的会计处理

【例7-7】承【例7-6】，以上盘亏的材料经上级部门审核批准：乙材料盘亏400千克，其中定额内损耗360千克，另40千克属超定额损耗，均作为增加"管理费用"处理。A产品盘亏200件，其中100件是保管员工作不认真造成，应由保管员赔偿；另外的100件属于火灾造成的损失，收回了残值材料30件，价值2 400元，其余的由保险公司理赔80%，剩下的由企业承担，计入营业外支出。

借：管理费用　　　　　　　　　　　　　　　　　　　　　　2 000
　　其他应收款——×保管员　　　　　　　　　　　　　　　8 000
　　原材料——A产品残料　　　　　　　　　　　　　　　　2 400
　　其他应收款——保险公司　　　　　　　　　　　　　　　4 480
　　营业外支出　　　　　　　　　　　　　　　　　　　　　1 120
　贷：待处理财产损溢——乙材料　　　　　　　　　　　　　2 000
　　　　　　　　　　　——A产品　　　　　　　　　　　　16 000

（二）固定资产盘盈、盘亏的账务处理

固定资产应当定期或者至少每年实地盘点一次。对盘盈、盘亏和毁损的固定资产，应先通过"待处理财产损溢"账户核算，然后及时查明原因并做出书面报告，经股东大会或董事会或经理（厂长）会议或类似机构批准后，在期末结账前处理完毕。

1. 固定资产盘盈的会计处理

企业在财产清查中盘盈的固定资产，应作为前期的会计差错来处理，应记入"以前年度损益调整"科目核算，固定资产盘盈不再计入当期损益。待经股东大会或董事会或经理（厂长）会议或类似机构审核批准后，再做批准后的会计处理。计算应纳的所得税费用，借记"以前年度损益调整"科目，贷记"应交税费——应交所得税"；接着补提盈余公积，借记"以前年度损益调整"科目，贷记"盈余公积"；最后调整利润分配，借记"以前年度损益调整"，贷记"利润分配——未分配利润"。

【例7-8】江南服装有限公司12月份财产清查中发现账外PCR设备一台，其同类设备的市场重置价值为10 000元（见表7-7），五成新，已将情况报上级有关部门批准，现作调整账项处理。

借：固定资产——PCR设备　　　　　　　　　　　　　　　10 000
　贷：累计折旧——PCR设备　　　　　　　　　　　　　　　5 000
　　　以前年度损益调整——PCR设备　　　　　　　　　　　5 000

【例7-9】承【例7-8】，上述盘盈设备经上级部门批准作为前期差错处

理，该企业适应税率25%，按净利润的10%计提法定盈余公积。

借：以前年度损益调整——PCR设备　　　　　　　5 000
　　贷：应交税费——应交所得税　　　　　　　　　　1 250
　　　　盈余公积　　　　　　　　　　　　　　　　　　375
　　　　利润分配——未分配利润　　　　　　　　　　3 375

2. 固定资产盘亏的处理

在固定资产清查过程中，如果发现有盘亏的固定资产，应查明原因，填制固定资产盘亏报告表并写出书面报告加以说明，报经企业主管领导批准后才能计入营业外支出。在批准之前只能作为"待处理财产损溢"处理。

对于盘亏的固定资产，企业应按盘亏固定资产的净值借记"待处理财产损溢"账户，按已提折旧额借记"累计折旧"账户，按原值贷记"固定资产"账户。按规定程序批准后，应按盘亏固定资产的净值借记"营业外支出"账户，贷记"待处理财产损溢"账户。

【例7-10】江南服装有限公司12月份财产清查中发现盘亏机床一台，其账面原始价值为50 000元，已提折旧为40 000元；毁损电脑一台，原始价值9 000元，已提折旧5 000元（见表7-7），企业已将上述情况报上级有关部门批准，现作调整账项处理。

借：待处理财产损溢——机床　　　　　　　　　　10 000
　　　　　　　　　　——电脑　　　　　　　　　　4 000
　　累计折旧——机床　　　　　　　　　　　　　　40 000
　　　　　　——电脑　　　　　　　　　　　　　　5 000
　　贷：固定资产——机床　　　　　　　　　　　　50 000
　　　　　　　　——电脑　　　　　　　　　　　　9 000

【例7-11】承【例7-10】以上盘亏的机床及毁损的电脑经上级有关部门批准将其损失14 000元计入"营业外支出"处理。

借：营业外支出　　　　　　　　　　　　　　　　14 000
　　贷：待处理财产损溢——机床　　　　　　　　　10 000
　　　　　　　　　　　——电脑　　　　　　　　　4 000

（三）无法收回或偿付的债权债务的账务处理

在财产清查过程中，如发现长期应收而收不回的款项，即坏账损失，经批准应予以转销。坏账损失不需要通过"待处理财产损溢"账户进行核算。转销方法通常采用备抵法。

备抵法，是指按期估计坏账损失，形成坏账准备，当某一应收款项全部或部分被确认为坏账时，应根据其金额冲减坏账准备，同时转销相应的应收款项金额的一种核算方法。估计坏账损失的方法有应收款项余额百分比法、账龄分析法和销货百分比法等。

采用备抵法,企业需设置"坏账准备"账户。企业计提坏账准备时,借记"资产减值损失"账户,贷记"坏账准备"账户;实际发生坏账时借记"坏账准备"账户,贷记"应收账款"等账户。如果确认并转销的坏账以后又收回,则应按收回的金额,借记"应收账款"等账户,贷记"坏账准备"账户,以恢复企业债权、冲回已转销的坏账准备金额;同时,借记"银行存款"账户,贷记"应收账款"等账户,以反映款项收回情况。

1. 无法收回的应收账款的会计处理

如果经过财产清查发现存在无法收回的应收账款,经股东大会或董事会或经理(厂长)会议或类似机构批准后,可采用备抵法从"坏账准备"账户里面冲减。批准前,无须经过"待处理财产损溢"账户核算。

【例 7-12】江南服装有限公司应收账款采用备抵法核算,在 12 月份的财产清查中查明应收甲公司货款中有 10 000 元无法收回,经有关部门批准后予以核销。

借:坏账准备　　　　　　　　　　　　　　　　　　10 000
　　贷:应收账款——甲企业　　　　　　　　　　　　　　10 000

2. 无法偿付的应付账款的会计处理

【例 7-13】江南服装有限公司在 12 月份的财产清查中应付 B 单位的货款 4 000 元,由于对方被重组合并到其他单位,原 B 单位已解散,经多方联系,原应付账款确实无法支付,经上级领导部门批准作"营业外收入"处理。

同样注意,应付账款在财产清查中发生不相符,在处理前也不能通过"待处理财产损溢"账户核算,批准后记入"营业外收入"账户。

借:应付账款——B 单位　　　　　　　　　　　　　　4 000
　　贷:营业外收入　　　　　　　　　　　　　　　　　　4 000

【本章小结】

财产清查是会计核算的一种专门方法,通过这种方法可以监督和管理企业的会计活动,有利于保证会计信息的真实性与可靠性,保护企业财产物资的安全性与完整性。财产清查对于管理企业财产物资、提高财产物资的使用效率等方面具有十分重要的意义。在这一章中,主要对以下内容进行了介绍:

第一,阐述了财产清查的概念,阐明了进行清查的原因、意义及范围,目的是让学生对财产清查有一个全面的了解,明白这项工作在企业会计核算中的重要性。

第二,系统地介绍了永续盘存制和定期盘存制这两种在会计实务中确认财产物资账面结存数额的方法，对于这两种方法的基本原理、计算公式、优缺点和适用范围，要求学生全面地理解与掌握。

第三，具体地介绍了财产物资的清查程序与方法。财产清查的过程主要包括四个程序：成立清查小组、制定清查工作计划、做好清查前的准备、清查工作的实施。财产清查的常用方法有：实地盘点法、技术推算盘点法、账目核对法三种。然后，全面地阐述日常工作中财产清查的具体实施方法与步骤，对存货的清查方法、固定资产的清查方法、库存现金的清查方法、银行存款的清查方法及往来款项的清查方法等，要求同学们掌握各种相关盘点表格的填制，尤其是银行存款余额调节表的编制。

第四，介绍了财产清查结果处理的程序与步骤，学生要明白批准处理前如何将账实调节相符；批准处理后又怎样进行账务处理；特别要掌握"待处理财产损溢"账户的运用，尤其要注意"应收账款与应付账款"的清查结果处理不能通过"待处理财产损溢"账户，而固定资产发生盘盈一般应视为前期差错直接通过"以前年度损益调整"账户进行核算。

【知识拓展】

生物性资产类存货盘点简介

2014年10月30日，上市公司獐子岛（002069）发布公告称，由于黄海冷水团这一自然灾害的原因，造成了本该收获的虾贝绝收，公司决定对105.64万亩海域成本为73 461.93万元的底播虾夷扇贝存货放弃采捕，进行核销处理，对43.02万亩海域成本为30 060.15万元的底播虾夷扇贝存货计提跌价准备28 305万元，由此导致公司2014年第三季度亏损约8.12亿元。事后，投资者纷纷指责公司造假和注册会计师存货盘点失责，要求证监会和证券交易所调查。这一事件引发了存货盘点热议，对此，我们摘选部分有趣的存货盘点实例供大家讨论。

类型1：资产是可见的，数量是可以计量的，只是盘点的单位与记账单位不同。

这个类别主要包括猪、鸡、牛、马等生物性资产，这些资产你可以清晰无误地看到他们，数量你也数得出来，但是只能数出资产的数量。而公司在账面上记录的单位往往是重量，数量和重量之间并不存在可以通用的转化公式，因此，如何确定这类资产的价值至关重要。

类型2：资产是可见的，数量是不可计量或者很难计量的。

这个类别主要包括一些海产品，比如虾、鱼、螃蟹等。这部分生物资产你能见到他们，但是我们不能把它们从散养的海里或者河里捞出来进行计数或者称重。另外，还有些林木类存货的盘点，这部分资产分布区域十分广泛，如整座山头，山头中的林木数量也比较难以盘点。

类型3：资产由于其储存的方式导致不能直接用观察的方式进行盘点，或者其本身就是不可见的。

有些存货接触比较危险，本身不可见。例如化工企业的气体资产，这些资产大多是无色的，储存在封闭的特制容器内。这种类型的资产由于不能直接观察得到，其数量和品种都难以盘点。

同学们，针对这些生物性资产，你能够想出哪些比较好的盘点方法？

推过推断法和类比法发现虚构的存货

虚构存货是会计造假的重要手段之一，而存货盘点是侦破虚构存货的重要手段之一。但是现实当中，当我们遇到存货盘点困难的时候，比如要盘点水中的鱼、山中的养殖动物等等，我们也可以通过推断法和类比法，大致估算出存货的数量和金额。中央财经大学教授刘姝威就曾通过推断法和类比法分析出蓝田公司存货造假，并据此获得2002年"中国经济年度人物"。下面我们来一起回顾一下这个当年的热门事件吧。

蓝田股份曾经创造了中国股市长盛不衰的绩优神话。这家以养殖、旅游和饮料为主的上市公司，一亮相就颠覆了行业规律和市场法则，1996年发行上市以后，在财务数字上一直保持着神奇的增长速度：总资产规模从上市前的2.66亿元发展到2000年末的28.38亿元，增长了9倍，历年年报的业绩都在每股0.60元以上，最高达到1.15元。即使遭遇了1998年特大洪灾以后，每股收益也达到了不可思议的0.81元，5年间股本扩张了360%，创造了中国农业企业罕见的"蓝田神话"。

然而刘姝威仅通过600字的《应立即停止对蓝田股份发放贷款》金融内参文章，就揭开了中国农业的"蓝田神话"不为人知的一面。蓝田公司起诉刘姝威要求公开赔礼道歉并且赔偿经济损失50万元，而且采用恐吓电话和电子信件的方式连连骚扰。最后被逼至墙角的刘姝威只有借助媒体的力量，公布了蓝田公司的2万多字的全面分析报告，最终蓝田公司的10名高管因涉嫌提供虚假财务信息而被拘传，蓝田公司被强制停牌。

在分析完蓝田公司的财务困境之后，刘姝威根据销售收入的同行业对比分析得出结论，方圆200公里以内，武昌鱼与洞庭水殖这两个上市公司的产品销售收入与蓝田公司存在巨大差距，然而武昌鱼、洞庭水殖生产的淡水鱼与蓝田公司生产的淡水鱼几乎没有什么品质和品种的差异，因此蓝田的销售收入极有可能是虚构。继而通过分析发现蓝田公司的年现金交易达12.7亿元，那必然是有渔民与企业在养殖区周边交易，然而在养殖区周边居然没有设立一家商业银行。因此刘姝威断言，销售收入是虚构的。要虚构销售收入必然牵涉到虚构成本继而虚构存货，通过分析资产的比率发现，蓝田公司的流动资产占资产的百分比位于渔业类上市公司的最低水平，低于行业平均值3倍，然而存货占流动资产的百分比位于渔业类上市公司的最高水平，高于行业平均值3倍。进一步分析存货发现，蓝田公司的在产品占存货百分比位于渔业类上市公司的最高水平，高于同业平均值1倍；产品绝对值位于同业最高水平，高于同业平均值3倍。通过分析推断，蓝田公司的在产品存在造假。同样面积、同样地域、类似养殖品种的鱼塘，每亩存货和每亩产值均高于同行3倍（同类上市公司武昌鱼的招股说明书的数字显示：每亩产值不足1 000元，可是蓝田公司的鱼鸭养殖每亩产值高达3万元），这是违背常识的，蓝田公司存在存货造假。刘教授最终得出结论，基于对蓝田公司的短期偿债能力和长期负债能力的财务比率和营运现金流分析，蓝田公司没有足够的现金流来源来维持正常的经营活动和及时偿还银行本金和利息，因此建议停止对蓝田公司发放贷款。

同学们，通过以上分析，你们是否对生物资产的清查有了更深层次的认识？有时候，存货的数量金额可以是推出来的、分析出来的，是否很有意思？你们还能找到类似的例子吗？

【本章思考与练习题】

一、思考题

1. 什么是财产清查？财产清查的种类有哪些？
2. 为什么要进行财产清查，财产清查有什么意义？
3. 财产清查的程序是怎样的？
4. 什么是永续盘存制？有什么特点，其优点、缺点有哪些？适应范围如何？
5. 什么是定期盘存制？有什么特点，其优点、缺点有哪些？适应范围如何？
6. 库存现金的清查采用什么方法进行的？它的清查步骤有哪些？
7. 什么是未达账项？它包括哪几种情况？
8. 如何编制银行存款余额调节表？
9. 财产清查的结果处理程序有哪些？
10. "待处理财产损溢"账户的作用、结构和用途是什么？

二、练习题

（一）计算编表题

目的：练习银行存款的对账方法。

资料：东方公司某年11月30日银行存款日记账账面余额为735 000元，银行对账单余额为708 000元，经过逐笔核对发现有以下几笔未达账项：

（1）11月28日，委托银行收款数50 000元，银行已入账，而企业尚未收到收款通知。

（2）11月29日，企业开出一张现金支票计8 000元，企业已入账，而银行尚未入账。

（3）11月29日银行收到企业本月的水费付款通知2 000元，银行已入账，而企业尚未收到付款通知。

（4）11月30日企业销货83 000元，收到购货方的转账支票，企业已入账，而银行尚未收到转账支票未入账。

要求：根据以上资料编制银行存款余额调节表。

（二）账务处理题

目的：练习财产清查的会计处理。

资料：东方公司12月份进行财产清查，发生以下业务：

（1）甲材料盘亏120千克，单位成本30元/千克，经查明60千克属定额内损耗；20千克属超定额损耗；40千克属保管员不负责任造成，这40千克要求保管员承担全部责任，其他盘亏计入管理费用。

（2）乙材料由于受暴风雨影响毁损500千克，单位成本40元/千克，经批准30%由保险公司理赔，70%由公司自己承担。

（3）盘亏设备一台，原价为100 000元，已提取折旧70 000元，经批准由保险公司赔偿50%，企业承担50%。

（4）盘盈机器一台，重置价值为30 000元，经鉴定为八成新，所得税率为25%，按净利润提取10%法定盈余公积。

（5）公司应付A企业货款20 000元，因A企业撤销，无法支付，经批准转销。

（6）公司应收B企业货款30 000元，因B企业倒闭无法收回，冲减坏账准备。

要求：根据以上资料进行账务处理。

【本章案例分析题】

案例名称：江南服装有限公司日记账的编制

一、案例背景资料

小张是某财经大学一名大四的学生，他利用暑假的实践前往江南制造有限公司实习，实习期间担任会计出纳一职。

其在2015年6月8日和10日两天的现金业务结束后例行的现金清查中，分别发现现金短缺50元和现金溢余20元的情况，对此他经过反复思考也弄不明白原因。为了保全自己的面子和息事宁人，同时又考虑到两次账实不符的金额又很小，他决定采取下列办法进行处理：现金短缺50元，自掏腰包补齐；现金溢余20元，暂时收起。

2015年6月25日，江南制造有限公司发生了银行存款不足以支付应付账款的现象。财务经理查阅公司银行存款日记账发现，公司银行存款金额远超应支付的应付账款数额，对此，他感到十分的纳闷。于是，财务经理指派有关人员检查一下小张的工作，结果发现，他每次编制银行存款余额调节表时，只根据公司银行存款日记账的余额加或减对账单中企业的未入账款项来确定公司银行存款的实有数，而且每次做完此项工作以后，小王就立即将这些未入账的款项登记入账。

二、案例分析要点

1. 什么是出纳？作为出纳，应当从事哪些会计工作？
2. 小张上述做法是否恰当？如有误，请给你正确的做法。

第八章 财务报表

【引入案例】

小李刚参加完今年的高考,正准备填报大学的志愿。二伯是镇上的会计,小李看着二伯平时的工作量也不算很大,觉得一个女孩子做会计挺好的。可是在企业做会计的小姨告诉小李说:"会计并不像咱们想象得那么轻松,尤其在月末或年末结账的时候,要编制出会计报表,这个时候会计才是最忙最累的时候。"小李也曾听说要想了解企业的财务信息,重点在于财务报表。小李很疑惑会计报表到底是什么呢?为什么必须要在期末才能编制财务报表?

【学习目的与要求】

1. 重点掌握资产负债表与利润表的概念、作用、编制基础、基本结构及内容。
2. 熟练掌握资产负债表、利润表的编制方法。
3. 掌握财务报表的意义、种类和编制要求。
4. 深刻理解现金和现金等价物的概念。
5. 理解几张主要财务报表之间的钩稽关系。
6. 了解现金流量表、所有者权益变动表的作用、编制基础、基本结构、内容、编制方法以及财务报表附注应包括的主要内容。

第一节 财务报表概述

一、财务报表的概念与作用

(一)财务报表的概念

财务报表是对企业财务状况、经营成果和现金流量的结构性表述。是根据企业日常会计核算资料定期编制的，综合反映会计主体在某一会计期间财务状况、经营成果、现金流量和所有者权益变动情况的书面文件。它是会计工作的"最终产品"，也是企业对外提供财务会计信息的最主要形式。编制财务报表是会计核算的一种专门方法，是会计核算的最后一个环节，也是会计工作的一项重要内容。按照2018年颁布的《企业会计准则第30号——财务报表列报》中第二条规定：财务报表至少应当包括下列组成部分：资产负债表、利润表、现金流量表、所有者权益变动表和附注，并且上述五个部分具有同等的重要程度。

企业在生产经营活动中，发生了大量的经济业务，会计部门应根据这些经济业务的发生取得合理合法的原始凭证，并根据这些审核无误的原始凭证，运用复式记账法，根据所设置的账户，填制记账凭证；再依据审核无误的会计凭证，分门别类地登记到会计账簿的各个账户之中；然后再将分散在各会计账簿中的会计信息进行整理与分析后，定期编制财务报表。由此可见，会计信息的加工处理经过了三个阶段：一是取得与填制会计凭证；二是分门别类地登记账簿；三是提炼与浓缩会计信息的指标体系并编制财务报表。财务报表是会计工作的一个重要组成部分，它能把企业最重要、最基本的会计信息集中地体现在几张表格中，所以财务报表是一种能够使信息使用者在最短的时间内，最方便、最全面地了解企业基本经济信息的必不可少的资料。

（二）财务报表的作用

在市场经济的环境下，由于市场激烈竞争，所有会计信息使用者都希望及时、准确地了解企业的财务状况和经营成果。那么，采用什么方法既简便又能满足上述各信息使用者的需求呢？财务报表所提供的数据，比其他任何的会计资料（凭证、账簿）更为综合、系统与全面。因此，财务报表对企业的管理人员、内部职工、现有和潜在的投资者、银行和其他金融机构的债权人、供应商和其他商品债权人、政府有关部门、顾客及社会其他有关人员等，都具有十分重要的意义。其作用主要体现在以下几个方面。

1. 有利于完善企业内部管理与提高经济效益

财务报表能为企业的生产经营与管理部门提供连续、系统、完整的会计信息资料，使管理当局、生产与经营人员不仅可以及时地掌握本单位的生产经营活动和财务成果的情况，而且可以掌握企业在执行国家的财政、税收、金融、价格等政策方面的情况。通过对本单位在生产、经营活动中的成本费用、利润等资料的分析，能够进一步巩固与发扬优点，发现与纠正存在的问题，提高企业经营管理和财务管理水平，从而达到完善企业内部管理、提高企业经济效益的目的。

2. 有利于投资者进行决策与分析

所有的投资者在进行投资决策时，最关心的是投资的风险与报酬。于是，他们在投资前都需要对被投资企业的资金状况与经济活动情况进行全面的了解与分析。一旦确定了投资之后,他们十分关心所投出的资金是否存在风险,其资金报酬率又怎样?也就是说,他们始终都在关注自己资金的安全性与回报率。因此,利用财务报表所提供的会计信息来帮助他们了解企业的生产经营状况、财务收支情况,能为他们进行正确的投资决策与分析提供重要依据。

3. 有利于债权人评价企业的偿债能力与支付能力

企业的债权人(包括银行、其他金融机构、债券购买者等),在确定是否给予贷款时,他们要借助于企业的财务报表,全面了解企业是否有能力在规定的时间里按时支付贷款利息和归还本金。也就是说,财务报表能够帮助债权人了解企业的资金运转情况,从而能使债权人监督企业资金的使用状况,评价企业的偿债能力和支付能力,进而作出是否发放贷款的决定。

4. 有利于各级政府部门制定经济政策与加强宏观调控

国家财政、税务、工商、价格等行政管理部门,在履行国家对企业的管理与监督职能时,通过财务报表可以检查企业是否严格遵守国家财经法规与政策;检查企业的资金使用、成本计算、利润的形成与分配以及各种税金的计算和缴纳的情况。同时,财务报表还可以为国民经济综合管理部门提供相关的会计信息,便于国家制定经济政策、加强宏观调控,保证我国国民经济的正常运行。

5. 有利于各经济监督部门对企业的经济活动进行监管

审计、证券管理等经济监督部门,可以根据财务报表所提供的信息,检查企业会计信息的真实性与可靠性,发现企业在生产与经营活动中是否存在违反法规的问题,从而保证市场经济秩序的正常与稳定,为我国经济的发展提供一个良好的社会经济环境。

二、财务报表的种类

财务报表有一个完整组成体系,不同性质的经济单位会计核算对象的内容不一样,经济管理的要求也就不尽相同,所编制的财务报表的种类也有所差别。为了加深对财务报表的了解,掌握财务报表体系的规律性,我们对企业所编制的财务报表按照以下不同的标准来进行分类研究。

(一)按编制财务报表的时间分类

按照编制财务报表的时间不同分类,财务报表可以分为中期财务报表和年度财务报表两种。

(1)中期财务报表,是指以中期为基础编制的财务报表。这里的中期,是指短于一个完整的会计年度的报告期间,因此,中期财务报表又可分为半年度、季度、月份财务报表。其中,半年度财务报表是指在每个会计年度的前6个月结束后编制的财务报表,季度财务报表是指一个季度结束后编制的财务报表,月份财务报表是指每月结束后编制的财务报表。

根据企业管理的特殊需要，有的单位还要求编制日报、旬报等报表。

(2) 年度财务报表，是指在年度终了后按会计年度编制和报送的报表。如，资产负债表、利润表、现金流量表、所有者权益（或股东权益）变动表及其所有的附表等。年度财务报表是企业最重要的、最详细的、最全面的报表，是反映企业财务状况和经营成果等情况的报表，是企业重要的经济资料。

（二）按财务报表所反映的经济内容分类

按照财务报表所反映的经济内容的不同分类，可以分为"四表一注"，即资产负债表、利润表、现金流量表和所有者权益（或股东权益）变动表、附注五个部分。

（1）资产负债表，是总括反映企业在一定日期全部资产、负债和所有者权益情况的报表。

（2）利润表，是总括反映企业在一定期间内利润（亏损）实现情况的报表。

（3）现金流量表，是指反映企业在一定会计期间现金和现金等价物流入和流出情况的报表。

（4）所有者权益（或股东权益）变动表，是指反映企业年末所有者权益（或股东权益）变动情况的报表。

（5）附注，是指对在资产负债表、利润表、现金流量表和所有者权益变动表等报表中列示项目的文字描述或明细资料，以及对未能在这些报表中列示项目的说明等。

（三）按财务报表的编制主体分类

按照财务报表的编制主体的不同分类，可以分为个别财务报表、合并财务报表和汇总财务报表三种。

（1）个别财务报表，是指独立核算的基层单位，按照会计准则的规定，根据本企业的会计核算资料编制而成的报表。

（2）合并财务报表，是指用来反映母公司及其全部子公司形成的企业集团整体财务状况、经营成果、现金流量和所有者权益（或股东权益）变动情况的报表。

这里的母公司是指有一个或一个以上子公司的企业；子公司是指被母公司控制的企业。合并财务报表至少应包括下列组成部分：

①合并资产负债表；

②合并利润表；

③合并现金流量表；

④合并所有者权益（或股东权益）变动表；

⑤附注。

(3) 汇总财务报表,是指由上级主管部门根据所属各单位上报的财务报表连同本级的财务报表经汇总后编制而成的、能反映某一系统或某一地区财务状况和经营成果的报表。

(四) 按财务报表的报送对象分类

按照财务报表的报送对象的不同分类,可以分为对外财务报表和对内财务报表两种。

(1) 对外财务报表,是指根据《企业会计准则》的要求编制的,应该定期向企业以外的政府部门、投资者和债权人等报送的财务报表。如,企业的资产负债表、利润表、现金流量表及所有者权益(或股东权益)变动表等都属于必须对外报送的财务报表。

(2) 对内财务报表,是指根据企业内部管理的需要自行规定、自行设计的为企业内部管理者提供必要会计信息的报表。对内的财务报表没有统一的格式和统一的指标体系,完全是按照企业自身管理的需要来编制的。如,各种成本和费用报表、经济责任考核表、预测决策表等。这类报表属于内部保密资料,一般不宜对外公布。

(五) 按财务报表反映的资金运动的状态分类

按财务报表反映的资金运动的状态不同分类,可以分为静态财务报表和动态财务报表两种。

(1) 静态财务报表,是指反映在某一时点上企业的资产、负债及所有者权益等财务状况的报表。如,资产负债表、应收款项附表、存货附表等。

(2) 动态财务报表,是指反映企业在某一报告期内(一个月、一个季度、半年、一年)资金的来源与流向以及经营成果形成情况的报表。如,现金流量表、利润表等。

(六) 按财务报表反映分部信息的内容分类

按照财务报表反映分部信息的内容不同分类,可分为地区分部财务报表和业务分部财务报表两种。

(1) 地区分部财务报表,是指在企业内可区分的、能够在一个特定的经济环境内提供产品劳务的组成部分编制的报表,它承担了不同于在其他经济环境内提供产品或者劳务的组成部分的风险和报酬。

(2) 业务分部财务报表,是指在企业内可区分的、能够提供单项或一组相关产品或劳务的组成部分编制的报表,它们承担了不同于其他组成部分的风险和报酬。

分部报告是对合并财务报表的解释与补充,充分体现了会计信息质量相关性原则的要求。

三、财务报表的组成及列报要求

(一) 财务报表的组成

财务报表至少应当包括资产负债表、利润表、现金流量表、所有者权益（或股东权益，下同）变动表和附注。

财务报表格式和附注分别按一般企业、商业银行、保险公司、证券公司等企业类型予以规定。企业应当根据其经营活动的性质，确定本企业适用的财务报表格式和附注。

(二) 财务报表列报的基本要求

1. 依据各项会计准则确认和计量的结果编制财务报表

企业应当根据实际发生的交易和事项，遵循《企业会计准则——基本准则》（以下简称"基本准则"）、各项具体会计准则及解释的规定进行确认和计量，并在此基础上编制财务报表。企业应当在附注中对这一情况做出声明，且不应以在附注中披露代替对交易和事项的确认和计量。

2. 列报基础

《企业会计准则第 30 号——财务报表列报》（2014）规范了企业应当以持续经营为基础编制财务报表。持续经营是会计的基本前提，也是会计确认、计量及编制财务报表的基础。在编制财务报表的过程中，企业管理层应当全面评估企业的持续经营能力。企业管理层在对企业持续经营能力进行评估时，应当利用其所有可获得的信息，评估涵盖的期间应包括企业自资产负债表日起至少 12 个月，评估需要考虑的因素包括宏观政策风险、市场经营风险、企业目前或长期的盈利能力、偿债能力、财务弹性以及企业管理层改变经营政策的意向等。评价结果表明对持续经营能力产生重大怀疑的，企业应当在附注中披露导致对持续经营能力产生重大怀疑的影响因素以及企业拟采取的改善措施。

企业如果存在以下情况之一，则通常表明其处于非持续经营状态：

（1）企业已在当期进行清算或停止营业；

（2）企业已经正式决定在下一个会计期间进行清算或停止营业；

（3）企业已确定在当期或下一个会计期间没有其他可供选择的方案而将被迫进行清算或停止营业。

企业处于非持续经营状态时，应当采用清算价值等其他基础编制财务报表，比如破产企业的资产采用可变现净值计量、负债按照其预计的结算金额计量等。在非持续经营情况下，企业应当在附注中声明财务报表未以持续经营为基础列报、披露未以持续经营为基础的原因以及财务报表的编制基础。

3. 权责发生制

除现金流量表按照收付实现制编制外，企业应当按照权责发生制编制其他财务报表。在采用权责发生制会计的情况下，当项目符合基本准则中财务报表要素的定义和确认标准时，企业就应当确认相应的资产、负债、所有者权益、收入和费用，并在财务报表中加以反映。

4. 列报的一致性

可比性是会计信息质量的一项重要质量要求，目的是使同一企业不同期间和同一期间不同企业的财务报表相互可比。财务报表项目的列报应当在各个会计期间保持一致，不得随意变更。这一要求不仅只针对财务报表中的项目名称，还包括财务报表项目的分类、排列顺序等内容。

企业可以在两种情况下变更财务报表项目的列报，变更项目时应当根据本准则的有关规定提供列报的比较信息：

（1）会计准则要求改变财务报表项目的列报；

（2）企业经营业务的性质发生重大变化或对企业经营影响较大的交易或事项发生后，变更财务报表项目的列报能够提供更可靠、更相关的会计信息。

5. 依据重要性原则单独或汇总列报项目

重要性是判断财务报表项目是否单独列报的重要标准。重要性是指在合理预期下，如果财务报表某项目的省略或错报会影响使用者据此作出经济决策的，则该项目就具有重要性。企业在进行重要性判断时，应当根据所处环境，从项目的性质和金额大小两方面予以判断：一方面，应当考虑该项目的性质是否属于企业日常活动、是否显著影响企业的财务状况、经营成果和现金流量等因素；另一方面，判断项目金额大小的重要性，应当通过单项金额占资产总额、负债总额、所有者权益总额、营业收入总额、营业成本总额、净利润、综合收益总额等直接相关或所属报表单列项目金额的比重加以确定。企业对于各个项目的重要性判断标准一经确定，不得随意变更。

重要性判断的总原则是：如果某项目单个看不具有重要性，则可将其与其他项目汇总列报；如具有重要性，则应当单独列报。企业应当遵循如下规定：

（1）性质或功能不同的项目，一般应当在财务报表中单独列报，但是不具有重要性的项目可以汇总列报。比如，存货和固定资产在性质上和功能上都有本质差别，必须分别在资产负债表上单独列报。

（2）性质或功能类似的项目，一般可以汇总列报，但是具有重要性的类别应该单独列报。比如，原材料、低值易耗品等项目在性质上类似，均通过生产过程形成企业的产品存货，因此可以汇总列报，汇总之后的类别统称为"存货"在资产负债表上进行列报。

（3）项目单独列报的原则不仅适用于报表，还适用于附注。某些项目的重要性程度不足以在资产负债表、利润表、现金流量表或所有者权益变动表中单独列示，但对附注却具有重要性，在这种情况下应当在附注中单独披露。比如，对某制造业企业而言，原材料、在产品、库存商品等项目的重要性程度不足以在资产负债表上单独列示，因此在资产负债表上汇总列示，但是鉴于其对该制造业企业的重要性，应当在附注中单独披露。

（4）会计准则规定在财务报表中单独列报的项目，企业应当单独列报。

6. 比较信息的列报

企业在列报当期财务报表（含四表一注）时，至少应当提供所有列报项目上一个可比会计期间的比较数据，以及与理解当期财务报表相关的说明，目的是向报表使用者提供对比数据，提高信息在会计期间的可比性。企业列报所有列报项目上一个可比会计期间的比较数据，至少包括两期各报表及相关附注。

7. 财务报表表首的列报要求

企业在财务报表的显著位置（通常是表首部分）应当至少披露下列基本信息：

（1）编报企业的名称。如企业名称在所属当期发生了变更的，还应明确标明。

（2）对资产负债表而言，应当披露资产负债表日；对利润表、现金流量表、所有者权益变动表而言，应当披露报表涵盖的会计期间。

（3）货币名称和单位。按照我国企业会计准则的规定，企业应当以人民币作为记账本位币列报，并标明金额单位，如人民币元、人民币万元等。

（4）财务报表是合并财务报表的，应当予以标明。

8. 报告期间

企业至少应当按年编制财务报表。企业在编制年度财务报表时，可能存在年度财务报表涵盖的期间短于一年的情况，比如企业在年度中间（如3月1日）开始设立等。在这种情况下，企业应当披露年度财务报表的实际涵盖期间及其短于一年的原因，并应当说明由此引起财务报表项目与比较数据不具可比性这一事实。

（三）财务报表列报的质量要求

为了充分发挥财务报表的作用，财务报表按财政部统一制定的《企业会计准则》要求编报，除保证上述的基本要求外，为了保证财务报表的质量，企业在编制财务报表时还必须符合以下质量要求：

1. 内容完全，手续齐备

财务报表要提供全面、系统、完整的会计信息，不得少报和漏报。无论是表内项目，还是附注资料都要填列齐全，对于一些重要的信息，还应以附表和附注等形式加以说明，从而满足信息使用者的需要。对外报送的财务报表应加具封面，装订成册，加盖公章。封面上应注明企业名称、地址、主管部门或所属企业集团、报表所属日期等。有关编报人员、会计主管人员、企业分管财务的领导均必须在财务报表上签名或盖章。单位领导人对会计报表的合法性、真实性负法律责任，严禁财务报表的漏填、漏报的行为。

2. 数字真实，计算准确

财务报表所反映的各种数据要求真实可靠，不能以估计的数据填列财务报表，更不能弄虚作假、篡改伪造数据来欺骗信息的使用者。对于财务报表之间、财务报表各项目之间、本期与上期财务报表之间有关的数据，要相互衔接与一致。与此同时，对于财务报表各项指标，都必须按照《企业会计准则》的规定进行合理的确认和计量，应根据真实的交易、事项及完整、准确的账簿记录等资料编制，并遵循国家统一的会计编制基础、编制依据、编制准则和编制方法。要做好清查盘点工作，认真进行账证核对、账账核对、账表核对，从而保证账实相符，只有这样才能使财务报表上的数字计算准确。

3. 编报及时，说明清楚

当今是一个信息时代，财务报表提供的信息有极强的时效性，一旦超过指定的披露时间，财务报表的信息价值就会丧失，同时会引起不必要的决策失误，对国家、社会、企业及个人都会造成损失。因此，企业必须按照国家或上级机关规定的期限或程序，及时编制与报送（或公布）财务报表，以保证财务报表编制的及时性。对财务报表需要加以说明的问题，可以在报表附注中进行解释。主要内容有：企业基本情况、财务报表的编制基础、遵循企业会计准则的声明、重要会计政策和会计估计、会计政策和会计估计变更以及差错更正的说明、报表重要项目的说明、资产负债表日后事项、关联方关系及交易、风险管理等，这些因素都应一一说明清楚，让信息使用者全面、真实地了解企业的财务状况。

以上各项要求，每一个编制财务报表的企业都要认真执行，绝对不能顾此失彼，只有同时做好上述的每一点，才能真正发挥财务报表在经济活动中的作用。

第二节　资产负债表

一、资产负债表的概念、作用与列报的总体要求

（一）资产负债表的概念

资产负债表是反映企业在某一特定日期的财务状况的会计报表，即反映了某一特定日期关于企业资产、负债、所有者权益及其相互关系的信息。资产负债表主要由资产、负债和所有者权益三大会计要素组成，其编制的理论依据是："资产＝负债＋所有者权益"的会计基本恒等式，它是反映企业静态财务状态的一种基本报表。任何企业、单位都必须按《企业会计准则》的规定，定期编制并报

送资产负债表。

（二）资产负债表的作用

资产负债表是企业、单位的一张主要报表，通过该报表提供的经济信息，能够反映企业在某一特定的时点所拥有的资产及其分布的状况；能够反映企业的支付能力、偿债能力和财务实力的情况；能够分析出企业财务状况的变化及发展趋势。因此，该报表对所有的信息使用者都具有十分重要的作用，资产负债表的具体作用主要表现在以下几个方面。

1. 能够反映企业资产的总量及其分布情况

通过资产负债表，可以使信息使用者了解与掌握企业的经济资源总量的多少及其各项资产分布的状况，据此可以分析企业的经营实力和各种资产构成比例的合理性。

2. 能够反映企业的财务实力和风险

通过资产负债表，可以了解企业举债经营的程度以及所承担债务偿还时间的长短。投资者和债权人在对资产与负债的分析后可评价企业的支付能力和偿债能力，了解企业是否面临财务风险，从而做出正确的决策。

3. 能够反映企业所有者权益的总额及其形成的原因

通过资产负债表，能够反映企业所有者权益的大小、所有者权益形成的原因和分布的情况。对于信息的使用者来说，不仅要了解企业资产总额的多少，更要了解企业净资产的多少，因为一般情况下，净资产在数值上与所有者权益是相等的，它是企业的资产总额减去负债总额的差额，是反映企业偿债能力的一个重要标志。同时在资产负债表中，所有者权益按照形成的来源不同可以分为实收资本（或股本）、资本公积、盈余公积和未分配利润等项目，使信息使用者更清楚企业所有者权益的构成来源。

4. 能够反映企业财务状况变化的趋势

通过资产负债表，能够反映企业财务状况发展与变化的趋势。是因为它所提供的数据不仅仅是一个孤立的时点数，按照新颁布的《企业会计准则》，资产负债表除了提供期末数外，还要提供当期的期初数，以便信息使用者进行期初与期末的对比分析。提供两个或两个以上时点数据的报表，通常称为比较会计报表。其目的是通过不同时点或时期数字的比较，来反映企业财务状况的变化趋势，以便信息使用者做出正确的决策，而资产负债表则可以满足这方面的比较分析。

（三）列报的总体要求

1. 分类别列报

资产负债表列报应当如实反映企业在资产负债表日所拥有的资源、所承担的负债以及所有者所拥有的权益，因此，应当按照资产、负债和所有者权益三大类别分类列报。

2. 资产、负债和所有者权益列报

（1）资产和负债按流动性列报。

资产负债表上资产和负债应当按照流动性分别分为流动资产和非流动资产、流动负债和非流动负债列示。

流动性，通常按资产的变现或耗用时间长短或者负债的偿还时间长短来确定。企业应当先列报流动性强的资产或负债，再列报流动性弱的资产或负债。资产（负债）流动性的判断标准是：

①预计在一个正常营业周期中变现、出售或耗用（清偿）。正常营业周期，是指企业从购买用于加工的资产起至实现现金或现金等价物的期间，当正常营业周期不能确定时，企业应当以一年（12个月）作为正常营业周期。

②主要为交易目的而持有。

③自资产负债表日起一年内到期应予以变现（清偿）。

④自资产负债表日起一年内，交换其他资产或清偿负债的能力不受限制的现金或现金等价物（企业无权自主地将清偿推迟至资产负债表日后一年以上）。如对于同时包含资产负债表日后一年内和一年之后预期将收回或清偿金额的资产和负债单列项目，前者列入流动资产（负债）中的一年内到期的非流动资产（负债），后者则要求列入非流动资产（负债）中披露超过一年后预期收回或清偿的金额。

（2）所有者权益按稳定性大小列报。

资产负债表上所有者权益项目应当按权益稳定性程度的高低分类、分项列示，稳定性程度高的权益排列在前面，稳定性程度低的权益排列在后面，即按照实收资本（或股本）、资本公积、其他综合收益、盈余公积、未分配利润等项目顺序分项列示。

3. 列报相关的合计、总计项目

资产负债表中的资产类至少应当列示流动资产和非流动资产的合计项目；负债类至少应当列示流动负债、非流动负债以及负债的合计项目；所有者权益类应当列示所有者权益的合计项目。

资产负债表应当分别列示资产总计项目和负债与所有者权益之和的总计项目，并且这二者的金额应当相等。

二、资产负债表的格式

资产负债表从形式上来看可以分为表头、表体两个部分。表头主要包括报表名称、编制单位、编制日期、报表编号及金额单位等元素；表体是资产负债表的主体和核心部分，一般分为左右两部分，左边列示资产项目的具体内容，右边列示负债和所有者权益项目的具体内容。资产负债表的表体部分的具体项目按列报的总体要求进行排列,其格式有账户式和报告式两种形式。

(一) 账户式资产负债表

1. 账户式资产负债表格式

账户式资产负债表是根据"资产=负债+所有者权益"的恒等式,采用左右对称排列的结构来列示财务会计信息。其具体的格式如表8-1所示。

表 8-1　　　　　　　　　　　　　资产负债表　　　　　　　　　　　会企01表

编制单位:　　　　　　　　　　　　　年　月　日　　　　　　　　　　　单位:元

资产	期末余额	年初余额	负债和所有者权益(或股东权益)	期末余额	年初余额
流动资产:			流动负债:		
货币资金			短期借款		
交易性金融资产			交易性金融负债		
衍生金融资产			衍生金融负债		
应收票据及应收账款			应付票据及应付账款		
预付款项			预收款项		
其他应收款			应付职工薪酬		
存货			应交税费		
合同资产			合同负债		
持有待售资产			持有待售负债		
一年内到期的非流动资产			其他应付款		
其他流动资产			一年内到期的非流动负债		
流动资产合计			其他流动负债		
非流动资产:			流动负债合计		
债权投资			非流动负债:		
其他债权投资			长期借款		
长期应收款			应付债券		
长期股权投资			其中:优先股		
其他权益工具投资			永续债		
其他非流动金融资产			长期应付款		
投资性房地产			预计负债		
固定资产			递延收益		
在建工程			递延所得税负债		
生产性生物资产			其他非流动负债		

续表

资产	期末余额	年初余额	负债和所有者权益（或股东权益）	期末余额	年初余额
油气资产			非流动负债合计		
无形资产			负债合计		
开发支出			所有者权益（或股东权益）：		
商誉			实收资本（或股本）		
长期待摊费用			其他权益工具		
递延所得税资产			其中：优先股		
其他非流动资产			永续债		
非流动资产合计			资本公积		
			减：库存股		
			其他综合收益		
			盈余公积		
			未分配利润		
			所有者权益（或股东权益）合计		
资产总计			负债和所有者权益（或股东权益）总计		

法定代表人：　　　　　　主管会计工作负责人：　　　　　　会计机构负责人：

2. 账户式资产负债表的优缺点

这种格式的资产负债表能把资产负债表的形式和内容统一起来，揭示了各个项目之间的内在联系，能够让使用者一目了然地了解企业所控制的经济资源的来源及分布的情况，清晰地反映企业偿债能力和支付能力，便于信息使用者对企业财务状况进行分析。因此，这种格式的资产负债表在世界各地被普遍采用，我国《企业会计准则》规定格式也是这一种。但是，账户式资产负债表也有其不足之处，由于报表的宽度受到纸张的限制，不便于将两个以上时点的数据进行比较，因为不同点的数据越多，其报表的字体就越小，不利于信息使用者阅读。所以这种格式的资产负债表比较的数据只有期初余额和期末余额两个时点的数据，要掌握企业财务状况发展趋势有一定的局限性。

（二）报告式资产负债表

1. 报告式资产负债表的格式

报告式资产负债表是按"资产＝负债＋所有者权益"等式纵向顺序依次排列，先列示资产项目，再列示负债项目，最后列示所有者权益项目。其格式如表8-2所示。

表 8-2　　　　　　　　　　　资产负债表（简化式）

编制单位：　　　　　　　　　　　年　月　日　　　　　　　　　　　　单位：

项目	期末余额
资产	
⋮	
资产合计	
⋮	
负债	
⋮	
负债合计	
⋮	
所有者权益	
⋮	
所有者权益合计	
⋮	
负债及所有者权益总计	

2. 报告式资产负债表的优缺点

报告式资产负债表各有关项目采用纵向顺序排列，其优点是可以把多个时点的数据并列出来进行比较分析，有利于了解企业财务状况的发展趋势，让信息使用者做出更加准确的决策。采用报告式资产负债表，横向的项目较少，字体大而清晰，并且打印方便，受到不少国家和地区的采纳。其缺点是在纵向列示的项目较多的情况下，在一张纸上要列示所有的项目，就存在字号偏小，不利于阅读的问题。因而，这种报告式资产负债表只能适应经济业务不复杂、要求列示项目不多的国家与地区。而我国的企业经济业务较复杂，资产负债表要求提供的项目又较多，新《企业会计准则》中要求企业在资产负债表中列示的项目有六十多项，若在一张纸上列出所有的项目，就会存在字号太小的情况。为了阅读方便，并能一目了然地反映资产负债及所有者权益的钩稽关系，在我国采用账户式的资产负债表比较适宜。

三、资产负债表的编制方法

（一）编制资产负债表的资料来源

为了保证资产负债表数据资料的真实性与可靠性，其采取的数据必须科学、严谨、相关。要求企业按照国家统一制定的《企业会计准则》和《企业会计准则——应用指南》规定的原则与方法来进行日常的会计核算，在经过必要的财产清查、核对账目无误的基础上，再根据以下资料来编制资产负债表。

（1）各总分类账户的期末余额；

(2) 各有关明细分类账户的期末余额。

(二) 资产负债表的一般填制方法

资产负债表作为一张静态的财务报表，所有项目均可根据有关资产、负债、所有者权益类账户的期末余额直接或分析和计算后来填列。资产负债表通常分为"年初余额"和"年末余额"两栏，以反映两个不同报告期期末资产、负债和所有者权益的构成情况，通过对不同期间相同指标的相互比较，了解企业财务状况的发展与变化趋势。其填列方法如下：

1. 年初余额栏的列报方法

资产负债表"年初余额"栏内各项目数字，应根据上年末资产负债表"期末余额"栏内所列数字填列。如果上年度资产负债表规定的各个项目的名称和内容同本年度不一致，应对上年度资产负债表各项目的名称和数字按本年度的规定进行调整，按调整后的数字填入本表"年初余额"栏内。

2. 期末余额栏的列报方法

资产负债表"期末余额"栏内各项数字，一般应根据资产、负债和所有者权益类科目的期末余额填列。主要包括以下几种填列方式：

（1）根据总分类账户的余额填列。分两种情况：

①根据总账科目的余额直接填列，如："交易性金融资产""交易性金融负债""其他债权投资""其他权益工具投资""递延所得税资产""长期待摊费用""短期借款""持有待售负债""预计负债""递延所得税负债""实收资本（或股本）""其他权益工具""库存股""资本公积""其他综合收益""盈余公积"等项目。需要说明的是，若这类资产（或负债和所有者权益）项目所涉及的账户余额在贷方（或借方），均用"-"号填列。

②根据几个总分类账户的余额计算填列。如"货币资金"项目，需根据"库存现金""银行存款""其他货币资金"三个总分类账户余额的合计数填列；"其他应付款""其他非流动资产""其他流动负债"项目，应根据有关总分类账户的期末余额分析填列。

（2）根据明细账科目的余额计算填列。"开发支出"项目，应根据"研发支出"科目中所属的"资本化支出"明细科目期末余额填列；"应交税费"项目，"一年内到期的非流动资产""一年内到期的非流动负债"项目，应根据有关非流动资产或负债项目的明细科目余额分析填列；"应付职工薪酬"项目，应根据"应付职工薪酬"科目的明细科目期末余额分析填列；年末"未分配利润"项目应根据"利润分配"科目中所属的"未分配利润"明细科目期末余额填列。

（3）根据总分类账户和明细分类账户的余额分析计算填列。如"长期借款"项目，应根据"长期借款"总账科目余额扣除"长期借款"科目所属的明细科目中将在资产负债表日起一年内到期，且企业不能自主地将清偿义务展期的长期借款后的金额计算填列；此外还有"其他流动资产""其他流动负债"项目等。

（4）根据有关账户的余额减去其备抵账户余额后的账面价值填列。"持有待售资产""债权投资""长期股权投资""商誉"项目，应根据相关科目的期末余额填列，已计提减值准备，还应扣除相应的减值准备；"无形资产""投资性房地产""生产性生物资产""油气资产""长期应收款"等项目类似。

（5）综合运用上述填列方法分析填列。如："其他应收款"项目，应根据"应收利息""应收股利"以及"其他应收款"三个会计科目的期末余额，减去"坏账准备"科目中有关坏账准备期末余额后的金额填列；类似的项目还包括："应收票据及应收账款"项目、"预付款项"项目、"存货"项目、"长期应收款"项目、"固定资产"项目、"在建工程"项目、"合同资产"和"合同负债"项目、"长期应付款"项目。

（三）资产负债表中"期末余额"主要项目的具体填列方法

1. 资产类

（1）"货币资金"项目，反映企业会计报告期末货币资金的总额。本项目应根据"库存现金""银行存款""其他货币资金"总分类账户的期末余额的合计数填列。

（2）"交易性金融资产"项目，反映资产负债表日企业分类为以公允价值计量且其变动计入当期损益的金融资产，以及企业持有的直接指定为以公允价值计量且其变动计入当期损益的金融资产的期末账面价值。该项目应根据"交易性金融资产"科目的相关明细科目期末余额分析填列。本项目应根据"交易性金融资产"总分类账户的期末借方余额填列。

（3）衍生金融资产。企业衍生金融工具业务具有重要性的，应当在资产负债表资产项下"以公允价值计量且其变动计入当期损益的金融资产"项目和"应收票据"项目之间增设"衍生金融资产"项目，反映企业衍生工具形成资产的期末余额。

（4）"应收票据及应收账款"项目，反映资产负债表日以摊余成本计量的，企业因销售商品、提供劳务等经营活动应收取的款项，以及收到的商业汇票，包括银行承兑汇票和商业承兑汇票。本项目应根据"预收账款"科目和"应收票据及应收账款"科目的总分类账户所属各明细分类账户的期末借方余额合计数，减去按"预期信用损失法"计提的"坏账准备"总分类账户中所属"应收票据及应收账款坏账准备"明细分类账户期末余额后的账面价值填列。如果"应收票据及应收账款"账户所属明细分类账户期末有贷方余额的，应在资产负债表"预收款项"项目内填列。

（5）"预付款项"项目，反映企业预付给供应单位的款项。本项目应根据"预付账款"和"应付票据及应付账款"科目的总分类账户所属各明细分类账户的期末借方余额合计数，减去"坏账准备"总分类账户中所属"预付账款坏账准备"明细分类账户期末余额后的账面价值填列。如果"预付账款"账户所属明细分类账户期末有贷方余额的，应在资产负债表"应付票据及应付账款"项目内填列。

（6）"其他应收款"项目，反映企业除应收票据及应收账款、预付账款等经营活动以外的其他各种应收、暂付的款项。本项目应根据"应收利息""应收股利""其他应收款"总分类账户的期末余额，减去"坏账准备"总分类账户中所属"其他应收款坏账准备"明细分类账户期末余额后的账面价值填列。

（7）"存货"项目，反映企业期末在库、在途和在加工中的各项存货的可变现净值。本项目应根据"在途物资（或材料采购）""原材料""低值易耗品""库存商品""周转材料""委托加工物资""委托代销商品""生产成本"等总分类账户的期末余额和"合同履约成本"科目的明细科目中初始确认时摊销期限不超过一年或一个正常营业周期的期末余额的合计数，减去"受托代销商品款""存货跌价准备""合同履约成本减值准备"后的账面价值填列。如果企业的材料采用计划成本核算，以及库存商品采用计划成本核算或售价核算的企业，还应加（或减）"材料成本差异"总分类账户期末借（或贷）方余额、减"商品进销差价"总分类账户期末贷方余额后的账面价值填列。

（8）"合同资产"项目。企业应按照《企业会计准则第14号——收入》（2017年修订）的相关规定，根据本企业履行履约义务与客户付款之间的关系在资产负债表中列示合同资产。"合同资产"项目，应根据"合同资产"科目的相关明细科目期末余额分析填列，同一合同下的合同资产应当以净额列示，其中净额为借方余额的，应当根据其流动性在"合同资产"或"其他非流动资产"项目中填列，已计提减值准备的，还应减去"合同资产减值准备"科目中相关的期末余额后的金额填列；其中净额为贷方余额的，应当根据其流动性在"合同负债"或"其他非流动负债"项目中填列。

（9）"持有待售资产"项目，反映资产负债表日划分为持有待售类别的非流动资产及划分为持有待售类别的处置组中的流动资产和非流动资产的期末账面价值。该项目应根据在资产类科目新设置的"持有待售资产"科目的期末余额，减去"持有待售资产减值准备"科目的期末余额后的金额填列。

（10）"一年内到期的非流动资产"项目，反映企业将于一年内到期的非流动资产金额，应根据有关非流动资产的明细科目期末余额填列。

（11）"其他流动资产"项目反映企业除以上流动资产项目外的其他流动资产，本项目应根据有关账户的期末余额填列。

（12）"债权投资"项目，反映资产负债表日企业以摊余成本计量的长期债权投资的期末账面价值。该项目应根据"债权投资"科目的相关明细科目期末余额，减去"债权投资减值准备"科目中相关减值准备的期末余额后的金额分析填列。自资产负债表日起一年内到期的长期债权投资的期末账面价值，在"一年内到期的非流动资产"项目反映。企业购入的以摊余成本计量的一年内到期的债权投资的期末账面价值，在"其他流动资产"项目反映。

（13）"其他债权投资"项目，反映资产负债表日企业分类为以公允价值计量且其变动计入其他综合收益的长期债权投资的期末账面价值。该项目应根据"其他债权投资"科目的相关明细科目期末余额分析填列。自资产负债表日起一年内到期的长期债权投资的期末账面价值，在"一年内到期的非流动资产"项目反映。企业购入的以公允价值计量且其变动计入其他综合收益的一年内到期的债权投资的期末账面价值，在"其他流动资产"项目反映。

（14）"长期应收款"项目，反映企业融资租赁产生的应收款项等。本项目应根据"长期应收款"总分类账户的期末借方余额，减去"未实现融资收益"总分类账户和"坏账准备"总分类账户所属"长期应收款"明细分类账户期末余额后的账面价值填列。

（15）"长期股权投资"项目，反映企业对被投资单位实施控制、重大影响的权益性投资，以及对其合营企业的权益性投资。本项目应根据"长期股权投资"科目的期末余额，减去"长期股权投资减值准备"科目的期末余额后的净额填列。

（16）"其他权益工具投资"项目，反映企业指定为以公允价值计量且其变动计入其他综合收益的非交易性权益工具投资的期末账面价值。本项目应根据"其他权益工具投资"总账科目的期末余额填列。

（17）"其他非流动金融资产"项目，反映企业自资产负债表日起超过一年到期且预期持有超过一年的以公允价值计量且其变动计入当期损益的非流动金融资产的期末账面价值。

（18）"投资性房地产"项目，反映企业为赚取租金或资本增值，或两者兼有而持有的房地产。本项目应根据"投资性房地产"总账科目的期末余额减去"投资性房地产累计折旧"和"投资性房地产减值准备"总账科目期末余额后的账面价值填列。

（19）"固定资产"项目，反映企业各种固定资产原始价值减去累计折旧、累计减值准备，加上固定资产清理后的净额。本项目应根据"固定资产"总分类账户的期末余额减去"累计折旧""固定资产减值准备"，加上"固定资产清理"总分类账户期末余额后的账面价值填列。

（20）"在建工程"项目，反映企业期末各项未完工程的实际支出，包括交付安装的设备价值、未完建筑安装工程已经耗用的材料、工资和费用支出、预付出包工程的价款等的可收回金额。本项目应根据"在建工程"总分类账户的期末余额，减去"在建工程减值准备"总分类账户期末余额，加上"工程物资"总分类账户余额后的账面价值填列。

（21）"生产性生物资产"项目，反映企业为产出农产品、提供劳务或出租等目的而持有的生物资产，包括经济林、薪炭林、产畜和役畜等。本项目应根据"生产性生物资产"科目的期末余额减去"累计折旧"和"生产性生物资产减值准备"科目期末余额后的账面价值填列。

（22）"油气资产"项目，反映企业持有的矿区权益和油气井及相关设施。本项目应根据"油气资产"科目的期末余额，减去"累计折耗"和"油气资产减值准备"总账科目期末余额后的账面价值填列。

（23）"无形资产"项目，反映企业持有的无形资产，包括专利权、非专利技术、商标权、著作权、土地使用权等。本项目应根据"无形资产"总分类账户的期末余额，减去"累计摊销"和"无形资产减值准备"总分类账户期末余额后的账面价值填列。

（24）"开发支出"项目，反映企业开发无形资产过程中能够资本化形成无形资产成本的支出部分。开发支出项目应当根据"研发支出"科目中所属的"资本化支出"明细科目期末余额填列。

（25）"商誉"项目，反映企业合并中形成的商誉的价值。本项目应根据"商誉"总分类账户的期末余额，减去"商誉减值准备"总分类账户期末余额后的账面价值填列。

（26）"长期待摊费用"项目，反映企业已经发生但应由本期和以后期负担的分摊期限在一年以上的各项费用。本项目应根据"长期待摊费用"总分类账户的期末余额填列。

（27）"递延所得税资产"项目。反映企业采用债务法核算时，将时间性差异的预计纳税影响作为预付未来税款的资产。"递延所得税资产"项目反映期末企业确认的递延所得税资产的金额，该项目应根据"递延所得税"账户的期末余额直接填列。

（28）"其他非流动资产"项目。反映企业不能列入以上项目，但性质又属于非流动资产的其他资产。例如，公益性生物资产等。

2. 负债类

（1）"短期借款"项目，反映企业向银行或其他金融机构等借入的期限在一年以下（含一年）的各种借款。本项目应根据"短期借款"总分类账户的期末余额填列。

（2）"交易性金融负债"项目，反映资产负债表日企业承担的交易性金融负债，以及企业持有的直接指定为以公允价值计量且其变动计入当期损益的金融负债的期末账面价值。本项目应根据"交易性金融负债"总分类账户的期末贷方余额填列。

（3）"衍生金融负债"项目，在资产负债表负债项下"以公允价值计量且其变动计入当期损益的金融负债"项目和"应付票据"项目之间增设"衍生金融负债"项目，反映企业衍生工具形成负债的期末余额。

（4）"应付票据及应付账款"项目，反映企业因购买材料、商品和接受劳务等经营活动应付的款项，以及开出、承兑的商业汇票，包括银行承兑汇票和商业承兑汇票。本项目应根据"应付票据及应付账款"科目和"预付账款"科目总分类账户所属各明细分类账户的期末贷方余额合计数填列。如果"应付票据及应付账款"所属明细分类账户期末有借方余额的，应在资产负债表"预付款项"项目内填列。

（5）"预收款项"项目，反映企业按照购货合同规定预收购买单位的款项。本项目应根据"预收账款"和"应收票据及应收账款"总分类账户所属各明细分类账户的期末贷方余额合计数填列。如果"预收账款"总分类账户所属明细分类账户期末有借方余额的，应在资产负债表"应收票据及应收账款"项目内填列。

（6）"应付职工薪酬"项目，在资产负债表中，企业应当根据应支付的职工薪酬负债流动性，对职工薪酬负债按照流动和非流动进行分类列报。企业根据有关规定应付给职工的短期薪酬、离职后福利中的设定提存计划负债、其他长期职工福利中的符合设定提存计划条件的负债、辞退福利中将于资产负债表日后12个月内支付的部分，应当在资产负债表的流动负债项下"应付职工薪酬"项目中列示。辞退福利中将于资产负债表日起12个月之后支付的部分、离职后福利中设定受益计划净负债、其他长期职工福利中符合设定受益计划条件的净负债应当在资产负债表的非流动负债项——长期应付职工薪酬下单独列示。

（7）"应交税费"项目，反映企业按照税法规定计算应交纳的各种税费。包括增值税、所得税、资源税、土地增值税、城市维护建设税、房产税、土地使用税、车船使用税、教育费附加、矿产资源补偿费等。企业代扣代缴的个人所得税，也通过本项目列示。企业所交纳的税金不需要预计应交数的，如印花税、耕地占用税等，不在本项目列示。本项目应根据"应交税费"科目的明细科目的期末余额分析填列，其中的借方余额，应当根据其流动性在"其他流动资产"或"其他非流动资产"项目中填列。

（8）"其他应付款"项目，反映企业除应付票据、应付账款、预收款项、应付职工薪酬、应交税费、长期应付款等经营活动以外的其他各项应付、暂收的款项。本项目应根据"应付利息""应付股利""其他应付款"总分类账户的期末余额填列。

（9）"合同负债"项目。企业应按照《企业会计准则第14号——收入》

(2017年修订)的相关规定，根据本企业履行履约义务与客户付款之间的关系在资产负债表中列示合同负债。"合同负债"项目，应根据"合同负债"科目的相关明细科目期末余额分析填列。

(10)"持有待售负债"项目，反映资产负债表日处置组中与划分为持有待售类别的资产直接相关的负债的期末账面价值。该项目应根据在负债类科目新设置的"持有待售负债"科目的期末余额填列。

(11)"一年内到期的非流动负债"项目，反映企业除非流动负债中将于资产负债表日后一年内到期部分的金额，如将于一年内偿还的长期借款。本项目应根据有关长期负债类账户的期末余额分析填列。

(12)"长期借款"项目，反映企业向银行或其他金融机构等借入的期限在一年以上（不含一年）的各种借款。本项目应根据"长期借款"总分类账户的期末余额减去将于一年内（含一年）归还的长期借款后填列。

(13)"应付债券"项目，反映企业尚未偿还的长期债券摊余价值。本项目根据"应付债券"账户期末余额减去一年内到期部分的金额填列。

(14)"长期应付款"项目，反映企业除长期借款和应付债券以外的其他各种长期应付款项。本项目应根据"长期应付款"总分类账户的期末余额，减去相应的"未确认融资费用"总分类账户期末余额，加上"专项应付款"总分类账户期末余额后的金额填列。

(15)"预计负债"项目，反映企业由于对外提供担保、未决诉讼、产品质量担保等而确认的很可能产生的负债。"预计负债"项目反映企业期末已确认但尚未支付的金额，该项目应根据"预计负债"账户的期末余额直接填列。

(16)"递延所得税负债"项目，反映企业采用债务法核算时，时间性差异的预计纳税影响作为未来应付税款的负债。"递延所得税负债"项目反映期末企业确认的递延所得税负债的金额，该项目应根据"递延所得税负债"账户的期末余额直接填列。

(17)"其他非流动负债"项目，反映除上述长期负债项目以外的其他长期负债。上述长期负债各项目中将于一年内到期的长期负债，应在"一年内到期的长期负债"项目内另行反映。

3. 所有者权益类

(1)"实收资本（或股本）"项目，反映企业各投资者实际投入的资本（或股本）总额。本项目应根据"实收资本（或股本）"总分类账户的期末余额填列。

(2)"其他权益工具"项目，反映企业发行的除普通股以外分类为权益工具的金融工具的账面价值，并在"其他权益工具"项目下增设"优先股"和"永续债"两个项目，分别反映企业发行的分类为权益工具的优先股和永续债的账面价值。

(3)"资本公积"项目，反映企业的资本公积的期末余额。本项目应根据

"资本公积"总分类账户的期末余额填列。

（4）"库存股"项目。库存股是指企业收购、转让或者注销的本公司的股份。"库存股"项目反映其期末余额，该项目应根据"库存股"账户的余额直接填列。

（5）"盈余公积"项目，反映企业盈余公积的期末余额。本项目应根据"盈余公积"总分类账户的期末余额填列。

（6）"未分配利润"项目，反映企业尚未分配的利润（或未弥补的亏损）。本项目在每月编制资产负债表时，1~11月份，应根据"本年利润"和"利润分配"总分类账户的期末余额计算填列，同向余额相加，异向余额相减；12月份，即年末编制资产负债表时，应根据"利润分配"总分类账户的期末余额填列，如果"利润分配"总分类账户有借方余额，在本项目内应以"-"号填列，表示未弥补的亏损。

（四）资产负债表编制方法举例

【例8-1】假设江南服装股份有限公司2018年11月30日总账与明细分类账户余额如表8-3所示。要求：编制11月资产负债表月报。

表8-3　　　　江南服装股份有限公司总账与明细分类账户余额表

2018月11月30日　　　　　　　　　　　　　　　　单位：元

总账账户	明细账户	借方余额	贷方余额	总账账户	明细账户	借方余额	贷方余额
库存现金		148 000		短期借款			4 280 000
银行存款		120 834 000		应付票据			890 000
其他货币资金		462 000		应付账款			4 530 000
应收票据		680 000			雨虹公司		2 500 000
应收账款		5 450 000			雨辰公司		2 260 000
	深海公司	3 270 000			雨欣公司		310 000
	艺海公司	2 434 000			雨露公司	540 000	
	蓝海公司		254 000	预收账款			5 145 000
预付账款		1 935 000			新新公司		2 736 000
	泰安公司	980 000			新华公司		2 528 000
	华安公司	1 100 000			新光公司	119 000	
	天安公司		145 000	应付职工薪酬			1 250 000
坏账准备			400 000	应交税费			2 136 000
	应收票据		35 000	应付利息			139 500
	应收账款		182 000	应付股利			258 000

续表

总账账户	明细账户	借方余额	贷方余额	总账账户	明细账户	借方余额	贷方余额
	预付账款		83 000	其他应付款			60 000
	其他应收款		3 000	长期借款			6 380 000
	长期应收款		97 000	其中：将于一年内到期的长期借款			290 000
应收利息		28 000		长期应付款			820 000
应收股利		160 000		股本			110 000 000
其他应收款		30 000		资本公积			13 060 000
在途物资		630 000		盈余公积			5 500 000
	甲材料	330 000			法定盈余公积		2 200 000
	乙材料	300 000			任意盈余公积		3 300 000
原材料		1 230 000		利润分配			86 600 000
	甲材料	990 000			未分配利润		86 600 000
	乙材料	240 000		本年利润			63 910 000
周转材料		100 000					
库存商品		1 311 000					
	A产品	720 000					
	B产品	591 000					
生产成本		973 500					
	A产品	532 500					
	B产品	441 000					
存货跌价准备			168 000				
长期应收款		1 170 000					
长期股权投资		11 000 000					
固定资产		160 210 000					
累计折旧			23 640 000				
固定资产减值准备			276 000				

续表

总账账户	明细账户	借方余额	贷方余额	总账账户	明细账户	借方余额	贷方余额
在建工程		16 240 000					
工程物资		1 855 000					
无形资产		5 860 000					
累计摊销			1 000 000				
长期待摊费用		136 000					
其中：将于一年内到期的长期待摊费用		49 000		小计		0.00	304 958 500
小计		330 442 500	25 484 000	合计		330 442 500	330 442 500

1. 根据表8-3编制2018年11月份的江南服装股份有限公司资产负债表，如表8-4所示。

表8-4　　　　　　　　　　　　　资产负债表　　　　　　　　　　　　　会企01表

编制单位：江南服装股份有限公司　　　2018年11月30日　　　　　　　　单位：元

资产	期末余额	期初余额	负债和所有者权益（或股东权益）	期末余额	期初余额
流动资产：		略	流动负债：		略
货币资金	121 444 000		短期借款	4 280 000	
交易性金融资产			交易性金融负债		
衍生金融资产			衍生金融负债		
应收票据及应收账款	6 286 000		应付票据及应付账款	6 105 000	
预付款项	2 537 000		预收款项	5 518 000	
其他应收款	215 000		合同负债		
存货	4 076 500		应付职工薪酬	1 250 000	
合同资产			应交税费	2 136 000	
持有待售资产			其他应付款	457 500	
一年内到期的非流动资产			持有待售负债		
其他流动资产			一年内到期的非流动负债	290 000	
流动资产合计	134 558 500		其他流动负债		
非流动资产：			流动负债合计	20 036 500	

续表

资产	期末余额	期初余额	负债和所有者权益（或股东权益）	期末余额	期初余额
债权投资			非流动负债		
其他债权投资			长期借款	6 090 000	
长期应收款	1 073 000		应付债券		
长期股权投资	11 000 000		其中：优先股		
其他权益工具投资			永续债		
其他非流动金融资产			长期应付款	820 000	
投资性房地产			预计负债		
固定资产	136 294 000		递延收益		
在建工程	18 095 000		递延所得税负债		
生产性生物资产			其他非流动负债		
油气资产			非流动负债合计	6 910 000	
无形资产	4 860 000		负债合计	26 946 500	
开发支出			所有者权益		
商誉			（或股东权益）		
长期待摊费用	136 000		实收资本（或股本）	110 000 000	
递延所得税资产			其他权益工具		
其他非流动资产			其中：优先股		
非流动资产合计	171 458 000		永续债		
			资本公积	13 060 000	
			减：库存股		
			其他综合收益		
			盈余公积	5 500 000	
			未分配利润	150 510 000	
			所有者权益（或股东权益）合计	279 070 000	
资产总计	306 016 500	略	负债和所有者权益（或股东权益）总计	306 016 500	略

2. 根据表8-3、表8-4中资产负债表有关项目（直接填列的项目省略）的数据计算过程如下：

(1) 货币资金 = 148 000 + 120 834 000 + 462 000 = 121 444 000（元）

（2）应收票据及应收账款 = 680 000 − 35 000 + 3 270 000 + 2 434 000
　　　　　　　　　　　+ 119 000 − 182 000 = 6 286 000（元）
（3）预付款项 = 980 000 + 1 100 000 + 540 000 − 83 000 = 2 537 000（元）
（4）其他应收款 = 28 000 + 160 000 + 30 000 − 3 000 = 215 000（元）
（5）存货 = 630 000 + 1 230 000 + 100 000 + 1 311 000 + 973 500 − 168 000
　　　　　= 4 076 500（元）
（6）流动资产合计
　= 121 444 000 + 6 286 000 + 2 537 000 + 215 000 + 4 076 500
　= 134 558 500（元）
（7）长期应收款 = 1 170 000 − 97 000 = 1 073 000（元）
（8）固定资产 = 160 210 000 − 23 640 000 − 276 000 = 136 294 000（元）
（9）在建工程 = 16 240 000 + 1 855 000 = 18 095 000
（10）无形资产 = 5 860 000 − 1 000 000 = 4 860 000
（11）非流动资产合计
　= 1 073 000 + 11 000 000 + 136 294 000 + 18 095 000 + 4 860 000 + 136 000
　= 171 458 000（元）
（12）资产总计 = 流动资产合计 + 非流动资产合计
　= 134 558 500 + 171 458 000 = 306 016 500（元）
（13）应付票据及应付账款 = 890 000 + 2 500 000 + 2 260 000 + 310 000
　　　　　　　　　　　+ 145 000 = 6 105 000（元）
（14）预收款项 = 2 736 000 + 2 528 000 + 254 000 = 5 518 000（元）
（15）其他应付款 = 139 500 + 258 000 + 60 000 = 457 500（元）
（16）一年内到期的非流动负债 = 290 000（元）
（17）流动负债合计
　= 4 280 000 + 6 105 000 + 5 518 000 + 1 250 000 + 2 136 000 + 457 500 + 290 000
　= 20 036 500（元）
（18）长期借款 = 6 380 000 − 290 000 = 6 090 000（元）
（19）非流动负债合计 = 6 090 000 + 820 000 = 6 910 000（元）
（20）负债合计 = 流动负债合计 + 非流动负债合计 = 20 036 500 + 6 910 000
　　　　　　　= 26 946 500（元）
（21）未分配利润 = 86 600 000 + 63 910 000 = 150 510 000（元）
（22）所有者权益（或股东权益）合计
　= 110 000 000 + 13 060 000 + 5 500 000 + 150 510 000 = 279 090 000（元）
（23）负债和所有者权益（或股东权益）总计
　= 负债合计 + 所有者权益（或股东权益）合计 = 26 946 500 + 279 090 000
　= 306 016 500（元）

Accounting Principle
会计学原理(第六版)

【例8-2】资料：2018年11月30日总账与明细分类账户余额（见表8-3）及第三章【例3-1】至【例3-73】所作的会计分录。

要求：完成年报的编制

基本步骤如下：

1. 根据上述资料开设"T"形账户，登记2018年12月江南服装股份有限公司的总账与明细分类账户，计算本月发生额及期末余额（可由学生课后自行完成，本教材略）；

2. 根据"T"形账户所得到的数据，编制2018年12月31日江南服装股份有限公司的总账与明细分类账户余额表及试算平衡表，如表8-5、表8-6所示。

表8-5 　　江南服装股份有限公司总账与明细分类账户余额表

2018年12月31日

总账账户	明细账户	借方余额	贷方余额	总账账户	明细账户	借方余额	贷方余额
库存现金		145 300		短期借款			6 280 000
银行存款		155 380 130		应付票据			4 223 600
其他货币资金		462 000		应付账款			4 732 400
应收票据		2 304 000			雨虹公司		2 742 400
应收账款		7 927 000			雨辰公司		2 260 000
	深海公司	8 147 000			雨欣公司		270 000
	艺海公司	34 000			雨露公司	540 000	
	蓝海公司		254 000	预收账款			109 000
预付账款		835 000			新新公司		2 700 000
	泰安公司	980 000			新华公司	2 472 000	
	华安公司				新光公司	119 000	
	天安公司		145 000	应付职工薪酬			2 680 000
坏账准备			400 000	应交税费			6 961 580
	应收票据		35 000	应付利息			259 500
	应收账款		182 000	应付股利			258 000
	预付账款		83 000	其他应付款			60 000
	其他应收款		3 000	长期借款			22 380 000
	长期应收款		97 000	其中：将于一年内到期的长期借款			290 000

续表

总账账户	明细账户	借方余额	贷方余额	总账账户	明细账户	借方余额	贷方余额
应收利息		28 000		长期应付款			820 000
应收股利		160 000		股本			117 874 000
其他应收款		30 000		资本公积			50 002 800
在途物资		630 000		盈余公积			30 000 000
	甲材料	330 000			法定盈余公积		9 200 000
	乙材料	300 000			任意盈余公积		220 800 000
原材料		2 511 200		利润分配			112 100 000
	甲材料	136 200			未分配利润		112 100 000
	乙材料	2 375 000		本年利润			
周转材料		100 000					
库存商品		3 970 500					
	A产品	720 000					
	B产品	3 250 500					
生产成本		1 071 750					
	A产品	814 830					
	B产品	256 920					
存货跌价准备			168 000				
长期应收款		1 170 000					
长期股权投资		11 000 000					
固定资产		172 056 000					
累计折旧			23 934 000				
固定资产减值准备			276 000				
在建工程		16 240 000					
工程物资		1 855 000					
无形资产		6 460 000					
累计摊销			1 000 000				
长期待摊费用		183 000		小计		0	356 710 880
小计		382 488 880	25 778 000	合计		382 488 880	382 488 880

表 8-6　　　　　　　　　　　　试算平衡表
2018 年 12 月 31 日　　　　　　　　　　　　　　　　单位：元

序号	会计科目	期初余额 借方	期初余额 贷方	本期发生额 借方	本期发生额 贷方	期末余额 借方	期末余额 贷方
1	库存现金	148 000		7 800 500	7 803 200	145 300	
2	银行存款	120 834 000		87 366 400	52 820 270	155 380 130	
3	其他货币资金	462 000				462 000	
4	应收票据	680 000		1 624 000		2 304 000	
5	应收账款	5 450 000		4 877 000	2 400 000	7 927 000	
6	预付账款	1 935 000		1 240 560	2 349 560	835 000	
7	坏账准备		400 000				400 000
8	应收利息	28 000				28 000	
9	应收股利	160 000				160 000	
10	其他应收款	30 000		7 000	7 000	30 000	
11	在途物资	630 000		9 540 000	9 540 000	630 000	
12	原材料	1 230 000		10 020 000	8 738 800	2 511 200	
13	周转材料	100 000				100 000	
14	库存商品	1 311 000		13 910 000	11 250 500	3 970 500	
15	存货跌价准备		168 000				168 000
16	长期应收款	1 170 000				1 170 000	
17	长期股权投资	11 000 000				11 000 000	
18	固定资产	160 210 000		11 846 000		172 056 000	
19	累计折旧		23 640 000		294 000		23 934 000
20	固定资产减值准备		276 000				276 000
21	在建工程	16 240 000		10 022 000	10 022 000	16 240 000	
22	工程物资	1 855 000		2 000 000	2 000 000	1 855 000	
23	无形资产	5 860 000		600 000		6 460 000	
24	累计摊销		1 000 000				1 000 000
25	长期待摊费用	136 000		50 000	3 000	183 000	

续表

序号	会计科目	期初余额 借方	期初余额 贷方	本期发生额 借方	本期发生额 贷方	期末余额 借方	期末余额 贷方
26	短期借款		4 280 000	400 000	2 400 000		6 280 000
27	应付票据		890 000		3 333 600		4 223 600
28	应付账款		4 530 000	2 124 400	2 326 800		4 732 400
29	预收账款		5 145 000	7 436 000	2 400 000		109 000
30	应付职工薪酬		1 250 000	13 009 000	14 439 000		2 680 000
31	应交税费		2 136 000	2 258 200	7 083 780		6 961 580
32	应付利息		139 500		120 000		259 500
33	应付股利		258 000	20 000 000	20 000 000		258 000
34	其他应付款		60 000				60 000
35	长期借款		6 380 000	8 000 000	24 000 000		22 380 000
36	其中：将于一年内到期的长期借款		290 000				
37	长期应付款		820 000				820 000
38	股本		11 000 000		7 874 000		117 874 000
39	资本公积		13 060 000		36 942 800		50 002 800
40	盈余公积		5 500 000		24 500 000		30 000 000
41	利润分配		86 600 000	89 000 000	114 500 000		112 100 000
42	本年利润		63 910 000	86 778 000	22 868 000		
43	生产成本	973 500		14 008 250	13 910 000	1 071 750	
44	制造费用			2 485 250	2 485 250		
45	主营业务收入			22 700 000	22 700 000		
46	其他业务收入			100 000	100 000		
47	营业外收入			68 000	68 000		
48	主营业务成本			11 250 500	11 250 500		
49	其他业务成本			60 000	60 000		

续表

序号	会计科目	期初余额 借方	期初余额 贷方	本期发生额 借方	本期发生额 贷方	期末余额 借方	期末余额 贷方
50	税金及附加			1 405 780	1 405 780		
51	销售费用			564 000	564 000		
52	管理费用			1 290 720	1 290 720		
53	财务费用			129 000	129 000		
54	营业外支出			48 000	48 000		
55	所得税费用			2 030 000	2 030 000		
	合计	330 442 500	330 442 500	446 057 560	446 057 560	384 518 880	384 518 880

3. 根据表8-5、表8-6的资料编制2018年12月31日的资产负债表，即年报，如表8-7所示。

表8-7　　　　　　　　　　　　资产负债表　　　　　　　　　　　会企01表

编制单位：江南服装股份有限公司　　　2018年12月31日　　　　　　　单位：元

资产	期末余额	期初余额	负债和所有者权益（或股东权益）	期末余额	期初余额
流动资产：		略	流动负债：		略
货币资金	155 987 430		短期借款	6 280 000	
交易性金融资产			交易性金融负债		
衍生金融资产			衍生金融负债		
应收票据及应收账款	10 014 000		应付票据及应付账款	8 956 000	
预付款项	752 000		预收款项	109 000	
其他应收款	215 000		合同负债		
存货	8 115 450		应付职工薪酬	2 680 000	
合同资产			应交税费	6 961 580	
持有待售资产			其他应付款	577 500	
一年内到期的非流动资产	49 000		持有待售负债		
其他流动资产			一年内到期的非流动负债	290 000	
流动资产合计	175 132 880		其他流动负债		
非流动资产：			流动负债合计	25 854 080	
债权投资			非流动负债		
其他债权投资			长期借款	22 090 000	
长期应收款	1 073 000		应付债券		

续表

资产	期末余额	期初余额	负债和所有者权益（或股东权益）	期末余额	期初余额
长期股权投资	11 000 000		其中：优先股		
其他权益工具投资			永续债		
其他非流动金融资产			长期应付款	820 000	
投资性房地产			预计负债		
固定资产	147 846 000		递延收益		
在建工程	18 095 000		递延所得税负债		
生产性生物资产			其他非流动负债		
油气资产			非流动负债合计	22 910 000	
无形资产	5 460 000		负债合计	48 764 080	
开发支出			所有者权益		
商誉			（或股东权益）		
长期待摊费用	134 000		实收资本（或股本）	117 874 000	
递延所得税资产			其他权益工具		
其他非流动资产			其中：优先股		
非流动资产合计	183 608 000		永续债		
			资本公积	50 002 800	
			减：库存股		
			其他综合收益		
			盈余公积	30 000 000	
			未分配利润	112 100 000	
			所有者权益（或股东权益）合计	309 976 800	
资产总计	358 740 880	略	负债和所有者权益（或股东权益）总计	358 740 880	略

第三节　利润表

一、利润表的概念与作用

（一）利润表的概念

利润表，又称损益表或收益表，是反映企业在一定会计期间（月份、季度、半年度、年度）经营成果的会计报表。它是一张动态报表，其编制的理论依据是"收入－费用＝利润"这一基本会计恒等式，它能反映企业在一定时期内的经营成果及其经营成果的构成情况。它不仅是企业经营业绩的综合体现，而且是企业进行利润分配的主要依据，因此，利润表是企业财务报表中的一张重要报表。

（二）利润表的作用

利润表可以反映企业经营成果的构成情况，对投资者、债权人、政府部门和其他会计信息使用者全面了解企业的经营业绩，分析企业的获利能力及盈利增长趋势，具有十分重要的意义。利润表的具体作用主要表现在以下四个方面：

1. 通过利润表可以了解企业的经营成果构成和评价企业的获利能力

在利润表中提供企业在一定期间内营业利润、利润总额、净利润、每股收益等各项指标，便于信息使用者全面地了解经营成果的构成情况，评价企业的经营能力与获利能力的水平，对企业经营业绩做出正确的评价。

2. 通过利润表可以考核企业管理水平的高低

在利润表中提供了企业营业收入、各项成本费用支出的形成情况，有利于全方位地了解形成企业利润的主要因素。对研究未来营业收入的市场发展前景，加强企业的成本费用水平的控制，提高企业的经济效益，评价企业管理水平的高低，有着十分重要的作用。

3. 通过利润表可以评价企业纳税情况

我国税务部门征收企业的所得税计算的主要依据是利润表上的利润总额，税务部门可以根据利润表上的有关数据检查企业是否足额纳税，从而促进企业诚信纳税，保证国家税收足额上缴。

4. 通过利润表可以使股东了解企业可供分配利润

利润表中的净利润是企业进行利润分配的主要来源，能使每个股东都清楚企业可供分配的利润有多少，从而保护每一个股东的利益，让每一个股东更加清楚企业的盈利能力与盈利水平的发展趋势。

二、利润表的格式

利润表从形式上来看可以分为表头、表体两部分。表头部分主要包括报表名称、编制单位、编制日期及金额单位等元素；表体部分主要包括利润形成的各个项目，如：营业利润、利润总额、净利润及每股收益等项目。利润表在反映利润形成的过程中主要采用两种不同格式：一种是单步式利润表，另一种是多步式利润表。

（一）单步式利润表

单步式利润表是将当期全部收入合计抵减当期全部支出后，计算出当期损益的一种利润表。单步式利润表是以"收入－费用＝利润"这一公式为理论基础，将企业收入、费用、利润三大要素分别列示出来,反映企业利润形成的过程。由于计算的过程只有一个相减的步骤,故称为单步式利润表。单步式利润表的格式如表8-8所示。

表8-8　　　　　　　　　　　利润表　　　　　　　　　　　　会企02表

编制单位:　　　　　　　　　　年　月　　　　　　　　　　　　单位:元

项目	行次	本期金额	上期金额
一、收入			
主营业务收入			
其他业务收入			
公允价值变动收益(损失以"-"号填列)			
投资收益(损失以"-"号填列)			
营业外收入			
收入合计			
二、费用			
主营业务成本			
其他业务成本			
税金及附加			
销售费用			
管理费用			
财务费用			
资产减值损失			
营业外支出			
所得税费用			
费用合计			
三、净利润			

单步式利润表具有的优点是编制方法简单,收入与费用归类清楚,初学者易掌握。但也存在一定的不足之处,收入与费用不能配比,无法揭示企业利润构成中各要素之间的联系,把企业的收入和费用绞在一起,这样不便于信息使用者利用报表对企业的经营成果进行评价与分析。因此,单步式的利润表只适用于业务比较简单的某些行业。

(二)多步式利润表

多步式利润表也是以"收入-费用=利润"这一公式为理论基础,但它是按照利润的构成内容分多个层次来计算利润而编成的一种报表。表中根据企业经营活动的主次关系和经营活动对利润的影响程度进行排列编制的,把企业的经营利润与非经营利润按照收入与费用配比的原则分开列示,得出一些中间利润指标,反映了形成净利润的各要素之间的内在联系。多步式利润表的格式如表8-9所示。

表8-9　　　　　　　　　　　　利润表

编制单位：　　　　　　　　　　　　年　月　　　　　　　　单位：元　币种：人民币

项目	本期金额	上期金额
一、营业收入		
减：营业成本		
税金及附加		
销售费用		
管理费用		
研发支出		
财务费用		
其中：利息费用		
利息收入		
资产减值损失		
信用减值损失		
加：其他收益		
投资收益（损失以"-"号填列）		
其中：对联营企业和合营企业的投资收益		
净敞口套期收益（损失以"-"号填列）		
公允价值变动收益（损失以"-"号填列）		
资产处置收益（损失以"-"号填列）		
二、营业利润（亏损以"-"号填列）		
加：营业外收入		
减：营业外支出		
三、利润总额（亏损总额以"-"号填列）		
减：所得税费用		
四、净利润（净亏损以"-"号填列）		
（一）持续经营净利润（净亏损以"-"号填列）		
（二）终止经营净利润（净亏损以"-"号填列）		

续表

项目	本期金额	上期金额
五、其他综合收益的税后净额		
（一）以后不能重分类进损益的其他综合收益		
1. 重新计量设定受益计划净负债或净资产的变动		
2. 权益法下在被投资单位不能重分类进损益的其他综合收益中享有的份额		
3. 其他权益工具投资公允价值变动		
4. 企业自身信用风险公允价值变动		
……		
（二）以后将重分类进损益的其他综合收益		
1. 权益法下在被投资单位以后将重分类进损益的其他综合收益中享有的份额		
2. 其他债权投资公允价值变动损益		
3. 其他债权投资信用减值准备		
4. 金融资产重分类计入其他综合收益的金额		
5. 现金流量套期损益的有效部分		
6. 外币财务报表折算差额		
……		
六、综合收益总额		
七、每股收益		
（一）基本每股收益（元/股）		
（二）稀释每股收益（元/股）		

法定代表人：　　　　　主管会计工作负责人：　　　　　会计机构负责人：

　　多步式利润表具有的优点是按照利润的性质分步计算有关利润指标（如营业利润、利润总额、净利润），利润表中的收入和费用合理配比，揭示了利润表中各要素之间的内在联系，有利于信息使用者利用这些指标分析与评价企业的经营业绩，预测企业盈利能力的变化趋势。但是，多步式利润表也存在一定的不足，它编制时方法比较复杂，过程较烦琐，其内容较难理解。尽管如此，世界上较多的国家都采用多步式的利润表，根据中国的国情，我国在《企业会计准则》中规定采用多步式结构来编制利润表。

三、利润表的编制方法
（一）编制利润表的资料来源

　　利润表是一张动态的报表，它要反映企业在某一期间经营成果，因此，其数据来源主要是损益类账户的本期发生额和上期利润表中的"本期金额"栏内的数据。

（二）利润表的一般填制方法

利润表中所有的项目都是根据上期的利润表和损益类总分类账户的本期发生额直接或计算和分析后填列。利润表通常分为"本期金额"和"上期金额"两栏，以反映两个不同的报告期有关的利润指标构成的情况，通过不同期间相同指标的比较，使信息使用者了解与分析企业经营业绩的变化趋势。其填列方法主要有以下几种：

1. "上期金额"的列报方法

利润表中"上期金额"栏内各项数字，应根据上年同期利润表"本期金额"栏内所列数字填列。

2. "本期金额"栏的列报方法

利润表"本期金额"栏内各项数字一般应根据损益类总分类账户的本期发生额分析填列：

（1）根据有关损益类总分类账户的本期借方或贷方发生额净额直接填列。在利润表中绝大部分项目都是直接根据总分类账户中损益类账户的本期借方或贷方的发生额净额直接填列的。如税金及附加、销售费用、管理费用、财务费用、资产减值损失、公允价值变动收益、营业外收入、营业外支出、所得税费用等账户的发生额净额。

（2）根据有关损益类总分类账户的本期借方或贷方发生额相加之和填列。在利润表中有些项目与账户名称不一致时，应根据该项目的性质与有关损益类科目之间的关系，由两个以上的损益类总分类账户发生额相加之和来填列。如"营业收入"项目，应根据"主营业务收入""其他业务收入"两个总分类账户的贷方发生额净额相加之后的数据填列。

（3）根据利润表中自身的项目计算后再填列。在利润表中有的项目是根据已填列的数据计算后的结果填列的，提供一些中间性的利润指标，有利于信息使用者全面分析企业经营成果构成的原因。如营业利润、利润总额、净利润等项目都是根据利润表中的数据再计算填列的。

（4）根据利润表中的净利润及其他有关因素计算后填列。在利润表中，"其他综合收益"、"综合收益总额"、"每股收益"（含"基本每股权益""稀释每股权益"）等项目，是根据净利润及其他有关因素分析计算后填列的。

（三）利润表中"本期金额"栏中主要项目的具体填列方法

（1）"营业收入"项目，反映企业经营主营业务和其他业务所确认的收入总额。本项目应根据"主营业务收入"及"其他业务收入"总分类账户的发生额净额相加填列。

(2)"营业成本"项目,反映企业经营主营业务和其他业务所发生的成本总额。本项目应根据"主营业务成本"及"其他业务成本"总分类账户的发生额净额相加填列。

(3)"税金及附加"项目,反映企业经营业务应负担的消费税、城市维护建设税、房产税、车船使用税、资源税、土地增值税,以及教育费附加、印花税等。本项目应根据"税金及附加"总分类账户的发生额净额填列。

(4)"销售费用"项目,反映企业在销售商品过程中发生的包装费、广告费等费用和为销售本企业商品而专设的销售机构的职工薪酬、业务费等经营费用。本项目应根据"销售费用"总分类账户的发生额净额填列。

(5)"管理费用"项目,反映企业为组织和管理生产经营发生的管理费用。本项目应根据"管理费用"总分类账户的发生额净额填列。

(6)"研发费用"项目,反映企业在研究与开发过程中发生的费用化支出。

(7)"财务费用"项目,反映企业筹集生产经营所需资金等而发生的筹资费用。本项目应根据"财务费用"总分类账户的发生额净额填列。

(8)"资产减值损失"项目,反映企业各项资产发生的减值损失。本项目应根据"资产减值损失"总分类账户的发生额净额填列。

(9)"信用减值损失"项目,反映企业按照《企业会计准则第22号——金融工具确认和计量》(2017年修订)的要求计提的各项金融工具减值准备所形成的预期信用损失。

(10)"其他收益"项目,反映计入其他收益的政府补助、企业收到的代扣个人所得税手续费返还等。该项目应根据在损益类科目新设置的"其他收益"科目的发生额分析填列。

(11)"投资收益"项目,反映企业以各种方式对外投资所取得的收益。本项目应根据"投资收益"总分类账户的贷方发生额净额填列;若"投资收益"总分类账户为借方发生额净额,即为投资损失,此时,本项目以"-"号填列。

(12)"公允价值变动收益"项目,反映企业应当计入当期损益的资产或负债公允价值变动收益。本项目应根据"公允价值变动损益"总分类账户的贷方发生额净额填列;若"公允价值变动损益"总分类账户为借方发生额净额,即为公允价值变动损失,此时,本项目以"-"号填列。

(13)"资产处置收益"项目,反映企业出售划分为持有待售的非流动资产(金融工具、长期股权投资和投资性房地产除外)或处置组(子公司和业务除外)时确认的处置利得或损失,以及处置未划分为持有待售的固定资产、在建工程、生产性生物资产及无形资产而产生的处置利得或损失。债务重组中因处置非流动资产产生的利得或损失和非货币性资产交换产生的利得或损失也包括在本项目内。该项目应根据在损益类科目新设置的"资产处置损益"科目的发生额分析填列；如为处置损失，以"-"号填列。

（14）"营业利润"项目，反映企业实现的营业利润。本项目是根据表中自身项目加减后的数额填列。如为亏损，本项目以"-"号填列。

（15）"营业外收入"项目，反映企业发生的营业利润以外的收益，主要包括债务重组利得、与企业日常活动无关的政府补助、盘盈利得、捐赠利得等。该项目应根据"营业外收入"科目的发生额分析填列。

（16）"营业外支出"项目，反映企业发生的营业利润以外的支出，主要包括债务重组损失、公益性捐赠支出、非常损失、盘亏损失、非流动资产毁损报废损失等。该项目应根据"营业外支出"科目的发生额分析填列。

（17）"利润总额"项目，反映企业实现的利润。本项目是根据表中自身项目"营业利润＋营业外收入－营业外支出"项目的数额填列。如为亏损，本项目以"-"号填列。

（18）"所得税费用"项目，反映企业应从当期应纳税所得额中扣缴的所得税费用。本项目应根据"所得税费用"总分类账户的发生额净额填列。

（19）"净利润"项目，反映企业实现的净利润。本项目是根据表中自身项目"利润总额"扣除"所得税费用"后的数额填列。如为亏损，本项目以"-"号填列。

（20）"（一）持续经营净利润"和"（二）终止经营净利润"项目，分别反映净利润中与持续经营相关的净利润和与终止经营相关的净利润；如为净亏损，以"-"号填列。该两个项目应按照《企业会计准则第42号——持有待售的非流动资产、处置组和终止经营》的相关规定分别列报。

（21）"其他综合收益"反映企业根据企业会计准则规定未在损益中确认的各项利得和损失扣除所得税影响后的净额。其他综合收益项目应当根据其他相关会计准则的规定分为下列两类列报：一是以后不能重分类进损益的其他综合收益项目，包括重新计量设定受益计划净负债或净资产的变动、权益法下在被投资单位不能重分类进损益的其他综合收益中享有的份额、其他权益工具投资公允价值变动、企业自身信用风险公允价值变动；二是以后将重分类进损益的其他综合收益项目，主要包括权益法下在被投资单位以后将重分类进损益的其他综合收益中享有的份额、其他债权投资公允价值变动损益、金融资产重分类转入损益的累计利得或损失、其他债权投资信用减值准备、现金流量套期损益的有效部分、外币财务报表折算差额及其他等项目。

（22）"综合收益总额"是指企业在某一期间除与所有者以其所有者身份进行的交易之外的其他交易或事项所引起的所有者权益变动，它是企业净利润与其他综合收益的合计金额。

（23）每股收益，包括"基本每股权益"和"稀释每股权益"项目，是反映普通股或潜在普通股已公开交易的企业,以及正处于公开发行普通股或潜在普通股过程中的企业所列示的每股权益信息。具体的计算、填列方法参见《企业会计准则第 34 号——每股收益》中的规定。

(四)多步式利润表中主要项目的计算公式

多步式利润表主要按照三个步骤来编制,在这三个步骤中主要用以下公式计算出企业的营业利润、利润总额和净利润三个指标,其计算公式见式 (8.1)、式 (8.2)、式 (8.3)。

1. 营业利润 = 营业收入 – 营业成本 – 税金及附加 – 销售费用 – 管理费用 – 研发费用 – 财务费用 – 资产减值损失 – 信用减值损失 + 其他收益 + 投资收益 (或 – 投资损失) + 净敞口套期收益 (或 – 净敞口套期损失) + 公允价值变动收益 (或 – 公允价值变动损失) + 资产处置收益 (或 – 资产处置损失)   (8.1)

其中:营业收入 = 主营业务收入 + 其他业务收入   (8.1.1)

营业成本 = 主营业务成本 + 其他业务成本   (8.1.2)

2. 利润总额 = 营业利润 + 营业外收入 – 营业外支出   (8.2)

3. 净利润 = 利润总额 – 所得税费用   (8.3)

(五)利润表具体编制方法举例

【例 8 – 3】根据表 8 – 6 中的试算平衡表及有关总账和明细账的相关资料,编制 2018 年 12 月份的公司利润表,即月报的编制。

基本步骤:

1. 根据表 8 – 6 中的试算平衡表及有关总账和明细账的相关资料,编制江南服装股份有限公司 2018 年 12 月份月度利润表,如表 8 – 10 所示。

表 8 – 10   利润表   企业 02 表

编制单位:江南服装股份有限公司   2018 年 12 月   单位:元

项目	本期金额	上期金额
一、营业收入	22 800 000	
减:营业成本	11 310 500	
税金及附加	1 405 780	
销售费用	564 000	
管理费用	1 290 720	
研发费用		
财务费用	129 000	
其中:利息费用	129 000	
利息收入		
资产减值损失		

续表

项目	本期金额	上期金额
信用减值损失		
加：其他收益		
投资收益（损失以"-"号填列）		
其中：对联营企业和合营企业的投资收益		
净敞口套期收益（损失以"-"号填列）		
公允价值变动损益（损失以"-"号填列）		
资产处置收益（损失以"-"号填列）		
其他收益		
二、营业利润（亏损以"-"号填列）	8 100 000	
加：营业外收入	68 000	
减：营业外支出	48 000	
三、利润总额（亏损总额以"-"号填列）	8 120 000	
减：所得税费用	2 030 000	
四、净利润（净亏损以"-"号填列）	6 090 000	
（一）持续经营净利润（净亏损以"-"号填列）		
（二）终止经营净利润（净亏损以"-"号填列）		
五、其他综合收益的税后净额		
（一）以后不能重分类进损益的其他综合收益		
1. 重新计量设定受益计划净负债或净资产的变动		
2. 权益法下在被投资单位不能重分类进损益的其他综合收益中享有的份额		
3. 其他权益工具投资公允价值变动		
4. 企业自身信用风险公允价值变动		
……		
（二）以后将重分类进损益的其他综合收益		
1. 权益法下在被投资单位以后重分类进损益的其他综合收益中享有的份额		
2. 其他债权投资公允价值变动损益		
3. 其他债权投资信用减值准备		
4. 金融资产重分类转入损益的累计利得或损失		
5. 现金流量套期损益的有效部分		

续表

项目	本期金额	上期金额
6. 外币财务报表折算差额		
……		
六、综合收益总额		
七、每股收益		
（一）基本每股收益（元/股）		
（二）稀释每股收益（元/股）		

法定代表人：　　　　　主管会计工作负责人：　　　　　会计机构负责人：

2. 12月份利润表项目（即表8-10）的数据计算过程如下：

(1) 营业收入 = 12月主营业务收入 + 12月其他业务收入
　　　　　　= 22 700 000 + 100 000 = 22 800 000（元）

(2) 营业成本 = 12月主营业务成本 + 12月其他业务成本
　　　　　　= 11 250 500 + 60 000 = 11 310 500（元）

(3) 营业利润 = 12月营业收入 - 12月营业成本 - 12月税金及附加 - 12月销售费用 - 12月管理费用 - 12月研发费用 - 12月财务费用 - 12月资产减值损失 - 12月信用减值损失 + 12月其他收益 + 12月投资收益（或 - 投资损失）+ 12月公允价值变动收益（或 - 公允价值变动损失）+ 12月资产处置收益（或 - 资产处置损失）
　　　　　　= 22 800 000 - 11 310 500 - 1 405 780 - 564 000 - 1 290 720 - 129 000 = 8 100 000（元）

(4) 利润总额 = 12月营业利润 + 12月营业外收入 - 12月营业外支出
　　　　　　= 8 100 000 + 68 000 - 48 000 = 8 120 000（元）

(5) 净利润 = 利润总额 - 12月所得税费用
　　　　　= 8 120 000 - 2 030 000 = 6 090 000（元）

【例8-4】根据表8-10中的利润表及假设的1~11月各月利润表的汇总数（见表8-11），编制江南服装股份有限公司2018年度利润表，即利润表年报的编制。

表8-11　　　　　　　　　　　利润表　　　　　　　　　　企业02表
编制单位：江南服装股份有限公司　　2018年1~11月份　　　　　　单位：元

项目	本期金额	上期金额
一、营业收入	228 912 000	（略）

续表

项目	本期金额	上期金额
减：营业成本	104 000 000	
税金及附加	14 800 000	
销售费用	4 322 000	
管理费用	16 430 000	
研发费用		
财务费用	840 000	
其中：利息费用	840 000	
利息收入		
资产减值损失		
信用减值损失		
加：其他收益		
投资收益（损失以"-"号填列）		
其中：对联营企业和合营企业的投资收益		
净敞口套期收益（损失以"-"号填列）		
公允价值变动收益（损失以"-"号填列）		
资产处置收益（损失以"-"号填列）		
二、营业利润（亏损以"-"号填列）	88 520 000	
加：营业外收入	128 633.64	
减：营业外支出	3 435 300.31	
三、利润总额（亏损总额以"-"号填列）	85 213 333.33	
减：所得税费用	21 303 333.33	
四、净利润（净亏损以"-"号填列）	63 910 000	
（一）持续经营净利润（净亏损以"-"号填列）		
（二）终止经营净利润（净亏损以"-"号填列）		
五、其他综合收益的税后净额		
（一）以后不能重分类进损益的其他综合收益		
1. 重新计量设定受益计划净负债或净资产的变动		
2. 权益法下在被投资单位不能重分类进损益的其他综合收益中享有的份额		
3. 其他权益工具投资公允价值变动		
4. 企业自身信用风险公允价值变动		

续表

项目	本期金额	上期金额
……		
（二）以后将重分类进损益的其他综合收益		
1. 权益法下在被投资单位以后将重分类进损益的其他综合收益中享有的份额		
2. 其他债权投资公允价值变动损益		
3. 其他债权投资信用减值准备		
4. 金融资产重分类转入损益的累计利得或损失		
5. 现金流量套期损益的有效部分		
6. 外币财务报表折算差额		
……		
六、综合收益总额		
七、每股收益		
（一）基本每股收益（元/股）		
（二）稀释每股收益（元/股）		

基本步骤：

1. 根据上述资料，编制 2018 年度江南服装股份有限公司的年度利润表，如表 8-12 所示。

表 8-12　　　　　　　　　　　　利润表　　　　　　　　　　　　企业 02 表

编制单位：江南服装股份有限公司　　　　2018 年度　　　　　　　　单位：元

项目	本期金额	上期金额
一、营业收入	251 712 000	（略）
减：营业成本	115 310 500	
税金及附加	16 205 780	
销售费用	4 886 000	
管理费用	17 720 720	
研发费用		
财务费用	969 000	
其中：利息费用	969 000	
利息收入		
资产减值损失		

续表

项目	本期金额	上期金额
信用减值损失		
加：其他收益		
投资收益（损失以"-"号填列）		
其中：对联营企业和合营企业的投资收益		
净敞口套期收益（损失以"-"号填列）		
公允价值变动收益（损失以"-"号填列）		
资产处置收益（损失以"-"号填列）		
二、营业利润（亏损以"-"号填列）	96 620 000	
加：营业外收入	196 633.64	
减：营业外支出	3 483 300.31	
三、利润总额（亏损总额以"-"号填列）	93 333 333.33	
减：所得税费用	23 333 333.33	
四、净利润（净亏损以"-"号填列）	70 000 000.00	
（一）持续经营净利润（净亏损以"-"号填列）		
（二）终止经营净利润（净亏损以"-"号填列）		
五、其他综合收益的税后净额		
（一）以后不能重分类进损益的其他综合收益		
1. 重新计量设定受益计划净负债或净资产的变动		
2. 权益法下在被投资单位不能重分类进损益的其他综合收益中享有的份额		
3. 其他权益工具投资公允价值变动		
4. 企业自身信用风险公允价值变动		
……		
（二）以后将重分类进损益的其他综合收益		
1. 权益法下在被投资单位以后将重分类进损益的其他综合收益中享有的份额		
2. 其他债权投资公允价值变动损益		
3. 其他债权投资信用减值准备		
4. 金融资产重分类转入损益的累计利得或损失		
5. 现金流量套期损益的有效部分		
6. 外币财务报表折算差额		

续表

项目	本期金额	上期金额
……		
六、综合收益总额		
七、每股收益		
（一）基本每股收益（元/股）		
（二）稀释每股收益（元/股）		

2. 2018 年度利润表的金额数应当等于 12 月相应项目金额数与 1~11 月各月利润表相应项目金额数之和。因此，利润表 8-12 中有关项目的数据计算过程如下：

（1）营业收入
= 12 月主营业务收入 + 12 月其他业务收入 + 1~11 月营业收入
= 22 700 000 + 100 000 + 228 912 000 = 251 712 000（元）

（2）营业成本
= 12 月主营业务成本 + 12 月其他业务成本 + 1~11 月营业成本
= 11 250 500 + 60 000 + 104 000 000 = 115 310 500（元）

（3）营业利润
= 营业收入 – 营业成本 –（12 月税金及附加 + 1~11 月税金及附加）
 –（12 月销售费用 + 1~11 月销售费用）–（12 月管理费用
 + 1~11 月管理费用）–（12 月研发费用 + 1~11 月研发费用）
 –（12 月财务费用 + 1~11 月财务费用）– 1~12 月资产减值损失
 – 1~12 月信用减值损失 + 1~12 月其他收益 + 1~12 月投资收益
 （或 – 投资损失）+ 1~12 月公允价值变动收益
 （或 – 公允价值变动损失）+ 1~12 月资产处置收益（或 – 资产处置损失）
= 251 712 000 – 115 310 500 –（1 405 780 + 14 800 000）–（564 000 + 4 322 000）
 –（1 290 720 + 16 430 000）–（129 000 + 840 000）= 96 620 000（元）

（4）利润总额
= 营业利润 +（12 月营业外收入 + 1~11 月营业外收入）
 –（12 月营业外支出 + 1~11 月营业外支出）
= 96 620 000 +（68 000 + 128 633.64）–（48 000 + 3 435 300.31）
= 93 333 333.33（元）

（5）净利润
= 利润总额 –（12 月所得税费用 + 1~11 月所得税费用）
= 93 333 333.33 –（2 030 000 + 21 303 333.33）= 70 000 000（元）

第四节 现金流量表

一、现金流量表的概念与作用

（一）现金流量表的概念

现金流量表，是反映企业一定会计期间现金和现金等价物流入和流出情况的报表，如企业销售商品、提供劳务、出售固定资产，向银行借款等取得的现金，形成企业的现金流入；购买原材料、购进固定资产、对外投资等支付的现金，形成现金流出。因此，现金流量表是一张反映企业现金流量情况的报表，它反映企业一定会计期间内有关现金和现金等价物的流入和流出信息，它是以现金为基础编制的反映企业财务状况变动的报表。

（二）现金流量表的作用

在激烈的市场经济中，一个企业的现金流转情况往往会影响到一个企业的命运。企业有充裕的现金就能保证企业的生产与经营活动正常进行，反之，企业现金周转不灵，将会影响企业的生产经营活动，甚至危及企业的生存与发展。因此，信息的使用者除了关心企业的资产负债表、利润表等有关信息外，对企业的现金流量也很关注，现金流量表已成为判断企业财务管理水平高低的一个重要标志。编制现金流量表的主要目的是为财务报表的使用者提供企业在一定时期内现金及现金等价物流入和流出的信息，以便信息使用者了解和评价企业获取现金和现金等价物的能力，据以推测企业未来现金流量的趋势。现金流量表的作用主要表现在以下几个方面：

1. 有助于评价企业的支付能力、偿债能力和周转能力

企业清偿债务、支付股利都需要现金，通过现金流量表可了解企业所拥有的现金总量，评价企业是否有能力通过生产经营活动产生的现金流量来偿还各项债务，能否保证现金流量在企业生产经营活动中正常周转，企业是否存在资金危机等情况。

2. 有助于企业预测未来产生现金净流量的能力

现金流量表所反映的是企业过去一定期间的现金流量，通过它可以预测企业未来产生的现金量，为企业编制现金流量计划、组织现金调度和合理节约使用现金提供依据，为财务报表的使用者作出正确的决策提供必要的信息。

3. 有助于评价收益质量及影响现金流量差异的原因

利润表中所列示的净利润，反映了企业的经营成果，但利润表是按权责发生

制标准来编制的,它不能反映企业经营活动产生了多少现金。而现金流量表是以现金收付实现制为基础计算而得的,如企业为使账面利润较高,以达到增发新股、配股圈钱的目的,人为地延长固定资产的使用寿命少计折旧,但是这并不影响现金流量;现金流量是一个客观数据,不像净收益那样可以通过会计政策的选择进行应计项目调整。所以,通过现金流量表,可以掌握企业经营活动产生多少现金流量,并与净利润进行比较,就可以了解企业净利润的质量,判断企业的财务发展前景如何。

4. 有助于我国的会计符合国际惯例

编制现金流量表有助于符合国际惯例,目前世界上许多国家都要求编制现金流量表。我国经济现已融入世界经济环境,我国的企业编制现金流量表,对开展跨国经营、境外筹资、加强国际经济合作有着十分重要的作用。

总之,利润表列报了公司一定时期实现的净利润,但未揭示其与现金流量的关系,资产负债表提供了公司货币资金期末与期初的增减变化,但未揭示其变化的原因。而现金流量表如同桥梁沟通了上述两张报表的会计信息,使上市公司的对外财务报表体系进一步完善,向投资者与债权人提供更全面、有用的信息,可以使信息使用者据此判断公司目前的财务状况以及未来的偿债能力和派现能力,从而作出正确决策。

二、现金的概念及现金流量表的编制基础

(一) 现金概念

现金流量表中的"现金"概念与我们在会计核算中"库存现金"的概念是不完全相同的,它包括"现金"和"现金等价物"两部分。

1. 现金

现金,是指企业库存现金以及可以随时用于支付的存款。不能随时用于支付的存款不属于现金。主要包括:库存现金、银行存款和其他货币资金。

(1) 库存现金。库存现金是指企业持有的可随时用于支付的现金,它与会计核算中"库存现金"总分类账户所包括的内容一致。

(2) 银行存款。银行存款是指企业存在金融机构的可随时用于支付的存款,它与会计核算中"银行存款"总分类账户所包括的内容基本一致,但也不完全一样,它不包括不能随时用于支付的存款。例如,不能随时用于支付的定期存款等不能作为现金流量表中的现金,但提前通知金融机构便可支取的定期存款则应包括在现金流量表的现金范围内。

(3) 其他货币资金。其他货币资金是指企业存在金融机构的外埠存款、银行汇票存款、银行本票存款、信用证保证金存款和投资款等,与"其他货币资金"总分类账户核算内容一致。

2. 现金等价物

现金等价物，是指企业持有的期限短、流动性强、易于转换为已知金额现金、价值变动风险很小的投资。其中，"期限短"一般是指从购买日起三个月内到期。例如，可在证券市场上流通的三个月内到期的短期债券等，而权益性投资变现的金额通常难以确定因而不属于现金等价物。

现金等价物虽然不是现金，但其支付能力与现金差别不大，可以视为现金。例如，企业为了保证支付能力，持有必要的一定数量的现金，为了不使现金闲置，可以用于购买短期债券，当需要现金时可以随时变卖成现金。现金等价物的概念，包含了判断一项投资是否属于现金等价物的四个条件，即期限短；流动性强；易于转换为已知金额的现金；价值变动风险很小。其中，期限短、流动性强，强调了变现能力；易于转换为已知金额的现金、价值变动风险很小，则强调了支付能力的大小。

(二) 现金流量表的编制基础

现金流量表是以"现金"及"现金等价物"为基础编制的，划分为经营活动、投资活动、筹资活动三部分，按照收付实现制的基础来编制的，必须将权责发生制下的盈利信息调整为收付实现制下的现金流量信息。

(三) 现金流量表的编制理论依据

通过前面的学习我们知道，编制资产负债表的理论依据是"资产 = 负债 + 所有者权益"；编制利润表的理论依据是"收入 - 成本费用 = 利润"。那么，现金流量表应该根据什么理论依据编制呢？如果我们把现金及现金等价物归到一起，设立一个综合账户，则这个账户应该属于资产类账户。资产类账户余额计算的关系式见式（8.4）：

期末余额 = 期初余额 + 借方发生额 - 贷方发生额   (8.4)

式（8.4）移项后得到式（8.5）：

借方发生额 - 贷方发生额 = 期末余额 - 期初余额   (8.5)

在式（8.5）中，借方发生额即为现金流入，贷方发生额即为现金流出，期末余额与期初余额之差即为现金净增加额。这样，式（8.5）就可以变为式（8.6）：

现金流入 - 现金流出 = 现金净增加额   (8.6)

式（8.6）就是编制现金流量表的基本恒等式，我们在实际工作中就是按照式（8.6）作为设计与编制现金流量表的理论依据。

三、现金流量的分类及现金净流量

(一) 现金流量的分类

根据企业生产经营活动的性质和现金流量的来源，在现金流量表准则中把企业一定期间产生的现金流量分为三类：经营活动产生的现金流量、投资活动产生的现金流量、筹资活动产生的现金流量。

1. 经营活动产生的现金流量

经营活动是指企业投资活动和筹资活动以外的所有交易和事项。就工商企业而言，经营活动主要包括：销售商品、提供劳务、经营租赁、购买商品、接受劳务、广告宣传、推销产品、支付税费等。

2. 投资活动产生的现金流量

投资活动指企业长期资产的购建和不包括在现金等价物范围内的投资及其处置活动。长期资产是指固定资产、无形资产、在建工程、其他资产等，持有期限在一年或一个经营周转期以上的资产。这里所说的投资活动既包括实物资产投资，也包括金融资产投资。

3. 筹资活动产生的现金流量

筹资活动是指导致企业资本及债务规模和构成发生变化的活动。这里所说的资本，既包括实收资本（或股本），也包括资本溢价（或股本溢价）；这里所说的债务，是指对外举债，包括向银行借款、发行债券以及偿还债务等。通常情况下，应付账款、应付票据等属于经营活动，不属于筹资活动。对于企业日常活动之外的、不经常发生的特殊项目，如自然灾害损失、保险索赔等特殊项目，应当根据其性质，分别归并到经营活动、投资活动和筹资活动现金流量类别中单独列报。

（二）现金净流量

现金净流量是指一定会计期间内企业全部现金流入量与全部现金流出量的差额，即现金及现金等价物的净增加额。

现金净流量的形成及其与现金流量之间的关系可用图8-4表示。

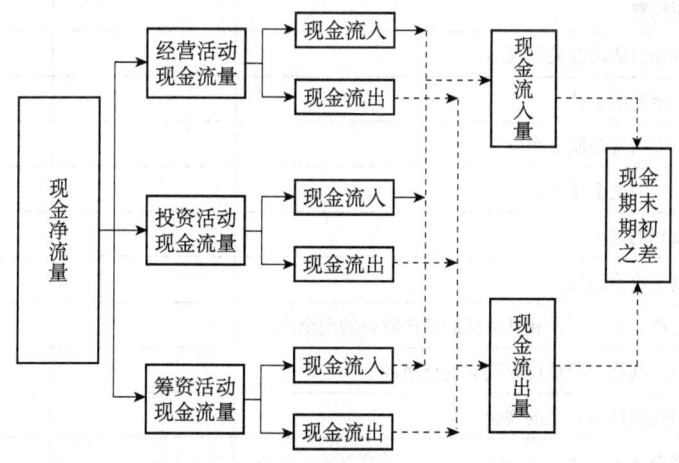

图8-4 现金净流量的形成及其与现金流量之间的关系

四、现金流量表的内容与结构

我国的现金流量表采用报告式结构,分为正表和附注(补充资料)两部分。

正表包括六项内容:(1)经营活动产生的现金流量;(2)投资活动产生的现金流量;(3)筹资活动产生的现金流量;(4)汇率变动对现金及现金等价物的影响;(5)现金及现金等价物的净增加额;(6)期末现金及现金等价物余额。

附注(补充资料)包括三部分内容:(1)将净利润调整为经营活动现金流量;(2)不涉及现金收支的重大投资和筹资活动;(3)现金及现金等价物净变动情况。我国一般企业现金流量表的内容及格式如下。

(一)现金流量表正表内容及格式

现金流量表正表部分的内容与结构如表8-13所示。

表8-13　　　　　　　　　　现金流量表　　　　　　　　　　会企03表

编制单位:　　　　　　　　　　　年　月　　　　　　　　　　　单位:元

项目	本期金额	上期金额
一、经营活动产生的现金流量:		
销售商品、提供劳务收到的现金		
收到的税费返还		
收到其他与经营活动有关的现金		
经营活动现金流入小计		
购买商品、接受劳务支付的现金		
支付给职工以及为职工支付的现金		
支付的各项税费		
支付其他与经营活动有关的现金		
经营活动现金流出小计		
经营活动产生的现金流量净额		
二、投资活动产生的现金流量:		
收回投资收到的现金		
取得投资收益收到的现金		
处置固定资产、无形资产和其他长期资产收回的现金净额		
处置子公司及其他营业单位收到的现金净额		
收到其他与投资活动有关的现金		
投资活动现金流入小计		
购建固定资产、无形资产和其他长期资产支付的现金		

续表

项目	本期金额	上期金额
投资支付的现金		
取得子公司及其他营业单位支付的现金净额		
支付其他与投资活动有关的现金		
投资活动现金流出小计		
投资活动产生的现金流量净额		
三、筹资活动产生的现金流量：		
吸收投资收到的现金		
取得借款收到的现金		
收到其他与筹资活动有关的现金		
筹资活动现金流入小计		
偿还债务支付的现金		
分配股利、利润或偿付利息支付的现金		
支付其他与筹资活动有关的现金		
筹资活动现金流出小计		
筹资活动产生的现金流量净额		
四、汇率变动对现金及现金等价物的影响		
五、现金及现金等价物净增加额		
加：期初现金及现金等价物余额		
六、期末现金及现金等价物余额		

（二）现金流量表附注格式

我国的现金流量表附注（补充资料）部分的内容与结构如表 8-14 所示。

表 8-14　　　　　　　　　　现金流量表附注

补充资料	本期金额	上期金额
1. 将净利润调节为经营活动现金流量：		
净利润		
加：资产减值准备		
固定资产折旧、油气资产折耗、生产性生物资产折旧		
无形资产摊销		
长期待摊费用摊销		

续表

补充资料	本期金额	上期金额
处置固定资产、无形资产和其他长期资产的损失（收益以"－"号填列）		
固定资产报废损失（收益以"－"号填列）		
公允价值变动损失（收益以"－"号填列）		
财务费用（收益以"－"号填列）		
投资损失（收益以"－"号填列）		
递延所得税资产减少（增加以"－"号填列）		
递延所得税负债增加（减少以"－"号填列）		
存货的减少（增加以"－"号填列）		
经营性应收项目的减少（增加以"－"号填列）		
经营性应付项目的增加（减少以"－"号填列）		
其他		
经营活动产生的现金流量净额		
2. 不涉及现金收支的重大投资和筹资活动：		
债务转为资本		
一年内到期的可转换公司债券		
融资租入固定资产		
3. 现金及现金等价物净变动情况：		
现金的期末余额		
减：现金的期初余额		
加：现金等价物的期末余额		
减：现金等价物的期初余额		
现金及现金等价物净增加额		

五、现金流量表编制方法及程序

（一）直接法和间接法

我国企业会计准则中规定，企业编制现金流量表正表部分采用直接法编制，附注（补充资料）部分采用间接法编制。

1. 直接法

直接法要求在现金流量表中通过现金流入量或现金流出量来计算和表达经营活动现金流量信息，也就是直接表现经营活动现金的来源渠道和用途。采用直接法编制的现金流量表，便于分析企业经营活动现金流量的来源与用途，有利于分析企业未来现金流量的前景。

2. 间接法

间接法是指以本期净利润为起点，调整不涉及现金的收入、费用、营业外收支以及应收应付等项目的增减变动，据此计算并列报经营活动的现金流量。采用间接法编制现金流量表，便于对净利润与经营活动现金净流量进行比较，了解净利润与经营活动现金流量差异的原因，从现金流量的角度分析净利润的质量。

直接法的优点是显示了经营活动现金流量的各项流入流出的内容，有助于预测未来经营活动产生的现金流量，更能揭示企业从经营活动中产生足够现金来偿付其债务的能力、进行再投资的能力和支付股利的能力。而间接法是在净利润的基础上调整不涉及现金的收入、费用、营业外收支以及应收应付等项目的增减变动，据此计算并列报经营活动的现金流量，间接法的优点是有利于分析影响现金流量的原因以及从现金流量的角度分析企业净利润的质量。以上两种方法虽然计算的基础不一样，但计算出来的经营活动产生的现金流量净额是相等的。

（二）工作底稿法、T型账户法和简化方法（分析法）

在具体编制现金流量表时，可以采用工作底稿法或T型账户法，也可以简化地根据有关账户记录分析填列。下面介绍工作底稿法、T型账户法及简化方法（分析法）编制现金流量表的程序。

1. 工作底稿法

采用工作底稿法编制现金流量表，是以工作底稿为手段，以资产负债表和利润表数据为基础，对每一项目进行分析并编制调整分录，从而编制现金流量表。工作底稿法的程序是：

第一步，将资产负债表的期初数和期末数填入工作底稿的期初数栏和期末数栏。

第二步，对当期业务进行分析并编制调整分录。编制调整分录时，要以利润表的项目为基础，从"营业收入"开始，结合资产负债表项目逐一进行分析。在调整分录中，有关现金和现金等价物的事项，并不直接借记或贷记现金，而是分别计入"经营活动产生的现金流量""投资活动产生的现金流量""筹资活动产生的现金流量"有关项目。借记表示现金流入，贷记表示现金流出。

第三步，将调整分录填入工作底稿中的相应部分。

第四步，核对调整分录，借方、贷方合计数均已经相等，资产负债表项目期初数加减调整分录中的借贷金额以后，也等于期末数。

第五步，根据工作底稿中的现金流量表项目部分编制正式的现金流量表。

2. T型账户法

采用T型账户法编制现金流量表，是以T型账户为手段，以资产负债表和利

润表数据为基础,对每一项目进行分析并编制调整分录,从而编制现金流量表。T 型账户法的程序是:

第一步,为所有的非现金项目(包括资产负债表项目和利润表项目)分别开设 T 型账户,并将各自的期末、期初变动数过入各相关账户。如果项目的期末数大于期初数,则将差额填入和项目余额相同的方向;反之,填入相反的方向。

第二,开设一个大的"现金及现金等价物"T 型账户,每边分为经营活动、投资活动和筹资活动三个部分,左边记现金流入,右边记现金流出。与其他账户一样,过入期末期初变动数。

第三步,以利润表的项目为基础,结合资产负债表分析每一个非现金项目的增减变动,并据此编制调整分录。

第四步,将调整分录过入各 T 型账户并进行核对,该账户借贷相抵后的余额与原先过入的期末期初变动数应当一致。

第五步,根据大的"现金及现金等价物"T 型账户编制正式的现金流量表。

3. 简化方法(分析法)

除以上两种方法外,在实际工作中对经济业务不多且不复杂的企业通常采用简化的方法来分析编制,其具体程序如下:

第一步,分析涉及现金流量的账户,即现金和银行存款变化的原因。

第二步,对现金流量进行分析和汇总。

第三步,把分析、汇总的结果直接填登入现金流量的主表中。

第四步,对净利润进行分析,调整为经营活动现金流量。

六、现金流量表中各项具体项目的填列方法

(一)经营活动产生的现金流量的填列方法

1. 销售商品、提供劳务收到的现金

该项目反映企业销售商品、提供劳务实际收到的现金,具体包括:本期销售商品、提供劳务收到的现金以及前期销售商品、提供劳务本期收到的现金和本期预收的账款,减去本期销售本期退回的商品和前期销售本期退回的商品支付的现金。企业销售材料和代购代销业务收到的现金,也在本项目反映。本项目可以根据"库存现金""银行存款""应收票据""应收账款""预收账款""主营业务收入""其他业务收入"总分类账户及其明细分类账户的记录分析填列。

2. 收到的税费返还

该项目反映企业收到返还的各项税费,如收到的增值税、消费税、营业税、所得税、教育费附加返还等。本项目可以根据"库存现金""银行存款""税金及附加""营业外收入"等总分类账户及其明细分类账户的记录填列。

3. 收到的其他与经营活动有关的现金

本项目反映企业除了上述各项目外，收到的其他与经营活动有关的现金流入，如罚款收入、经营租赁固定资产收到的现金、流动资产损失中由个人赔偿的现金收入、除税费返还外的其他政府补助收入等。其他与经营活动有关的现金，如果价值较大的，应单列项目反映。本项目可以根据"库存现金""银行存款""管理费用""销售费用"等总分类账户及其明细分类账户的记录分析填列。

4. 购买商品、接受劳务支付的现金

本项目反映企业购买材料、商品、接受劳务实际支付的现金，包括支付的货款以及与货款一并支付的增值税进项税额，具体包括：本期购买、接受劳务支付的现金以及本期支付前期购买商品、接受劳务的应付款和本期预付款项等，减去本期发生的购货退回收到的现金。为购置存货而发生的借款利息资本化部分，应在"分配股利、利润或偿付利息支付的现金"项目中反映。本项目可以根据"库存现金""银行存款""应付票据""应付账款""预付账款""主营业务成本""其他业务成本"等总分类账户及其明细分类账户的记录分析填列。

5. 支付给职工以及为职工支付的现金

本项目反映本期企业实际支付给职工以及为职工支付的现金，包括支付给职工的工资、资金、各种津贴和补贴等，以及为职工支付的其他费用，不包括支付给在建工程人员的工资。支付给在建工程人员的工资，在"购建固定资产、无形资产和其他长期资产所支付的现金"项目中反映。

企业为职工支付的医疗、养老、失业、工伤、生育等社会保险基金、补充养老保险、住房公积金，企业为职工交纳的商业保险金，因解除与职工劳动关系给予的补偿，现金结算的股份支付，以及企业支付给职工或为职工支付的其他福利费用，应根据职工的工作性质和服务对象，分别在"购建固定资产、无形资产和其他长期资产所支付的现金"和"支付给职工以及为职工支付的现金"项目中反映。

本项目可以根据"库存现金""银行存款""应付职工薪酬"等总分类账户及其明细分类账户的记录分析填列。

6. 支付的各项税费

本项目反映企业按规定支付的各项税费，包括本期发生并支付的税费，以及本期支付以前各期发生的税费和预交的税金，如支付的教育费附加、矿产资源补偿、印花税、房产税、土地增值税、车船使用税、营业税等。不包括本期退回的增值税、所得税、计入固定资产价值实际支付的耕地占用税等。本期退回的增值税、所得税，在"收到的税费返还"项目反映。本项目可以根据"应交税费""库存现金""银行存款"等总分类账户及其明细分类账户填列。

7. 支付的其他与经营活动有关的现金

本项目反映企业除上述各项目外,支付的其他与经营活动有关的现金流出,如罚款支出、支付的差旅费、业务招待费、保险费、经营租赁支付的现金等。其他与经营活动有关的现金,如果价值较大的,应单列项目反映。本项目可以根据有关科目的记录分析填列。

(二) 投资活动产生的现金流量的填列方法

1. 收回投资所收到的现金

本项目反映企业出售、转让或到期收回除现金等价物以外的交易性金融资产、持有至到期投资、可供出售金融资产、长期股权投资、投资性房地产而收到的现金。不包括债权性投资收回的利息、收回的非现金资产,以及处置子公司及其他营业单位收到的现金净额。债权性投资收回的本金,在本项目反映,债权性投资收回的利息,不在本项目中反映,而在"取得投资收益所收到的现金"项目反映。处置子公司及其他营业单位收到的现金净额单设项目反映。本项目可以根据"交易性金融资产""持有至到期投资""可供出售金融资产""长期股权投资""投资性房地产""库存现金""银行存款"等总分类账户及其明细分类账户的记录分析填列。

2. 取得投资收益所收到的现金

本项目反映企业因股权性投资而分得的现金股利、因债权性投资而取得的现金利息收入,以及从子公司、联营企业和合营企业分回利润而收到的现金。股票股利不在本项目中反映;包括在现金等价物范围内的债券性投资,其利息收入在本项目中反映。本项目可以根据"应收股利""应收利息""投资收益""库存现金""银行存款"等总分类账户及其明细分类账户的记录分析填列。

3. 处置固定资产、无形资产和其他长期资产收到的现金净额

本项目反映企业出售固定资产、无形资产和其他长期资产所取得的现金,减去为处置这些资产而支付的有关费用后的净额。处置固定资产、无形资产和其他长期资产收到的现金,与处置活动支付的现金,两者在时间上比较接近,以净额反映更能准确反映处置活动对现金流量的影响。由于自然灾害等原因所造成的固定资产等长期资产损失而收到的保险赔偿收入,在本项目反映。如处置固定资产、无形资产和其他长期资产收到的现金净额为负数,则应作为投资活动产生的现金流量,在"支付的其他与投资活动有关的现金"项目反映。本项目可以根据"固定资产清理""库存现金""银行存款"等总分类账户及其明细分类账户的记录分析填列。

4. 处置子公司及其他营业单位收到的现金净额

本项目反映企业处置子公司及其他营业单位所取得的现金减去子公司或其他营业单位持有的现金和现金等价物以及相关处置费用后的净额。本项目可以根据

有关总分类账户及其明细分类账户的记录分析填列。

整体处置一个单位，其结算方式是多种多样的。企业处置子公司及其他营业单位是整体交易，子公司和其他营业单位可能持有现金和现金等价物。这样，整体处置子公司或其他营业单位的现金流量，就应以处置价款中收到的现金，减去子公司或其他营业单位持有的现金和现金等价物以及相关处置费用后的净额反映。

处置子公司及其他营业单位收到的现金净额如为负数，则将该金额填列至"支付的其他与投资活动有关的现金"项目中。

5. 收到的其他与投资活动有关的现金

本项目反映企业除上述各项目以外，收到的其他与投资活动有关的现金。其他与投资活动有关的现金，如果价值较大的，应单列项目反映。本项目可以根据有关科目的记录分析填列。

6. 购建固定资产、无形资产和其他长期资产所支付的现金

本项目反映企业为购买、建造固定资产，取得无形资产和其他长期资产支付的现金，包括购买机器设备所支付的现金及增值税款、建造工程支付的现金、支付在建工程人员的工资等现金支出，不包括为购建固定资产、无形资产和其他长期资产而发生的借款利息资本化部分，以及融资租入固定资产所支付的租赁费。为购建固定资产、无形资产和其他长期资产而发生的借款利息资本化部分，在"分配股利、利润或偿付利息所支付的现金"项目反映；融资租入固定资产所支付的租赁费，在"支付的其他与筹资活动有关的现金"项目中反映，不在本项目反映。本项目可以根据"固定资产""在建工程""工程物资""无形资产""库存现金""银行存款"等总分类账户及其明细分类账户的记录分析填列。

7. 投资所支付的现金

该项目反映企业进行权益性投资和债权性投资所支付的现金，包括企业取得的除现金等价物以外的交易性金融资产、持有至到期投资、可供出售金融资产而支付的现金，以及支付的佣金、手续费等交易费用。企业购买债券的价款中含有债券利息的，以及溢价或折价购入的，均按实际支付的金额反映。

企业购买股票和债券时，实际支付的价款中包含的已宣告但尚未领取的现金股利或已到付息期但尚未领取的债券利息，应在"支付的其他与投资活动有关的现金"项目中反映；收回购买股票和债券时支付的已宣告但尚未领取的现金股利或已到付息期但尚未领取的债券利息，应在"收到的其他与投资活动有关的现金"项目中反映。本项目可以根据"交易性金融资产""持有至到期投资""可供出售金融资产""长期股权投资""库存现金""银行存款"等总分类账户及其明细分类账户的记录分析填列。

8. 取得子公司及其他营业单位支付的现金净额

本项目反映企业取得子公司及其他营业单位购买出价中以现金支付的部分，减去子公司或其他营业单位持有的现金和现金等价物后的净额。本项目可以根据有关总分类账户及其明细分类账户的记录分析填列。

整体购买一个单位，其结算方式是多种多样的，如购买方全部以现金支付或一部分以现金支付而另一部分以实物清偿。同时，企业购买子公司及其他营业单位是整体交易，子公司和其他营业单位除有固定资产和存货外，还可能持有现金和现金等价物。这样整体购买子公司或其他营业单位的现金流量，就应以购买出价中以现金支付的部分减去子公司或其他营业单位持有的现金和现金等价物后的净额反映，如为负数，应在"收到的其他与投资活动有关的现金"项目中反映。

9. 支付的其他与投资活动有关的现金

本项目反映企业除上述各项目以外，支付的其他与投资活动有关的现金流出。支付的其他与投资活动有关的现金，如果价值较大的，应单列项目反映。本项目可以根据有关总分类账户及其明细分类账户的记录分析填列。

（三）筹资活动产生的现金流量的填列方法

1. 吸收投资所收到的现金

本项目反映企业以发行股票、债券方式筹集的资金实际收到的款项净额（发行收入减去支付的佣金等费用后的净额）。以发行股票等方式筹集资金而由企业直接支付的审计、咨询等费用，不在本项目中反映，而在"支付的其他与筹资活动有关的现金"项目中反映；由金融企业直接支付的手续费、宣传费、咨询费、印刷费等费用，从发行股票、债券取得的现金收入中扣除，以净额列示。本项目可以根据"实收资本（或股本）""资本公积""库存现金""银行存款"等总分类账户及其明细分类账户的记录分析填列。

2. 借款所收到的现金

本项目反映企业举借各种短期、长期借款收到的现金。本项目可以根据"短期借款""长期借款""交易性金融负债""应付债券""库存现金""银行存款"等总分类账户及其明细分类账户的记录分析填列。

3. 收到的其他与筹资活动有关的现金

本项目反映企业除上述各项目外，收到的其他与筹资活动有关的现金，如授受现金捐赠等。其他与筹资活动有关的现金，如果价值较大的，应单列项目反映。本项目可以根据有关科目的记录分析填列。

4. 偿还债务所支付的现金

本项目反映企业以现金偿还债务的本金，包括偿还金融企业的借款本金、偿付企业到期的债券本金等。企业偿还的借款利息、债券利息，在"分配股利、利润或偿付利息所支付的现金"项目中反映，不在本项目中反映。本项目可以根据

"短期借款""长期借款""交易性金融负债""应付债券""库存现金""银行存款"等总分类账户及其明细分类账户的记录分析填列。

5. 分配股利、利润或偿付利息所支付的现金

该项目反映企业当期实际支付的现金股利、支付给其他投资单位的利润，或用现金支付的借款利息、债券利息等。不同用途的借款，其利息的开支渠道不一样，如在建工程、财务费用等，均在本项目中反映。本项目可以根据"应付股利""应付利息""利润分配""财务费用""在建工程""制造费用""研发支出""库存现金""银行存款"等总分类账户及其明细分类账户的记录分配填列。

6. 支付的其他与筹资活动有关的现金

本项目反映企业除上述各项目外，支付的其他与筹资活动有关的现金流出，如以发行股票、债券等方式筹集资金而由企业直接支付的审计、咨询等费用，捐赠现金支出、融资租赁所支付的现金、以分期付款方式购建固定资产以后各项支付的现金等。其他与筹资活动有关的现金，如果价值较大的，应单列项目反映。本项目可以根据有关总分类账户及其明细分类账户的记录分析填列。

（四）汇率变动对现金的影响

该项目反映企业外币现金流量及境外子公司的现金流量折算成记账本位币时，所采用的现金流量发生日的汇率或按照系统合理的方法确定的、与现金流量发生日即期汇率近似的汇率，而现金流量表"现金及现金等价物净增加额"项目中外币现金净增加额是按资产负债表日的即期汇率折算。这两者的差额即为汇率变动对现金的影响。

（五）现金及现金等价物净增加额

该项目反映企业本期现金的净增加或净减少，是上述各类现金流量净额与汇率变动对现金影响的合计数，也等于期末现金合计与期初现金合计之差。

七、现金流量表编制举例（见中级财务会计教材）

第五节　所有者权益变动表

一、所有者权益变动表的概念作用

（一）所有者权益变动表的概念

所有者权益变动表是反映构成企业所有者权益的各组成部分当期的增减变动情况的报表。它能全面反映企业一定时期所有者权益变动的情况，不仅包括所有者权益总量的增减变动情况，还包括所有者权益变动的重要结构方面的信息，特

别是能反映企业直接计入所有者权益的利润和损失，让报表的使用者能准确了解企业所有者权益增减变动的原因。

（二）所有者权益变动表的作用

所有者权益变动表是一张动态报表，即时期报表，主要用来反映企业所有者权益的各个组成部分的当期增减变动情况。它的作用主要体现在以下几个方面：

1. 通过所有者权益变动表可以了解所有者权益增减变动情况

在所有者权益变动表中列示出所有者权益上年年末余额、本年年初余额、本年增减变动金额、本年年末余额的数据资料中关于会计政策变更、前期差错更正、本年净利润、直接计入所有者权益的利得和损失、所有者投入和减少资本、利润分配、所有者权益内部结构等信息，使财产所有者对净资产增减变动情况有一个较全面地了解。

2. 通过所有者权益变动表反映了企业综合收益

综合收益是企业在某一期间与所有者之外的其他方进行交易或发生其他事项所引起的净资产变化。它主要包括两部分内容：净利润和直接计入所有者权益的利得和损失。净利润是企业已经实现并已确认的收益；直接计入所有者权益的利得和损失是企业未实现但根据会计准则的规定已确定的收益。因此，所有者权益变动表能让信息使用者更深刻地了解企业的所有者权益增减变动的内在根源。

3. 通过所有者权益变动表可以提供所有者权益变动的比较信息

在所有者权益变动表中，根据所有者权益所构成的组成部分，按照"上年金额"和"本年金额"两栏来分别反映，有利于信息使用者对所有者权益发生变化进行比较分析，从而对企业净利润的构成、增减及其变化趋势有一个全面、系统、完整的了解。

二、所有者权益变动表的格式及内容

（一）所有者权益变动表的格式

所有者权益变动表为了能清楚地表明构成所有者权益的各组成部分当期的增减变动情况，采用矩阵的形式列示。采用这种格式，首先能列示导致所有者权益变动的交易或事项，从而改变了按所有者权益组成部分反映其变动情况的传统方式，实行按照所有者权益的来源对其一定时期的变动情况进行全面反映；其次，依然可以按照所有者权益的各组成部分（包括"实收资本或股本""其他权益工具""库存股""其他综合收益""资本公积""盈余公积""未分配利润"）及其总额列示交易或事项来反映所有者权益的变化；最后，所有者权益变动表还把各个构成项目分为"本年金额"和"上年金额"两栏来反映，从而达到不同的时期数相比较的目的，有利于信息使用者分析与决策。

所有者权益变动表的格式如表8-15所示。

表 8-15　　编制单位：江南服装股份有限公司

所有者权益变动表
2018 年度

会企 04 表　单位：元

项目	本期金额									上期金额								
	实收资本（或股本）	资本公积	其他权益工具			减:库存股	其他综合收益	盈余公积	未分配利润	所有者权益合计	实收资本（或股本）	资本公积	其他权益工具			减:库存股	其他综合收益	盈余公积	未分配利润	所有者权益合计
			优先股	永续债	其他								优先股	永续债	其他					
一、上年末余额											(略)	(略)	(略)	(略)	(略)	(略)				
加：会计政策变更																				
前期差错更正																				
其他																				
二、本年初余额																				
三、本年增减变动金额（减少以"-"号填列）																				
（一）综合收益总额																				
（二）所有者投入和减少资本																				
1. 所有者投入的普通股																				
2. 其他权益工具持有者投入资本																				
3. 股份支付计入所有者权益的金额																				
4. 其他																				

续表

项目	本期金额									上期金额								
	实收资本(或股本)	资本公积	其他权益工具			其他综合收益	减:库存股	盈余公积	未分配利润	所有者权益合计	实收资本(或股本)	资本公积	其他权益工具			其他综合收益	减:库存股	盈余公积	未分配利润	所有者权益合计
			优先股	永续债	其他								优先股	永续债	其他					
(三)利润分配																				
1. 提取盈余公积																				
2. 对所有者(或股东)的分配																				
3. 其他																				
(四)所有者权益内部结转																				
1. 资本公积转增资本(或股本)																				
2. 盈余公积转增资本(或股本)																				
3. 盈余公积弥补亏损																				
4. 结转重新计量设定受益计划净负债或净资产所产生的变动																				
5. 其他综合收益结转留存收益																				
6. 其他																				
四、本年末余额																				

（二）所有者权益变动表的主要内容

所有者权益变动表的内容主要有：
(1) 上年年末余额。
(2) 本年年初余额。
(3) 会计决策变更和前期差错更正的金额。
(4) 本年增减变动金额（减少以"-"号填列）。
(5) 本年年末余额。

三、所有者权益变动表的填列方法

（一）编制所有者权益变动表的资料来源

所有者权益变动表是反映构成企业所有者权益增减变动情况的报表，因此，编制所有者权益变动表的资料来源主要是"实收资本（或股本）""其他权益工具""库存股""其他综合收益""资本公积""盈余公积""未分配利润"等账户的发生额和余额以及资产负债表和利润表中的相关数据。

（二）所有者权益变动表的一般填列方法

1. 上年金额栏的列报方法

所有者权益变动表中"上年金额"栏内各项数字，应根据上年度所有者权益变动表"本年金额"栏内所列数字填列。如果上年度所有者权益变动表规定的各个项目的名称和内容同本年度不相一致，应对上年度所有者权益变动表各项目的名称和数字按本年度的规定进行调整，填入所有者权益变动表"上年金额"栏内。

2. 本年金额栏的列报方法

所有者权益变动表"本年金额"栏内各项数字，一般应根据"实收资本（或股本）""其他权益工具""库存股""其他综合收益""资本公积""盈余公积""利润分配""以前年度损益调整"等总分类账户及其明细分类账户的发生额分析填列。

企业的净利润及其分配情况作为所有者权益变动的组成部分，不需要单独设置利润分配表列示。

（三）所有者权益变动表的具体项目填列方法

1. "上年年末余额"项目，反映企业上年资产负债表中实收资本（或股本）、资本公积、盈余公积、未分配利润的年末余额。该项目根据上年度所有者权益变动表中"本年金额"栏内所列数字填列。

2. "会计政策变更"和"前期差错更正"项目，分别反映企业采用追溯调整法处理的会计政策变更的累积影响金额和采用追溯重述法处理的会计差错更正的累积影响金额。

为了体现会计政策变更和前期差错更正的影响，企业应在上期期末所有者权益余额的基础上进行调整得出本期期初所有者权益，根据"盈余公积""利润分配""以前年度损益调整"等总分类账户及其明细分类账户的发生额分析填列。

3. "本年年初余额"项目，反映企业对"上年年末余额"进行"会计政策变更"和"前期差错更正"调整后的余额。该项目根据"上年年末余额"项目加"会计政策变更"和"前期差错更正"项目后的数字填列。

4. 本年增减变动金额（减少以"－"号填列）

（1）综合收益总额。

（2）所有者投入和减少资本。

①所有者投入资本。

②股份支付计入所有者权益的金额。

③其他。

（3）利润分配。"利润分配"下的各项目，反映企业当年对所有者（或股东）分配的利润（或股利）金额和按照规定提取的盈余公积金额。应对应填列在"未分配利润"和"盈余公积"项目栏内。其中：

①"提取盈余公积"项目，反映企业按照规定提取的盈余公积。根据"利润分配"总分类账户的有关明细分类账户借方发生额填列。

②"对所有者（或股东）的分配"项目，反映对所有者（或股东）分配的利润（或股利）金额。根据"利润分配"总分类账户的有关明细分类账户借方发生额填列。

③其他。

（4）"所有者权益内部结转"项目，反映不影响当年所有者权益总额的所有者权益各组成部分之间当年的增减变动情况，包括资本公积转增资本（或股本）、盈余公积转增资本（或股本）、盈余公积弥补亏损等金额。其中：

①"资本公积转增资本（或股本）"项目，反映企业以资本公积转增资本或股本的金额，应根据"实收资本（或股本）"和"资本公积"总分类账户所属明细分类账户的发生额分析填列。

②"盈余公积转增资本（或股本）"项目，反映企业以盈余公积转增资本或股本的金额，应根据"实收资本（或股本）"和"盈余公积"总分类账户所属明细分类账户的发生额分析填列。

③"盈余公积弥补亏损"项目，反映企业以盈余公积弥补亏损的金额，应根据"利润分配"和"盈余公积"总分类账户所属明细分类账户的发生额分析填列。

④"结转重新计量设定受益计划净资产或净负债所产生的变动"项目，反

映企业设定受益计划终止时，由重新计量设定受益计划净负债或者净资产的变动引起而计入其他综合收益的累计利得或损失从其他综合收益中转入留存收益的金额。

⑤"其他综合收益结转留存收益"项目，主要反映企业指定为以公允价值计量且其变动计入其他综合收益的非交易性权益工具终止确认时，之前计入其他综合收益的累计利得或损失从其他综合收益中转入留存收益的金额；企业指定为以公允价值计量且其变动计入当期损益的金融负债终止确认时，之前由企业自身信用风险变动引起而计入其他综合收益的累计利得或损失从其他综合收益中转入留存收益的金额等。

⑥其他。

5. 本年年末余额

"本年年末余额"项目，反映企业本年资产负债表中实收资本（或股本）、资本公积、盈余公积、未分配利润的年末余额。该项目根据本年度所有者权益变动表中"上年金额"和"本年金额"栏内所列数字加减后的差额填列，必须与本年资产负债表上有关项目数字一致。

（四）所有者权益变动表编制举例（见中级财务会计教材）

第六节　报表之间的关系

以上所介绍的各种报表之间，不是孤立存在的，它们之间存在一定的联系，下面从各报表之间的钩稽关系和报表所反映的内容来分析各种报表之间的关系。

一、报表之间的钩稽关系

资产负债表、利润表、现金流量表和所有者权益变动表之间有着密切的联系，它们所提供的指标虽然重点不同，但各不同报表的指标间存在一定的钩稽关系。搞清楚各个报表之间的钩稽关系，有利于信息使用者更深刻地理解财务报表的内涵。

四表之间的钩稽关系主要表现在以下几个方面：

（1）利润表中本期"净利润" ＋资产负债表中期初"未分配利润" －所有者权益变动表中本期"利润分配" ＝资产负债表中本年"未分配利润"。

（2）所有者权益变动表中本期"净利润" ＝利润表中本期"净利润"。

（3）所有者权益变动表中"本年年末余额合计" ＝资产负债表中本年年末"所有者权益合计"。

二、四表之间内容的比较

资产负债表、利润表、现金流量表和所有者权益变动表分别从不同的角度反映企业的经济活动,各自有着不同的作用。在使用时不能局限于某一张报表,而是在全面了解与分析所有财务报表的基础上,认真分析它们之间的联系与区别,从而,真正发挥财务报表在经济管理中的作用。各种报表之间内容的比较如表 8-16 所示。

表 8-16　　　　　　　　　　报表之间内容的比较

项目	资产负债表	利润表	现金流量表	所有者权益变动表
1. 编制基础	权责发生制	权责发生制	收付实现制	权责发生制
2. 数据性质	时点数	时期数	时期数	时期数
3. 填列依据	所有账户期初、期末余额	损益类账户本期发生额	现金及现金等价物账户本期发生额	所有者权益类账户和"以前年度损益调整"等账户的期初余额和本期发生额
4. 报表作用	反映企业某一时点所拥有、控制的经济资源的来源与分布情况	反映企业某一时期的经营成果及构成情况	反映企业某一时期现金及现金等价物的来龙去脉	反映企业构成所有者权益的各组成部分某一时期的增减变动情况
5. 会计方程式	资产 = 负债 + 所有者权益	收入 - 费用 = 利润	现金流入 - 现金流出 = 现金净流量	本年年末余额 = 本年年初余额 + (-) 本年增减变动金额

资产负债表、利润表、现金流量表、所有者权益变动表等组成了一个财务报表体系,分别揭示了企业一定期间的财务状况、经营成果、财务状况变动情况和所有者权益变动等情况的全貌,它们从不同侧面反映企业的财务状况和经营成果的构成情况,充分满足信息使用者多方面的需要。

第七节　财务报表附注

一、附注概述

(一) 附注的概念

附注是指对在会计报表中列示项目所作的进一步说明,以及对未能在这些报表中列示项目的说明等。附注是财务报表不可或缺的组成部分,是对在资产负债表、利润表、现金流量表和所有者权益变动表等报表中列示项目进行的文字描述或明细资料补充，以及对未能在这些报表中列示的项目说明等。财务报表中的数字是经过分类与汇总后的结果，是对企业发生的经济业务的高度简化和浓缩的数字，如果不对形成这些数字所使用的会计政策进行披露，将会造成信息使用者在理解上的误导，使财务报表不可能充分发挥效用。因此，附注与资产负债表、利润表、现金流量表、所有者权益变动表等报表具有同等重要性，是财务报表的重要组成部分。同时，财务报表的使用者要了解企业的财务状况、经营成果和现金流量等情况，也必须全面阅读财务报表附注。

（二）附注披露的基本要求

（1）附注披露的信息应是定量、定性信息的结合，从而能从量和质两个角度对企业经济事项完整进行反映，满足信息使用者的决策需求。

（2）附注应当按照一定的结构进行系统合理的排列和分类，有顺序地披露信息。由于附注的内容繁多，因此更应按逻辑顺序排列、分类披露、条理清晰，具有一定的组织结构，以便于使用者理解和掌握，也更好地实现财务报表的可比性。

（3）附注相关信息应当与资产负债表、利润表、现金流量表和所有者权益变动表等报表中列示的项目相互参照，有助于使用者联系相关联的信息，从而更全面、准确地理解企业的财务报表。

（三）财务报表附注的作用

1. 可以加深对表内会计信息的可理解性

按照企业会计准则规定，不同的公司可选择不同的会计原则、会计方法和会计政策，如果公布的财务报表不解释公司采用什么原则、方法及政策来确定财务报表中的资产、负债、所有者权益、收入、费用和利润，就会给信息使用者理解会计报表带来一定的困难。由于公司外部的信息使用者较多，信息需求的侧重点不同，加上公司所处经济环境的复杂性，靠财务报表提供信息不仅不能满足信息使用者的需要，而且有可能误导信息使用者，使其作出不恰当的决策。而财务报表附注就是对报表中的数据进行解释，从而提高财务报表信息的可理解性。

2. 可以充分披露会计信息，增加其透明度

财务报表采用表格形式披露会计信息，各项目的情况以及项目背后的情况往往难以在表内反映，使会计信息披露受到一定限制。财务报表附注通过对公司的有关内容作必要的说明，使报表使用者（包括现在和潜在的投资者、债权人以及政府有关部门等）对公司的财务状况、经营成果和现金流动情况获得更充分的了解，并有利于报表使用者作出正确的决策，解决信息不对称的矛盾。

3. 可以突出财务报表信息的重要性

由于财务报表所提供的数量信息比较全面，内容繁多，信息使用者有可能抓不住重点，通过财务报表附注，可将财务报表中的重要数据进一步予以分解、说明，有助于信息使用者了解哪些是重要的信息，以便在决策中运用。

二、附注披露的内容

附注应当按照如下顺序披露有关内容：

（一）企业的基本情况

（1）企业注册地、组织形式和总部地址。

（2）企业的业务性质和主要经营活动。如企业所处的行业、所提供的主要产品或服务客户的性质、销售策略、监管环境的性质等。

（3）母公司以及集团最终母公司的名称。

（4）财务报告的批准报出者和财务报告批准报出日，或者以签字人及其签字日期为准。

（5）营业期限有限的企业，还应当披露有关其营业期限的信息。

（二）财务报表的编制基础

企业应当以持续经营为基础编制会计报表。

在编制会计报表时，企业应当对持续经营的能力进行估计。如果已决定进行清算或停止营业，或者已确定在下一个会计期间将被迫进行清算或停止营业，则不应再以持续经营为基础编制会计报表。如果某些不确定的因素导致对企业能否持续经营产生重大怀疑时，则应当在会计报表附注中披露这些不确定因素。如果会计报表不是以持续经营为基础编制的，则企业在会计报表附注中对此应当首先予以披露，并进一步披露会计报表的编制基础，以及企业未能以持续经营为基础编制会计报表的原因。

（三）遵循企业会计准则的声明

企业应当声明编制的财务报表符合企业会计准则的要求，真实、完整地反映企业的财务状况、经营成果和现金流量等有关信息，以此明确企业编制财务报表所依据的制度基础。

如果企业编制的财务报表只是部分地遵循了企业会计准则，附注中不得作出这种表述。

（四）重要会计政策和会计估计

根据财务报表列报准则的规定，企业应当披露采用的重要会计政策和会计估计，不重要的会计政策和会计估计可以不披露。

1. 重要会计政策的说明

由于企业经济业务的复杂性和多样化，某些经济业务可以有多种会计处理方法，也即存在不止一种可供选择的会计政策。例如，存货的计价可以有先进先出法、加权平均法、个别计价法等；固定资产的折旧可以有平均年限法、工作量法、双倍余额递减法、年数总额法等。企业在发生某项经济业务时，必须从允许的会计处理方法中选择适合本企业特点的会计政策，企业选择不同的会计处理方法，可能极大地影响企业的财务状况和经营成果，进而编制出不同的财务报表。为了有助于报表使用者理解，有必要对这些会计政策加以披露。

需要特别指出的是，说明会计政策时还需要披露下列两项内容：

（1）财务报表项目的计量基础。会计计量属性包括历史成本、重置成本、可变现净值、现值和公允价值，这直接影响报表使用者的分析。这项披露要求便于使用者了解企业财务报表中的项目是按何种计量基础予以计量的，如存货是按成本还是可变现净值计量等。

（2）会计政策的确定依据。主要是指企业在运用会计政策过程中对报表中确认的项目金额最具影响的判断。例如，企业如何判断持有的金融资产是持有至到期的投资而不是交易性投资；对于拥有的持股不足 50% 的关联企业，企业如何判断企业拥有控制权，将其纳入合并范围；企业如何判断与租赁资产相关的所有风险和报酬已转移给企业，从而符合融资租赁的标准；投资性房地产的判断标准是什么等等。这些判断对在报表中确认的项目金额具有重要影响。因此，这项披露要求有助于使用者理解企业选择和运用会计政策的背景，增加财务报表的理解性。

2. 重要会计估计的说明

财务报表列报准则强调了对会计估计不确定因素的披露要求。企业应当披露会计估计中所采用的关键假设和不确定因素的确定依据，这些关键假设和不确定因素在下一会计期间内很可能导致对资产、负债账面价值进行重大调整。

在确定报表中确认的资产和负债的账面金额过程中，企业有时需要对不确定的未来事项在资产负债表日对这些资产和负债的影响加以估计。例如，固定资产可收回金额的计算需要根据其公允价值减去处置费用后的净额与预计未来现金流量的现值两者之间的较高者确定，在计算资产预计未来现金流量的现值时需要对未来现金流量进行预测，并选择适当的折现率。应当在附注中披露未来现金流量预测所采用的假设及其依据，所选择的折现率为什么是合理的等等。又如，为正在进行中的诉讼提取准备时最佳估计数的确定依据等。这些假设的变动对这些资产和负债项目金额的确定影响很大，有可能会在下一个会计年度内作出重大调整。因此，强调这一披露要求，有助于提高财务报表的可理解性。

（五）会计政策和会计估计变更以及差错更正的说明

企业应当按照《企业会计准则第 28 号——会计政策、会计估计变更和差错更正》及其应用指南的规定，披露会计政策和会计估计变更以及差错更正的有关情况。

（六）报表重要项目的说明

企业应当以文字和数字描述相结合，尽可能以列表形式披露报表重要项目的构成或当期增减变动情况，并且报表重要项目的明细金额合计应当与报表项目金额相衔接。在披露顺序上，一般应当按照资产负债表、利润表、现金流量表、所有者权益变动表的顺序及其项目列示的顺序。

（七）其他需要说明的重要事项

这主要包括或有和承诺事项、资产负债表日后非调整事项、关联方关系及其交易等，具体的披露要求须遵循相关准则的规定。

（八）有助于财务报表使用者评价企业管理资本的目标，政策及程序的信息

【本章小结】

编制财务报表是会计核算专门方法之一，也是会计核算工作的最终环节。由于财务报表是传递会计信息的一个重要手段，因此，每一个企事业单位必须根据审核无误的会计资料，定期编制财务报表。

企业的财务报表主要包括资产负债表、利润表、现金流量表及所有者权益变动表等。资产负债表是根据"资产＝负债＋所有者权益"这一基本会计恒等式的原理设计和编制的报表，反映企业在一定日期财务状况的静态报表，按照会计准则的规定该表采用账户式结构，通过左右两边对照的方式，要求左边的资产总额与右边的负债及所有者权益总额的合计数相等。该表是根据期末资产、负债及所有者权益账户的期末余额直接填列，或分析、计算后填列。

利润表是根据"收入－费用＝利润"这一基本会计恒等式的原理设计和编制的报表，反映企业一定期间经营成果的动态财务报表。按照会计准则的规定，该表采用分步式结构，分三步计算出净利润，分别提供营业利润、利润总额、净利润不同内容的利润指标，使信息使用者全面掌握企业利润的构成情况。

现金流量表是依据"现金流入－现金流出＝现金流量净额"这一基本关系式来设计和编制的报表，是反映企业一定期间现金流入、流出及增减净额的动态报表。它是资产负债表与利润表的必要补充，按照会计准则的规定现金流量表分为主表与附注两部分，主表分为经营活动现金流量、投资活动现金流量和筹资活动现金流量三个部分。附注则以本期净利润为起点，调整不涉及现金的收入、

费用、营业外收支以及应收应付等项目的增减变动，据此计算并列报经营活动的现金流量。我国企业现金流量表会计准则中规定，企业编制现金流量表主表部分采用直接法编制，附注部分采用间接法编制。

所有者权益变动表是根据"上年年末余额+（-）本年增减变动金额=本年年末余额"的这一基本关系式来设计和编制的报表，是反映企业所有者权益构成及其变动情况的报表。按照会计准则规定，分为上年金额与本年金额两栏来对照反映所有者权益变动的原因，它是资产负债表与利润表的必要补充。

资产负债表、利润表、现金流量表、所有者权益变动表及附注组成了一个完整的财务报表体系，分别揭示了企业一定期间的财务状况、经营成果、财务状况变动情况和所有者权益变动等情况的全貌。财务报表的附注可以使信息的使用者更加明白地理解、使用财务报表，它可以更好地满足信息使用者多方面的需要。

【知识拓展】

其他综合收益

其他综合收益（Other Comprehensive Income，简称OCI）是指企业根据企业会计准则规定未在损益中确认的各项利得和损失扣除所得税影响后的净额。应列入其他综合收益的项目有以下几部分：

（1）会计准则9号——职工薪酬，有设定收益计划形式离职后福利的企业应当重新计量设定收益计划净负债或者净资产导致的变动计入其他综合收益。（2014年会计准则）；

（2）会计准则2号——长期股权投资，投资方在取得长期股权投资后，被投资单位发生的其他综合收益，投资方按照持股比例份额，计入单体报表中的其他综合收益；

（3）会计准则22号——金融工具，可供出售金融资产公允价值变动，除减值损失和外币货币性业务形成的汇兑差额外，应当计入其他综合收益；

（4）会计准则24号——套期保值，现金流量套期工具产生的利得或者损失中属于有效套期的部分直接确认为其他综合收益，属于无效套期部分，应当计入当期损益；

（5）会计准则18号——外币折算，企业对境外经营的报表进行折算时，应当将外币报表折算差异在资产负债表权益项下列示，计入其他综合收益；

（6）会计准则3号——投资性房地产，自用或者作为存货的房地产转换为公允价值计量的投资性房地产，在转换日公允价值大于账面价值的部分计入其他综合收益。

报表披露时间的规定

月度中期财务报告应当于月度终了后 6 天内（节假日顺延，下同）对外提供；季度中期财务报告应当于季度终了后 15 天内对外提供；半年度中期财务报告应当于年度中期结束后 60 天内（相当于两个连续的月份）对外提供；年度财务报告应当于年度终了后 4 个月内对外提供。

年报披露时间是 1～4 月；半年报披露时间是 7 月和 8 月；季报披露时间是 4 月和 10 月。

其他收益

2017 年 5 月 25 日，财政部正式发布了《关于印发〈企业会计准则第 16 号——政府补助〉的通知》（财会〔2017〕15 号）（以下简称新准则），自 2017 年 6 月 12 日起施行。原应用指南规定，政府补助应计入营业外收入。但在实务中，部分补助资金与企业日常活动密切相关，不适宜计入营业外收入。新准则明确了企业应当在利润表中的"营业利润"项目之上单独增加"其他收益"项目，规定与日常活动相关的政府补助计入其他收益或冲减相关成本，与企业日常活动无关的政府补助计入营业外收支。

【本章思考与练习题】

一、思考题

1. 财务报表的概念是什么？一套完整的财务报表应有哪些部分构成？
2. 财务报表有哪些作用？
3. 财务报表有哪几种分类？
4. 中期财务报表和年度财务报表的区别是什么？
5. 财务报表的编制要求是什么？
6. 什么是资产负债表？如何编制？
7. 什么是利润表？如何编制？
8. 什么是所有者权益变动表？如何编制？
9. 什么是现金流量表？如何编制？
10. 什么是财务报表附注？哪些内容应在附注中披露？
11. 各报表之间存在怎样的关系？

二、练习题

（一）编制多步式利润表

洪都股份有限公司 2019 年 3 月各损益类账户发生额净额如下：

单位：元

账户名称	本年度累计发生额净额
主营业务收入	10 000 000
其他业务收入	5 000 000
投资收益	-2 000 000
营业外收入	5 000 000
主营业务成本	6 000 000
税金及附加	800 000
其他业务成本	600 000
销售费用	400 000
管理费用	1 200 000
财务费用	300 000
营业外支出	200 000

要求：根据以上资料编制多步式利润表（所得税税率为25%，假定无纳税调整项目）。

（二）练习编制资产负债表

洪都股份有限公司2018年12月31日各账户期末余额如下：

单位：元

账户名称	明细账	借方	贷方	账户名称	明细账	借方	贷方
库存现金		2 000		短期借款			20 000
银行存款		31 600		应付账款			14 800
应收票据		40 000			E公司	20 000	
应收账款		55 200			F公司		34 800
	A公司	60 000		预收账款			5 840
	B公司		4 800		M公司	2 000	
预付账款		2 400			N公司		7 840
	C公司		5 000	其他应付款			400
	D公司	7 400		应付职工薪酬			4 400
其他应收款		1 200		应付利息			6 400
原材料		49 200		长期借款			36 000
库存商品		14 800		应交税费			28 000
在途物资		3 200		实收资本			120 000

续表

账户名称	明细账	借方	贷方	账户名称	明细账	借方	贷方
固定资产		87 200		资本公积			8 000
累计折旧			32 000	本年利润			225 600
工程物资		76 048		利润分配		132 752	
无形资产		5 840		小计		132 752	469 440
小计		368 688	32 000	合计		501 440	501 440

要求：根据上述资料编制资产负债表。

（三）练习利润表编制

洪都股份有限公司 2018 年度损益类账户发生额净额如下：

单位：元

账户名称	发生额净额	账户名称	发生额净额
主营业务收入	2 860 000（贷方）	财务费用	40 000（借方）
主营业务成本	1 020 000（借方）	投资收益	30 000（贷方）
税金及附加	90 000（借方）	营业外收入	70 000（贷方）
销售费用	40 000（借方）	营业外支出	36 000（借方）
管理费用	170 000（借方）	资产减值损失	49 800（借方）
公允价值变动损益	52 000（贷方）		

该公司所得税税率为 25%，本月无纳税调整事项。

要求：根据上述资料编制利润表。

（四）根据以下资料填列资产负债表的部分项目

洪都股份有限公司 200×年 6 月 30 日全部总分类账户和有关明细分类账户的余额如下表所示：

单位：元

	总分类账户		明细分类账户		
账户名称	借方余额	贷方余额	账户名称	借方余额	贷方余额
库存现金	3 000				
银行存款	46 000				
原材料	130 000				
生产成本	16 000				
库存商品	78 000				

续表

总分类账户			明细分类账户		
账户名称	借方余额	贷方余额	账户名称	借方余额	贷方余额
应交税费	64 000				
应收账款	70 000		A公司	80 000	
			B公司		16 000
			C公司	6 000	
预付账款	64 000		D公司	60 000	
			E公司		12 000
			F公司	16 000	
应付账款		126 000	G公司		140 000
			H公司	18 000	
			I公司		4 000
预收账款		162 000	J公司		100 000
			K公司	38 000	
			L公司		100 000

要求：根据上述资料，计算月末资产负债表有关项目的金额（不画表格，不必平衡）。

（五）洪都股份有限机械有限公司2019年年初各账户期初余额如下表所示：

账户余额表

2019年1月1日　　　　　　　　　　　　　　　　　　　　　　单位：元

序号	总分类账户			所属明细分类账户		
	账户名称	借方余额	贷方余额	账户名称	借方余额	贷方余额
1	库存现金	18 000				
2	银行存款	2 408 870				
3	应收账款	60 000		A公司	90 000	
				B公司		30 000
4	其他应收款	3 000				
5	坏账准备（应收账款）		1 500			
6	在途物资	190 000		甲材料	90 000	
				乙材料	100 000	

续表

序号	总分类账户			所属明细分类账户		
	账户名称	借方余额	贷方余额	账户名称	借方余额	贷方余额
7	原材料	483 000		甲材料	273 000	
				乙材料	210 000	
8	周转材料	60 000		低值易耗品	37 500	
				包装物	225 500	
9	生产成本	57 000		A产品	33 000	
				B产品	24 000	
10	库存商品	555 000		A产品	315 000	
				B产品	240 000	
11	固定资产	3 345 000				
12	累计折旧		69 000			
13	短期借款		900 000			
14	应付账款		36 000	C公司	36 000	
				D公司		72 000
15	其他应付款		2 400			
16	应付职工薪酬		20 070			
17	应交税费		15 000			
18	实收资本		5 400 000			
19	资本公积		15 000			
20	盈余公积		427 500	法定盈余公积		156 300
				任意盈余公积		271 200
21	利润分配		293 400	未分配利润		293 400
	合计	7 179 870	7 179 870			

该公司 2019 年 1 月份发生（完成）的经济业务如下：

1. 用银行存款支付所欠税费 15 000 元；
2. 收某股东追加投资 400 000 元，已存入银行；
3. 从银行借入 3 个月期限的借款 300 000 元；
4. 购入汽车一辆，价款 200 000 元、进项税 34 000 元、运杂费 1 000 元，开出转账支票（假定增值税不得抵扣）；
5. 以银行存款购入一项专利权，购买价款为 100 000 元；
6. 以银行存款购需要安装的设备 1 台，公允价值 50 000 元，用现金支付安

装费1 000元,设备安装完毕达到可使用状态;

7. 收到M公司归还前所欠货款50 000元,存入银行;

8. 管理人员张强预借差旅费2 000元,以现金支付;

9. 从N公司购入甲材料3 000千克,价款每千克15元,进项税17%,原已预付36 000元,用银行存款补付;同时,从D公司购买甲材料2 000千克,每千克15元,进项税17%,用银行存款支付。材料尚未入库。

10. 上月采购的甲材料6 000千克、乙材料5 000千克已验收入库,在途物资账面反映的采购成本分别为90 000元、100 000元;

11. 张强报销差旅费1 600元,交回余款;

12. 收回上月支付的借用包装物押金(现金)2 000元;

13. 以银行存款支付广告宣传费5 000元;

14. 以银行存款支付本月法律顾问费2 000元;

15. 购买办公用品2 000元,其中行政1 200元,车间200元,销售部600元,以现金支付;

16. 销给S公司A产品600件,每件价150元;B产品500件,每件价200元,销项税率均为17%,已预收30 000元(记入应收账款账户核算),余款未收;

17. 以现金付困难职工补助2 000元;

18. 从银行支取备用现金3 000元;

19. 宣传部报销接待费5 000元,以银行存款支付;

20. 收到B公司购货欠款192 300元;

21. 销售甲材料400公斤,价款8 000元,销项税率为17%,已收款存银行;

22. 开出转账支票付救灾捐款100 000元;

23. 收到某客户违约金10 000元,存入银行;

24. 收到出租包装物的租金5 000元,存入银行;

25. 计提本月借款利息3 000元;

26. 本月耗用材料如"发料凭证汇总表"所列:

发料凭证汇总表

2019年1月31日

项目	甲材料(15元/kg)		乙材料(20元/kg)		合计金额
	数量(kg)	金额(元)	数量(kg)	金额(元)	
A产品耗用	4 000	60 000	1 500	30 000	90 000
B产品耗用	2 000	30 000	1 500	30 000	60 000
车间一段耗用	200	3 000			3 000

续表

项目	甲材料（15元/kg）		乙材料（20元/kg）		合计金额
	数量（kg）	金额（元）	数量（kg）	金额（元）	
行政部门耗用	200	3 000			3 000
合计	6 400	96 000	3 000	60 000	156 000

27. 本月工资，社保金、住房公积金、工会经费、教育经费等职工薪酬如"职工薪酬计算表"所列：

职工薪酬计算表

2019年1月31日
单位：元

项目	工资	社保金	住房公积金	其他	合计金额
A产品工人	20 000	2 000	2 000	60	24 060
B产品工人	12 000	1 200	1 200	36	14 436
车间管理人员	4 000	400	400	12	4 812
销售人员	8 000	800	800	24	9 624
行政人员	12 000	1 200	1 200	36	14 436
合计	56 000	5 600	5 600	168	67 368

28. 计提固定资产折旧，车间负担8 000元，行政部门负担2 000元；
29. 本期制造费用发生额16 012元，按工人工资比例分配计入生产成本；
30. 本期销售A产品的成本为20 000元，B产品为15 000元，结转销售成本；
31. 本期销售甲材料的采购成本为6 000元，结转销售成本；
32. 本期应交城建税916.3元，教育费附加392.7元；
33. 为扩大经营生产规模，用资本公积10 000元转增资本；
34. 用银行存款支付罚款支出10 000元；
35. 结转本期各项收入、费用；
36. 按25%税率计提本月应交所得税，并结转所得税费用；
37. 按净利润的10%提取法定盈余公积；
38. 向投资者分配利润10 000元，并以现金发放现金股利。

要求：根据以上资料编制会计分录以及试算平衡表、资产负债表、利润表。

【本章案例分析题】

一、案例背景资料

李梅是一名刚读完大一的会计专业学生，暑期去父母开的豫章股份有限公司实习，正碰上老王会计编制2019年半年度的会计报表，便自告奋勇代老王编制公司会计报表;老王为考考李梅,便要求李梅根据公司 2019 年 6 月 30 日有关总账和明细账的余额表(见下表)编制资产负债表。

有关总账和明细账的余额表

2019 年 6 月 30 日   单位:元

账户名称	借或贷	余额	负债和所有者权益账户名称	借或贷	余额
库存现金	借	3 000	短期借款	贷	500 000
银行存款	借	1 600 000	应付票据	贷	51 000
其他货币资金	借	180 000	应付账款	贷	142 000
交易性金融资产	借	223 000	——丙企业	贷	182 000
应收票据	借	40 000	——丁企业	借	40 000
应收账款	借	150 000	预收账款	贷	29 400
——甲公司	借	160 000	——C 公司	贷	29 400
——乙公司	贷	10 000	其他应付款	贷	24 000
坏账准备	贷	4 000	应交税费	贷	56 000
预付账款	借	72 200	长期借款	贷	812 000
——A 公司	借	62 000	应付债券	贷	927 400
——B 公司	借	10 200	其中:一年内到期的应付债券	贷	46 000
其他应收款	借	17 000	实收资本	贷	5 080 000
原材料	借	1 633 200	盈余公积	贷	561 200
生产成本	借	530 800	利润分配	贷	903 800
库存商品	借	386 400	——未分配利润	贷	903 800
材料成本差异	贷	84 400	本年利润	贷	373 400
固定资产	借	3 776 000			
累计折旧	贷	392 000			
在建工程	借	894 800			
无形资产	借	389 200			
总账余额合计		9 415 200	总账余额合计		9 415 200

以下是李梅编制的 2019 年的半年度的资产负债表:

资产负债表

2019 年 6 月 30 日

制表单位:豫章股份有限公司   单位:元

资产	期末余额	年初余额	负债和所有者权益 (或股东权益)	期末余额	年初余额
流动资产:			流动负债:		
货币资金	1 983 000		短期借款	500 000	

续表

资产	期末余额	年初余额	负债和所有者权益（或股东权益）	期末余额	年初余额
交易性金融资产	223 000		交易性金融负债		
衍生金融资产			衍生金融负债		
应收票据及应收账款	332 000		应付票据及应付账款	335 000	
预付款项	72 200		预收款项	29 400	
其他应收款	17 000		合同负债		
存货	26 448 000		应付职工薪酬		
合同资产			应交税费	56 000	
持有待售资产			其他应付款	24 000	
一年内到期的非流动资产			持有待售负债		
其他流动资产	84 400		一年内到期的非流动负债	46 000	
流动资产合计	29 159 600		其他流动负债		
非流动资产：			流动负债合计	990 400	
债权投资			非流动负债		
其他债权投资			长期借款	812 000	
长期应收款			应付债券	927 400	
长期股权投资			其中：优先股		
其他权益工具投资			永续债		
其他非流动金融资产			长期应付款		
投资性房地产			预计负债		
固定资产	3 384 000		递延收益		
在建工程	894 800		递延所得税负债		
生产性生物资产			其他非流动负债		
油气资产			非流动负债合计	1 739 400	
无形资产			负债合计	2 729 800	
开发支出			所有者权益		
商誉			（或股东权益）		
长期待摊费用			实收资本（或股本）	5 080 000	
递延所得税资产			其他权益工具		
其他非流动资产			其中：优先股		
非流动资产合计	4 278 800		永续债		
			资本公积		
			减：库存股		

续表

资产	期末余额	年初余额	负债和所有者权益（或股东权益）	期末余额	年初余额
			其他综合收益		
			盈余公积	516 200	
			未分配利润	1 277 200	
			所有者权益（或股东权益）合计	6 873 400	
资产总计	33 438 400		负债和所有者权益（或股东权益）总计	9 603 200	

李梅编制的资产负债表没有平衡，可是一时又找不出错在何处，便请教老王，经过老王的讲解，李梅终于明白错在何处，重新编制了一张新的资产负债表，老王看了以后，高兴地笑了。

二、案例分析要点

1. 什么是半年度会计报表？与年度会计报表有何不同？
2. 运用你所学的知识说明老王所讲的内容有助于李梅正确编制资产负债表。
3. 李梅对自己所编制的资产负债表查找出了哪些错误？不平衡的理由是什么？
4. 代李梅重新编制新的资产负债表。
5. 简要说明编制资产负债表需要注意的事项。

第九章　会计核算组织程序

【引入案例】

　　民营企业在我国国民经济中的地位越来越突出，它是拉动中国经济增长的重要力量，是中国经济的重要组成部分，是国民经济发展的一支主力军。随着民营企业的发展，越来越多的年轻人开始进入民营企业工作。小李是某著名高校会计学专业的毕业生，毕业后进入了某民营企业从事会计工作，由于小李扎实的工作能力和较强的业务组织能力，很快被老总提拔为会计部门主管。在未升职之前，小李就强烈地意识到企业会计核算组织工作存在较大问题，因此，现在作为会计部门主管，小李希望为企业量身定制一套合理的会计核算组织程序，以帮助企业提高会计核算的效率。同学们，你们能给小李提供一些好的建议吗？

【学习目的与要求】

1. 熟练掌握常用会计核算组织程序的具体内容与运用方法；
2. 掌握不同核算组织程序的种类、特点、适用范围；
3. 深刻理解凭证组织、账簿组织与核算程序的关系；
4. 理解会计核算程序及会计循环的概念。

第一节　会计核算组织程序的概述

一、会计循环

（一）会计循环的含义

　　会计循环（Account Cycle）是指某一会计主体在持续经营和会计分期假设下，运用一系列的程序与方法对所发生的经济业务，按一定程序接收原始凭证、登记账簿直至编制会计报表为止的依次继起、周而复始的会计信息系统运动的过程，亦即会计核算的过程。其特点是：从会计期初开始，至会计期末终了，循环往复，周而复始。含义中的一系列的程序是指某一会计主体在一定会计期内所必须经过的填制和审核原始凭证、编制会计分录（或称填制和审核记账凭证）、记账（又称登记账簿）、编制试算平衡表、编制调整分录、期末结账和编制会计报表等会计工作流程；一系列的方法是指专门的会计核算方法，包括设置账户、复式记账、填制和审核凭证、登记账簿、成本计算、财产清查和编制会计报表。

任何一个会计期间的各种信息进入会计信息系统后，均需借助专门的会计核算方法进行确认、计量、记录和报告。从会计实务工作的角度来看，会计核算表现为填制凭证（初始环节）、登记账簿（中间环节）及编制报表（最终环节）三个基本环节，任何一个环节都是多步骤的核算过程：（1）初始环节——填制凭证：要经由原始凭证到记账凭证；（2）中间环节——登记账簿：要按特种日记账、明细账、总账依次登记到对账、账项调整与结转等步骤；（3）最终环节——编制报表：要经由试算平衡表到财务报告。会计信息系统的运动便表现为每一会计期间内会计核算基本环节按照一定程序依次继起的会计核算过程，会计循环就是这些会计核算过程的重复进行。

（二）会计循环的流程与基本步骤

会计循环最早多见于编译教材，美国的斐济·米勒、约翰逊和金屈莱（1989）认为会计循环过程包括事项分析、编制分录并过账、编制试算表、编制结账工作底稿（可不编）、编制调整分录并过账、编制结账分录并过账、编制结账后的试算表和编制财务报表等八个步骤；美国查理斯特·霍格林（1993）认为会计循环包括期初资产负债表、交易分析并做分录、将日记账过入分类账、编制调整前试算表（可省略）、编制调整分录并过账（含纠错）、编制调整后试算表和编制正式财务报表等七个步骤。纵观国外会计循环步骤及本书中会计循环的含义，我们认为，会计循环流程如图9-1所示。

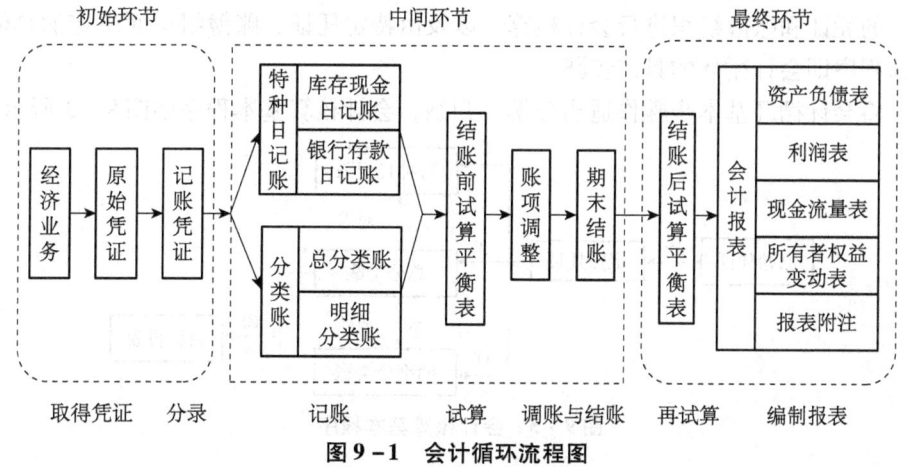

图9-1 会计循环流程图

尽管不同的企业在组织规模、会计机构设置、经济业务上存在着较大的差别，但会计循环的基本步骤是相同的，一般可分为六大步骤：

（1）依据审核无误的原始凭证进行会计确认、计量，填制记账凭证（即取得原始凭证并做分录）；

（2）依据审核无误的记账凭证按要求登记特种日记账和分类账（即记账或过账）；

（3）全部经济业务登记入账后进行对账；

（4）对账无误后进行账项调整和账项结转；

（5）进行账项调整后的对账；

（6）对账无误后依据账簿数据编制会计报表。

会计循环基本步骤如图9-2所示。

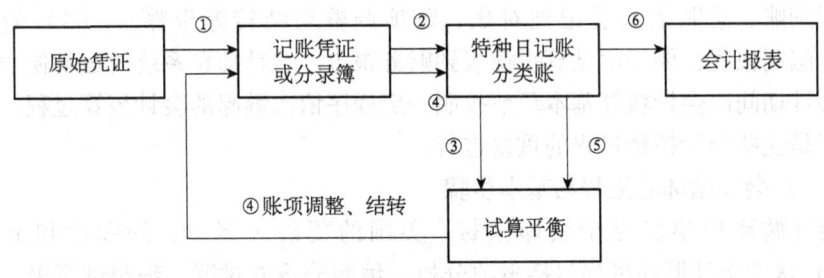

图9-2 会计循环基本步骤

二、会计核算组织程序

（一）会计核算组织程序的概念与种类

1. 会计核算组织程序

会计核算组织程序又称账务处理程序或会计核算形式，是指各经济单位采用特定的凭证和账簿组织进行会计核算，以及由特定凭证、账簿组织而决定的具体核算程序即会计循环的具体步骤。

将会计循环基本步骤作适当分解、归纳，会计核算基本程序如图9-3所示。

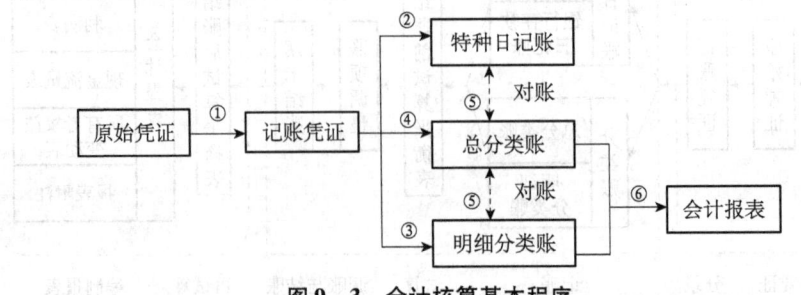

图9-3 会计核算基本程序

任何一个单位的会计核算都离不开凭证、账簿，都必须遵循"取得和填制原始凭证—编制记账凭证—登记各种账簿—对账—编制报表"基本程序。但记账凭证、账簿组织有不同的组合，不同的凭证、账簿组织有不同的具体核算步骤。如采用基本的记账凭证（分录凭证）、基本账簿格式（三栏式日记账，三栏式总分类账，数量金额式实物明细账，多栏式收入、成本、费用明细账，三栏式其他明细账）组织时，其核算步骤即上述基本步骤；而如采用记账凭证与科目汇总表凭证组织时，因不是直接依据记账凭证登记总分类账，而是将记账凭证汇总填制科目汇总表，再以科目汇总表为依据登记总分类账，便需增加一个填制科目汇总表的步骤，依此类推。任何一个单位，都有其特定的凭证和账簿组织，以及其特定的会计核算程序。

2. 会计核算组织程序的种类

在我国，目前普遍被采用的会计核算组织程序共有以下六种：

（1）记账凭证核算组织程序，即上述举例中第一种；

（2）科目汇总表核算组织程序，即上述举例中第二种；

（3）汇总记账凭证核算组织程序，是以汇总记账凭证代替科目汇总表的一种核算组织程序；

（4）多栏式日记账核算组织程序。库存现金和银行存款日记账采用多栏式（含对方科目金额栏），将多栏式日记账各专栏本月汇总数（实际是收款凭证、付款凭证各科目借、贷方发生额汇总数）作登记总账依据；

（5）日记总账核算组织程序。主要特点是总分类账采用多栏式，每日以记账凭证为依据进行序时登记；

（6）通用日记账核算组织程序，即以分录簿登记会计分录，在一些外资企业中被采用。

各种核算组织程序之间既相互联系又相互区别。各种核算组织程序之间共有的差异就是登记总账的依据和方法不同。

（二）设计会计核算组织程序的意义和要求

每一个单位采用的会计核算组织程序都是具体的，在进行会计核算之前都应设定自己特定的核算组织程序。任何单位设计会计核算组织程序均应讲求科学性、适合性，因为不同单位的经济业务规模和复杂程度各异，资金运动特点不同，只有选择适合本单位情况的核算组织程序，才能满足信息使用者的需求并实现人力、财力资源的最优配置。例如，一个日常收付款业务不多的企业，若采用收款、付款、转账凭证和汇总收款、汇总付款、汇总转账凭证的凭证组织，或采用多栏式现金和银行存款日记账，会人为增加许多不必要的核算环节，这会直接影响到核算的效率、增加会计成本。又如，一个大型企业若只设置分录凭证，明细账和总账均依据分录凭证逐笔登记，也将严重影响会计核算工作效率和会计信息质量。

因此，在选择或设计会计核算组织程序时应全面地考虑以下因素：

第一，以本单位规模、业务繁简和资金运动特点等实际情况为依据；

第二，以满足各方面信息使用者需要，保证信息质量为目的；

第三，在满足需要、保证质量前提下，有利于提高工作效率、节约会计成本。

第二节 记账凭证核算组织程序

一、记账凭证核算组织程序及其主要特点

它是指只设置记账凭证，直接根据每张记账凭证逐笔登记总分类账的会计核算形式。其主要特点是直接依据记账凭证逐笔登记总分类账。

记账凭证核算组织程序是最简单也是最基本的核算组织程序，其他各种核算组织程序都是在其基础上逐步演化或发展而来。

二、记账凭证核算组织程序的凭证、账簿组织与核算步骤

（一）凭证、账簿组织设置

1. 记账凭证

只设置记账凭证，不设汇总（记账）凭证，记账凭证可以采用通用格式，也可采用专用记账凭证即分别设置收款凭证、付款凭证、转账凭证。

2. 账簿

各种账簿一般采用基本账页格式，即库存现金和银行存款日记账一般采用收入、支出、结余三栏式；总分类账一般采用借方、贷方、余额三栏式；实物资产明细账采用数量金额式；收入、费用、成本明细账一般采用多栏式；其他（不含固定资产）明细账采用借方、贷方、余额三栏式。

（二）核算程序

记账凭证核算组织程序的核算程序如图9-4所示。

采用记账凭证核算组织程序时，从原始凭证到会计报表经由的核算步骤是：

第一步，根据经审核无误的各种原始凭证及原始凭证汇总表编制记账凭证（分录凭证）；

第二步，根据通用记账凭证中涉及货币收付的凭证或根据专用记账凭证中的收款凭证、付款凭证序时登记库存现金和银行存款日记账；

第三步，根据记账凭证及所附原始凭证逐笔登记各种明细分类账；

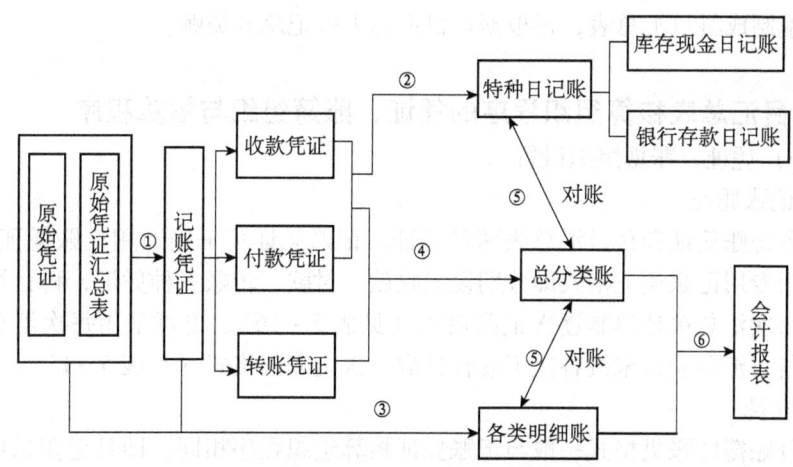

图 9-4 记账凭证核算组织程序主要核算步骤

第四步,根据记账凭证逐笔登记总分类账;

第五步,月末,总账试算平衡;库存现金和银行存款总账余额与日记账余额核对,总账其他科目余额(或发生额)与所属明细分类账合计数核对;

第六步,根据核对无误的总账、明细账数据编制会计报表。

三、记账凭证核算组织程序的优缺点与适用范围

(一)优点与缺点

1. 优点

凭证、账簿组织及核算程序简单、操作简便且容易理解;因总账和明细账均依据记账凭证逐笔登记,总账记录全面而详细,总账与明细账逐笔对应,便于核对。

2. 缺点

登记总账的工作量相对较大,不利于会计工作效率的提高和成本的节约。

(二)适用范围

一般适用于规模小、业务量少、凭证不多的单位。

第三节 科目汇总表核算组织程序

一、科目汇总表核算组织程序及其主要特点

既设置记账凭证,又设置科目汇总表(记账凭证汇总表),定期将所有记账凭证汇总编制成科目汇总表,据以登记总账的核算组织程序称为科目汇总表核算组织程序。其主要特点是:定期将本期内所有记账凭证按总分类科目汇总借、贷

方金额编制成科目汇总表,再根据科目汇总表登记总分类账。

二、科目汇总表核算组织程序的凭证、账簿组织与核算程序

(一)凭证、账簿组织设置

1. 记账凭证

设置记账凭证和科目汇总表两种凭证。记账凭证可采用通用记账凭证格式,也可采用专用记账凭证格式即分别设置收款、付款、转账三种凭证;科目汇总表可采用每次汇总单独填制逐次记账格式(见表5-16),也可采用每次汇总数填入一张科目汇总表月末按各次汇总合计数一次记账的格式(见表5-17)。

2. 账簿

各种账簿的账页格式一般与记账凭证核算组织程序相同。即日记账采用三栏式,总分类账采用三栏式,明细分类账分别采用三栏式、数量金额式和多栏式。

(二)核算程序

科目汇总表核算组织程序下的核算步骤与记账凭证核算组织程序相比较,区别在于只是增加了定期汇总记账凭证填制科目汇总表环节,即由依据记账凭证登记总分类账变为依据定期汇总记账凭证后所编制的科目汇总表来登记总分类账。

科目汇总表核算组织程序的核算程序如图9-5所示。

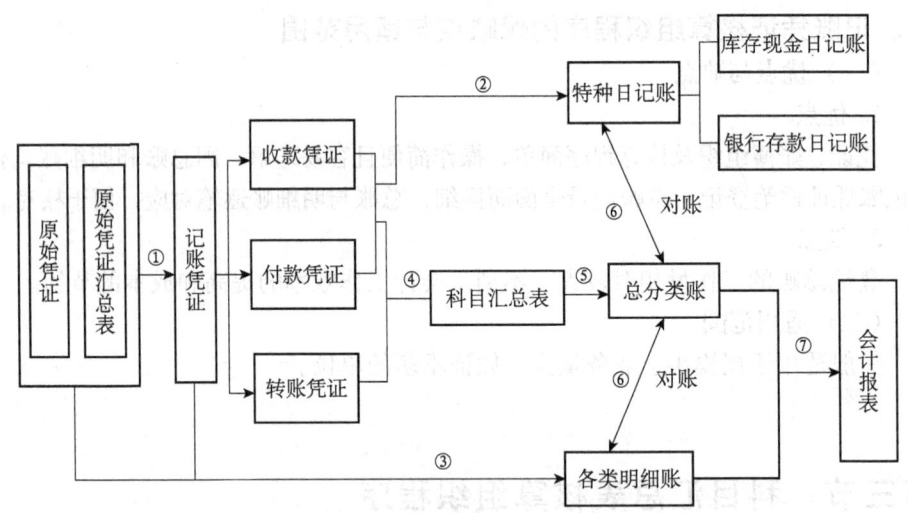

图9-5 科目汇总表核算组织程序主要核算步骤

第一步,根据经审核无误的各种原始凭证及原始凭证汇总表编制记账凭证(分录凭证);

第二步,根据记账凭证中与收、付款有关的凭证序时登记库存现金和银行存款日记账;

第三步，根据记账凭证及所附原始凭证逐笔登记各种明细分类账；
第四步，根据一定时期内的全部记账凭证，定期汇总编制科目汇总表；
第五步，根据定期编制的科目汇总表登记总分类账；
第六步，月末，总账试算平衡，将总分类账与日记账、明细账分别进行核对；
第七步，根据经核对无误的总分类账和各明细分类账数据编制会计报表。

三、科目汇总表核算组织程序的优缺点及适用范围

（一）优缺点

1. 优点

不需要根据记账凭证逐笔登记总账，而是定期汇总登记总账，极大地减少了登记总账的工作量；科目汇总表按各科目借、贷金额汇总，记账前可检查汇总记账数的借、贷平衡，可以减少总账记账差错。

2. 缺点

因科目汇总表按各科目分别汇总借、贷方发生额，并按汇总的借、贷方发生额合计数登记总分类账，因此，总分类账的记录不存在账户对应关系，无法全面反映经济业务的来龙去脉，因而不利于对经济业务进行分析、审核。

（二）适用范围

主要适用于规模较大、记账凭证较多，但日常收、付款业务不频繁的单位。科目汇总表核算组织程序在当前实务中使用较多，本章第八节将专门就其运用作实例说明。

第四节 汇总记账凭证核算组织程序

一、汇总记账凭证核算组织程序及其主要特点

定期将收款凭证、付款凭证、转账凭证分别汇总填制成汇总收款凭证、汇总付款凭证、汇总转账凭证据以登记总分类账的核算组织程序称为"汇总记账凭证核算组织程序"。其主要特点是依据汇总收款凭证、汇总付款凭证、汇总转账凭证登记总分类账。

二、汇总记账凭证核算组织程序的凭证、账簿组织与核算程序

（一）凭证、账簿组织设置

1. 记账凭证

不能设置通用记账凭证，而应设置专用记账凭证即收款凭证、付款凭证、转

账凭证，或设置现金收款、银行存款收款、现金付款、银行存款付款、转账五种格式的凭证；还应设置汇总收款凭证、汇总付款凭证、汇总转账凭证。

2. 账簿

账簿格式一般与前述各种核算组织程序相同，即现金日记账、银行存款日记账、总分类账采用三栏式，实物资产明细账采用数量金额式，收入、费用、成本明细账采用多栏式，其他明细账采用三栏式。

（二）核算程序

汇总记账凭证核算组织程序的核算程序如图9-6所示。

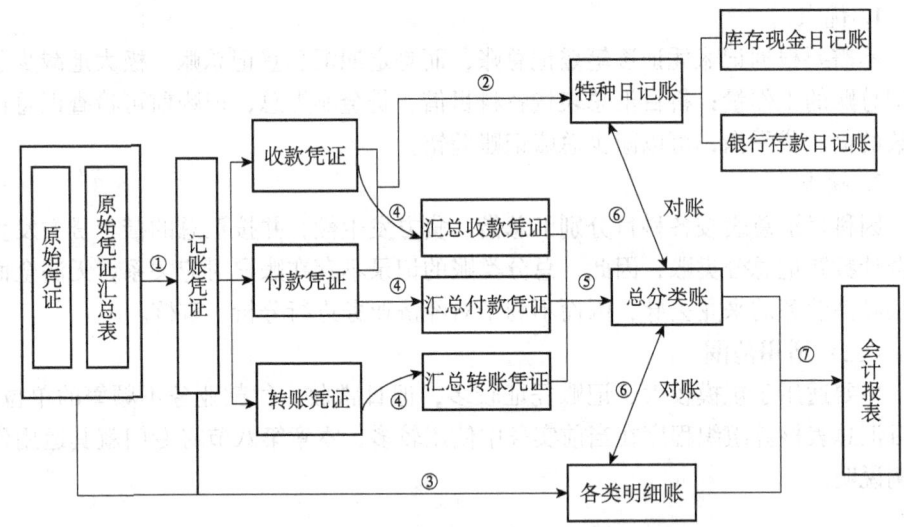

图9-6 汇总记账凭证核算组织程序核算步骤

此种核算组织程序下的核算步骤与科目汇总表核算组织程序大体相似，两者都定期汇总分录凭证填制汇总凭证据以登记总账，两者的区别在于汇总方式不同。

第一步，根据各种原始凭证及原始凭证汇总表填制专用记账凭证；

第二步，根据收款凭证、付款凭证序时登记现金日记账和银行存款日记账；

第三步，根据记账凭证及所附原始凭证逐笔登记各明细分类账；

第四步，定期根据收款凭证、付款凭证、转账凭证，分别填制汇总收款凭证、汇总付款凭证、汇总转账凭证（表5-18~表5-22）；

第五步，定期根据汇总收款凭证、汇总付款凭证、汇总转账凭证登记总分类账；

第六步，月末将总分类账与所属明细分类账、日记账分别进行核对；

第七步，根据核对无误的总分类账、明细分类账数据编制会计报表。

三、汇总记账凭证核算组织程序的优缺点与适用范围

（一）优点、缺点

1. 优点

在汇总记账凭证时按会计科目之间的对应关系归类汇总，能反映会计科目之间的对应关系，偏于了解经济业务的来龙去脉，克服了科目汇总表核算组织程序的缺点。总账按汇总记账凭证登记，减少了登记总账的工作量，克服了记账凭证核算组织程序的缺点。

2. 缺点

对记账凭证的分录形式要求过于死板，加大了记账凭证的处理难度和工作量。在汇总转账凭证时不按经济业务的性质归类汇总，而是按贷方科目硬性设置，按借方科目人为汇总，在转账凭证数量较多时，既割裂了经济业务的完整性，又加大了转账凭证编制的工作量。

（二）适用范围

一般适用于规模大、记账凭证多但转账凭证相对较少（日常收、付款业务较多）的企业。

第五节　多栏式日记账核算组织程序

一、多栏式日记账核算组织程序及其主要特点

设置多栏式现金和银行存款日记账，根据多栏式日记账各专栏本月借、贷方合计数、转账凭证或汇总转账凭证登记总分类账的核算组织程序称为"多栏式日记账核算组织程序"。其主要特点是：收款凭证和付款凭证不直接登记总账，也不另外汇总登记总账，而是以多栏式现金日记账和银行存款日记账各专栏借、贷方全月合计金额为依据登记总账，转账凭证则逐笔或定期汇总填制汇总转账凭证登记总账。

二、多栏式日记账核算组织程序的凭证、账簿组织与核算程序

（一）凭证、账簿组织设置

1. 记账凭证

应采用专用记账凭证，即设置收款凭证、付款凭证、转账凭证或现收、现付、银收、银付、转账凭证；转账凭证采用定期汇总编制汇总转账凭证登记总账的，还要设置汇总转账凭证。

2. 账簿

现金日记账和银行存款日记账采用多栏式，如对方科目多的单位，分设现金收入日记账、现金支出日记账、银行存款收入日记账、银行存款支出日记账（具体格式及登记方法参第六章表6-3~表6-5、表6-8~表6-10及相关内容）。其他账簿格式设置与前述各种核算组织程序相同。

（二）核算程序

多栏式日记账核算组织程序的核算程序如图9-7所示。

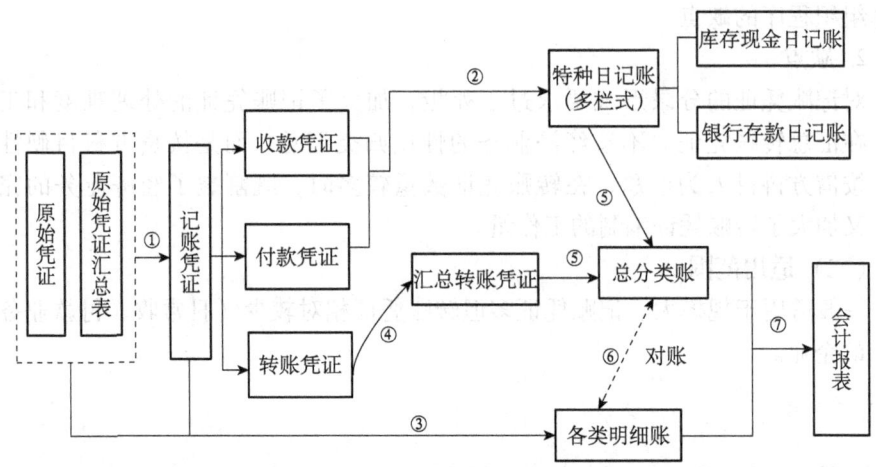

图9-7　多栏式日记账核算组织程序核算步骤

第一步，根据各种原始凭证及原始凭证汇总表填制记账凭证（采用专用记账凭证格式）；

第二步，根据记账凭证中的收款凭证、付款凭证序时登记多栏式现金日记账和多栏式银行存款日记账；

第三步，根据记账凭证及所附原始凭证逐笔登记各明细分类账；

第四步，定期编制汇总转账凭证；

第五步，月末，根据现金日记账、银行存款日记账、汇总转账凭证登记总分类账；

第六步，月末，将总分类账与所属明细账进行核对；

第七步，根据经核对无误的总分类账、明细分类账数据编制会计报表。

三、多栏式日记账核算组织程序的优缺点与适用范围

（一）优缺点

1. 优点

收款凭证、付款凭证不需要逐笔登记总账，也不需要汇总，而是以日记账为

依据一次登记总账，大大减少了记总账工作量；多栏式日记账可以反映货币资金的来龙去脉，有利于加强对货币资金的管理。

2. 缺点

多栏式日记账记账专栏设置较多，工作量较大，而且账页过长，不便于登记。

（二）适用范围

一般适用于经济业务较多，货币资金收付频繁但是涉及的对应科目不多的企业。

第六节　日记总账核算组织程序

一、日记总账核算组织程序及其主要特点

设置多栏式总分类账，依据记账凭证逐日逐笔登记总分类账的核算组织程序称"日记总账核算组织程序"或"多栏式总分类账核算组织程序"。其主要特点是，不仅直接依据记账凭证逐笔记总账（与记账凭证核算组织程序相类似），而且需逐日逐笔即序时地登记（区别于记账凭证核算组织程序）。

二、日记总账核算组织程序的凭证、账簿组织与核算程序

（一）凭证、账簿组织设置

1. 记账凭证

只设置分录凭证，不设汇总凭证。分录凭证一般采用收款凭证、付款凭证、转账凭证，也可采用通用记账凭证。

2. 账簿

总分类账采用多栏式，其他账簿与记账凭证核算组织程序相同。多栏式总分类账格式见表6-12。

（二）核算程序

日记总账核算组织程序的核算程序如图9-8所示。

第一步，根据各种原始凭证及原始凭证汇总表填制记账凭证；

第二步，根据收款凭证、付款凭证或通用记账凭证中与收、付款有关的凭证序时地登记现金日记账、银行存款日记账；

第三步，根据记账凭证序时地登记总分类账；

第四步，根据记账凭证及所附原始凭证逐笔登记各明细分类账；

第五步，月末，将总分类账与所属明细账、日记账分别进行核对；

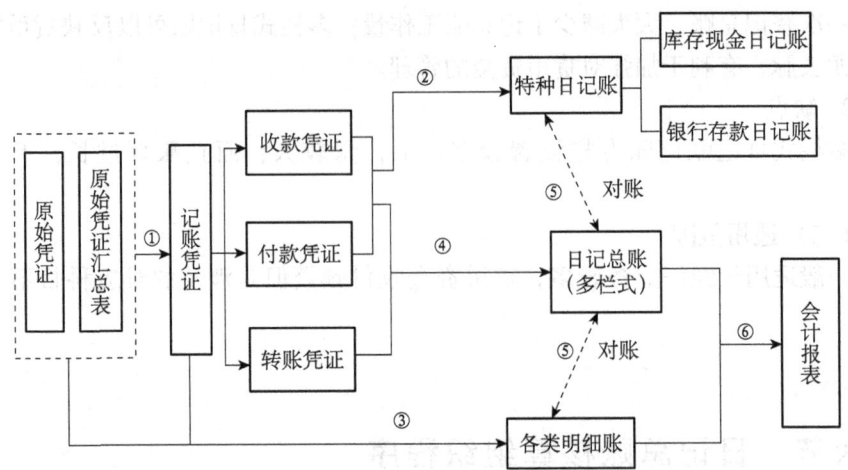

图9-8 日记总账核算组织程序核算步骤

第六步，根据核对无误的总分类账、明细分类账数据编制会计报表。

三、日记总账核算组织程序的优缺点与适用范围

（一）优、缺点

1. 优点

总账、明细账均依据分录凭证逐笔登记，简单易操作；总分类账既可以及时、全面反映经济业务的来龙去脉，又便于与明细账核对，有利于进行会计检查和会计分析。

2. 缺点

采用手工记账时，总账账页过宽，不便于记账；增大了登记日记总账的工作量；不便于记账分工和查阅。

（二）适用范围

主要适用于规模小、业务量少、使用会计科目不多的会计主体。在使用会计电算化进行账务处理的企业，由于账簿的登记工作是由计算机来完成的，因此很容易克服这种会计核算组织程序的缺点，因此在一些大中型企业中也可以采用这种核算组织程序。

第七节 通用日记账核算组织程序

一、通用日记账核算组织程序及其主要特点

通用日记账核算组织程序又称"普通日记账核算组织程序"。它一种将所有

的经济业务按照所涉及的会计科目，以分录的形式记入日记账，并根据日记账中的会计分录登记总分类账的会计核算形式。其主要特点是不采用记账凭证登记会计分录而是采用通用日记账（又称普通日记账或分录簿）登记会计分录，以通用日记账的记录为依据来登记总分类账。

二、通用日记账核算组织程序的凭证、账簿组织与核算程序

（一）凭证、账簿组织设置

1. 记账凭证

不设置记账凭证。一般情况下，通用日记账会计核算形式的凭证组织只包括原始凭证，而不包括记账凭证和汇总记账凭证。

2. 账簿

设置通用日记账和现金日记账、银行存款日记账①、总分类账以及各种明细分类账。现金及银行存款日记账、分类账的账页格式与记账凭证核算组织程序相同，即现金和银行存款日记账、总分类账采用三栏式；实物资产明细账采用数量金额式；收入、费用、成本明细账采用多栏式。

（二）核算程序

通用日记账核算组织程序的核算程序如图9-9所示。

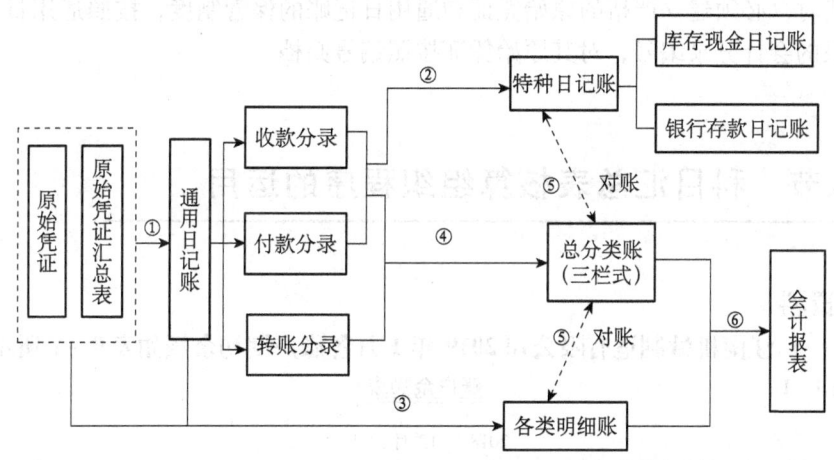

图9-9 通用日记账核算组织程序的核算步骤

第一步，根据各种原始凭证及原始凭证汇总表序时登记通用日记账（其格式及登记方法见第六章表6-1及相关内容）；

第二步，根据通用日记账序时登记现金日记账和银行存款日记账；

---

① 指我国现行实务中的现金和银行存款日记账。如按西方会计模式，则不设此账。

第三步,根据通用日记账及所依据的原始凭证逐笔登记各明细分类账;
第四步,根据通用日记账逐笔登记总分类账;
第五步,月末,将总分类账与所属明细账、日记账分别进行核对;
第六步,根据核对无误的总分类账、明细分类账数据编制会计报表。

三、通用日记账核算组织程序的优缺点与适用范围

(一) 优、缺点

1. 优点

用通用日记账登记分录,可以在一本账簿中完整反映全部经济业务,对经济业务内容的反映更为直观和集中,可以避免记账凭证容易散失的缺陷,在电算化条件下操作方便。

2. 缺点

手工记账条件下,不便于分工登记会计分录,也不便于分工登记分类账、特种日记账;逐笔分录登记总账,记账工作量大;不便于将原始凭证随同该业务的会计分录按照业务内容进行保管。

(二) 适用范围

主要适用于采用电算化核算进行账务处理的单位。在运用通用日记账会计核算形式时,必须建立严格的原始凭证和通用日记账的保管制度,按照通用日记账所记录的会计分录编号,对其原始凭证按照编号归档。

第八节 科目汇总表核算组织程序的运用

一、资料

(一) 江南机械制造有限公司 2019 年 1 月各账户期初余额如表 9-1 所示。

表 9-1 账户余额表

2018 年 12 月 31 日

制表单位:豫章股份有限公司　　　　　　　　　　　　　　　　　　　　　　单位:元

序号	总分类账户			所属明细分类账户		
	总分类科目	借方余额	贷方余额	明细分类科目	借方余额	贷方余额
1	库存现金	45 050				
2	银行存款	14 189 500				
3	其他货币资金	72 000				

续表

序号	总分类账户			所属明细分类账户		
	总分类科目	借方余额	贷方余额	明细分类科目	借方余额	贷方余额
4	应收票据	367 200				
5	应收账款	437 400		深海公司	317 400	
				艺海公司	174 000	
				蓝海公司		54 000
6	预付账款	289 800		泰安公司	180 000	
				华安公司	154 800	
				天安公司		45 000
7	其他应收款	30 000				
8	坏账准备		50 000	应收票据		6 500
				应收账款		21 500
				预付账款		14 000
				其他应收款		1 500
				长期应收款		6 500
9	应收利息	28 000				
10	应收股利	160 000				
11	在途物资	203 800		甲材料	92 500	
				乙材料	111 300	
12	原材料	364 500		甲材料	99 700	
				乙材料	264 800	
13	周转材料	30 000				
14	生产成本	155 450		A产品	73 650	
				B产品	81 800	
15	库存商品	446 450		A产品	243 750	
				B产品	202 700	
16	存货跌价准备		68 000			
17	长期应收款	170 000				
18	长期股权投资	1 000 000				
19	固定资产	4 389 000				
20	累计折旧		656 000			

续表

序号	总分类账户			所属明细分类账户		
	总分类科目	借方余额	贷方余额	明细分类科目	借方余额	贷方余额
21	固定资产减值准备		76 000			
22	在建工程	240 000				
23	工程物资	55 000				
24	无形资产	510 000				
25	长期待摊费用	59 000				
26	短期借款		660 000			
27	应付票据		150 500			
28	应付账款		591 000	雨虹公司		371 000
				雨辰公司		260 000
				雨露公司	40 000	
29	预收账款	172 000		新新公司		19 000
				新华公司	182 000	
				新光公司	9 000	
30	应付职工薪酬		291 300			
31	应交税费		132 600			
32	应付利息		57 000			
33	应付股利		58 000			
34	其他应付款		10 000			
35	长期借款		4 380 000			
36	长期应付款		20 000			
37	股本		5 180 000			
38	资本公积		9 734 000			
39	盈余公积		434 750	法定盈余公积		289 833
				任意盈余公积		144 917
40	利润分配		865 000	未分配利润		865 000
	合计	23 414 150	23 414 150			

（二）该公司 2019 年 1 月发生（完成）的经济业务如下：

（1）1 日，收到雨虹公司投资的货币资金 1 000 000 元，双方约定，该项投资在股本中占 600 000 元，款项已存入银行；

（2）1 日，向银行借入 3 个月期限的短期借款 1 000 000 元，年利率为 6%，合同约定到期一次还本付息；

（3）3 日，购入一台不需要安装的生产用设备，买价 300 000 元，增值税为 48 000 元，保险费为 5 000 元，公司开出一张转账支票；

（4）5 日，购入一台需要安装的生产用设备，增值税发票载明买价为 200 000 元，进项税为 32 000 元，保险费为 5 000 元，公司开出一张转账支票；

（5）7 日，安装生产用设备时领用甲材料 3 000 元，以现金支付安装工人工资 2 000 元；

（6）7 日，上述生产用设备安装调试完毕，交付使用；

（7）9 日，从泰安公司公司购入甲材料 5 000 千克，每千克 9.8 元，增值税 16%，运杂费为 1 000 元，公司开出转账支票一张；

（8）10 日，上述购入甲材料已经到达本企业，经验收入库，结转材料采购成本；

（9）12 日，向雨辰公司购入乙材料 6 000 千克，每千克 14.8 元，增值税 16%，运杂费为 1 200 元，款项尚未支付，材料未到；

（10）13 日，上述购入乙材料已经到达本企业，经验收入库，结转材料采购成本；

（11）14 日，开出转账支票一张，支付购买乙材料货款；

（12）15 日，收到深海公司开出转账支票一张，归还前欠货款 317 400 元，款项已存入银行；

（13）16 日，以现金 2 000 元购买本月办公用品，其中生产车间领用 800 元办公用品，行政管理部门领用 1 200 元办公用品；

（14）17 日，从银行支取备用金 5 000 元；

（15）18 日，办公室李明出差预借差旅费 3 000 元，以现金支付；

（16）19 日，以现金支付困难职工补助 2 000 元；

（17）21 日，办公室李明出差回公司报销差旅费 2 500 元，原预借 3 000 元，余款 500 元交回财务部门；

（18）23 日，销售给深海海公司 A 产品 1 000 件，单价 200 元，增值税率为 16%，货物已发出，已收到转账支票并送存银行；

（19）25 日，销售给艺海公司 B 产品 500 件，单价为 160 元，增值税率为 16%，货物已经发出，但货款尚未收到；

（20）27 日，销售甲材料 1 000 千克，价款 20 000 元，增值税税额 3 200 元，收到现金支票已送存银行；

（21）28 日，开出现金支票一张支付救灾捐款 10 000 元；

(22) 30 日，收到华安公司开出的现金支票一张，支付经济合同违约款 5 000 元；

(23) 31 日，本月耗用材料如"发料凭证汇总表"（见表 9-2）所列：

表 9-2　　　　　　　　　　　发料凭证汇总表
2019 年 1 月

	甲材料		乙材料		合计
	数量（千克）	金额（元）	数量（千克）	金额（元）	
A 产品耗用	3 000	30 000	4 000	60 000	90 000
B 产品耗用	1 500	15 000	2 000	30 000	45 000
车间一般耗用	300	3 000	200	3 000	6 000
行政部门耗用	200	2 000	100	1 500	3 500
合计	5 000	50 000	6 300	94 500	144 500

(24) 31 日，本月工资、住房公积金、工会经费、教育经费等职工薪酬如"职工薪酬计算表"（见表 9-3）所列：

表 9-3　　　　　　　　　　　职工薪酬计算表
2019 年 1 月　　　　　　　　　　　　　　　　金额单位：元

	工资	住房公积金	工会经费	教育经费	合计金额
A 产品工人	120 000	6 000	2 400	1 800	130 200
B 产品工人	100 000	5 000	2 000	1 500	108 500
车间管理人员	40 000	2 000	800	600	43 400
销售人员	60 000	3 000	1 200	900	65 100
行政人员	50 000	2 500	1 000	750	54 250
合计	370 000	18 500	7 400	5 550	401 450

(25) 31 日，计提本月固定资产折旧费 16 000 元，生产车间负担 10 000 元，行政管理部门负担 6 000 元；

(26) 31 日，月末摊销应由本月负担的生产设备保险费 1 000 元；

(27) 31 日，以银行存款支付本月水电费 20 000 元，其中生产车间耗用 15 000 元，行政管理部门耗用 5 000 元；

(28) 31 日，本月制造费用发生额 76 200 元，按工人工资摊入生产成本；

(29) 31 日，假定 A、B 两种产品全部完工，结转完工入库产品成本；

(30) 31 日，本月销售 A 产品的成本为 60 000 元，B 产品为 15 000 元，结转销售成本；

(31) 31 日，本月销售甲材料的采购成本为 10 000 元，结转销售成本；

(32) 31 日，支付本月短期借款利息 2 250 元；

(33) 31 日，计提本月长期借款利息 30 000 元；

(34) 31 日，月末计算应交消费税 5 000 元，城建税 350 元，教育费附加 150 元；

(35) 31 日，结转本月各项收入、费用；

(36) 31 日，按 25% 税率计提本月应交所得税，并结转所得税费用。

二、按科目汇总表核算组织程序进行的核算操作

该公司的分录凭证采用专用记账凭证（收款凭证、付款凭证、转账凭证三种格式分别记录与收款有关，与付款有关，与收付款均无关三类业务），科目汇总表采用第二种格式，即汇总一次记总账一次，并每旬汇总一次，账簿采用一般的三栏式、数量金额式、多栏式格式。核算步骤如下：

（一）第一步，日常每笔经济业务发生后，按其经审核的原始凭证逐笔填制记账凭证。与收款有关的业务填制收款凭证，与付款有关的业务填制付款凭证，与收付款无关的填制转账凭证。各笔业务的记账凭证填制如表 9-4 至表 9-48 所示。

表 9-4　　　　　　　江南机械制造有限公司记账凭证
　　　　　　　　　　　　　　收款凭证　　　　　　　　　　总字第 01 号

借方科目 <u>银行存款</u>　　　　　　2019 年 1 月 1 日　　　　　银收字第 01 号

摘要	贷方科目		贷方金额	√
	总分类科目	明细分类科目		
收到投资款	股本	雨虹公司	600 000	
	资本公积	股本溢价	400 000	
合　计			¥1 000 000	

附件 1 张

会计主管×× 　　记账×× 　　出纳×× 　　复核×× 　　制单××

表 9-5　　　　　　　江南机械制造有限公司记账凭证
　　　　　　　　　　　　　　收款凭证　　　　　　　　　　总字第 02 号

借方科目 <u>银行存款</u>　　　　　　2019 年 1 月 1 日　　　　　银收字第 02 号

摘要	贷方科目		贷方金额	√
	总分类科目	明细分类科目		
借入 3 个月借款	短期借款		1 000 000	
合　计			¥1 000 000	

附件 1 张

会计主管×× 　　记账×× 　　出纳×× 　　复核×× 　　制单××

表 9-6

江南机械制造有限公司记账凭证
付款凭证

总字第 03 号
贷方科目 银行存款　　　　2019 年 1 月 3 日　　　　银付字第 01 号

摘要	借方科目		借方金额	√
	总分类科目	明细分类科目		
购入一辆汽车	固定资产	设备	305 000	
	应交税费	应交增值税（进项）	48 000	
合　　计			¥ 353 000	

附件 1 张

会计主管 ××　　　记账 ××　　　出纳 ××　　　复核 ××　　　制单 ××

表 9-7

江南机械制造有限公司记账凭证
付款凭证

总字第 04 号
贷方科目 银行存款　　　　2019 年 1 月 5 日　　　　银付字第 02 号

摘要	借方科目		借方金额	√
	总分类科目	明细分类科目		
购一台生产设备	在建工程	设备	205 000	
	应交税费	应交增值税（进项）	32 000	
合　　计			¥ 237 000	

附件 1 张

会计主管 ××　　　记账 ××　　　出纳 ××　　　复核 ××　　　制单 ××

表 9-8

江南机械制造有限公司记账凭证
转账凭证

总字第 05 号
　　　　　　　　　　　2019 年 1 月 7 日　　　　转字第 01 号

摘要	科目		借方金额	贷方金额	√
	总分类科目	明细分类科目			
领用甲材料	在建工程	设备	3 000		
	原材料	甲材料		3 000	
合　　计			¥ 3 000	¥ 3 000	

附件 2 张

会计主管 ××　　　记账 ××　　　出纳 ××　　　复核 ××　　　制单 ××

第九章 会计核算组织程序 355

表9-9

江南机械制造有限公司记账凭证
付款凭证

贷方科目 <u>库存现金</u>　　　　2019年1月7日　　　　总字第06号
　　　　　　　　　　　　　　　　　　　　　　　　现付字第01号

摘要	借方科目		借方金额	√
	总分类科目	明细分类科目		
付安装工人工资	在建工程	设备	2 000	
合　　计			¥2 000	

附件1张

会计主管×× 　　记账×× 　　出纳×× 　　复核×× 　　制单××

表9-10

江南机械制造有限公司记账凭证
转账凭证

　　　　　　　　　　　　　2019年1月7日　　　　总字第07号
　　　　　　　　　　　　　　　　　　　　　　　　转字第02号

摘要	科目		借方金额	贷方金额	√
	总分类科目	明细分类科目			
设备交付使用	固定资产		210 000		
	在建工程			210 000	
合　　计			¥210 000	¥210 000	

附件2张

会计主管×× 　　记账×× 　　出纳×× 　　复核×× 　　制单××

表9-11

江南机械制造有限公司记账凭证
付款凭证

贷方科目 <u>银行存款</u>　　　　2019年1月9日　　　　总字第08号
　　　　　　　　　　　　　　　　　　　　　　　　银付字第03号

摘要	借方科目		借方金额	√
	总分类科目	明细分类科目		
购入甲材料	在途物资	甲材料	50 000	
	应交税费	应交增值税（进项）	7 840	
合　　计			¥57 840	

附件2张

会计主管×× 　　记账×× 　　出纳×× 　　复核×× 　　制单××

表 9-12

江南机械制造有限公司记账凭证
转账凭证

2019 年 1 月 10 日

总字第 09 号
转字第 03 号

摘要	科目		借方金额	贷方金额	√
	总分类科目	明细分类科目			
材料入库	原材料	甲材料	50 000		
	在途物资	甲材料		50 000	
	合　计		￥50 000	￥50 000	

附件 1 张

会计主管×× 　　记账×× 　　出纳×× 　　复核×× 　　制单××

表 9-13

江南机械制造有限公司记账凭证
转账凭证

2019 年 1 月 12 日

总字第 10 号
转字第 04 号

摘要	科目		借方金额	贷方金额	√
	总分类科目	明细分类科目			
购入乙材料	在途物资	乙材料	90 000		
	应交税费	应交增值税（进项）	14 208		
	应付账款	雨辰公司		104 208	
	合　计		￥104 208	￥104 208	

附件 2 张

会计主管×× 　　记账×× 　　出纳×× 　　复核×× 　　制单××

表 9-14

江南机械制造有限公司记账凭证
转账凭证

2019 年 1 月 13 日

总字第 11 号
转字第 05 号

摘要	科目		借方金额	贷方金额	√
	总分类科目	明细分类科目			
材料入库	原材料	乙材料	90 000		
	在途物资	乙材料		90 000	
	合　计		￥90 000	￥90 000	

附件 1 张

会计主管×× 　　记账×× 　　出纳×× 　　复核×× 　　制单××

表 9-15

江南机械制造有限公司记账凭证
付款凭证

总字第 12 号

贷方科目 银行存款　　　　　　　2019 年 1 月 14 日　　　　　　　银付字第 04 号

摘要	借方科目		借方金额	√
	总分类科目	明细分类科目		
支付材料货款	应付账款	雨辰公司	105 096	
合　　计			￥105 096	

附件 1 张

会计主管×× 　　　记账×× 　　　出纳×× 　　　复核×× 　　　制单××

表 9-16

江南机械制造有限公司记账凭证
收款凭证

总字第 13 号

借方科目 银行存款　　　　　　　2019 年 1 月 15 日　　　　　　　银收字第 03 号

摘要	贷方科目		贷方金额	√
	总分类科目	明细分类科目		
收到前欠货款	应收账款	深海公司	317 400	
合　　计			￥317 400	

附件 1 张

会计主管×× 　　　记账×× 　　　出纳×× 　　　复核×× 　　　制单××

表 9-17

江南机械制造有限公司记账凭证
付款凭证

总字第 14 号

贷方科目 库存现金　　　　　　　2019 年 1 月 16 日　　　　　　　现付字第 02 号

摘要	借方科目		借方金额	√
	总分类科目	明细分类科目		
购买办公用品	制造费用		800	
	管理费用		1 200	
合　　计			￥2 000	

附件 2 张

会计主管×× 　　　记账×× 　　　出纳×× 　　　复核×× 　　　制单××

表 9-18

江南机械制造有限公司记账凭证
付款凭证

总字第 15 号
银付字第 05 号

贷方科目 银行存款　　　　2019 年 1 月 17 日

摘要	借方科目		借方金额	√
	总分类科目	明细分类科目		
提取备用金	库存现金		5 000	
合　计			¥5 000	

附件 1 张

会计主管×× 　　记账×× 　　出纳×× 　　复核×× 　　制单××

表 9-19

江南机械制造有限公司记账凭证
付款凭证

总字第 16 号
现付字第 03 号

贷方科目 库存现金　　　　2019 年 1 月 18 日

摘要	借方科目		借方金额	√
	总分类科目	明细分类科目		
预借差旅费	其他应收款	李明	3 000	
合　计			¥3 000	

附件 1 张

会计主管×× 　　记账×× 　　出纳×× 　　复核×× 　　制单××

表 9-20

江南机械制造有限公司记账凭证
转账凭证

总字第 17 号
转字第 06 号

2019 年 1 月 19 日

摘要	科　目		借方金额	贷方金额	√
	总分类科目	明细分类科目			
计提职工补助	管理费用		2 000		
	应付职工薪酬	福利费		2 000	
合　计			¥2 000	¥2 000	

附件 2 张

会计主管×× 　　记账×× 　　出纳×× 　　复核×× 　　制单××

表 9－21   　　**江南机械制造有限公司记账凭证**
　　　　　　　　　　　　　　　　　付款凭证　　　　　　　　总字第 18 号

贷方科目 库存现金　　　　2019 年 1 月 19 日　　　　　　　现付字第 04 号

摘要	借方科目		借方金额	√
	总分类科目	明细分类科目		
支付职工补助	应付职工薪酬	福利费	2 000	
合　计			¥2 000	

附件 1 张

会计主管××　　　记账××　　　出纳××　　　复核××　　　制单××

表 9－22   　　**江南机械制造有限公司记账凭证**
　　　　　　　　　　　　　　　　　转账凭证　　　　　　　　总字第 19 号

　　　　　　　　　　　　　　2019 年 1 月 21 日　　　　　　　转字第 07 号

摘要	科　目		借方金额	贷方金额	√
	总分类科目	明细分类科目			
报销差旅费	管理费用		2 500		
	其他应收款	李明		2 500	
合　计			¥2 500	¥2 500	

附件 2 张

会计主管××　　　记账××　　　出纳××　　　复核××　　　制单××

表 9－23   　　**江南机械制造有限公司记账凭证**
　　　　　　　　　　　　　　　　　收款凭证　　　　　　　　总字第 20 号

借方科目 库存现金　　　　2019 年 1 月 21 日　　　　　　　现收字第 01 号

摘要	贷方科目		贷方金额	√
	总分类科目	明细分类科目		
交回差旅费余款	其他应收款	李明	500	
合　计			¥500	

附件 1 张

会计主管××　　　记账××　　　出纳××　　　复核××　　　制单××

表 9-24

江南机械制造有限公司记账凭证
收款凭证

借方科目 银行存款　　2019 年 1 月 23 日　　总字第 21 号　　银收字第 04 号

摘要	贷方科目		贷方金额	√
	总分类科目	明细分类科目		
销售 A 产品	主营业务收入		200 000	
	应交税费	应交增值税（销项）	32 000	
合　计			￥232 000	

附件 2 张

会计主管×× 　　记账×× 　　出纳×× 　　复核×× 　　制单××

表 9-25

江南机械制造有限公司记账凭证
转账凭证

总字第 22 号　　2019 年 1 月 25 日　　转字第 08 号

摘要	科　目		借方金额	贷方金额	√
	总分类科目	明细分类科目			
销售 B 产品	应收账款	艺海公司	92 800		
	主营业务收入			80 000	
	应交税费	应交增值税（销项）		12 800	
合　计			￥92 800	￥92 800	

附件 2 张

会计主管×× 　　记账×× 　　出纳×× 　　复核×× 　　制单××

表 9-26

江南机械制造有限公司记账凭证
收款凭证

借方科目 银行存款　　2019 年 1 月 27 日　　总字第 23 号　　银收字第 05 号

摘要	贷方科目		贷方金额	√
	总分类科目	明细分类科目		
销售甲材料	其他业务收入		20 000	
	应交税费	应交增值税（销项）	3 200	
合　计			￥23 200	

附件 2 张

会计主管×× 　　记账×× 　　出纳×× 　　复核×× 　　制单××

表 9-27

江南机械制造有限公司记账凭证
付款凭证

总字第 24 号
贷方科目 银行存款　　　2019 年 1 月 28 日　　　银付字第 06 号

摘要	借方科目		借方金额	√
	总分类科目	明细分类科目		
支付救灾捐款	营业外支出		10 000	
合　计			￥10 000	

附件 1 张

会计主管×× 　　记账×× 　　出纳×× 　　复核×× 　　制单××

表 9-28

江南机械制造有限公司记账凭证
收款凭证

总字第 25 号
借方科目 银行存款　　　2019 年 1 月 27 日　　　银收字第 06 号

摘要	贷方科目		贷方金额	√
	总分类科目	明细分类科目		
收到合同违约款	营业外收入		5 000	
合　计			￥5 000	

附件 1 张

会计主管×× 　　记账×× 　　出纳×× 　　复核×× 　　制单××

表 9-29

江南机械制造有限公司记账凭证
转账凭证

总字第 26 $\frac{1}{2}$ 号

2019 年 1 月 31 日　　　转字第 09 $\frac{1}{2}$ 号

摘要	科目		借方金额	贷方金额	√
	总分类科目	明细分类科目			
本月耗用材料	生产成本	A 产品	90 000		
		B 产品	45 000		
	制造费用		6 000		
	管理费用		3 500		
合　计					

附件 3 张

会计主管×× 　　记账×× 　　出纳×× 　　复核×× 　　制单××

表 9-30

江南机械制造有限公司记账凭证
转账凭证

总字第 26 $\frac{2}{2}$ 号

2019 年 1 月 31 日　　　　　　　　　转字第 09 $\frac{2}{2}$ 号

摘要	科目		借方金额	贷方金额	√
	总分类科目	明细分类科目			
本月耗用材料	原材料	甲材料	50 000		
		乙材料	94 500		
	合　　计		¥144 500	¥144 500	

附件 2 张

会计主管×× 　　记账×× 　　出纳×× 　　复核×× 　　制单××

表 9-31

江南机械制造有限公司记账凭证
转账凭证

总字第 27 $\frac{1}{3}$ 号

2019 年 1 月 31 日　　　　　　　　　转字第 10 $\frac{1}{3}$ 号

摘要	科目		借方金额	贷方金额	√
	总分类科目	明细分类科目			
本月职工薪酬	生产成本	A 产品	130 200		
		B 产品	108 500		
	制造费用		43 400		
	销售费用		65 100		
	合　　计				

附件 3 张

会计主管×× 　　记账×× 　　出纳×× 　　复核×× 　　制单××

表 9-32

江南机械制造有限公司记账凭证
转账凭证

总字第 27 $\frac{2}{3}$ 号

2019 年 1 月 31 日　　　　　　　　　转字第 10 $\frac{2}{3}$ 号

摘要	科目		借方金额	贷方金额	√
	总分类科目	明细分类科目			
本月职工薪酬	管理费用		54 250		
	应付职工薪酬	工资		370 000	
		住房公积金		18 500	
		工会经费		7 400	
	合　　计				

附件 2 张

会计主管×× 　　记账×× 　　出纳×× 　　复核×× 　　制单××

表9-33　　　　　　　江南机械制造有限公司记账凭证

转账凭证　　　　　　总字第27 $\frac{3}{3}$ 号

2019年1月31日　　　　转字第10 $\frac{3}{3}$ 号

摘要	科目		借方金额	贷方金额	√
	总分类科目	明细分类科目			
本月职工薪酬	应付职工薪酬	职工教育经费		5 550	
合　　计			￥401 450	￥401 450	

附件2张

会计主管××　　　记账××　　　出纳××　　　复核××　　　制单××

表9-34　　　　　　　江南机械制造有限公司记账凭证

转账凭证　　　　　　总字第28号

2019年1月31日　　　　转字第11号

摘要	科目		借方金额	贷方金额	√
	总分类科目	明细分类科目			
计提本月折旧费	制造费用		10 000		
	管理费用		6 000		
	累计折旧			16 000	
合　　计			￥16 000	￥16 000	

附件3张

会计主管××　　　记账××　　　出纳××　　　复核××　　　制单××

表9-35　　　　　　　江南机械制造有限公司记账凭证

转账凭证　　　　　　总字第29号

2019年1月31日　　　　转字第12号

摘要	科目		借方金额	贷方金额	√
	总分类科目	明细分类科目			
摊销本月保险费	制造费用		1 000		
	长期待摊费用			1 000	
合　　计			￥1 000	￥1 000	

附件2张

会计主管××　　　记账××　　　出纳××　　　复核××　　　制单××

表 9-36

江南机械制造有限公司记账凭证
付款凭证

贷方科目 银行存款　　　　2019 年 1 月 31 日　　　　总字第 30 号　　银付字第 07 号

摘要	借方科目		借方金额	√
	总分类科目	明细分类科目		
支付本月水电费	制造费用		15 000	
	管理费用		5 000	
合　　计			20 000	

附件 2 张

会计主管×× 　　记账×× 　　出纳×× 　　复核×× 　　制单××

表 9-37

江南机械制造有限公司记账凭证
转账凭证

2019 年 1 月 31 日　　　　总字第 31 号　　转字第 13 号

摘要	科目		借方金额	贷方金额	√
	总分类科目	明细分类科目			
分摊制造费用	生产成本	A 产品	41 564		
		B 产品	34 636		
	制造费用			76 200	
合　　计			¥76 200	¥76 200	

附件 2 张

会计主管×× 　　记账×× 　　出纳×× 　　复核×× 　　制单××

表 9-38

江南机械制造有限公司记账凭证
转账凭证

2019 年 1 月 31 日　　　　总字第 32 号　　转字第 14 号

摘要	科目		借方金额	贷方金额	√
	总分类科目	明细分类科目			
结转完工入库产品成本	库存商品	A 产品	335 414		
		B 产品	269 936		
	生产成本	A 产品		335 414	
		B 产品		269 936	
合　　计			¥605 350	¥605 350	

附件 2 张

会计主管×× 　　记账×× 　　出纳×× 　　复核×× 　　制单××

表 9-39

江南机械制造有限公司记账凭证
转账凭证

2019 年 1 月 31 日

总字第 33 号
转字第 15 号

摘要	科目		借方金额	贷方金额	√
	总分类科目	明细分类科目			
结转产品销售成本	主营业务成本	A 产品	60 000		
		B 产品	15 000		
	库存商品	A 产品		60 000	
		B 产品		15 000	
合 计			¥75 000	¥75 000	

附件 2 张

会计主管×× 记账×× 出纳×× 复核×× 制单××

表 9-40

江南机械制造有限公司记账凭证
转账凭证

2019 年 1 月 31 日

总字第 34 号
转字第 16 号

摘要	科目		借方金额	贷方金额	√
	总分类科目	明细分类科目			
结转材料销售成本	其他业务成本		10 000		
	原材料	甲材料		10 000	
合 计			¥10 000	¥10 000	

附件 2 张

会计主管×× 记账×× 出纳×× 复核×× 制单××

表 9-41

江南机械制造有限公司记账凭证
付款凭证

贷方科目 银行存款   2019 年 1 月 31 日

总字第 35 号
银付字第 08 号

摘要	借方科目		借方金额	√
	总分类科目	明细分类科目		
付本月短期借款利息	财务费用	利息费用	2 250	
合 计			¥2 250	

附件 1 张

会计主管×× 记账×× 出纳×× 复核×× 制单××

表 9-42

江南机械制造有限公司记账凭证
转账凭证

总字第 36 号
转字第 17 号

2019 年 1 月 31 日

摘要	科目		借方金额	贷方金额	√
	总分类科目	明细分类科目			
计提长期借款利息	财务费用	利息费用	30 000		
	应付利息			30 000	
	合 计		¥ 30 000	¥ 30 000	

附件 2 张

会计主管×× 　　记账×× 　　出纳×× 　　复核×× 　　制单××

表 9-43

江南机械制造有限公司记账凭证
转账凭证

总字第 37 号
转字第 18 号

2019 年 1 月 31 日

摘要	科目		借方金额	贷方金额	√
	总分类科目	明细分类科目			
计算应交税费	营业税金及附加		5 500		
	应交税费	应交营业税		5 000	
		应交城建税		350	
		教育费附加		150	
	合 计		¥ 5 500	¥ 5 500	

附件 2 张

会计主管×× 　　记账×× 　　出纳×× 　　复核×× 　　制单××

表 9-44

江南机械制造有限公司记账凭证
转账凭证

总字第 38 号
转字第 19 号

2019 年 1 月 31 日

摘要	科目		借方金额	贷方金额	√
	总分类科目	明细分类科目			
结转本月收入	主营业务收入		280 000		
	其他业务收入		20 000		
	营业外收入		5 000		
	本年利润			30 500	
	合 计		¥ 30 500	¥ 30 500	

附件 3 张

会计主管×× 　　记账×× 　　出纳×× 　　复核×× 　　制单××

表 9-45

江南机械制造有限公司记账凭证
转账凭证

总字第 39 $\frac{1}{2}$ 号

2019 年 1 月 31 日   转字第 20 $\frac{1}{2}$ 号

摘要	科目		借方金额	贷方金额	√
	总分类科目	明细分类科目			
结转本月费用	本年利润		272 300		
	主营业务成本			75 000	
	其他业务成本			10 000	
	营业税金及附加			5 500	
	合 计				

附件 2 张

会计主管×× 　　记账×× 　　出纳×× 　　复核×× 　　制单××

表 9-46

江南机械制造有限公司记账凭证
转账凭证

总字第 39 $\frac{2}{2}$ 号

2019 年 1 月 31 日   转字第 20 $\frac{2}{2}$ 号

摘要	科目		借方金额	贷方金额	√
	总分类科目	明细分类科目			
结转本月费用	销售费用			65 100	
	管理费用			74 450	
	财务费用			32 250	
	营业外支出			10 000	
	合 计		￥272 300	￥272 300	

附件 2 张

会计主管×× 　　记账×× 　　出纳×× 　　复核×× 　　制单××

表 9-47

江南机械制造有限公司记账凭证
转账凭证

总字第 40 号

2019 年 1 月 31 日   转字第 21 号

摘要	科目		借方金额	贷方金额	√
	总分类科目	明细分类科目			
计提本月所得税	所得税费用		8 175		
	应交税费	应交所得税		8 175	
	合 计		￥8 175	￥8 175	

附件 2 张

会计主管×× 　　记账×× 　　出纳×× 　　复核×× 　　制单××

表 9-48   江南机械制造有限公司记账凭证
转账凭证   总字第 41 号
2019 年 1 月 31 日   转字第 22 号

摘要	科目		借方金额	贷方金额	√
	总分类科目	明细分类科目			
结转所得税费用	本年利润		8 175		
	所得税费用			8 175	
	合 计		¥ 8 175	¥ 8 175	

附件 2 张

会计主管××   记账××   出纳××   复核××   制单××

（二）第二步，日常根据经审核无误的记账凭证中的收款凭证和付款凭证序时地登记现金日记账、银行存款日记账（均为三栏式）。具体登记内容与方法如表 9-49、表 9-50 所示。

表 9-49   现金日记账   第 1 页

2019 年		凭证		摘要	收入	支出	结余
月	日	字	号				
1	1			上年结转			45 050
	7	现付	1	安装工人工资		2 000	43 050
	16	现付	2	购买办公用品		2 000	41 050
	17	银付	5	提取备用金	5 000		46 050
	18	现付	3	预借差旅费		3 000	43 050
	19	现付	4	支付职工补助		2 000	41 050
	21	现收	1	差旅费余款	500		41 550
1	31			本月合计	5 500	9 000	41 550

表 9-50   银行存款日记账   第 1 页

2019 年		凭证		摘要	结算凭证	收入	支出	结余
月	日	字	号					
1	1			上年结转				14 189 500
	1	银收	1	收到投资款	转账支票 1	1 000 000		15 189 500
	1	银收	2	借入短期款	借款借据 1	1 000 000		16 189 500
	3	银付	1	购入设备	转账支票 2		353 000	15 836 500

续表

2019年		凭证		摘要	结算凭证	收入	支出	结余
月	日	字	号					
	5	银付	2	购入设备	转账支票3		237 000	15 599 500
	9	银付	3	购入甲材料	转账支票4		57 840	15 541 660
	14	银付	4	支付材料款	转账支票5		104 208	15 437 452
	15	银收	3	收到前欠款	转账支票6	317 400		15 754 852
	17	银付	5	提取备用金	转账支票7		5 000	15 749 852
	23	银收	4	销售A产品	转账支票8	232 000		15 981 852
	27	银收	5	销售甲材料	现金支票1	23 200		16 005 052
	28	银付	6	支付救灾款	现金支票2		10 000	15 995 052
	30	银收	6	收取违约款	现金支票3	5 000		16 000 052
	31	银付	7	本月水电费	转账支票9		20 000	15 980 052
	31	银付	8	本月利息	转账支票10		2 250	15 977 802
1	31			本月合计		2 577 600	789 298	15 977 802

（三）第三步，日常根据审核无误的收款凭证、付款凭证、转账凭证及所附原始凭证逐笔登记明细分类账。

明细分类账包括总账各账户所属明细分类账，数量众多。但按账页格式及登记方法通常包括三类：原材料、库存商品等明细账采用数量金额式，收入、成本、费用明细账采用多栏式，其他明细账采用三栏式。三类不同明细账的格式与登记如表9-51至表9-56所示（未全部账户列出，未列出部分请课后完成）。

表9-51　　　　　　　　**在途物资明细分类账**

材料名称：甲材料
计量单位：千克
第1页

2019年		凭证		摘要	借方				贷方	结余
月	日	字	号		价款	采购费用		合计金额		
						运费	其他			
1	1			上年结转（9 000千克）	90 000	2 000	500	92 500		92 500
	9	银付	3	购入（5 000千克）	49 000	1 000		50 000		142 500
	10	转	3	入库（5 000千克）					50 000	92 500
	31			本月合计	139 000	3 000	500	142 500	50 000	92 500

表 9-52　　　　　　　　　　　　　原材料明细分类账

类别：材料
名称规格：甲材料
计量单位：千克
存放地点：东一库　　　　　　　　　　　　　　　　　　　　　第 1 页

2019 年		凭证		摘要	收入			发出			结存		
月	日	字	号		数量	单价	金额	数量	单价	金额	数量	单价	金额
1	1			上年结转							9 970	10	99 700
	7	转	1	本月领用				300	10	3 000	9 670	10	96 700
	10	转	3	入库	5 000	10	50 000				14 670	10	146 700
	31	转	15	销售				1 000	10	10 000	13 670	10	136 700
	31			本月合计	5 000		50 000	1 300		13 000	13 670		136 700

表 9-53　　　　　　　　　　　　　生产成本明细分类账

产品名称：A
计量单位：件　　　　　　　　　　　　　　　　　　　　　　　　　　第 1 页

2019 年		凭证		摘要	借方			贷方	余额
月	日	字	号		直接材料	直接人工	制造费用		
1	1			上年结转	25 000	35 000	13 650		73 650
	31	转	9	领料	90 000				
	31	转	10	工人薪酬		130 200			
	31	转	13	制造费用			41 564		
	31	转	14	结转完工产品				335 414	
	31			本月合计	115 000	165 200	55 214	335 414	0

表 9-54　　　　　　　　　　　　　生产成本明细分类账

产品名称：B
计量单位：件　　　　　　　　　　　　　　　　　　　　　　　　　　第 1 页

2019 年		凭证		摘要	借方			贷方	余额
月	日	字	号		直接材料	直接人工	制造费用		
1	1			上年结转	30 000	40 000	11 800		81 800
	31	转	9	领料	45 000				
	31	转	10	工人薪酬		108 500			
	31	转	13	制造费用			34 636		
	31	转	14	结转完工产品				269 936	
	31			本月合计	75 000	148 500	46 436	269 936	0

表 9-55　　　　　　　　　　　应收账款明细分类账

对方单位：艺海公司　　　　　　　　　　　　　　　　　　　　　　　　　　第1页

2019年		凭证		摘要	借方金额	贷方金额	借或贷	余额
月	日	字	号					
1	1			上年结转			借	174 000
	25	转	8	应收货款	92 800		借	266 800
	31			本月合计	92 800			266 800

表 9-56　　　　　　　　　　　应付账款明细分类账

对方单位：雨辰公司　　　　　　　　　　　　　　　　　　　　　　　　　　第1页

2019年		凭证		摘要	借方金额	贷方金额	借或贷	余额
月	日	字	号					
1	1			上年结转			贷	260 000
	12	转	4	购入乙材料		104 208	贷	364 208
	14	银付	4	支付材料款	104 208		贷	260 000
	31			本月合计	104 208	104 208		260 000

（四）第四步，每旬末（10日、20日、31日）将本旬记账凭证（收款凭证、付款凭证、转账凭证）分别各科目、分别应记借方、贷方金额汇总，填制本旬"科目汇总表"。

1. 上旬填制科目汇总表

（1）汇总本月1~10日记账凭证。

将一个期间的记账凭证所载会计分录按科目及借贷金额汇总，可采用"T"型账户汇总方法，具体格式与操作列示如图 9-10 所示（括号内数字为记账凭证总编号说明，实务中不需填列）。

```
         库存现金                          银行存款
                    (6)  2 000      (1)  1 000 000    (3)  353 000
                                    (2)  1 000 000    (4)  237 000
                                                      (8)   57 840

                    合计 2 000      合计 2 000 000    合计 647 840
```

在途物资		原材料	
(8) 50 000	(9) 50 000	(9) 50 000	(5) 3 000
合计 50 000	合计 50 000	合计 50 000	合计 20 000

在建工程		固定资产		股本	
(4) 205 00 (5) 3 000 (6) 2 000	(7) 210 000	(3) 305 000 (7) 210 000			(1) 600 000
合计 210 000	合计 210 000	合计 515 000			合计 600 000

短期借款		应交税费		资本公积	
	(2) 1 000 000		(3) 48 000 (4) 32 000 (8) 7 840		(1) 400 000
	合计 1 000 000		合计 87 840		合计 400 000

图 9 – 10

注：T 型账户中的序号是根据记账凭证总号填写的。

(2) 填制 1~10 日科目汇总表如表 9 – 57 所示。

表 9 – 57

科目汇总表

汇字第 1 号

2019 年 1 月 1 日至 10 日　　记账凭证：总第 1~9 号

科目	总账页码	借方	贷方	记账
库存现金			2 000	
银行存款		2 000 000	647 840	
在途物资		50 000	50 000	
原材料		50 000	3 000	
在建工程		210 000	210 000	
固定资产		515 000		
短期借款			1 000 000	
应交税费		87 840		
股本			600 000	
资本公积			400 000	
合计		2 912 840	2 912 840	

会计主管：× ×　　记账：× ×　　复核：× ×　　制单：× ×

2. 中旬填制科目汇总表

（1）汇总本月 11～20 日记账凭证（汇总方法与上旬同）；

（2）填制 11～20 日科目汇总表如表 9-58 所示。

表 9-58

科目汇总表

汇字第 2 号

2019 年 1 月 11 日至 20 日　　　记账凭证：总第 10～18 号

科目	总账页码	借方	贷方	记账
库存现金		5 000	7 000	
银行存款		317 400	109 208	
在途物资		90 000	90 000	
原材料		90 000		
应收账款			317 400	
其他应收款		3 000		
应付账款		104 208	104 208	
应付职工薪酬		2 000	2 000	
应交税费		14 208		
制造费用		800		
管理费用		3 200		
合计		629 816	629 816	

会计主管：×× 　　　记账：×× 　　　复核：×× 　　　制单：××

3. 下旬填制科目汇总表

（1）汇总本月 21～31 日记账凭证（方法同前）；

（2）填制 21 日至 31 日科目汇总表如表 9-59 所示。

表 9-59

科目汇总表

汇字第 3 号

2019 年 1 月 21 日至 31 日　　　记账凭证：总第 19～40 号

科目	总账页码	借方	贷方	记账
库存现金		500		
银行存款		260 200	32 250	
应收账款		92 800		
其他应收款			3 000	
原材料			154 500	
库存商品		605 350	75 000	
累计折旧			16 000	

续表

科目	总账页码	借方	贷方	记账
长期待摊费用			1 000	
应付职工薪酬			401 450	
应交税费			61 675	
应付利息			30 000	
本年利润		280 475	305 000	
生产成本		449 900	605 350	
制造费用		75 400	76 200	
主营业务收入		280 000	280 000	
其他业务收入		20 000	20 000	
营业外收入		5 000	5 000	
主营业务成本		75 000	75 000	
其他业务成本		10 000	10 000	
营业税金及附加		5 500	5 500	
销售费用		65 100	65 100	
管理费用		71 250	74 450	
财务费用		32 250	32 250	
营业外支出		10 000	10 000	
所得税费用		8 175	8 175	
合计		2 346 900	2 346 900	

会计主管：××   记账：××   复核：××   制单：××

（五）第五步，根据经审核无误的科目汇总表登记总分账相关账户。每次对一定期间全部记账凭证按科目进行借贷金额汇总填制科目汇总表后，即据于登入总分类账相关账户。本例分三次汇总，填制三张科目汇总表，各次登记总分类账相关账户情况如表9－60至表9－112所示。

表9－60   **总分类账**

会计科目：库存现金

第1页

2019年		凭证		摘要	借方	贷方	借或贷	余额
月	日	字	号					
1	1			上年结转			借	45 050
	10	科汇	1	本月上旬汇总		2 000		
	20	科汇	2	本月中旬汇总	5 000	7 000		
	31	科汇	3	本月下旬汇总	500			
	31			本月合计	5 500	9 000	借	41 550

表 9-61　　　　　　　　　　　　　总分类账

会计科目：银行存款　　　　　　　　　　　　　　　　　　　　　第 3 页

2019年		凭证		摘要	借方	贷方	借或贷	余额
月	日	字	号					
1	1			上年结转			借	14 189 500
	10	科汇	1	本月上旬汇总	2 000 000	647 840		
	20	科汇	2	本月中旬汇总	317 400	109 208		
	31	科汇	3	本月下旬汇总	260 200	32 250		
	31			本月合计	2 577 600	789 298	借	15 977 802

表 9-62　　　　　　　　　　　　　总分类账

会计科目：其他货币资金　　　　　　　　　　　　　　　　　　　第 5 页

2019年		凭证		摘要	借方	贷方	借或贷	余额
月	日	字	号					
1	1			上年结转			借	72 000

表 9-63　　　　　　　　　　　　　总分类账

会计科目：应收票据　　　　　　　　　　　　　　　　　　　　　第 7 页

2019年		凭证		摘要	借方	贷方	借或贷	余额
月	日	字	号					
1	1			上年结转			借	367 200

表 9-64　　　　　　　　　　　　　总分类账

会计科目：应收账款　　　　　　　　　　　　　　　　　　　　　第 9 页

2019年		凭证		摘要	借方	贷方	借或贷	余额
月	日	字	号					
1	1			上年结转			借	437 400
	20	科汇	2	本月中旬汇总		317 400		
	31	科汇	3	本月下旬汇总	92 800			
	31			本月合计	92 800	317 400	借	212 800

表 9-65　　　　　　　　　　　　　总分类账

会计科目：预付账款　　　　　　　　　　　　　　　　　　　　　第 11 页

2019年		凭证		摘要	借方	贷方	借或贷	余额
月	日	字	号					
1	1			上年结转			借	289 800

表 9 – 66　　　　　　　　　　　**总分类账**

会计科目：坏账准备　　　　　　　　　　　　　　　　　　　　　　第 13 页

2019 年		凭证		摘要	借方	贷方	借或贷	余额
月	日	字	号					
1	1			上年结转			贷	50 000

表 9 – 67　　　　　　　　　　　**总分类账**

会计科目：应收利息　　　　　　　　　　　　　　　　　　　　　　第 15 页

2019 年		凭证		摘要	借方	贷方	借或贷	余额
月	日	字	号					
1	1			上年结转			借	28 000

表 9 – 68　　　　　　　　　　　**总分类账**

会计科目：应收股利　　　　　　　　　　　　　　　　　　　　　　第 17 页

2019 年		凭证		摘要	借方	贷方	借或贷	余额
月	日	字	号					
1	1			上年结转			借	160 000

表 9 – 69　　　　　　　　　　　**总分类账**

会计科目：其他应收款　　　　　　　　　　　　　　　　　　　　　第 19 页

2019 年		凭证		摘要	借方	贷方	借或贷	余额
月	日	字	号					
1	1			上年结转			借	30 000
	20	科汇	2	本月中旬汇总	3 000			
	31	科汇	3	本月下旬汇总		3 000		
	31			本月合计	3 000	3 000	借	30 000

表 9 – 70　　　　　　　　　　　**总分类账**

会计科目：在途物资　　　　　　　　　　　　　　　　　　　　　　第 21 页

2019 年		凭证		摘要	借方	贷方	借或贷	余额
月	日	字	号					
1	1			上年结转			借	203 800
	10	科汇	1	本月上旬汇总	50 000	50 000		
	20	科汇	2	本月中旬汇总	90 000	90 000		
	31			本月合计	140 000	140 000	借	203 800

表 9-71　　　　　　　　　　　　　总分类账

会计科目：原材料　　　　　　　　　　　　　　　　　　　　　第 23 页

2019 年		凭证		摘要	借方	贷方	借或贷	余额
月	日	字	号					
1	1			上年结转			借	364 500
	10	科汇	1	本月上旬汇总	50 000	3 000		
	20	科汇	2	本月中旬汇总	90 000			
	31	科汇	3	本月下旬汇总		154 500		
	31			本月合计	140 000	157 500	借	347 000

表 9-72　　　　　　　　　　　　　总分类账

会计科目：周转材料　　　　　　　　　　　　　　　　　　　　第 25 页

2019 年		凭证		摘要	借方	贷方	借或贷	余额
月	日	字	号					
1	1			上年结转			借	30 000

表 9-73　　　　　　　　　　　　　总分类账

会计科目：库存商品　　　　　　　　　　　　　　　　　　　　第 27 页

2019 年		凭证		摘要	借方	贷方	借或贷	余额
月	日	字	号					
1	1			上年结转			借	446 450
	31	科汇	3	本月下旬汇总	605 350	75 000		
	31			本月合计	605 350	75 000	借	976 800

表 9-74　　　　　　　　　　　　　总分类账

会计科目：存货跌价准备　　　　　　　　　　　　　　　　　　第 29 页

2019 年		凭证		摘要	借方	贷方	借或贷	余额
月	日	字	号					
1	1			上年结转			贷	68 000

表 9-75　　　　　　　　　　　　　总分类账

会计科目：长期应收款　　　　　　　　　　　　　　　　　　　第 31 页

2019 年		凭证		摘要	借方	贷方	借或贷	余额
月	日	字	号					
1	1			上年结转			借	170 000

表 9-76　　　　　　　　　　　　　　　**总分类账**

会计科目：长期股权投资　　　　　　　　　　　　　　　　　　　　第 33 页

2019 年		凭证		摘要	借方	贷方	借或贷	余额
月	日	字	号					
1	1			上年结转			借	1 000 000

表 9-77　　　　　　　　　　　　　　　**总分类账**

会计科目：固定资产　　　　　　　　　　　　　　　　　　　　　　第 35 页

2019 年		凭证		摘要	借方	贷方	借或贷	余额
月	日	字	号					
1	1			上年结转			借	4 389 000
	10	科汇	1	本月上旬汇总	515 000			
	31			本月合计	515 000	0	借	4 904 000

表 9-78　　　　　　　　　　　　　　　**总分类账**

会计科目：累计折旧　　　　　　　　　　　　　　　　　　　　　　第 37 页

2019 年		凭证		摘要	借方	贷方	借或贷	余额
月	日	字	号					
1	1			上年结转			贷	656 000
	31	科汇	3	本月下旬汇总		16 000		
	31			本月合计	0	16 000	贷	672 000

表 9-79　　　　　　　　　　　　　　　**总分类账**

会计科目：固定资产减值准备　　　　　　　　　　　　　　　　　　第 39 页

2019 年		凭证		摘要	借方	贷方	借或贷	余额
月	日	字	号					
1	1			上年结转			贷	76 000

表 9-80　　　　　　　　　　　　　　　**总分类账**

会计科目：在建工程　　　　　　　　　　　　　　　　　　　　　　第 41 页

2019 年		凭证		摘要	借方	贷方	借或贷	余额
月	日	字	号					
1	1			上年结转			借	240 000
	10	科汇	1	本月上旬汇总	210 000	210 000		
	31			本月合计	210 000	210 000	借	240 000

表 9–81　　　　　　　　　　　　　**总分类账**

会计科目：工程物资　　　　　　　　　　　　　　　　　　　　　　　第 43 页

2019 年		凭证		摘要	借方	贷方	借或贷	余额
月	日	字	号					
1	1			上年结转			借	55 000

表 9–82　　　　　　　　　　　　　**总分类账**

会计科目：无形资产　　　　　　　　　　　　　　　　　　　　　　　第 45 页

2019 年		凭证		摘要	借方	贷方	借或贷	余额
月	日	字	号					
1	1			上年结转			借	510 000

表 9–83　　　　　　　　　　　　　**总分类账**

会计科目：长期待摊费用　　　　　　　　　　　　　　　　　　　　　第 47 页

2019 年		凭证		摘要	借方	贷方	借或贷	余额
月	日	字	号					
1	1			上年结转			借	59 000
	31	科汇	3	本月下旬汇总		1 000		
	31			本月合计	0	1 000	借	58 000

表 9–84　　　　　　　　　　　　　**总分类账**

会计科目：短期借款　　　　　　　　　　　　　　　　　　　　　　　第 49 页

2019 年		凭证		摘要	借方	贷方	借或贷	余额
月	日	字	号					
1	1			上年结转			贷	660 000
	10	科汇	1	本月上旬汇总		1 000 000		
	31			本月合计	0	1 000 000	贷	1 660 000

表 9–85　　　　　　　　　　　　　**总分类账**

会计科目：应付票据　　　　　　　　　　　　　　　　　　　　　　　第 51 页

2019 年		凭证		摘要	借方	贷方	借或贷	余额
月	日	字	号					
1	1			上年结转			贷	150 500

表9-86 总分类账

会计科目：应付账款　　　　　　　　　　　　　　　　　　　　第53页

2019年		凭证		摘要	借方	贷方	借或贷	余额
月	日	字	号					
1	1			上年结转			贷	591 000
	20	科汇	2	本月中旬汇总	104 208	104 208	贷	591 000

表9-87 总分类账

会计科目：预收账款　　　　　　　　　　　　　　　　　　　　第55页

2019年		凭证		摘要	借方	贷方	借或贷	余额
月	日	字	号					
1	1			上年结转			借	172 000

表9-88 总分类账

会计科目：应付职工薪酬　　　　　　　　　　　　　　　　　　第57页

2019年		凭证		摘要	借方	贷方	借或贷	余额
月	日	字	号					
1	1			上年结转			贷	291 300
	20	科汇	2	本月中旬汇总	2 000	2 000		
	31	科汇	3	本月下旬汇总		401 450		
	31			本月合计	2 000	403 450	贷	692 750

表9-89 总分类账

会计科目：应交税费　　　　　　　　　　　　　　　　　　　　第59页

2019年		凭证		摘要	借方	贷方	借或贷	余额
月	日	字	号					
1	1			上年结转			贷	132 600
	10	科汇	1	本月上旬汇总	87 840			
	20	科汇	2	本月中旬汇总	14 208			
	31	科汇	3	本月下旬汇总		61 675		
	31			本月合计	102 048	61 675	贷	92 227

表9-90 总分类账

会计科目：应付利息　　　　　　　　　　　　　　　　　　　　第61页

2019年		凭证		摘要	借方	贷方	借或贷	余额
月	日	字	号					
1	1			上年结转			贷	57 000
	31	科汇	3	本月下旬汇总		30 000		
	31			本月合计	0	30 000	贷	87 000

表 9-91　　　　　　　　　　　　总分类账

会计科目：应付股利　　　　　　　　　　　　　　　　　　　　第 63 页

2019 年		凭证		摘要	借方	贷方	借或贷	余额
月	日	字	号					
1	1			上年结转			贷	58 000

表 9-92　　　　　　　　　　　　总分类账

会计科目：其他应付款　　　　　　　　　　　　　　　　　　　第 65 页

2019 年		凭证		摘要	借方	贷方	借或贷	余额
月	日	字	号					
1	1			上年结转			贷	10 000

表 9-93　　　　　　　　　　　　总分类账

会计科目：长期借款　　　　　　　　　　　　　　　　　　　　第 67 页

2019 年		凭证		摘要	借方	贷方	借或贷	余额
月	日	字	号					
1	1			上年结转			贷	4 380 000

表 9-94　　　　　　　　　　　　总分类账

会计科目：长期应付款　　　　　　　　　　　　　　　　　　　第 69 页

2019 年		凭证		摘要	借方	贷方	借或贷	余额
月	日	字	号					
1	1			上年结转			贷	20 000

表 9-95　　　　　　　　　　　　总分类账

会计科目：股本　　　　　　　　　　　　　　　　　　　　　　第 71 页

2019 年		凭证		摘要	借方	贷方	借或贷	余额
月	日	字	号					
1	1			上年结转			贷	5 180 000
	10	科汇	1	本月上旬汇总		600 000		
	31			本月合计	0	600 000	贷	5 780 000

表 9-96　　　　　　　　　　　　总分类账

会计科目：资本公积　　　　　　　　　　　　　　　　　　　　第 73 页

2019 年		凭证		摘要	借方	贷方	借或贷	余额
月	日	字	号					
1	1			上年结转			贷	9 734 000
	10	科汇		本月上旬汇总		400 000		
	31			本月合计	0	400 000	贷	10 134 000

表 9-97　　　　　　　　　　　总分类账

会计科目：盈余公积　　　　　　　　　　　　　　　　　　　　　　　　第 75 页

2019 年		凭证		摘要	借方	贷方	借或贷	余额
月	日	字	号					
1	1			上年结转			贷	434 750

表 9-98　　　　　　　　　　　总分类账

会计科目：利润分配　　　　　　　　　　　　　　　　　　　　　　　　第 77 页

2019 年		凭证		摘要	借方	贷方	借或贷	余额
月	日	字	号					
1	1			上年结转			贷	865 000

表 9-99　　　　　　　　　　　总分类账

会计科目：本年利润　　　　　　　　　　　　　　　　　　　　　　　　第 79 页

2019 年		凭证		摘要	借方	贷方	借或贷	余额
月	日	字	号					
1	31	科汇	3	本月下旬汇总	280 475	305 000		
	31			本月合计	280 475	305 000	贷	24 525

表 9-100　　　　　　　　　　　总分类账

会计科目：生产成本　　　　　　　　　　　　　　　　　　　　　　　　第 81 页

2019 年		凭证		摘要	借方	贷方	借或贷	余额
月	日	字	号					
1	1			上年结转			借	155 450
	31	科汇	3	本月下旬汇总	449 900	605 350		
	31			本月合计	449 900	605 350	平	0

表 9-101　　　　　　　　　　　总分类账

会计科目：制造费用　　　　　　　　　　　　　　　　　　　　　　　　第 83 页

2019 年		凭证		摘要	借方	贷方	借或贷	余额
月	日	字	号					
1	20	科汇	2	本月中旬汇总	800			
	31	科汇	3	本月下旬汇总	75 400	76 200		
	31			本月合计	76 200	76 200	平	0

表 9-102　　　　　　　　　　　　　**总分类账**

会计科目：主营业务收入　　　　　　　　　　　　　　　　　　　第 85 页

2019 年		凭证		摘要	借方	贷方	借或贷	余额
月	日	字	号					
1	31	科汇	3	本月下旬汇总	280 000	280 000		
	31			本月合计	280 000	280 000	平	0

表 9-103　　　　　　　　　　　　　**总分类账**

会计科目：其他业务收入　　　　　　　　　　　　　　　　　　　第 87 页

2019 年		凭证		摘要	借方	贷方	借或贷	余额
月	日	字	号					
1	31	科汇	3	本月下旬汇总	20 000	20 000		
	31			本月合计	20 000	20 000	平	0

表 9-104　　　　　　　　　　　　　**总分类账**

会计科目：主营业务成本　　　　　　　　　　　　　　　　　　　第 89 页

2019 年		凭证		摘要	借方	贷方	借或贷	余额
月	日	字	号					
1	31	科汇	3	本月下旬汇总	75 000	75 000		
	31			本月合计	75 000	75 000	平	0

表 9-105　　　　　　　　　　　　　**总分类账**

会计科目：其他业务成本　　　　　　　　　　　　　　　　　　　第 91 页

2019 年		凭证		摘要	借方	贷方	借或贷	余额
月	日	字	号					
1	31	科汇	3	本月下旬汇总	10 000	10 000		
	31			本月合计	10 000	10 000	平	0

表 9-106　　　　　　　　　　　　　**总分类账**

会计科目：税金及附加　　　　　　　　　　　　　　　　　　　　第 93 页

2019 年		凭证		摘要	借方	贷方	借或贷	余额
月	日	字	号					
1	31	科汇	3	本月下旬汇总	5 500	5 500		
	31			本月合计	5 500	5 500	平	0

表 9 – 107　　　　　　　　　　　　总分类账

会计科目：销售费用　　　　　　　　　　　　　　　　　　　　　　　　　第 95 页

2019 年		凭证		摘要	借方	贷方	借或贷	余额
月	日	字	号					
1	31	科汇	3	本月下旬汇总	65 100	65 100		
	31			本月合计	65 100	65 100	平	0

表 9 – 108　　　　　　　　　　　　总分类账

会计科目：管理费用　　　　　　　　　　　　　　　　　　　　　　　　　第 97 页

2019 年		凭证		摘要	借方	贷方	借或贷	余额
月	日	字	号					
1	20	科汇	2	本月中旬汇总	3 200			
	31	科汇	3	本月下旬汇总	71 250	74 450		
	31			本月合计	74 450	74 450	平	0

表 9 – 109　　　　　　　　　　　　总分类账

会计科目：财务费用　　　　　　　　　　　　　　　　　　　　　　　　　第 99 页

2019 年		凭证		摘要	借方	贷方	借或贷	余额
月	日	字	号					
1	31	科汇	3	本月下旬汇总	32 250	32 250		
	31			本月合计	32 250	32 250	平	0

表 9 – 110　　　　　　　　　　　　总分类账

会计科目：营业外收入　　　　　　　　　　　　　　　　　　　　　　　　第 101 页

2019 年		凭证		摘要	借方	贷方	借或贷	余额
月	日	字	号					
1	31	科汇	3	本月下旬汇总	5 000	5 000		
	31			本月合计	5 000	5 000	平	0

表 9 – 111　　　　　　　　　　　　总分类账

会计科目：营业外支出　　　　　　　　　　　　　　　　　　　　　　　　第 103 页

2019 年		凭证		摘要	借方	贷方	借或贷	余额
月	日	字	号					
1	31	科汇	3	本月下旬汇总	10 000	10 000		
	31			本月合计	10 000	10 000	平	0

表 9-112　　　　　　　　　　　总分类账

会计科目：所得税费用　　　　　　　　　　　　　　　　　　　　　　　第 105 页

2019 年		凭证		摘要	借方	贷方	借或贷	余额
月	日	字	号					
1	31	科汇	3	本月下旬汇总	8 175	8 175		
	31			本月合计	8 175	8 175	平	0

（六）第六步，对账。对账的完整内容包括账证、账账、账实核对。账账核对中的总分类账试算平衡、总分类账各账户结账数与所属明细账结账数之和核对是月末对账的主要内容。本月根据总分类账各账户期初余额、本月借方发生额、本月贷方发生额、期末余额（见表 9-60 至表 9-112）编制试算平衡表如表 9-113 所示。

表 9-113　　　　　　　　　　　试算平衡表

2019 年 1 月 31 日

序号	会计科目	期初余额		本期发生额		期末余额	
		借方	贷方	借方	贷方	借方	贷方
1	库存现金	45 050		5 500	9 000	41 550	
2	银行存款	14 189 500		2 577 600	789 298	15 977 802	
3	其他货币资金	72 000				72 000	
4	应收票据及应收账款	804 600		92 800	317 400	580 000	
5	预付账款	289 800				289 800	
6	坏账准备		50 000				50 000
7	其他应收款	218 000		3 000	3 000	218 000	
8	在途物资	203 800		140 000	140 000	203 800	
9	原材料	364 500		140 000	157 500	347 000	
10	周转材料	30 000				30 000	
11	库存商品	446 450		605 350	75 000	976 800	
12	存货跌价准备		68 000				68 000
13	长期应收款	170 000				170 000	
14	长期股权投资	1 000 000				1 000 000	
15	固定资产	4 389 000	76 000	515 000		4 904 000	76 000
16	累计折旧		656 000		16 000		672 000
17	在建工程	295 000		210 000	210 000	295 000	

续表

序号	会计科目	期初余额 借方	期初余额 贷方	本期发生额 借方	本期发生额 贷方	期末余额 借方	期末余额 贷方
18	无形资产	510 000				510 000	
19	长期待摊费用	59 000			1 000	58 000	
20	短期借款		660 000		1 000 000		1 660 000
21	应付票据及应付账款		741 500	104 208	104 208		741 500
22	预收账款	172 000				172 000	
23	应付职工薪酬		291 300	2 000	403 450		692 750
24	应交税费		132 600	102 048	61 675		92 227
25	其他应付款		125 000		30 000		155 000
26	长期借款		4 380 000				4 380 000
27	长期应付款		20 000				20 000
28	股本		5 180 000		600 000		5 780 000
29	资本公积		9 734 000		400 000		10134 000
30	盈余公积		434 750				434 750
31	利润分配		865 000				865 000
32	本年利润			280 475	305 000		24 525
33	生产成本	155 450		449 900	605 350		
34	制造费用			76 200	76 200		
35	主营业务收入			280 000	280 000		
36	其他业务收入			20 000	20 000		
37	营业外收入			5 000	5 000		
38	主营业务成本			75 000	75 000		
39	其他业务成本			10 000	10 000		
40	税金及附加			5 500	5 500		
41	销售费用			65 100	65 100		
42	管理费用			74 450	74 450		
43	财务费用			32 250	32 250		
44	营业外支出			10 000	10 000		
45	所得税费用			8 175	8 175		
	合计	23 414 150	23 414 150	5 889 556	5 889 556	25 845 752	25 845 752

（七）第七步，根据经核对无误的总分类账各账户期末余额（或发生额）及相关明细分类账数据编制会计报表。会计报表是一个体系，但资产负债表、利润表是每月必编的基本报表。江南机械制造有限公司本月编制的资产负债表、利润表如表 9-114 至表 9-115 所示。

表 9-114　　　　　　　　　　　**资产负债表**

编制单位：江南机械制造有限公司　　2019 年 1 月 31 日　　　　　　　　会企 01 表
单位：元

资产	期末余额	年初余额	负债和所有者权益	期末余额	年初余额
流动资产：			流动负债：		
货币资金	16 091 352	14 306 550	短期借款	1 660 000	660 000
交易性金融资产	0	0	交易性金融负债	0	0
应收票据及应收账款	797 000	1 021 600	应付票据及应付账款	826 500	826 500
预付款项	360 800	360 800	预收款项	73 000	73 000
其他应收款	216 500	216 500	合同负债	0	0
存货	1 489 600	1 132 200	应付职工薪酬	692 750	291 300
合同资产	0	0	应交税费	92 227	132 600
持有待售资产	0	0	其他应付款	155 000	155 000
一年内到期的非流动资产	21 000	21 000	持有待售负债	0	0
其他流动资产	0	0	一年内到期的非流动负债	90 000	90 000
流动资产合计	18 976 252	17 058 650	其他流动负债	0	0
非流动资产：	0	0	流动负债合计	3 589 477	2 198 400
债权投资	0	0	非流动负债：	0	0
其他债权投资	0	0	长期借款	4 290 000	4 290 000
长期应收款	163 500	163 500	应付债券	0	0
长期股权投资	1 000 000	1 000 000	其中：优先股		
其他权益工具投资	0	0	永续股	0	0
其他非流动金融资产	0	0	长期应付款	20 000	20 000
投资性房地产	0	0	预计负债		
固定资产	4 156 000	3 657 000	递延收益	0	0
在建工程	295 000	295 000	递延所得税负债		
生产性生物资产	0	0	其他非流动负债	0	0
油气资产	0	0	非流动负债合计	4 310 000	4 310 000
无形资产	510 000	510 000	负债合计	7 947 099	6 508 400

续表

资产	期末余额	年初余额	负债和所有者权益	期末余额	年初余额
开发支出	0	0	所有者权益		
商誉	0	0	实收资本（或股本）	5 780 000	5 180 000
长期待摊费用	37 000	38 000	其他权益工具	0	0
递延所得税资产	0	0	其中：优先股	0	0
其他非流动资产	0	0	永续股		
非流动资产合计	6 161 500	5 663 500	资本公积	10 134 000	9 734 000
			减：库存股	0	0
			其他综合收益		
			盈余公积	434 750	434 750
			未分配利润	889 525	865 000
			所有者权益合计	17 238 275	16 213 750
资产总计	25 137 752	22 722 150	负债和所有者权益总计	25 137 752	22 722 150

单位负责人：（略）　　　　会计主管：（略）　　　　复核：（略）　　　　制表人：（略）

表 9 – 115　　　　　　　　　　　**利润表**

会企 02 表

编制单位：江南机械制造有限公司　　2019 年 1 月　　　　　　　　单位：元

项目	本期数	本年累计数
一、营业收入	300 000	
减：营业成本	85 000	
税金及附加	5 500	
销售费用	65 100	
管理费用	74 450	
研发费用	0	
财务费用	32 250	
其中：利息费用	32 250	
利息收入	0	
资产减值损失	0	
信用减值损失	0	
加：其他收益	0	
投资收益（损失以"-"号填列）	0	
其中：对联营企业和合营企业的投资收益	0	

续表

项目	本期数	本年累计数
净敞口套期收益（损失以"-"号填列）	0	
公允价值变动收益（损失以"-"号填列）	0	
资产处置收益（损失以"-"号填列）	0	
二、营业利润（亏损以"-"号填列）	37 700	
加：营业外收入	5 000	
减：营业外支出	10 000	
三、利润总额（亏损总额以"-"号填列）	32 700	
减：所得税费用	8 175	
四、净利润（净亏损以"-"号填列）	24 525	
五、每股收益：		
（一）基本每股收益	（略）	
（二）稀释每股收益	（略）	
六、其他综合收益	（略）	
七、综合收益总额	（略）	

单位负责人：（略）　　　　会计主管：（略）　　　　复核人：（略）　　　　制表人：（略）

【本章小结】

从接收各项经济业务原始信息至输出系统的会计信息，会计完成一个完整核算过程所经由的程序称"会计循环"。会计循环的基本程序包括根据经审核的原始凭证填制记账凭证、根据经审核的记账凭证登记特种日记账和分类账、对账、账项调整、再对账、根据核对无误的账簿数据编制会计报表。

不同经济单位采用的凭证、账簿组织和核算程序不同。目前各种企业采用的核算组织程序有记账凭证核算组织程序、科目汇总表核算组织程序、汇总记账凭证核算组织程序、多栏式日记账核算组织程序、日记总账核算组织程序、通用日记账核算组织程序六种。

现行六种核算组织程序中，记账凭证核算组织程序是最基本最简单的一种，其他各种都是以其为基础的演化、扩展。各种核算组织程序之间最根本的区别是登记总分类账的依据或方法不同。各种核算组织程序各有其优点、缺点，从而各有其适合的情况，各经济单位应当根据自身的规模和经济业务特点采用适当的核算组织程序，才能满足信息使用者的需要并提高会计工作效率，节约会计成本。

【本章思考与练习题】

一、思考题

1. 什么是会计循环，会计循环的基本程序有哪些？
2. 会计循环中为何有两次试算平衡？
3. 什么是会计核算组织程序，与会计循环有何联系？
4. 会计核算组织程序中的"组织"和"程序"怎样理解，有何联系？
5. 现行会计核算组织程序有哪几种，最基本的是哪种？
6. 各种核算组织程序最主要的区别是什么？
7. 试比较各种核算组织程序的凭证、账簿设置有何不同。
8. 各种核算组织程序的核算步骤怎样？逐一列出。
9. 各种核算组织程序的优、缺点和适用范围怎样？逐一列出。
10. 特定单位合理采用核算组织程序应遵循哪些要求？

二、练习题

根据本章第八节资料，试分别采用记账凭证核算组织程序、汇总记账凭证核算组织程序进行各步骤核算操作。

【本章案例分析题】

一、案例背景资料

小张是甲公司财务部门的一名会计人员，该公司是一家中型民营股份有限公司，日常收付款业务较为频繁。上岗后不久，小张发现公司的财务工作比较混乱，工作效率低。例如，出纳人员除登记日记账外还帮忙登记明细账；记账凭证只有一种通用的记账凭证；账簿均根据记账凭证逐笔登记，错账更正比较随意；有时为了赶编会计报表只简单地进行账实核对等。小张打算向会计主管反映了这些问题，并提出整改建议。

二、案例分析要点

如果你是小张：

（1）指出本案例存在的问题及整改措施。
（2）该公司应采用哪种会计核算组织程序？为什么？
（3）该组织程序需要设置哪些会计凭证、会计账簿？格式如何？
（4）写出该组织程序的步骤。

第十章 会计工作组织与管理

【引入案例】

  2016年年末,南方某国有企业的会计主管张某因年龄到期退休,随后,该公司聘任周某担任会计主管,张某和周某并未办理移交手续。周某正式任职后一个月,经过公司负责人同意,安排其妻子赵某担任该企业的出纳。因人员较少,该公司未设立档案机构,于是公司负责人指定赵某兼任会计档案的管理工作。2017年年末,周某以记账凭证太多不便于存放为由,要求将保存满10年的会计凭证和账簿销毁,公司负责人同意了周某的要求。然后由周某及其妻子赵某在公司负责人的监督下销毁了相关会计凭证及会计账簿。2017年年末,执法部门到该公司调查原会计主管张某的经济问题,周某的妻子作为会计档案保管人员只能将尚未销毁部分记账凭证和账簿交给执法部门检查。该案例中,上述人员的做法是否妥当,你是否能够给予相关的改进建议?

【学习目的与要求】

1. 了解会计工作组织与管理的相关概念与内容;
2. 了解会计机构设置的重要意义与原则;
3. 熟悉会计机构的职责和组织形式;
4. 掌握会计人员的职责范围以及权限;
5. 了解会计法律法规和会计职业道德要求的相关内容;
6. 了解会计档案保管相关管理内容。

第一节 会计工作组织与管理概述

一、会计工作组织与管理的概念与内容

(一)会计工作组织与管理的概念

  会计是一个以提供财务信息为主的经济信息系统,是社会经济管理系统的一

个子系统。从人类社会活动角度看，会计系统的运行，其实质是将社会成员在特定的组织架构下进行分工，遵循特定要求采用特定方法进行信息处理、传输、信息资料保管活动的过程。

会计工作的组织与管理，就是根据《会计法》和其他相关法律法规的规定，结合本单位的特点和会计工作的具体情况，科学、合理地安排各项会计工作。会计工作的组织与管理有宏观和微观两层含义。

宏观会计工作组织与管理指国家组织管理会计工作的方式、方法和内容，具体包括国家对会计管理体制的确定、国家宏观会计规范的制定与执行以及国家对会计人员的管理等内容。微观会计工作组织指各单位为顺利开展会计工作，根据会计工作的特点和国家对会计工作的管理规定，结合本单位的具体情况，设置会计机构、配备会计人员、明确岗位责任、制定与执行会计规范及会计制度、保管会计档案等。

（二）会计工作组织与管理的一般内容

（1）会计管理体制的安排；
（2）会计机构与岗位的设置、会计人员的配置；
（3）会计法规制度的建立与完善；
（4）会计信息处理、传输、储存手段的选择；
（5）会计档案资料的保管。

二、会计工作组织与管理的意义

会计工作的组织与管理是一个国家会计环境、会计思想、会计理论、会计法制的综合体现。特定会计组织与管理的形式、内容是会计系统运行的基础，科学合理的会计组织管理是会计系统实现运行目标的重要条件。

（一）科学的会计组织管理是提高会计信息质量和工作效率的保证

为信息使用者提供有用的财务信息是会计的基本目的。会计信息系统本身也是一个由多个子系统构成的系统。就一个单位来说，会计信息要经过凭证—账簿—财务报告等一系列方法及相应的手续和程序对数据进行记录、计算、分类、汇总、分析和检查，会计活动具有多方面、多环节性。现代社会，集团、合营、联营是企业组织的普遍形式，会计信息的加工、传输关系复杂。某个环节出错或者某个数字计算错误，最终都会导致企业提供的会计信息不真实，从而影响信息使用者的决策。内部各方面各环节是否紧密配合，不仅关系信息质量而且关系会计活动成本效率。而要保证会计内部的高度协调严密衔接，机构与岗位的合理设置、制度的有力约束、手段方法的有效支持都是不可或缺的条件。

（二）科学的会计组织管理是会计与其他经济管理系统协调配合的基础

会计信息系统是经济管理系统的子系统，会计活动是一个单位经济管理活动的有机组成部分。与其他系统彼此协调相互支持共同配合以实现经济管理总目标，是会计系统的重要任务，也是会计系统的本质要求。而会计能否满足这个要求，首先取决于会计机构体制与机制安排、其次受会计行为规则和技术规范影响，还与会计信息处理、传输和储存中应用的方法有密切关系。

（三）科学的会计工作组织管理是巩固和加强企业内部经济责任制的基础

内部经济责任制是各经营单位实行内部控制和管理的重要手段，会计工作是企业单位经济管理工作的重要组成部分，必须要在贯彻经济责任制方面发挥重要的作用。实行内部经济责任制离不开会计，如科学的经济预测、正确的经济决策以及业绩评价考核等，都离不开会计工作的支持，科学地组织会计工作，可以促使企业单位内部各有关部门有效利用资金，增收节支，提高经济管理水平和经济效益，取得最佳经营成果。

（四）科学的会计工作组织管理是维护国民经济有序运行的重要条件

从宏观角度看，一个国家的会计系统既是国民经济的"晴雨表"，又是国家贯彻经济政策和各项财经法规制度的重要工具。而在市场经济条件下，全局与局部、集团与集团之间、单位与个人之间的利益博弈是一种普遍现象，只有与会计上述身份相匹配的会计管理体制、机构、人员、法规制度及方法安排、才能保证会计发挥应有的作用，从而维护国民经济的有序运行。

三、会计工作组织与管理应遵循的基本原则

对会计工作进行组织和管理需要遵循一定的基本原则。组织会计工作应符合的基本原则，是指组织好会计工作、提高会计工作质量和效率所应遵循的一些基本规律。它是组织好会计工作的基本保证。科学地组织会计工作，应遵循以下原则：

（一）科学性原则

会计组织与管理的根本目的，在于保证会计系统与社会其他系统的协调运行、保证会计系统本身的运行效率。而保证会计与社会其他系统的协调和会计系统本身的运行效率，在特定时期，需要以该时期社会政治经济制度状况、社会经济水平、科学技术水平、文化教育水平等环境因素的正确判断为基础，遵循相关领域的客观规律，体现科学的会计思想、会计理论、会计方法。当会计环境发生变化时，则应当及时调整会计的组织与管理形式和内容。科学性是实现会计组织与管理合理发展的最重要原则。

（二）统一性与个性化相结合原则

1. 统一性

会计活动的组织和管理必须遵循统一性原则。就国际趋势而言，随着经济全球化时代的到来，会计作为通行的"商业语言"，其规则、方法的国际趋同已成一种大趋势。各国会计的组织与管理均应当逐步缩小差距实现相互协调；就一个

国家而言，会计的组织与管理要求的统一是保证会计职能有效发挥的重要条件。我国的会计管理体制、会计机构设置和会计人员执业资格职位条件、重要的会计法规和技术规范均由国家统一制订。各地方、部门、单位均应认真贯彻而不得违反。因为会计所提供的会计信息，不仅要满足本单位经济管理的需要，还要满足外部的会计信息使用者，包括国家宏观经济管理的需要。为维护社会经济秩序，满足宏观经济管理的要求，各单位必须依据国家有关法规、制度的统一要求设置会计机构、配备会计人员和组织、管理会计工作。

2. 个性化

不同国家的国情差异是一种客观存在的事实，因此在国际会计协调过程中，各国应当根据自身国情特点保留特色，求同存异。同样，一个国家内特定单位会计的组织和管理，既要遵循国家统一的要求，又要符合本单位的特点。国家对会计组织和管理做出的统一规定是基于整个国家的一般情况和总体需要，但各单位经济性质、特点各不相同，因此，特定单位在不违反国家统一规定前提下，有必要根据自身情况对会计的组织和管理制订实施办法，做出具体安排。比如，规模大的单位，会计机构、人员规模应相对大，分工应相对细，而规模小的单位，则机构和人员规模可相对小。又如，条件或要求不同的单位，可以采用不同的核算组织程序、不同的成本核算方法。根据自身管理需要，单位还可以自行设置内部会计报表，等等。

（三）内部控制及责任制要求

为了保证企业财产的安全完整，维护投资人、债权人及其他企业利害关系人的利益，在组织会计工作时，应实行相应的内部控制，建立健全内部控制制度。对会计工作进行合理分工，不相容的职务应分离，安排不同的会计人员担任，使得会计处理手续和会计工作程序达到规范化、科学化。

（四）成本效益原则

会计的组织管理应遵循成本效益原则，即在保证会计工作质量前提下，会计机构的设置，会计岗位与人员的配备，核算与监督程序方法安排均应力求精简节约，防止机构重叠、环节重复和不必要的程序或手续，从而提高企业会计活动的运行效率。另外，会计工作还要充分吸收最新的科技成果，特别是信息处理技术方面的成果，以节约会计工作的运行时间，提高会计处理的效率。

第二节 会计管理体制

一、会计管理体制的概念与类型

（一）会计管理体制的概念

会计管理体制指某一国家（或地区）政府出于宏观管理、协调利益关系的需要对本国（或本地区）会计活动进行组织、管理和约束的形式，它一般包括会计工作领导体制、会计人员管理体制、会计制度制定体制。会计管理体制是宏观层次的会计组织管理，一个国家的会计管理体制是该国会计组织与管理的基础，规定着会计组织与管理的内容、形式、方向。

（二）会计管理体制的类型

会计工作管理体制是一个国家管理会计模式的重要内容，不同的社会经济环境造就了不同的会计工作管理体制。纵观世界各国会计工作管理体制，大体上可以分为两种类型：

1. 集中管理型

所谓集中管理，是指由政府主导会计活动的管理，这种管理主要通过行政手段和法律手段来进行，而会计职业团体在会计活动的管理中不占主导地位，只起着协助政府管理会计活动的作用。如法国和日本的会计管理体制为集中管理型的代表。

2. 自我管理型

所谓自我管理，是指政府对会计活动的干预较少，除某些必要的立法外，对会计活动的管理完全交给会计职业团体自行管理。如英国、美国的会计管理体制则是比较典型的自我管理型。

从趋势看，集中管理型国家在部分吸取"自我管理"的合理因素，而自我管理型的国家也在部分吸纳"集中管理"的内容，双方的差异只是侧重点不同而已。

二、我国现行会计管理体制

在我国，会计工作管理体制是划分管理会计工作职责权限关系的制度，因此，按职责权限划分，包括会计工作的行政管理、会计工作的行业自律管理和会计工作的单位内部管理。

（一）会计工作的行政管理

《会计法》第七条规定："国务院财政部门主管全国的会计工作，县级以上地方各级人民政府财政部门管理本行政区域内的会计工作。"我国对会计工作实行的是"统一领导、分级管理"原则下的政府主导型管理体制，财政部作为全国会计工作的主管部门，对全国的会计工作进行统一指导，地方财政部门在财政部的统一指导下，做好本行政区域内的会计主管工作。

会计工作的行政管理职能是由市场经济条件下政府职能定位所确定的。在市场经济条件下，政府的职能主要是经济调节、市场监管、社会管理和公共服务，根据《会计法》《注册会计师法》和国务院对财政部的"三定方案"，财政部门履行的会计行政管理职能主要有以下四种：会计准则制度及相关标准的制定和组织实施、会计市场管理、会计人才评价、会计监督检查。

1. 会计准则制度及相关标准的制定和组织实施

会计准则制度及相关标准规范的制定和组织实施是财政部门管理会计工作的一项最基本的职能。《会计法》第八条规定:"国家实行统一的会计制度。国家统一的会计制度由国务院财政部门根据本法制定并公布。"会计准则制度及相关标准规范发布后,在财政部的统一规划和指导下,有关部门和地方应当积极配合做好组织实施工作,对地方的会计管理工作予以指导、监督;地方财政部门在财政部的统一指导下,做好本行政区域内的会计管理工作。

但是,由于各部门的具体情况千差万别,完全实行统一的会计制度也是不现实的。因此,国务院有关部门可以依照《会计法》和国家统一的会计制度制定对会计核算和会计监督有特殊要求的行业实施国家统一的会计制度的具体办法或补充规定,报国务院财政部门审核批准。中国人民解放军总后勤部根据国家统一的会计制度制定军队实施国家统一的会计制度的具体办法,报国务院财政部门备案。

2. 会计市场管理

在市场经济条件下,政府必须加强对会计市场的管理。根据《会计法》和《注册会计师法》规定,财政部门是会计行业和注册会计师行业的主管部门,履行相应的会计市场管理职责。财政部的会计市场管理职责包括会计市场的准入管理、过程的监管和会计市场退出管理三个方面。

会计市场准入管理包括注册会计师的取得、会计事务所的设立、代理记账机构的设立等。我国规定从事社会审计业务的人员必须具有注册会计师资格,我国实行注册会计师全国统一考试制度,考试成绩合格并从事审计业务工作两年以上的人员,才可以申请成为注册会计师。注册会计师执行业务,必须加入会计事务所。根据《会计师事务所审批和监督暂行办法》,注册会计师可以申请设立合伙会计师事务所或者有限责任会计事务所;事务所的合伙人或股东应当具有取得注册会计师证书后最近连续五年在会计师事务所从事审计业务的经历。设立会计师事务所,由省级财政部门审批,批准后,报财政部备案。

《会计法》规定应当依法设置会计账簿,但不具备设置会计机构或会计人员条件的单位应当委托代理记账机构办理会计业务,根据《代理记账管理办法》,申请设立除会计师事务所以外的代理记账机构,应当经所在地的县级以上人民政府财政部门批准,并领取由财政部统一印制的代理记账许可证书。

会计市场的运行管理即对会计工作的过程进行监管。获准进入会计市场的机构和人员应当维持其法定的资格条件,并主动接受财政部门的监督检查。企业是否遵守各项法律法规,根据相关准则、制度和规范执行业务的过程及结果是会计市场运用管理的主要监督和检查内容。

会计市场退出管理即强制性要求相关组织和人员退出会计市场。当获准进入会计市场的机构和人员不具备相应的资格条件时，原审批机关应当撤销其许可证或者吊销其执业资格证书，强制其退出会计市场。例如对于代理记账机构，当其不符合相应条件时，经限期整改仍达不到资格条件的，原审批机关就可以撤回代理记账许可证书。对被依法追究刑事责任的人员，不得再从事会计工作；对情节严重、尚不构成犯罪的会计人员，五年内不得从事会计工作；即强制其永久或五年内退出会计市场。

在执业过程中有违反《会计法》《注册会计法》行为的机构和个人进行处罚，情况严重的，可吊销其执业资格，强制其退出会计市场。

除上述三方面外，对会计出版市场、培训市场、境外"洋资格"的管理等也属于会计市场管理的职能，财政部门对违反会计法律、行政法规规定、扰乱会计秩序的行为，都有权加以管理，严格规范。

3. 会计人才评价

会计人才是国家人才战略的重要组成部分，选拔、评价会计人才是财政部门的重要职责。我国阶梯式的会计专业人才评价机制已经形成，包括初级、中级、高级会计人才评价机制和会计行业领军人才的培养评价等。

首先，会计专业技术资格考试主要用于对初级、中级、高级会计人才的评价，使会计人员的评价标准更加客观和公正。其次，对先进会计工作者的表彰奖励也属于会计人才评价的范畴。《会计法》第六条规定："对认真执行本法，忠于职守，坚持原则，做出显著成绩的会计人员，给予精神的或者物质的奖励。"财政部门负责对会计人员的管理，表彰、奖励会计工作先进集体和优秀会计人员。为此，财政部制定了《全国先进会计工作者评选表彰办法》，明确了评选范围、条件和程序等，先进会计工作者表彰做到了经常化、制度化。对考评不合格、诚信记录不佳的会计人员，应采取必要的惩戒措施。最后，为了不断提高会计人员的专业胜任能力，我国法律规定会计人员必须参加继续教育活动。为此财政部专门制定了《会计人员继续教育规定》。根据该规定，财政部负责全国会计人员继续教育的管理。地方财政部门和中央各单位负责本地区、本部门、本系统内的会计人员继续教育的管理工作。

4. 会计监督检查

会计监督是经济监督体系的重要组成部分，市场经济越发展，越需要加强会计监督。会计监督检查是财政部门管理会计工作的一项重要职能。《会计法》规定："财政、审计、税务、人民银行、证券监管、保险监管等部门应当按照相关法律、行政法规规定的职责，对有关会计资料实施监督检查。"其他政府管理部门也应在各自职责范围内发挥作用，参与会计管理。

根据《会计法》第三十二条的规定，财政部门对各单位的下列情况实施监督：

（1）依法设置会计账簿。具体包括：监督组织是否按照法律、行政法规和国家统一会计制度的规定，应当设置会计账簿的单位是否设置账簿；已设置会计账簿的单位，其设置会计账簿的情况是否符合法律、行政法规和国家统一会计制度的要求；各单位是否存在账外设账的违法行为等。

（2）会计凭证、会计账簿、财务会计报告和其他会计资料是否真实、完整。具体包括：各单位对实际发生的经济业务事项是否及时办理会计手续，进行会计核算；各单位填制的会计凭证、登记的会计账簿、编制的财务会计报告是否与实际发生的经济业务事项相符。是否做到账实相符、账账相符、账证相符、账表相符；各单位提供的财务会计报告是否符合法律、行政法规和国家统一会计制度的规定等。

（3）会计核算是否符合本法和国家统一的会计制度的规定。具体包括：各单位会计核算的内容是否真实、完整；各单位采用的会计年度、记账本位币、会计处理方法、会计记录文字等是否符合法律、行政法规和国家统一会计制度的规定；各单位对资产、负债、所有者权益、收入、支出、成本费用、利润的确认、计量、记录和报告是否符合国家统一会计制度的规定；各单位会计档案的保管是否符合国家统一会计制度的规定；各单位会计档案的保管是否符合法定规定要求等。

（4）从事会计工作的人员是否具备专业能力、遵守职业道德。具体包括会计机构负责人是否符合任职条件等。同时规定，财政部门在对各单位会计凭证、会计账簿、财务会计报告和其他会计资料实施监督时，如果发现有重大违法嫌疑的，国务院财政部门及其派出机构可以向与被监督单位有经济业务往来的单位、被监督单位开立账户的金融机构查询有关情况，有关单位和金融机构应予以支持和配合。

（二）会计工作的行业自律管理

行业自律管理是指行业性社会团体为促进行业的健康发展，根据会员的意愿，自行制定规则，并据此对行业内成员进行的管理活动。

会计工作的行业自律管理是行政管理的必要补充。我国会计行业的自律性社会团体主要有中国注册会计师协会、中国会计学会、中国总会计师协会等。

1. 中国注册会计师协会

中国注册会计师协会成立于1988年11月，是依据《注册会计师法》和《社会团体登记条例》的有关规定设立，在财政部党组和理事会领导下开展行业管理和服务的法定组织。

注册会计师协会的主要职责包括：

（1）审批和管理协会会员，指导地方注册会计师协会办理注册会计师注册；

（2）拟订注册会计师执业准则、规则，监督、检查实施情况；

（3）组织对注册会计师的任职资格、注册会计师和会计师事务所的执业情况进行年度检查；

（4）制定行业自律管理规范，对违反行业自律管理规范的行为予以惩戒；

（5）组织实施注册会计师全国统一考试；

（6）组织和推动会员培训工作；

（7）组织业务交流，开展理论研究，提供技术支持；

（8）开展注册会计师行业宣传；

（9）协调行业内、外部关系，支持会员依法执业，维护会员合法权益；

（10）代表中国注册会计师行业开展国际交往活动；

（11）指导地方注册会计师协会工作；

（12）办理法律、行政法规规定和国家机关委托或授权的其他有关工作。

2. 中国会计学会

中国会计学会创立于1980年，是财政部所属由全国会计领域各类专业组织，以及会计理论界、实务界会计工作者自愿结成的学术性、专业性、非营利性社会组织。目前中国会计学会已成为联系政府机构、工商界和学术界的桥梁和纽带，是会计精英就财务会计改革与实践进行交流的高层次平台。

中国会计学会的主要职责如下：

（1）组织协调全国会计科研力量，开展会计理论研究和学术交流，促进科研成果的推广和运用；

（2）总结我国会计工作和会计教育经验，研究和推动会计专业的教育改革；

（3）编辑出版会计刊物、专著、资料；

（4）发挥学会的智力优势，开展多层次、多形式的智力服务工作，包括组织开展中高级会计人员培养、会计培训和会计咨询与服务等；

（5）开展会计领域国际学术交流与合作；

（6）发挥学会联系政府与会员的桥梁和纽带作用，接受政府和其他单位委托，组织开展有关工作；

（7）其他符合学会宗旨的业务活动。

3. 中国总会计师协会

中国总会计师协会是经财政部审核同意、民政部正式批准，依法注册登记成立的财政部所属的跨地区、跨部门、跨行业、跨所有制的非营利性国家一级社团组织，是总会计师行业的全国性自律组织。

中国总会计师协会接受社团登记管理机关民政部和业务主管单位财政部的业务指导和监督管理。中国总会计师协会的主要职责如下：

（1）组织开展总会计师、履行总会计师职责的会计师及高级财会人员的岗位培训和继续教育，组织开展会计人员岗位培训和继续教育；

（2）组织开展总会计师任职资格认证和总会计师后备人员的职业资质培训认证工作；

（3）依法主办本会的刊物和网站，开展行业宣传和业务培训；

（4）组织会计理论研究和开展专题调研，提供政策建议；

（5）组织会计信息交流，开展业务咨询服务；

（6）代表我国总会计师行业开展对外交流和国际交往活动；

（7）制定行业自律规范，开展诚信守法教育，促进会计人员树立良好职业道德；

（8）为维护会员合法权益提供法律帮助；

（9）接受财政部和有关部门授权和委托，组织开展有关工作。

（三）会计工作的单位内部管理

单位负责人应加强自身建设，增强法律意识和法律责任，组织有关人员或部门建立健全内部约束机制和内部控制制度，采取有效的方法和措施，督促会计机构、会计人员和会计工作其他相关负责人依法做好会计工作。

1. 单位会计机构的设置

单位会计机构，指的是单位内部所设置的、专门办理会计事项的机构，会计机构和会计人员是会计工作的主要承担者。我国会计机构主要包括：主管会计工作的机构、业务主管部门的会计机构和单位的会计机构。

单位应当根据会计业务的需要设置会计机构；不具备单独设置会计机构条件的，应当在有关机构中配备专职会计人员。行政事业单位会计机构的设置和人员的配备，应当符合国家统一行政事业单位会计制度的规定。设置会计机构，应当配备会计机构负责人；在有关机构中配备专职会计人员，应当在专职会计人员中指定会计主管人员。

没有设置会计机构和配备会计人员的单位，应当根据《代理记账管理暂行办法》委托会计师事务所或者持有代理记账许可证书的其他代理记账机构进行代理记账。

2. 单位内部会计管理制度

单位内部会计管理制度是指各单位根据国家会计法律、法规、规章和制度的规定，结合本单位经营管理和业务管理的特点及要求而制定的旨在规范单位内部会计管理活动的制度、措施和办法，包括内部跨级管理体系、会计人员岗位责任制度、内部牵制制度、稽核制度、原始记录管理制度、定额管理制度、计量验收制度、财产清查制度、财务收支审批制度、财务会计分析制度、成本核算制度。

各单位制定内部会计管理制度应当遵循下列原则：

（1）应当执行法律、法规和国家统一的财务会计制度；

（2）应当体现本单位的生产经营、业务管理的特点和要求；

（3）应当全面规范本单位的各项会计工作，建立健全会计基础，保证会计工作的有序进行；

（4）应当科学、合理，便于操作和执行；

（5）应当定期检查执行情况；

（6）应当根据管理需要和执行中的问题不断完善。

第三节 会计规范体系

一、会计规范体系概述

（一）会计规范体系的概念

广义的会计规范，包括有关会计、财务、审计各项活动的规定和要求，狭义会计规范仅指有关会计活动的规范。本节所介绍的会计规范未包括财务管理和审计活动规范。会计规范是会计组织与管理的重要手段，为会计活动规定着运行方向和轨道，是会计行为的依据和评价标准，对于促使会计围绕目标发挥职能具有十分重要的意义。

（二）会计规范体系的构成

1. 按内容构成

会计规范体系包括关于会计基础工作、会计核算、会计监督、会计管理、会计机构和人员、会计档案、会计手段方法、会计职业道德要求等方面的规范。

2. 按所规范的对象

会计规范可分为约束会计行为主体权利责任或义务的规范、明确会计核算和监督业务技术标准的规范。

3. 按所采取的形式

有法规形式的规范和要求形式的规范。按《立法法》规定，前者又可区分为法律、行政法规、部门规章、规范性文件四个层次。法规还可分为专门（专业）法规和综合法规。

二、我国现行会计规范体系

从新中国成立至今，我国经历了计划经济向社会主义市场经济的经济体制转型。计划经济阶段，我国的会计规范主要表现为"财经政策""财经纪律"，形式与内容均比较简单。改革开放后，为满足市场经济环境下会计组织与管理的需要，会计规范的建设步伐不断加快，已初步形成会计规范体系。本节对形式、层次构成做基本介绍。

（一）法律

法律是由立法机构制定、以国家权力为强制执行保障的规范。从目前各国情况看，会计规范法律化具有普遍性。各国会计规范的法律表现有两种具体形式，国外一般采用综合法律形式，即会计规范包含在《公司法》《税法》《商法》等法律中。我国现行做法是综合法与专门法结合。

1. 专门法律

2. 综合法律《中华人民共和国会计法》是以《中华人民共和国宪法》为依据制定的规范会计行为和会计业务的专门法，是各类会计法规的母法。我国第一部会计法于1985年1月21日由第六届全国人民代表大会常务委员会第九次会议通过，同年5月1日起施行。随着市场经济的发展和法制的健全，《中华人民共和国会计法》经先后三次修订，最后一次是2017年11月4日由第十二届人大常委会第二十次会议通过，2017年11月5日起施行，其主要修订内容有：删除了关于从事会计工作的人员必须取得会计从业资格证书等规定，对会计人员应当具备从事会计工作所需要的专业能力并遵守职业道德、违法会计人员五年内不得从事会计工作或者不得再从事会计工作等作出了规定。

会计活动涉及不同经济业务，而《会计法》作为会计的基本法其约束规范不可能具体涵盖所有会计行为，因此我国关于会计行为的法律规范在其他法律中也有相应体现。主要有：2014年修订的《公司法》中有专门关于公司财务、会计的条款；2013年6月29日第十二届全国人大常委会第三次会议通过修订了《税收征收管理法》，其中也对企业会计的账簿、凭证、票据、纳税事项及法律责任做了规定；2006年6月29日第十届全国人大常委会第二十二次会议通过的《刑法修正案（六）》中以专门条款规定了会计提供财务信息行为中违法行为的刑事责任。

（二）行政法规

行政法规是由国务院依据《会计法》制定，或由国务院有关部门拟订，经国务院批准发布的调整经济生活中某一方面会计关系的规范。如1990年12月31日国务院发布的《总会计师条例》，对总会计师职务的设置、地位权利与责任、资格条件进行了明确规定；2000年6月21日国务院发布的《企业财务会计报告条例》专门就企业财务报告的主要要求做了规定。

（三）部门规章

部门规章是中央政府主管会计的行政部门即财政部制定的，或国务院其他部门根据其职责制定、经财政部审核批准的关于会计工作某特定方面的规范总称。部门规章大体包括三类：

1. 有关部门或单位某方面会计工作的规范

如财政部于1996年6月17日发布的《会计基础工作规范》，2001年2月20

日发布的《财政部门实施会计监督办法》，2005年1月22日发布的《代理记账管理办法》，2013年12月6日发布的《企业会计信息化工作规范》，2015年12月11日财政部与国家档案局联合发布的《会计档案管理办法》，财政部2001年6月21日发布的《内部会计控制规范——基本规范（试行）》，财政部联合证监会、审计署、银监会和保监会于2008年5月22日颁布了《企业内部控制基本规范》，于2010年4月15日颁布了《企业内部控制应用指引》、《企业内部控制评价指引》以及《企业内部控制审计指引》。

2. 有关会计人员管理的规范

如2000年9月8日财政部与人事部发布的《会计专业技术资格考试暂行办法》，2013年8月27日修订颁布了《会计人员继续教育规定》等。

3. 会计核算业务应当遵循的统一技术标准规范

这类规范目前有"会计基本准则""会计制度"两种具体形式。

（1）会计基本准则。会计准则又称"会计标准"，是统一会计核算技术标准的规范。会计准则是各国通行的会计技术标准规范形式。我国的会计准则分为基本准则和具体准则两个层次，其中基本准则属于部门规章。我国会计准则又分为企业会计准则和政府会计准则。

我国企业会计准则包括基本准则、具体准则和应用指南，最早于1992年11月颁布、1993年7月1日开始施行第一部属于基本准则性质的《企业会计准则》，2006年2月重新修订完善的《企业会计准则——基本准则》出台，随后出台了38个具体准则和相应应用指南，我国第一个具体准则发布于1997年。《企业会计准则——基本准则》的主要内容有：我国的《企业会计准则——基本准则》相当于国际会计准则体系中的《编制财务报表的框架》和美国会计准则体系中的《财务会计概念公告》，其目的在于建立财务会计的基本概念体系，主要规范的内容包括财务报告目标、会计基本假设、会计基础、会计信息质量要求、会计要素及其确认计量、财务报告的内容与要求。2011年10月28日我国出台了《小企业会计准则》。相应地，不再应用《企业会计制度》和《小企业会计制度》。

我国政府会计准则包括基本准则和具体准则，政府会计基本准则发布于2015年，同时发布了4个具体准则，随后有发布了2个具体准则。

（2）会计制度。会计制度有统一会计制度和单位会计制度两种含义。单位会计制度指特定单位依据国家统一会计规范制定的适用于本单位的会计政策、方法、程序。本节所述会计制度指统一会计制度，亦称宏观会计制度。会计制度是国家对会计活动规则、方法、程序进行统一规范的另一种形式。

我国会计制度包括企业会计制度和政府与非营利组织会计制度。1992年我国将几十个行业企业会计制度调整为13个大行业企业会计制度，2001年将13个行业会计制度统一为不分行业的《企业会计制度》，2003年颁布《金融企业会计制度》，2004年4月27日颁布《小企业会计制度》，营利组织会计制度进一步由13个整合为3个。

我国政府与非营利组织会计制度，包括《财政总预算会计制度》《行政单位会计制度》《事业单位会计制度》《科学事业单位会计制度》《高等学校会计制度》和《医院会计制度》等。2017年10月24日，财政部印发了《政府会计制度——行政事业单位会计科目和报表》，自2019年1月1日起施行，鼓励行政事业单位提前执行，至此，统一了行政单位与不同行业的公立事业单位会计制度。目前，我国政府与非营利组织处于会计准则与会计制度并存的时期，不过这只是一种特定条件下的过渡措施，随着会计准则体系的完善和会计人员的习惯转变，会计制度作为会计规范的一种形式终将消失。

（四）规范性文件

规范性文件指由财政部以文件形式发布的关于特定会计事项的具体核算规范，目前主要包括企业会计具体准则、具体准则应用指南。我国《企业会计准则——具体准则》目前共41号（项），分别为：存货、长期股权投资、投资性房地产、固定资产、生物资产、无形资产、非货币性资产交换、资产减值、职工薪酬、企业年金基金、股份支付、债务重组、或有事项、收入、建造合同、政府补助、借款费用、所得税、外币折算、企业合并、租赁、金融工具确认和计量、金融资产转移、套期保值、原保险合同、再保险合同、石油天然气开采、会计政策会计估计变更和差错更正、资产负债表日后事项、财务报表列报、现金流量表、中期财务报告、合并财务报表、每股收益、分部报告、关联方披露、金融工具列报、公允价值计量、合营安排、在其他主体中权益的披露以及首次执行企业会计准则。具体准则一般均有配套的应用指南。

（五）会计职业道德要求的内容

1. 会计职业道德要求的特点与意义

道德指人们自觉遵守社会活动基本行为要求的品德。职业道德是社会道德在特定职业领域的体现，即人们自觉遵守本职业社会活动基本行为要求的品德。社会道德要求与法规规范不同：道德要求可以以成文形式规范，但道德要求标准主要存在于社会意识、文化和个人观念之中；某些道德要求可以通过法规形式强制约束，但许多道德要求外力无法强制遵循，而主要靠觉悟基础上的自愿、自律驱使，靠社会舆论、公众褒贬制约。道德要求是维系社会行为公共规则的重要基础，是法律规范不可或缺的补充。

2. 我国会计职业道德要求的当前表述

会计职业道德规范的内容是动态的，随社会活动与人们的认识而发展变化。关于我国会计的职业道德规范所应包括的内容，理论界、管理层迄今并未形成一致的看法。

（1）会计职业道德要求。财政部1996年6月17日发布的《会计基础工作规范》对会计人员职业道德归纳出六个方面要求：敬业爱岗、熟悉法规、依法办事、客观公正、搞好服务、保守秘密。后来又演变为以下八个方面：

①爱岗敬业，即要求会计人员热爱会计工作，安心本职岗位，忠于职守，尽心尽力，尽职尽责；

②诚实守信，即要求会计人员做老实人，说老实话，办老实事，执业谨慎，信誉至上，不为利益所诱惑，不弄虚作假，不泄露秘密；

③廉洁自律，即要求会计人员公私分明、不贪不占、遵纪守法、清正廉洁；

④客观公正，即要求会计人员端正态度，依法办事，实事求是，不偏不倚，保持应有的独立性；

⑤坚持准则，即要求会计人员熟悉国家法律、法规和国家统一的会计制度，始终坚持按法律、法规和国家统一的会计制度的要求进行会计核算，实施会计监督；

⑥提高技能，即要求会计人员增强提高专业技能的自觉性和紧迫感，勤学苦练，刻苦钻研，不断进取，提高业务水平；

⑦参与管理，即要求会计人员在做好本职工作的同时，努力钻研相关业务，全面熟悉本单位经营活动和业务流程，主动提出合理化建议，协助领导决策，积极参与管理；

⑧强化服务，即要求会计人员树立服务意识，提高服务质量，努力维护和提升会计职业的良好社会形象。

（2）会计职业道德要求的本质内容。一个国家特定时期的会计职业道德要求，为会计职业特点及社会环境特点所规定，其内容是一定的。因此，无论使用何种概念按何种分项表达，会计职业道德要求的内容应当包括职业道德的共同要求和会计职业的特定道德要求。

①各种职业的共同道德要求：

职业荣誉感，即热爱、崇尚自己所从事的职业，关心所从事职业的进步发展，维护所从事职业的社会声誉。

职业事业心，即视职业为人生价值实现的平台，将职业作为自己的事业经营，精心规划锐意进取，努力充实知识提高能力，力求在本职岗位上为单位、社会作出最大贡献。

职业责任心，即明了所从事职业的社会责任、个人职业行为对社会和公众的利害影响，以高度负责的态度自觉约束职业行为，使之符合社会和公众利益。

②会计职业特定的道德要求：

职业公正性，即会计工作中坚持中立立场，秉持客观精神，实事求是处理会计事务，公正对待各利益相关方的利益关系。

职业原则性，即会计工作中勇于坚持原则，以法律法规制度或法规导向为依据处理会计业务，不受私情、私利影响。

职业谨慎性，即会计工作中时刻保持严谨、慎重、细致的工作作风，每一会计事项的处理都力求正确、准确、精确。

第四节 会计机构与会计人员

会计机构是指各单位内部设置的负责制定和执行会计制度、处理会计事务的职能机构，会计人员指直接从事会计工作的人员。会计系统是一个人造信息系统，会计活动的实质，是会计人员通过会计机构的组织协调、分工合作而进行的专门活动。会计机构是会计活动开展的基本条件，会计人员是会计工作的主体，因此合理设置会计机构及岗位分工、合理配置会计人员并明确其工作职权职责，是会计系统顺利运行的基础，从而是会计组织与管理的重要内容。

一、会计机构

（一）会计机构的设置

单位应当根据会计业务的需要设置会计机构，或者在有关机构中设置会计人员并指定会计主管人员；不具备设置条件的，应当委托经批准设立的从事会计代理记账业务中的中介机构代理记账。

（1）国家管理部门因承担着一个国家或地区、行业（部门）会计工作组织管理任务及本单位收支核算报告任务，有必要设置会计机构；

（2）规模较大的企业，如股份有限公司、有限责任公司、集团公司等、因其日常会计事务项目多、工作量大，有必要设置会计机构；

（3）日常收支金额大项目多的行政单位、社会团体和其他单位也应当设置会计机构；

（4）规模很小的企业和业务、资金收支、人员均不多的行政事业单位则无须设置会计机构，其会计工作可以两种形式开展：

①将会计机构的工作并入其他职能部门，在该部门设置会计人员并指定会计主管人员。

②委托经批准从事代理记账业务的中介机构代理记账。随着我国经济的发展，企业组织中民营企业和个体经济不断增加，有的企业规模小、人员少，从条件和需要上均不宜设立会计机构或安排专职会计人员，其会计业务可以依照财政部《代理记账暂行管理办法》委托从事代理记账业务的中介机构办理。

（二）合理设置会计机构的原则

1. 以业务规模和工作内容为依据

各单位规模、行业性质不同，会计工作的内容、项目、工作量不同，对会计工作的要求也有差别。一个单位会计机构的规模、岗位分工、组织机制和方法的安排应当与本单位会计工作内容和规模相匹配，比如规模大的单位，一般管理要求较高，会计工作内容也较繁杂，就需要较大规模的会计机构，会计机构的岗位分工就应细化，组织结构应当严谨，反之，规模小的单位，只需要设置小规模会计机构，会计机构岗位安排和组织结构可以简化。又如，管理性单位的会计机构依据会计管理事项设置并安排岗位，既要管理所属单位会计工作又要处理本单位会计核算业务的单位，设置会计机构时应考虑会计组织管理工作、会计核算工作两方面需要，基层企业则主要考虑本单位会计核算要求。

2. 以成本效益原则为前提

成本效益原则是一切经济工作的普遍原则，会计机构作为提供财务信息的专门机构，更要讲求工作效率。因此，在满足单位管理和会计业务处理工作时间、质量要求前提下，会计机构的设置应注重贯彻精减、高效、节约原则，防止机构重叠、岗位职能重复、人浮于事。

3. 以岗位合理分工为基础

岗位分设应当依据单位会计组织管理和会计业务处理的内容项目需要，做到每一项工作都有相应岗位。岗位安排还应考虑各项工作之间的内在联系，包括相互衔接配合关系和相互牵制监督关系。岗位安排应当同时明确岗位职权、职责及其评价考核标准，做到权力明确、责任清楚、评价标准明晰。

（三）我国现行各种单位会计机构的设置类型

不同性质的单位，会计事项的内容和会计工作要求有所差异，因而会计机构的设置有所区别。我国当前各单位会计机构的设置大体有三种类型：

1. 各级政府管理部门会计机构的设置

（1）财政部。财政部设会计司负责主管全国会计工作。会计司内设有负责会计准则研究制定工作的"会计准则委员会"，负责会计师事务所管理的"中国注册会计师协会"，还设有负责其他相关会计制度建设的部门、负责组织会计资格考试会计工作检查考核等其他工作的部门。财政部会计司除负责全国会计工作管理，还负责组织、指导、监督所属单位会计工作，审核汇总所属单位会计报表，核算本单位与上下级之间缴拨款等事项。

（2）其他部委。设置的会计机构多称为"财务司"，负责本部门必要的会计与财务制度建设、本部门资金收支核算和会计报表审核汇总。

（3）地方政府。县级以上各级地方政府财政部门下设会计处、会计科、会计股（会计管理中心）等，工作职能与财政部会计司相似，但管辖范围、权力级次不同;其他部门下设财务处、科、股等,工作职能与国家其他部委财务司相似。

2. 行政、事业单位会计机构的设置

(1) 行政单位、全额拨款事业单位的会计机构设置。这类单位属于非营利组织,其资金来源由财政预算拨款形成,资金耗费按经费预算开支,因而其会计业务相对简单,会计机构的规模和岗位设置,只要能满足对财政经费收支进行正确审核、及时准确记账和报告要求即可。行政和全额拨款事业单位的会计机构设置也同样需要考虑内部会计控制要求。

(2) 其他事业单位的会计机构设置。随我国经济改革的深入发展和政府财政体制的转变,一部分事业单位先后实行了企业化管理,这类单位目前又存在完全企业化、财政部分拨款两种情况。完全企业化的事业单位,其属性已转为企业,会计机构的设置与企业相同。财政部分拨款的事业单位主要是公益性单位,这类单位既有有偿服务收支,又有财政预算拨款收支,而且都要严格遵循法规制度。因此其会计机构设置应当满足两方面业务的会计核算和监督要求。规模较大、有下属单位的,还要考虑对下属单位会计和财务工作的组织指导、报表审核汇总等。

3. 企业会计机构的设置

(1) 企业会计机构的工作职能。

企业会计机构的工作职能一般包括以下三个方面:

①组织和管理本单位会计工作。以国家会计法规制度及上级单位或部门有关制度为依据,结合自身具体情况研究制定本单位会计制度;指导所属单位(部门)的会计工作。

②办理本单位会计核算与监督事务。包括办理厂部(公司本部)单位日常会计事项的核算与监督,审核集团或公司下属各单位财务报表资料、编制合并报表或汇总报表。

③参与单位经营管理。包括财务预算和经营计划、方案的编制与考核。

(2) 企业会计机构的组织形式。

①企业会计机构按会计与财务职能分立与合并采取的不同组织形式。会计与财务(财务管理)既有业务内容和程序方法的差异,又存在密切的相互配合关系。理论上看,两类业务在机构设置上可以分立也可以合并,且各有利弊。在西方国家,企业的财务会计业务与财务管理(或管理会计)业务一般作为两个管理子系统分别设置不同职能机构,而我国实务中通常把两者合并,即设置一个兼有会计和财务管理功能的机构统一办理财务管理业务和财务会计业务。与此相应,会计机构的名称有"财务部""会计部""财会部"等。《会计法》中未对会计机构名称作出统一规范,也未强调设置"单独"会计机构也与此有关。

②企业会计机构按内部核算关系采取的不同组织形式。会计机构按内部核算关系采取的不同组织形式有两种：独立核算、非独立核算机构组织。

独立核算是指对本单位的业务经营过程及其结果，进行全面的、系统的会计核算。实行独立核算的单位称为独立核算单位，它的特点是具有一定的资金，在银行单独开户，独立经营、计算盈亏，具有完整的账簿系统，定期编制报表。独立核算单位应单独设置会计机构，配备必要的会计人员，如果会计业务不多，也可只设专职会计人员。非独立核算又称报账制，实行非独立核算的单位称为报账单位。它是由上级拨给一定的备用金和物资，平时进行原始凭证的填制和整理，以及备用金账和实物账的登记，定期将收入、支出向上级报销，由上级汇总。它本身不独立计算盈亏，也不编制报表，如商业企业所属的分销店就属于非独立核算单位。非独立核算单位一般不设置专门的会计机构，但需配备专职会计人员，负责处理日常的会计事务。

独立核算企业又有集中核算与非集中核算两种会计机构组织形式。

集中核算就是将企业的主要会计工作都集中在企业会计机构内进行。企业内部的各部门、各单位不设会计机构或人员，只对所发生的经济业务进行原始记录，办理原始凭证的取得、填制、审核和汇总工作，定期报送企业会计机构进行总分类核算和明细分类核算。实行集中核算，可以减少核算层次，精简会计人员，但是企业各部门和各单位不便于及时利用核算资料进行日常的考核和分析。

非集中核算又称为分散核算，就是企业的内部各单位设会计机构或人员，对本身所发生的经济业务进行比较全面的会计核算。如在工业企业里，车间设置成本明细账，登记本车间发生的生产成本并计算出所完成产品的车间成本，厂部会计部门只根据车间报送的资料进行产品成本的总分类核算。又如在商业企业里，把库存商品的明细核算和某些费用的核算等，分散在各业务部门进行，至于会计报表的编制以及不宜分散核算的工作，如物资供销、现金收支、银行存款收支、对外往来结算等，仍由企业会计部门集中办理。实行非集中核算，使企业内部各部门、各单位能够及时了解本部门，本单位的经济活动情况，有利于及时分析、解决问题，但这种组织形式会增加核算手续和核算层次。

（四）企业会计机构的岗位设置

会计机构岗位设置的实质是会计机构所承担全部会计工作的分类组合，是实现会计机构与会计工作紧密衔接、正确安排会计各项工作之间关系的重要方法，也是落实工作职权和职责的重要方法，因而是会计工作组织和管理的重要内容。

1. 正确设置会计岗位的要求

（1）全面性，即全面落实会计机构所应承担的各方面各环节工作任务，使各项工作均有相应岗位负责。

（2）联系性，即设置岗位应依据各项工作内容之间的内在联系。比如各项财产物资的核算属于同类,可设置一个岗位办理,总账与报表工作联系紧密,可由一个岗位办理。

(3) 牵制性,即某项业务与另一项业务由同一岗位办理不符合核算和监督要求的,或某项业务与另一项业务之间存在相互监督关系的,应当分由不同岗位办理。

(4) 明晰性,即各岗位的工作内容分配界限清楚、权责明确,工作要求具体。

2. 企业会计机构设置的一般岗位

财政部制定的《会计基础工作规范》对会计岗位设置作了原则规定,即会计机构可以设置以下岗位:会计机构负责人或者会计主管岗位、出纳岗位、财产物资核算岗位、工资核算岗位、成本费用核算岗位、财务成果核算岗位、资金核算岗位、往来核算岗位、总账报表岗位、稽核岗位、档案管理岗位。

财务机构、会计机构合设条件下,还应设置若干财务管理或管理会计岗位;实行会计电算化的企业,还应设置相应岗位。

以上岗位安排基本包括了会计业务的主要内容,也体现了联系性和牵制性要求,具有重要的指导和参考价值。但具体到特定企业,则应当根据本企业经营规模、行业性质、业务繁简程度,在保证全面、联系、牵制性前提下进行合理调整。

3. 会计岗位的人员配备

会计工作岗位可以一人一岗、一人多岗或者一岗多人。但在各岗位配置会计人员时必须符合内部牵制要求,如出纳人员不得兼管稽核、会计档案保管、收入、费用、债权债务账目的登记工作。

二、会计人员

会计人员是各岗位会计任务的实际执行者,是各单位会计工作的主体。配备结构合理、素质合格的会计人员,明确会计人员的从业资格、工作职权和职责,是会计系统有效运行的最主要条件。

(一) 会计人员的从业资格

会计是一种专业技术性很强的职业,需要对从业人员的职业胜任能力提出明确要求。我国《会计法》规定:"会计人员应当具备从事会计工作所需要的专业能力。担任单位会计机构负责人(会计主管人员)的,应当具备会计师以上专业技术职务资格或者从事会计工作三年以上经历。"

2017年11月5日,会计从业资格证书被正式取消。我国《会计法》第三十九条规定:"会计人员应当遵守职业道德,提高业务素质。对会计人员的教育和培训工作应当加强。"因此,已经取得会计从业资格证的人员仍应参加继续教育,继续教育制度有利于引导会计人员持续更新知识，提高专业素质和专业胜任能力。

（二）会计人员的职务划分

一个单位的会计人员有不同职务区分，不同职务的岗位责任、工作组织协调中的权力不同，一般在薪酬上也有区别。

1. 会计人员职务按照岗位和职位划分

（1）会计机构负责人（会计主管人员）：组织领导会计机构工作的职务。

（2）主办会计：承办重要会计工作的职务，如总账报表、拟订制度、人员培训。

（3）会计：办理具体核算、监督业务的职务，包括审核与填制凭证、经管账簿、稽核、档案管理等。

（4）出纳：办理资金收付的职务，一般还登记现金与银行存款日记账。

2. 会计人员职务按专业技术级别划分

（1）助理会计师。

（2）会计师。

（3）高级会计师。

（4）正高级会计师。

3. 会计人员职称评价基本标准条件①

（1）遵守《中华人民共和国会计法》等法律法规和国家统一的会计制度，具备良好的职业道德。

（2）热爱会计工作，具备相应的会计基础知识和业务技能。

（3）履行岗位职责，积极参加继续教育。

（4）会计人员参加各层级会计人员职称评价，除必须达到上述标准条件外，还应分别具备以下标准条件：

①助理会计师。第一，基本掌握会计基础知识和业务技能。第二，能正确理解并执行财经政策、会计法律法规和规章制度。第三，能独立处理一个方面或某个重要岗位的会计工作。第四，具备国家教育部门认可的高中毕业（含高中、中专、职高、技校）及以上学历。

②会计师。第一，系统掌握会计基础知识和业务技能。第二，掌握并能正确执行财经政策、会计法律法规和规章制度。第三，具有扎实的专业判断和分析能力，能独立负责某领域会计工作。第四，取得博士学位；或取得硕士学位，从事会计工作满 1 年；或取得双学士学位或研究生班毕业，从事会计工作满 2 年；或取得大学本科学历，从事会计工作满 4 年；或取得大学专科学历，从事会计工作

---

① 《关于深化会计人员职称制度改革的指导意见（征求意见稿）》，人社厅函〔2018〕240 号。

满5年。

③高级会计师。第一，系统掌握和应用经济与管理理论、财务会计理论与实务。第二，具有较高的政策水平和丰富的会计工作经验，能独立负责某领域或一个单位的财务会计管理工作。第三，工作业绩较为突出，有效提高了会计管理水平或经济效益。第四，有较强的科研能力，公开出版或发表会计相关专著、论文；或主持完成会计相关研究课题、调研报告、管理方法或制度创新等。第五，取得博士学位，并取得会计师职称后，从事会计工作满2年；取得硕士学位或大学本科学历，并取得会计师职称后，从事会计工作满5年。

④正高级会计师。第一，系统掌握和应用经济与管理理论、财务会计理论与实务，把握工作规律；或省级高端会计人才培养工程毕业学员。第二，政策水平高，工作经验丰富，能积极参与一个单位的生产经营决策。第三，工作业绩突出，主持完成会计相关领域重大项目，解决重大会计相关疑难问题或关键性业务问题，提高单位管理效率或经济效益；或省级高端会计人才培养工程毕业学员。第四，科研能力强，取得重大会计相关理论研究成果，或其他创造性会计相关研究成果，推动会计行业发展；或省级高端会计人才培养工程毕业学员。第五，一般应取得大学本科及以上学历，取得高级会计师职称后，从事会计工作满5年。

4. 会计人员专业技术职务的取得

按现行制度，会计人员必须先获得专业技术职务任职资格（即"专业职称"），然后由所在单位根据工作需要和本人经历和实际能力聘任某一专业技术职务。

（三）会计人员的职责

明确会计人员的工作职责范围是会计活动运行的重要前提。根据会计的职能、相关法律的精神和当前会计实践中的普遍做法，会计人员的一般工作职责范围包括四个方面。

1. **本单位会计工作的组织与管理**

即依据国家会计规范及有关主管部门或单位贯彻国家规范的要求，结合本单位情况确定会计工作机构形式，制定本单位会计科目体系、会计岗位体系与岗位责任制度，核算组织程序，计提资产减值、折旧、坏账、成本计算、计量属性等具体会计政策，财产清查办法，会计档案管理办法，有下属单位的还应制定对下属单位会计工作管理制度、财务报表审核汇编办法等。单位会计工作的组织与管理是全部会计工作中的基础性工作，是会计人员的重要工作职责。

2. **依法如实核算本单位会计事项**

即依法设置凭证、账簿、报表体系，根据实际发生的经济业务并遵循统一会计制度要求，严格按照审核原始凭证、填制记账凭证、审核记账凭证、登记账簿、编制财务报表的程序规定进行会计核算。根据《会计法》规定，下列经济事项应当办理会计手续进行会计核算：

(1) 款项和有价证券的收付；

(2) 财物的收发、增减和使用；

(3) 债权债务的发生和结算；

(4) 资本、基金的增减；

(5) 收入、支出、费用、成本的计算；

(6) 财务成果的计算和处理；

(7) 需要办理会计手续，进行会计核算的其他事项。

3. 依法监督本单位经济业务

监督经济业务是会计的基本职能，依法监督本单位经济行为，保证经济行为合法、合理，保证会计信息资料真实正确，也是会计人员的法定职责。会计监督的主要内容包括：

(1) 建立内部会计监督制度，包括不相容职务的分离牵制制度，重大对外投资、资产处置、资金调度等重要经济业务决策与执行的监督制约制度；

(2) 通过财产清查监督财产物资的真实和安全；

(3) 通过凭证审核监督日常经济事项的合法、合理、真实；

(4) 配合财政、审计、税务等机关对本单位会计和经济行为的检查监督。

4. 参与拟订本单位经济计划、业务计划；参与预算和财务计划的分析

5. 办理其他相关的会计事务

其他会计事项包括会计发展变化过程中出现的新业务、单位经济管理需要会计办理的相关业务。

（四）会计人员的职权

职权是履行职责的必要条件。为使会计人员切实履行工作责任，《会计法》明确规定了会计人员的权限。其主要内容如下：

(1) 会计人员按照国家统一会计制度的规定对原始凭证进行审核时，对不真实、不合法的原始凭证有权不予受理，并向单位负责人报告；对弄虚作假、严重违法的原始凭证有权不予受理，同时予以扣留，并及时向单位负责人报告，请求查明原因追究当事人责任；对记载不准确、不完整的原始凭证，有权予以退回并要求经办人按国家统一规定更正、补充。

(2) 会计人员对发现会计账簿记录与实物、款项及有关资料不相符的，按照国家统一会计制度的规定有权自行处理的应当及时处理，无权自行处理的，应当立即向单位负责人报告，请求查明原因作出处理。

(3) 会计人员对违法的收支有权不予办理并予以制止和纠正；制止和纠正无效的，有权向单位负责人提出书面意见要求处理。对严重违法损害国家和社会公众利益的收支，会计人员有权向主管单位或者财政、审计、税务机关报告。

(4) 会计人员对仿造、变造、故意毁灭会计账簿或账外设账行为，对指使、强令编造、篡改会计报告的行为，有权予以制止和纠正；制止和纠正无效的，有权向上级主管单位报告，请求作出处理。

(5) 会计人员有权对单位制订的预算、计划的执行情况进行监督。

(五) 会计人员的法律责任

我国《会计法》第四十条、第四十二条、第四十三条、第四十四条规定了与会计人员有关的法律责任。

1. 第四十条规定：对因违法行为被追究法律责任的会计人员，实行会计从业资格限制。

因有提供虚假财务会计报告，做假账，隐匿或者故意销毁会计凭证、会计账簿、财务会计报告，贪污、挪用公款，职务侵占等与会计职务有关的违法行为被追究刑事责任的人员，不得再从事会计工作。

2. 第四十二条规定：有下列行为之一，构成犯罪的，依法追究刑事责任；会计人员有所列行为之一，情节严重的，五年内不得从事会计工作：

(1) 不依法设置会计账簿的。

(2) 私设会计账簿的。

(3) 未按照规定填制、取得原始凭证或者填制、取得的原始凭证不符合规定的。

(4) 以未经审核的会计凭证为依据登记会计账簿或者登记会计账簿不符合规定的。

(5) 随意变更会计处理方法的。

(6) 向不同的会计资料使用者提供的财务会计报告编制依据不一致的。

(7) 未按照规定使用会计记录文字或者记账本位币的。

(8) 未按照规定保管会计资料，致使会计资料毁损、灭失的。

(9) 未按照规定建立并实施单位内部会计监督制度，或者拒绝依法实施的监督，或者不如实提供有关会计资料及有关情况的。

(10) 任用会计人员不符合《会计法》规定的。

3. 第四十三条规定：伪造、变造会计凭证、会计账簿或者编制虚假财务会计报告的行为，构成犯罪的，依法追究刑事责任；尚不构成犯罪的，由县级以上人民政府财政部门予以通报；可以对单位并处 5 000 元以上 10 万元以下的罚款，对其直接负责的主管人员和其他直接责任人员，可以处 3 000 元以上 5 万元以下的罚款；属于国家工作人员的，还应当由其所在单位或者有关单位给予撤职直至开除的行政处分；其中的会计人员，五年内不得从事会计工作。

4. 第四十四条规定：隐匿或者故意销毁依法应当保存的会计凭证、会计账簿、财务报告，构成犯罪的，依法追究刑事责任；尚不构成犯罪的，由县级以上人民政府财政部门予以通报；可以对单位并处 5 000 元以上 10 万元以下的罚款，对其直接负责的主管人员和其他直接责任人员，可以处 3 000 元以上 5 万元以下的罚款；属于国家工作人员的，还应当由其所在单位或者有关单位给予撤职直至开除的行政处分；其中的会计人员，五年内不得从事会计工作。

第五节　会计档案管理

一、会计档案与会计档案管理

（一）会计档案

1. 会计档案

会计档案是指单位在进行会计核算等过程中接收或形成的，记录和反映单位经济业务事项的，具有保存价值的文字、图表等各种形式的会计资料，包括通过计算机等电子设备形成、传输和存储的电子会计档案。

一般而言，会计档案具体包括：

（1）会计凭证，包括原始凭证、记账凭证；

（2）会计账簿，包括总账、明细账、日记账、固定资产卡片及其他辅助性账簿；

（3）财务会计报告，包括月度、季度、半年度、年度财务会计报告；

（4）其他会计资料，包括银行存款余额调节表、银行对账单、纳税申报表、会计档案移交清册、会计档案保管清册、会计档案销毁清册、会计档案鉴定意见书及其他具有保存价值的会计资料。

随着计算机和网络通信技术的日趋发展和完善，2016 年实施的《会计档案管理办法》允许企业利用计算机、网络通信等信息技术手段管理会计档案，形成电子会计档案。

但企业仅以电子形式保存会计档案需满足相关的条件：

（1）形成的电子会计资料来源真实有效，由计算机等电子设备形成和传输；

（2）使用的会计核算系统能够准确、完整、有效接收和读取电子会计资料，能够输出符合国家标准归档格式的会计凭证、会计账簿、财务会计报表等会计资料，设定了经办、审核、审批等必要的审签程序；

（3）使用的电子档案管理系统能够有效接收、管理、利用电子会计档案，符合电子档案的长期保管要求，并建立了电子会计档案与相关联的其他纸质会计档案的检索关系；

（4）采取有效措施，防止电子会计档案被篡改；

(5) 建立电子会计档案备份制度,能够有效防范自然灾害、意外事故和人为破坏的影响;

(6) 形成的电子会计资料不属于具有永久保存价值或者其他重要保存价值的会计档案。

(二) 会计档案管理

会计档案管理指采取特定手段方法,以保证会计档案的科学整理、合理保存、有效使用。单位的会计管理机构按照归档范围和归档要求,负责定期将应当归档的会计资料整理立卷,编制会计档案保管清册。

企业当年形成的会计档案,在会计年度终了后,可由单位会计管理机构临时保管一年,再移交单位档案管理机构保管。因工作需要确需推迟移交的,应当经单位档案管理机构同意。但单位会计管理机构临时保管会计档案最长不超过三年。临时保管期间,会计档案的保管应当符合国家档案管理的有关规定,且出纳人员不得兼管会计档案。

单位会计管理机构在办理会计档案移交时,应当编制会计档案移交清册,并按照国家档案管理的有关规定办理移交手续。纸质会计档案移交时应当保持原卷的封装。电子会计档案移交时应当将电子会计档案及其元数据一并移交,且文件格式应当符合国家档案管理的有关规定。特殊格式的电子会计档案应当与其读取平台一并移交。单位档案管理机构接收电子会计档案时,应当对电子会计档案的准确性、完整性、可用性、安全性进行检测,符合要求的才能接收。

二、会计档案的保管、借阅与处理

(一) 会计档案的保管期限

根据《会计档案管理办法》规定,企业和其他组织会计档案的保管期分为定期保管和永久保管两类。定期保管的会计档案,定期保管期限一般分为10年和30年。会计档案的保管期限,从会计年度终了后的第一天算起。企业和其他组织会计档案保管期如表10-1所示。财政总预算、行政单位、事业单位和税收会计档案的保管期如表10-2所示。

表10-1　　　　　　　　企业和其他组织会计档案保管期限

序号	档案名称	保管期限	备注
一	会计凭证		
1	原始凭证	30年	
2	记账凭证	30年	
二	会计账簿		
3	总账	30年	

续表

序号	档案名称	保管期限	备注
4	明细账	30 年	
5	日记账	30 年	
6	固定资产卡片		固定资产报废清理后保管 5 年
7	其他辅助性账簿	30 年	
三	财务会计报告		
8	月度、季度、半年度财务会计报告	10 年	
9	年度财务会计报告	永久	
四	其他会计资料		
10	银行存款余额调节表	10 年	
11	银行对账单	10 年	
12	纳税申报表	10 年	
13	会计档案移交清册	30 年	
14	会计档案保管清册	永久	
15	会计档案销毁清册	永久	
16	会计档案鉴定意见书	永久	

表 10-2 财政总预算、行政单位、事业单位和税收会计档案保管期限

| 序号 | 档案名称 | 保管期限 | | | 备注 |
		财政总预算	行政单位事业单位	税收会计	
一	会计凭证				
1	国家金库编送的各种报表及缴库退库凭证	10 年		10 年	
2	各收入机关编送的报表	10 年			
3	行政单位和事业单位的各种会计凭证		30 年		包括：原始凭证、记账凭证和传票汇总表
4	财政总预算拨款凭证和其他会计凭证	30 年			包括：拨款凭证和其他会计凭证
二	会计账簿				
5	日记账		30 年	30 年	
6	总账	30 年	30 年	30 年	

续表

序号	档案名称	保管期限			备注
		财政总预算	行政单位事业单位	税收会计	
7	税收日记账（总账）			30 年	
8	明细分类、分户账或登记簿	30 年	30 年	30 年	
9	行政单位和事业单位固定资产卡片				固定资产报废清理后保管 5 年
三	财务会计报告				
10	政府综合财务报告	永久			下级财政、本级部门和单位报送的保管 2 年
11	部门财务报告		永久		所属单位报送的保管 2 年
12	财政总决算	永久			下级财政、本级部门和单位报送的保管 2 年
13	部门决算		永久		所属单位报送的保管 2 年
14	税收年报（决算）			永久	
15	国家金库年报（决算）	10 年			
16	基本建设拨、贷款年报（决算）	10 年			
17	行政单位和事业单位会计月、季度报表		10 年		所属单位报送的保管 2 年
18	税收会计报表			10 年	所属税务机关报送的保管 2 年
四	其他会计资料				
19	银行存款余额调节表	10 年	10 年		
20	银行对账单	10 年	10 年	10 年	
21	会计档案移交清册	30 年	30 年	30 年	
22	会计档案保管清册	永久	永久	永久	
23	会计档案销毁清册	永久	永久	永久	
24	会计档案鉴定意见书	永久	永久	永久	

注：税务机关的税务经费会计档案保管期限，按行政单位会计档案保管期限规定办理。

（二）会计档案的查阅

单位保存的会计档案一般不得对外借出。确因工作需要且根据国家有关规定必须借出的，应当严格按照规定办理相关手续。

（1）本单位内部人员查阅会计档案，经会计主管同意；

（2）外单位或个人调阅会计档案，须持有单位介绍信，经本单位会计主管人员同意和单位领导批准，并填写"会计档案调阅登记簿"后方能调阅，调阅人不得将会计档案带出本单位外；

（3）摘录、复印会计档案，应经会计主管同意并登记；

（4）查阅、复印会计档案时不得涂画、拆封、抽换会计档案。

会计档案借用单位应当妥善保管和利用借入的会计档案，确保借入会计档案的安全完整，并在规定时间内归还。

（三）会计档案的处理

1. 会计档案的到期销毁

单位应当定期对已到保管期限的会计档案进行鉴定，并形成会计档案鉴定意见书。经鉴定，仍需继续保存的会计档案，应当重新划定保管期限；对保管期满、确无保存价值的会计档案，可以销毁。会计档案鉴定工作应当由单位档案管理机构牵头，组织单位会计、审计、纪检监察等机构或人员共同进行。经鉴定可以销毁的会计档案，应当按照以下程序销毁：

（1）单位档案管理机构编制会计档案销毁清册，列明拟销毁会计档案的名称、卷号、册数、起止年度、档案编号、应保管期限、已保管期限和销毁时间等内容。

（2）单位负责人、档案管理机构负责人、会计管理机构负责人、档案管理机构经办人、会计管理机构经办人在会计档案销毁清册上签署意见。

（3）单位档案管理机构负责组织会计档案销毁工作，并与会计管理机构共同派员监销。监销人在会计档案销毁前，应当按照会计档案销毁清册所列内容进行清点核对；在会计档案销毁后，应当在会计档案销毁清册上签名或盖章。

（4）电子会计档案的销毁还应当符合国家有关电子档案的规定，并由单位档案管理机构、会计管理机构和信息系统管理机构共同派员监销。

保管期满但未结清的债权债务会计凭证和涉及其他未了事项的会计凭证不得销毁，纸质会计档案应当单独抽出立卷，电子会计档案单独转存，保管到未了事项完结时为止。单独抽出立卷或转存的会计档案，应当在会计档案鉴定意见书、会计档案销毁清册和会计档案保管清册中列明。

2. 单位终止等情况下会计档案的处理

（1）单位因特定原因终止（如撤销、破产）、合并，建设项目竣工移交时，原单位终止前形成的、项目建设期间形成的会计档案按以下办法处理：

①单位因撤销、解散、破产或其他原因而终止的，在终止或办理注销登记手续之前形成的会计档案，按照国家档案管理的有关规定处置。

②单位分立后原单位存续的，其会计档案应当由分立后的存续方统一保管，其他方可以查阅、复制与其业务相关的会计档案。

③单位分立后原单位解散的，其会计档案应当经各方协商后由其中一方代管或按照国家档案管理的有关规定处置，各方可以查阅、复制与其业务相关的会计档案。

④单位分立中未结清的会计事项所涉及的会计凭证，应当单独抽出由业务相关方保存，并按照规定办理交接手续。

⑤单位因业务移交其他单位办理所涉及的会计档案，应当由原单位保管，承接业务单位可以查阅、复制与其业务相关的会计档案。对其中未结清的会计事项所涉及的会计凭证，应当单独抽出由承接业务单位保存，并按照规定办理交接手续。

⑥单位合并后原各单位解散或者一方存续其他方解散的，原各单位的会计档案应当由合并后的单位统一保管。单位合并后原各单位仍存续的，其会计档案仍应当由原各单位保管。

⑦建设单位在项目建设期间形成的会计档案，需要移交给建设项目接受单位的，应当在办理竣工财务决算后及时移交，并按照规定办理交接手续。

(2) 单位之间移交会计档案的手续。单位之间交接会计档案时，交接双方应当办理会计档案交接手续。移交会计档案的单位，应当编制会计档案移交清册，列明应当移交的会计档案名称、卷号、册数、起止年度、档案编号、应保管期限和已保管期限等内容。

电子会计档案应当与其元数据一并移交，特殊格式的电子会计档案应当与其读取平台一并移交。档案接受单位应当对保存电子会计档案的载体及其技术环境进行检验，确保所接收电子会计档案的准确、完整、可用和安全。

交接会计档案时，交接双方应当按照会计档案移交清册所列内容逐项交接，并由交接双方的单位有关负责人负责监督。交接完毕后，交接双方经办人和监督人应当在会计档案移交清册上签名或盖章。

单位的会计档案及其复制件需要携带、寄运或者传输至境外的，应当按照国家有关规定执行。

单位委托中介机构代理记账的，应当在签订的书面委托合同中，明确会计档案的管理要求及相应责任。

【本章小结】

会计工作的组织与管理是会计环境、会计思想、会计理论、会计法制的综合体现。会计工作的组织与管理应当遵循科学性、统一性与个性化结合原则与成本效益原则。

我国当前实行各级财政部门统一领导分组管理的会计领导体制；统一会计制度的制度制定体制；明确会计人员权利责任、从业资格和职务资格的人员管理体制；单位内部、行政机关、社会三位一体的会计监督体制。

我国现行会计规范包括法律制度规范和职业道德规范。法律制度规范有《中华人民共和国会计法》等法律、《企业财务报告条例》等法规、《企业会计准则——基本准则》及会计制度等部门规章、《企业会计准则——具体准则》及其应用指南等规范性文件。我国目前提出的会计职业道德要求共八项。

根据《会计法》规定，一个单位可以根据需要决定设置会计机构，或在有关部门设置会计人员并指定会计工作负责人，也可以委托经批准从事代理记账业务的中介机构代理记账。会计机构设置应以业务规模和工作内容为依据，遵循精减效能原则并合理设置岗位明确职权职责；我国政府管理部门、行政事业单位、企业单位的会计机构设置各有特点，具体工作内容也有差异。企业会计机构的基本职责范围包括会计的组织管理、核算与监督、参与企业经营管理等，会计机构可以采用独立核算或非独立核算形式，独立核算还可采用集中核算、分散核算形式；会计机构均应当合理设置岗位并明确岗位责任权力。

取得会计从业资格证书是我国所有会计从业人员的法定资质要求，目前我国会计人员从业资格通过全国统一考试形式认定；会计人员按工作岗位区分为会计主管、主办会计、会计、出纳等职位，按技术等级分为正高级会计师、高级会计师、会计师、助理会计师职务，技术职务取得的前提是获得专业职称；《会计法》明确规定了会计人员五项具体职权；会计人员违反法律法规，将承担不再或五年内不得从事会计工作、经济处罚、追究刑事责任等法律责任。

会计档案的管理是会计组织管理的重要内容。我国《会计档案管理办法》从管理机构、整理归档、保存时间、借阅调阅、到期销毁等方面对会计档案的管理做了具体规定。

【知识拓展】

中国联通电子化档案管理经验和成效

信息技术的应用和电子商务的发展改变了会计信息的产生、传递和存储方式。为了适应会计档案工作在技术手段、管理方法、管理流程上的新变化，财政部联合国家档案局于2015年12月11日颁布了修订后的《会计档案管理办法》，《会计档案管理办法》允许企业采用电子会计档案。

为进一步深化实施会计信息化，推动企业节能减排工作，促进企业电子文件规范化管理，中国联合网络通信集团有限公司（简称中国联通）在全国率先牵头推行会计档案电子化管理试点工作，并逐步在全国各省级分公司全面应用推广，取得了良好的经济效益和社会效益，获得了国家发改委、财政部、国家档案局的充分肯定。

中国联通电子化档案的核心内容

1. 会计凭证

记账凭证以电子化方式保存，不再进行纸质存档；通过报账系统发起并入账的外部原始凭证和报账单匹配后，纸质保存（部分重要外部原始单据需同时扫描保存电子档案），通过报账单条形码建立原始凭证与记账凭证之间的关联，依靠信息化手段检索调阅；不通过报账系统发起并入账的外部原始凭证，需在原始凭证粘贴单上手工标注记账凭证号，按记账凭证编号顺序归档；无外部原始凭证的报账单不需打印。

内部信息系统产生的原始凭证（如出入库单、到货签收单等）以电子化方式保存，通过建立与记账凭证之间的关联，依靠信息化手段检索调阅。

2. 会计账簿

会计账簿包括总账、日记账、固定资产卡片。以电子化方式保存，不再进行纸质存档。

3. 会计报表

以电子化方式保存，不再进行纸质存档。对内报表原则上以电子的方式提供，如业务管理有需要，可向有关部门申请ERP系统和资金系统相应的查询权限。对外报送的会计报表由资金系统出具，按外部单位的要求，以纸质或电子的形式提供。

4. 银行回单

对已经实现电子化存储的银行回单停止纸质整理和保存，以电子介质保存资金平台支付的电子回单，通过电子回单和记账凭证的关联关系，采用信息化手段检索调阅。

中国联通电子化档案实施成效

中国联通会计档案电子化从根本上改变了传统会计档案管理理念及方法，通过系统集成、处理规则的统一规范、应用系统的逐步上线，以及各专业部门的分工协作，初步实现了业务核算数据处理的流程化、系统化和自动化，有效提升了电子会计档案质量及对财务业务、档案业务的支撑力度。

【本章思考题】

1. 试述会计工作组织与管理的含义、主要内容。
2. 会计组织与管理有什么重要意义？

3. 会计工作组织应遵循哪些基本原则？
4. 什么是会计工作管理体制，我国会计管理体制有什么特点？
5. 试述我国会计领导体制、会计制度制定体制的主要内容。
6. 试述我国现行会计人员管理体制的主要内容。
7. 试述我国现行会计监督体制，并分析其应完善之处。
8. 试述我国现行会计规范的构成。
9. 我国现行《会计法》的主要规范对象包括哪些？
10. 我国的《会计准则》有哪两个层次？主要内容是什么？
11. 我国的《会计准则》与《会计制度》有何关系？
12. 会计职业道德要求应包括哪些？
13. 会计机构设置有什么规定，应遵循哪些原则？
14. 我国企业的会计机构主要有哪些职能，有哪些形式？
15. 企业会计岗位设置应符合哪些要求，一般应设置哪些岗位？
16. 会计人员应具备的基本条件是什么？有哪些主要职责与权限？
17. 根据我国《会计法》，会计人员的职务违法行为有哪些？
18. 根据我国《会计法》，会计人员违法违纪被追究的法律责任有哪些？
19. 会计档案保管主要包括哪些内容？保管会计档案有何重要意义？
20. 试述我国法律规定的企业会计档案保存时间。

【本章案例分析题】

案例名称：江南机械股份有限公司费用的处置

一、案例背景资料

2015年年末，注册会计师周某对江南机械股份有限公司进行审计，在审计该公司内部会计制度时，发现该公司规定无形资产的开发阶段的费用按实际发生额一次性计入当期管理费用，与国家统一的会计制度不符。周某基于谨慎性原则，在查阅了相关资料和法律文献后，判定该处理方法不符合国家统一的会计制度的规定，于是周某向该公司的会计主管钱某反映这一情况并要求合理解释。

会计主管钱某解释道："各个行业的情况有所不同，不能一概而论，按照《会计法》的规定，行业对会计核算和会计监督有特殊要求的，可以根据行业对其的特殊要求进行补充规定。江南机械股份有限公司所处的行业为特殊行业，对无形资产开发阶段的费用处理自然有别于其他企业。这一特殊的会计处理方法，严格遵守了《会计法》，是合理的。注册会计师周某笑道："你的解释只有一部分是对的，对《会计法》可不能一知半解啊。"会计主管钱某表示依然很困惑，不知道哪里出了问题。

二、案例分析要点

1. 什么是《会计法》?《会计法》经历了哪几次的颁布与修订?

2. 对上述注册会计师周某和会计主管钱某的观点是否认可,并对此予以解释。

提示:在保证国家统一的会计制度规范统一的前提下,对会计核算和会计监督有特殊要求的行业,由国务院业务主管部门在与《会计法》和国家统一的会计制度不相抵触的前提下制定实施国家统一的会计制度的具体办法或者补充规定,报国务院财政部门审核批准后实施。

第十一章 信息技术与会计信息化

【引入案例】

时代的变迁谁也无法阻挡，大部分行业都已迈入信息化时代。信息化是充分利用信息技术，开发利用信息资源，促进信息交流和知识共享，提高经济增长质量，推动经济社会发展转型的历史进程。作为国家的微观组成部分，企业跟随时代的潮流逐渐实现了企业的信息化。企业信息化以业务流程的优化和重构为基础，在一定的深度和广度上利用计算机技术、网络技术和数据库技术，并开始使用人工智能、大数据和云计算技术，控制和集成化管理企业生产经营活动中的各种信息，实现企业内外部信息的共享和有效利用。其主要意义体现在：革新了企业的管理理念；优化了企业的管理流程；提升了企业管理水平；最终提高了企业的经济效益和市场竞争力。围绕管理的方方面面，企业采取信息化手段完成企业资金信息的管控与应用，甚至可能采用财务机器人来完成部分业务处理，小李很想知道企业在资金信息处理上用到了哪些信息技术？企业的各信息系统又是如何协调工作的？

【学习目的与要求】

1. 深刻理解信息技术在会计业务处理中引入计算机技术之后对会计的影响；
2. 理解并掌握数据与信息的关联、财务软件的基本操作流程；
3. 了解会计信息系统及其层次关系、会计信息系统的实施、XBRL 财务报告技术等基本知识。

第一节 信息技术及其对会计的影响

在现代人类社会的发展中，如果说蒸汽机与电力的发明在第一次、第二次产业革命中处于主导地位的话，那么可以说信息技术的发展与应用将带来第三次产业革命，能源、材料、信息已成为人类生活的三大支柱，数据驱动已经成为我国工业4.0的一大动力。21世纪，人类将会生活在一个信息技术无所不在的社会，信息技术已经改变传统会计，会计业务处理中的核算和部分管理将会越来越依赖于自动化的计算机处理，甚至利用基于人工智能技术的财务机器人进行自动处理，人们对会计信息质量的要求越来越高，对会计工作者的工作内容和工作质量的要求也在不断提高。现代企业可以采用通过内部网（Intranet）和外部网（Extranet）实施全面的电子商务（Electronic Commerce，EC）解决方案，依赖于建立的企业资源计划系统（Enterprise Resource Planning，ERP）加速企业信息流、物流、资金流等的运作，开始利用人工智能、大数据和云计算技术，甚至虚拟技术，结合系统提供的财务和非财务信息，提升企业的竞争力，而这一切都与企业会计信息处理紧密相关，会计业务处理的计算机化乃是大势所趋。现今，会计信息系统为企业经济管理提供了70%以上的信息，但其实际利用率却在30%左右，如何更好地利用这些信息成为当前迫切需要解决的问题。

一、信息技术

信息技术（Information Technology，IT）因为学科和应用的不同会有不同的表达。基于本学科的需求，我们认为，信息技术是以微电子技术、光电子技术、计算机技术、网络技术、软件开发技术和通信技术为核心的高科技技术。一般认为，信息技术具有两个明显的特点：一是将微电子技术、光电子技术、计算机技术、网络技术、软件开发技术和通信技术紧密地结合在一起；二是把分处异地的许多用户之间的信息传递通过一个转接网，控制在一个系统内，形成互联网络，从而为高效能、大容量地收集、处理、存贮信息，为系统、全面、准确地提供和反馈信息，为对大量信息开展综合分析和预测，进而为制定与优选决策方案、检查决策执行情况提供有效的技术保障。具体包括：数据与信息的采集、表示、处理、安全、传输、交换、显现、管理、组织、存储、检索等相关技术。

毕马威会计公司合伙人Bob Elliort曾借用"第三次浪潮"一词来形象地预言信息技术对会计的影响："信息技术引起的变革浪潮正在撞击着会计的海岸线，在20世纪70年代，它彻底冲击了工业界，80年代它又荡涤了服务业，而到了90年代，会计界将接受它的洗礼。"信息技术正对传统会计理论、实务、教育和管理产生巨大的冲击，这种冲击将引起传统会计的巨大变革。

在上海国家会计学院2002年发起的调查中，会计核算与财务管理软件、企业资源计划、数据/信息安全与控制、数据库技术、网络与计算机安全、计算机辅助审计、计算机病毒及其防治、数据备份和恢复、企业网技术、制表软件和电子表格等信息技术成为影响会计的最主要的十大信息技术。另外，数据仓库与数据挖掘、财务数据接口与转换技术、B-B电子商务、灾难恢复、电子签名与电子签章等技术被评为最具潜力的信息技术。

2017年，上海国家会计学院再次发起"影响中国会计从业人员的十大信息技术"调查，评选出的"在近两年内对会计从业人员影响程度最高的10项技术"依次为：大数据（88.68%）、电子发票（81.12%）、云计算（71.26%）、数据挖掘（58.26%）、移动支付（54.69%）、机器学习（50.27%）、移动互联（49.28%）、图像识别（47.48%）、区块链（46.22%）和数据安全技术（45.01%）。与此同时，评选出的"在3年后及更长的时间内对会计从业人员影响程度最高的5项技术"依次为：区块链（59.54%）、大数据（55.51%）、机器学习（51.54%）、图像识别（45.01%）和云计算（35.04%）[①]。

2018年7月，上海国家会计学院组织评选出来的"2018年对会计从业人员影响程度最高的10项技术"依次为：财务云（90.22%）、电子发票（81.15%）、移动支付（66.49%）、电子档案（62.25%）、在线审计（62.19%）、数据挖掘（54.77%）、数字签名（64.06%）、财务专家系统（53.30%）、移动互联网（48.41%）和身份认证（47.70%）。

自1990年开始，每年美国注册会计师协会都会评选与会计相关的十大技术，大部分与信息技术相关。2009~2014年最近6年当选的Top 10 IT 如表11-1所示。

二、信息技术对会计的影响

美国新技术总汇联盟主席、"数字经济之父"唐·泰普斯科特在其所著的《数字经济蓝图——电子商务的勃兴》一书中认为："信息技术的革新掀起新时代的数字革命，将彻底改变经济增长方式以及世界经济格局，带领企业进入数字经济时代。"从经典的论述中，面对信息技术在非会计领域的成功应用，企业信息系统不断完善，会计数据单调、反映面窄，传统会计报表简单，详尽性和及时性差，信息技术将对会计产生极大的影响。

（一）导致会计学向边缘学科发展

我国著名的会计学家杨纪琬先生曾预言："在IT环境下，会计学作为一门独立的学科将逐步向边缘学科转化。会计学作为管理学的分支，其内容将不断地扩大、延伸，其独立性相对地缩小，而更体现出它与其他经济管理学科相互依赖、相互渗透、相互支持、相互影响、相互制约的关系。"传感技术、通信技术、计算机技术等众多的信息技术推动着会计学向边缘学科发展。

---

① 资料来源：http://news.esnai.com/2018/0124/169181.shtml

表 11-1 美国注册会计师协会（AICPA）Top 10 IT

年度	第1名	第2名	第3名	第4名	第5名	第6名	第7名	第8名	第9名	第10名
2009	信息安全	隐私管理	数据文件存储、传输和交换的安全	业务流程的改进，工作流程和过程异常警报	移动和远程计算	培训和能力	身份和访问管理	应用和数据集成的改进	文件、格式、内容与知识管理	电子数据保留策略
2010	数据安全、代码和通信数据安全文件保留/安全威胁	连接/无线接入/高速互联网连接语音和数据	备份解决方案/灾难恢复和业务连续性	安全电子与客户的合作一客户门户	无纸化流程无纸化技术电子复核工作底稿	笔记本电脑安全/加密。	小企业软件/office 2010/win 7	用户移动性/移动/移动设备	税务软件/电子传送的税务表格/现代电子档案	服务器虚拟化合并
2011	移动设备的控制与使用	信息安全	数据恢复策略与结构化	远程访问	员工与管理的培训	过程文档改进	利用科技省钱和赚钱	技术成本控制	预算管理	新技术项目管理与开发
2012	IT环境安全	数据管理和保存	IT风险管理与遵从	隐私保护	利用新兴技术	管理系统应用	决策支持与分析	IT投资和支出监管	计算机欺诈的预防与响应	供应商和服务商管理
2013	数据管理和保存	IT环境安全	IT风险管理与遵从	隐私保护	管理系统应用	计算机欺诈的预防与响应	决策支持与分析	IT投资和支出监管	利用新兴技术	供应商和服务商管理
2014	IT环境安全	数据管理和保存	隐私保护	IT风险管理与遵从	计算机欺诈的预防与响应	决策支持与分析	管理系统应用	IT投资和支出监管	供应商和服务商管理	利用新兴技术

（二）影响会计理论体系的变革

在信息技术环境下，传统的会计理论体系将受到强烈的冲击，包括对会计假设的延伸、权责发生制及历史成本的动摇。如会计假设可延伸到多主体、不等距会计期间的划分、多币种核算、多语言核算等，电子商务、网络公司、虚拟企业、电子货币的兴起，信息资源、人力资源等新型无形资产的待价而沽，更对会计主体、会计分期、账簿体系、持续经营、货币计量、权责发生制、历史成本、会计报告、企业内控等会计假设和会计方法产生极大影响，提出挑战。

（三）促使会计语言和会计程序的变化

在 IT 环境下，传统的会计语言和企业会计文化将发生质的变化。会计语言中的一些核心词汇（如记账凭证、账簿、报表等）的作用将逐渐淡化。首先，由于企业管理全面信息化的实现，使会计信息源和信息表示结构由一元化走向多元化，即会计工作中记账凭证的信息将直接来源于各种业务过程，记账凭证作为手工环境下重要实体的作用将逐步淡化直至消亡。其次，由于网络和数据库技术的发展和应用，使各级管理者和投资者可以实时地通过企业网站访问存储与会计信息系统中的共享信息。因此代替凭证、账簿、报表的将是原始信息、操作信息、分析决策信息等；而信息的收集、存储、传递、处理、加工、打印等将代替传统会计中制作凭证、记账、结账、出报表等环节。基于现代会计信息系统，人们将很容易取得关于财务方面的分部报告、多元计价报告、实时报告、定期报告，满足不同信息需求的管理和决策活动。

（四）大大提高人们对会计信息的处理能力以及会计信息的质量要求

信息技术的高速发展，使得原来人们许多难以处理的会计问题变得轻而易举，极大地提高了会计信息处理的能力，使得人们对会计信息的质量要求也日益提高，要求实现会计信息的及时性、相关性、预测性，要求会计信息实现共享化、个性化、数据库化、反映形式的多样化。

（五）使会计信息系统成为企业整体资源管理的一个不可分割的子系统

传统模式下的会计信息系统被用于特定职能部门（例如销售、生产等）的管理工作，而不是为可能跨越几个职能部门的业务过程提供整体性视图，这就造成在多个系统中数据被重复存储和数据不一致的问题。信息技术环境下的会计信息系统，当业务事件发生时，所有原始数据都被适当加工成标准编码的源数据，集成于一个逻辑数据库（或数据仓库），任何授权用户都可以通过数据库所存储的数据来定义并获取所需的有用信息。这样，会计信息系统就在一个整合、开放的环境下，与企业内外部系统实现了信息同步交流和信息共享，提高了信息的使用价值。

（六）加快了会计国际化进程

信息技术缩短了国与国之间的距离，也加速了经济全球化的进程。人们可以通过网络交流各种信息，从事商务活动，进行远距离指挥与控制，这就使大范围地组织跨国跨洲的投资、贸易、金融、保险业务成为可能。随着各国经济交往的日益频繁，国际会计准则协调也是今后的必然趋势，欧盟的第 4、7、8 号指令就是旨在协调各成员国之间的会计准则。

（七）导致了会计工作的变化，提高了会计人员的素质要求

IT 技术的应用，大量的业务核算工作实现自动化，使会计人员的工作重点将从事中记账、算账和事后报账转向事前预测、规划和事中控制、监督及事后分析、决策的一种全新的会计管理模式；使会计人员不仅要承担企业内部管理员的职责，随着外部客户对会计信息需求的增长，会计人员应及时地向外传递会计信息，适时披露真实的会计信息，提供职业化的咨询服务；使会计人员的任务不再仅仅是客观地制造和反映会计信息，而且应使会计信息增值和创造更高的效能，通过财务控制分析参与企业综合管理和提供专业决策；使会计人员可以更多地从事那些非结构化、非常规的会计业务以及完成对信息系统及其资源的评价工作。由此，一方面，未来的会计人员应该具有多方面的能力，如对会计信息系统的管理，实际上要求会计人员应该具有一些系统分析员的素质能力。另一方面，会计人员用到的很多管理方法、手段和模型，其他的管理人员也可以做，未来的职业可能出现融合的情况，此时，最重要的是企业员工具备的知识素养。因此，未来会计人员不仅要具有管理和决策方面的知识，还应具有利用信息技术完成对信息系统及其资源的分析和评价能力。

第二节 会计信息化的发展

会计信息化的发展经历了会计电算化和会计信息化两个阶段。会计信息化利用的是计算机的信息处理能力，通过会计数据的采集和输入，有效地把会计数据组织到计算机中，由计算机系统对会计数据进行相应的采集、审核、存储、处理、加工、转换、合并、分类、计算、统计、汇总、传送等操作过程，并经过计算机对会计数据的加工处理后，向人们提供有用的财务信息。会计电算化是会计发展史上的一次重大变革，它不仅是会计发展的需要，也是经济和科技对会计提出的要求，起着带动经济管理诸领域逐步走向现代化的作用。

一、基本概念

（一）数据与信息、会计数据与会计信息

数据和信息是当前人们生活中常见的两个术语，不同的学科具有不同的含义，没有一个确切的定义。数据是客观事物在人脑中的一种反映，是表示事物特

征的一种抽象符号，本身没有具体含义。数据必须和客观实体及其属性联系在一起时才有意义。如"a"，既可以被认为是汉语拼音"a"，也可以被认为是英文字母"a"；而信息则是对数据经过加工以后具有某种特征含义的数据的一种表现形式。数据只有被加工成信息后才能对决策有价值。信息是直接面向信息用户的，同一信息对不同的用户具有不同的意义和价值，如会计报表对于银行、股东、国家管理机构的价值是不同的。数据质量特征包括准确性、时限性、完整性、一致性。信息质量指标体系包括时限性、有用性、充分性、可信性、易用性、准确性、相关性、完整性、呈现性等。

对于系统而言，我们认为数据是系统的输入，是系统处理的对象，信息是系统的输出，是系统处理的结果，而如何处理都是相对的。如对于账务处理的基本模型而言，凭证经过记账登记到账簿，账簿经过处理形成报表，在这里我们可以认为凭证是数据，报表是信息，而账簿既是数据也是信息。因此数据和信息既是两个不同的，又是紧密相关的概念。

长期以来，许多信息系统的设计者主要注重数据的准确性、完整性和一致性，而信息使用者却难以从系统中提取自己需要的信息而造成对信息质量的不满，对会计信息而言，过度的加工可能使会计信息难以被分析与使用。

当数据记录的是会计业务过程中的会计实体及其属性时就成为会计数据，它们的属性及其属性值都是会计数据。如会计凭证、会计账簿等。经过对会计数据加工以后形成的对会计管理和决策分析有价值的信息就成为会计信息，例如会计报表中的资产信息、负债信息、成本信息、利润信息等都属于会计信息。正如前面分析所述，数据和信息没有绝对的界限之分，如会计账簿，它是对会计凭证加工以后有助于会计管理的信息，但是它又是我们编制财务报表的数据源，因此也是会计数据。正因为如此，我们一般会将会计数据和会计信息统称为会计信息，不会加以区分。

（二）**信息技术与知识**

随着人们对信息的认识与认识的加深，知识这一概念已经越来越引起人们的兴趣，人们开始关注和研究知识这一领域。从信息技术应用的角度来看，知识是以各种方式将一个或多个信息关联在一起的一种信息结构，是对世界客观规律性的总结，是对同类信息的积累，是为有助于实现某种特定目的而抽象化和一般化的信息。知识的产生必须自由地获取信息，并从获取到的信息中寻找各信息之间的关联，这种关联绝大部分是非显式的。知识在大中型企业的管理中将起到越来越重要的作用。

（三）**会计电算化与电算化会计**

会计电算化（Accounting Computerization）利用的是计算机的信息处理能力，通过会计数据的采集和输入，有效地把会计数据组织到计算机中，由计算机系统对会计数据进行相应的采集、审核、存储、处理、加工、转换、合并、分类、计算、统计、汇总、传送等操作过程。经过计算机对会计数据的加工处理后,向人们提供有用的财务信息,这个全过程就是会计信息处理。目前的会计电算化已经实现了记账、报告的自动化,并将逐步进行会计业务确认、计量的计算机化;已经可以完全自动化处理业务核算,进行适当的业务控制自动化,并将逐步实现辅助决策的功能。

电算化会计(Computerized Accounting)作为一门学科,包含了所有会计电算化过程中涉及的知识和内容,是一门研究计算机在会计中应用的一门学问。这两个概念是相通的,代表着计算机在会计领域的应用,在实际工作中,甚至于许多著作中都会同时出现这两个概念。但"会计电算化"在实际工作中出现的概率远高于"电算化会计"。

(四) 企业信息化和会计信息化

企业信息化是指企业以业务流程的优化和重构为基础,在一定的深度和广度上利用计算机技术、网络技术和数据库技术,控制和集成化管理企业生产经营活动中的各种信息,实现企业内外部信息的共享和有效利用,以提高企业的经济效益和市场竞争力,这将涉及对企业管理理念的创新,管理流程的优化,管理团队的重组和管理手段的创新。企业信息化是信息技术由局部到全局,由战术层次到战略层次向企业全面渗透,在空间上是一个由无到有、由点到面的过程;在时间上具有阶段性和渐进性;信息化的核心和本质是企业运用信息技术,进行隐含知识的挖掘和编码化,进行业务流程的管理。

会计信息化于1999年首次提出,是指将会计信息作为管理信息资源,全面运用计算机、网络通信为主的信息技术对其进行获取、加工、传输、应用等处理,为企业经营管理、控制决策和经济运行提供充足、实时、全方位的信息。会计信息化是信息社会的产物,是未来会计的发展方向。会计信息化不仅仅是将计算机、网络、通信等先进的信息技术引入会计学科。与传统的会计工作相融合,在业务核算、财务处理等方面发挥作用,它还包含有更深的内容,如会计基本理论信息化、会计实务信息化、会计教育的信息化、会计管理信息化等。

会计电算化是会计信息化的基础,但从实际应用角度考虑,人们一般没有必要过度区分这两个概念,经常会混合使用。

(五) 企业资源计划

企业资源计划(ERP),是由美国著名管理咨询公司 Gartner 于1990年提出的企业管理概念,针对物资资源管理(物流)、人力资源管理(人流)、财务资源管理(资金流)、信息资源管理(信息流)集成一体化的企业管理软件,是对企业所拥有的人、财、物、信息、时间和空间等综合资源进行综合平衡和优化管理,协调企业各管理部门,围绕市场导向开展业务活动,提高企业的核心竞争力,从而取得最好的经济效益。所以,ERP 首先是一个软件,同时是一个管理工具。它是 IT 技术与管理思想的融合体,也就是先进的管理思想借助电脑,来达成企业的管理目标。

(六) 电子商务

电子商务是以信息网络技术为手段,以商品交换为中心的商务活动;也可理解为在互联网(Internet)、企业内部网(Intranet)和增值网(Value Added Network,VAN)上以电子交易方式进行交易活动和相关服务的活动,是传统商业活动各环节的电子化、网络化、信息化。电子商务的使用,给会计实务处理带来新的课题。

电子商务通常理解为基于互联网上的商业贸易活动,依托互联网,通过线上线下活动,实现个人客户、政府、供应商、企业、金融机构等不同实体间的商品交易。各国政府、学者、企业界人士根据自己所处的地位和对电子商务参与的角度和程度的不同,给出了许多不同的定义。电子商务主要的交易形式有:B2B、B2C、C2C、O2O、P2F,等等。

二、会计信息系统

企业的会计工作过程,实际上是一个从信息采集、加工处理、存储到信息输出的系统工作过程。收集原始凭证是信息的采集;编制记账凭证既是信息的输入,也是一种初加工;在不同账户中汇集的各种记录,实际上是对信息分类、加工和变换;成本计算是信息的加工处理;凭证、账簿、报表中存储的是各种各样的有用信息,报表是输出信息的主要手段和形式等。可以认为,会计工作的主要程序和过程,就是对企业经营过程进行模拟和描述的信息加工处理过程,是一个生产特定经济信息产品的生产过程。

会计信息可以被传递、存储、分类、加工、转换,也可以被浓缩或扩充,可以被各种不同的信息使用者共同使用。同时,会计信息又是对经济活动全过程进行连续、系统、全面和综合的描述,这些信息本身也是一个有机的信息集,这个信息集构建了一个说明经济状况的动态模型。会计信息较其他经济信息,具有明显的概括、综合和连续的特征。由于会计信息是企业经营管理决策的十分重要的依据,且会计信息是对经营活动的一种动态模拟,因而,要求会计信息具有相当的可靠性和相关性。

综上所述可知,会计信息系统(Accounting Information System,AIS)是一个由数据、信息、信息加工处理活动、内控制度、信息处理设备和会计人员等各种元素组成的一个人工信息系统。该系统的主要目的是:通过确认和计量经济活动,模拟和描述生产经营活动过程,传递经营信息(主要是财务信息),以满足不同的信息使用者的需要。

根据不同的划分标准,可以将会计信息系统划分为不同的类型。按照单位类型可以分为工业企业会计信息系统、商业企业会计信息系统和行政事业单位会计信息系统;按信息使用者划分为财务会计信息系统和管理会计信息系统,分别对外和对内提供需求的会计信息;按数据处理技术的不同可以分为手工式会计信息系统、机械式会计信息系统等。会计信息系统一般包括账务处理、报表处理、工资处理、成本处理、销售处理、应收处理、应付处理、财务分析等不同的子系统。

从会计信息系统的功能来看,会计信息系统具有非常明显的层次性,如图 11-1 所示。

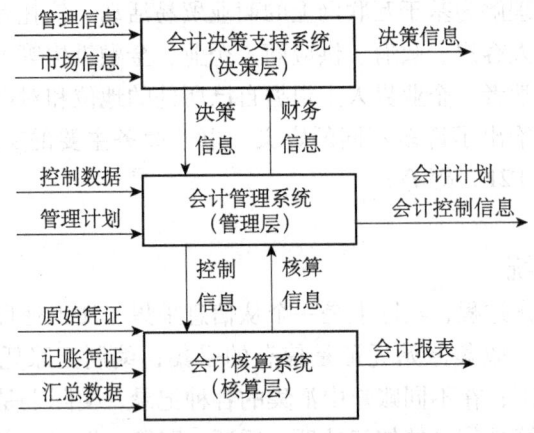

图 11-1 会计信息系统的层次性

会计是社会生产力发展的产物,经济越发展,会计越重要。会计作为社会经济计量的支柱,从内容到形式总是体现着各个时代经济发展的主要风貌,它的不断发展标志着社会文明和经济管理的进步。随着电子计算机技术的发展,其功能不断提高,成本不断降低,应用面不断扩大,进入 20 世纪 50 年代,开始被用于经济管理,进而又被用于会计工作中。这种由数据、信息、信息加工处理活动、电子计算机系统与网络技术、会计人员和计算机技术人员等各种要素组成的信息系统称为会计信息系统。

三、会计信息化的发展

1951 年 11 月,英国 Lyons 公司利用 LEO 电脑,计算各种面包糕点的毛利和产量、薪资、库存等,开创的计算机的商业应用先河。1979 年,财政部拨款 500 万元,支持并参与长春第一汽车制造厂进行的会计电算化试点工作。1981 年 8 月在财政部、一机部和中国会计学会的支持下,在长春召开了"财务、会计、成本应用计算机问题研讨会"以总结这一工作的经验和成果。用"会计电算化"这一名称作为计算机在会计工作中应用的代名词就是在这次会议上提出的。以此开始，随着20世纪80年代计算机在全国各个领域的应用推广和普及，计算机在会计领域的应用也得以迅速发展。到现在为止，尽管计算机在管理领域的应用几起几伏，但计算机在会计领域的应用却一直保持良好的发展势头。

美国哈佛大学教授里查德·诺兰（R. Nolan）在1974年首先提出了信息系统发展的4阶段论（即：开发期、普及期、控制期和成熟期），之后经过实践进一步验证和完善，又于1979年将其调整为6阶段论（即：初始阶段、普及阶段、控制阶段、集成阶段、数据管理阶段和成熟阶段）。相对应而言，可以将我国30年来会计信息化的发展大体可分为四个阶段：

（一）缓慢发展阶段（1983年以前）

1983年以前，只有少数企事业单位将计算机技术应用于会计领域，主要是单项会计业务的电算化开发和应用，如工资计算、仓储核算等。这个阶段，会计电算化发展比较缓慢，其原因是：会计电算化人员缺乏，计算机硬件比较昂贵，会计电算化没有得到高度重视。

（二）自发发展阶段（1983~1987年）

1983年后，微机在国内市场上大量出现，多数企事业已能够买得起微机，这为计算机在会计领域的应用创造了良好的条件。与此同时，企业也有了开展电算化工作的愿望，纷纷组织力量开发会计软件。但是，这一时期，由于会计电算化工作缺乏统一的规范和指导，加之我国计算机在经济管理领域的应用也同样处于发展的初期阶段，使得会计电算化处于各自为战、闭门造车的局面。会计软件一家一户地自己开发，投资大、周期长、见效慢，造成大量的人力、物力和财力的浪费。

（三）稳步发展阶段（1987~1999年）

这一阶段，财政部、各地区财政部门，以及企业管理部门逐步开始对会计电算化工作进行组织和管理，使会计电算化工作走上了有组织、有计划的发展轨道，并得到了蓬勃的发展。这个阶段的主要标志是：商品化会计核算软件市场从幼年已走向成熟，初步形成了会计软件市场和会计软件产业；一部分企事业单位逐步认识到开展会计电算化的重要性，纷纷购买商品化会计软件或自行开发会计软件，建立会计信息系统；在会计电算化人才培养方面，许多中等或专科院校开设了会计电算化专业，在大学本科教育中，会计学及相关专业也开设了会计电算化课程，对在职财会人员的培训中，加大了会计电算化的培训力度。

（四）竞争提高阶段（1999年至今）

随着会计电算化工作的深入开展，特别是在财政部及各省市财政部门的大力推广下，会计软件市场进一步成熟，并出现激烈竞争的势态，各类会计电算化软件在市场竞争中进一步拓展功能，各专业软件公司进一步发展壮大。这一阶段的主要标志为：国外一些优秀的会计软件进入并开始在国内市场立足；国内老牌专业会计电算化软件公司迅速壮大发展，如用友软件年销售额已突破亿元，并迅速发展壮大，一批后起之秀，如北京安易、深圳金蝶、山东国强、杭州新中大、重庆金算盘等专业的会计电算化软件公司；管理型会计软件的成功开发及推广应用，进一步拓展了会计电算化软件的功能，提高了计算机在财务会计领域中作用的发挥程度；会计电算化专业人才的培养进一步加快步伐，特别是中高级人才的培养力度加大，如会计电算化研究方向的研究生进一步增加，并开始在会计电算化方向设立博士生；另外，部分专业的会计电算化软件公司在成功推广应用管理型会计软件的基础上，又开始研制并推广 MRPII 和 ERP 软件。在财务报告领域，逐步使用 XBRL 技术，我国已经于 2010 年开始陆续颁布 XBRL FR 和 XBRL GL 分类标准，并开始要求上市公司采用 XBRL 发布财务报告。

四、XBRL 可扩展商业报告语言

2004 年，在 AICPA 发布的当年度"Top 10 IT"中，"商务交换技术"名列其中，如何更好地交流世界不同组织的财务信息和其他非财务信息已经越来越受到人们的关注，传统的财务报告披露模式已经不再满足人们不同口味的信息需求。

（一）XBRL 的产生

XBRL 的构想最早是由美国华盛顿州的会计师 Charles Hoffman 在 1998 年 4 月份提出的。2000 年 AICPA 邀集专业协会、会计师事务所、投资组织、软硬件供应商以及会计软件发展机构共 60 余个单位共同参与推动 XBRL，成立 XBRL 国际组织（XII）。XII 是一个非营利组织（http://www.XBRL.org），主要任务是制定 XBRL 技术规范，推动 XBRL 在全球的应用，"XBRL 中国地区组织"（http://www.XBRL-cn.org）于 2010 年 4 月成为其正式地区组织。XII 于 2000 年 7 月发布了 XBRL 规格书 1.0 及 XBRL 分类标准，于 2003 年 12 月发布 2.1 版本。

（二）XBRL 的作用

以前的财务报表电子格式如 word、excel、pdf 或 html 文件是一种静态格式，不能实现真正意义上的电子数据交换，费时费力易出错，不能为不同类型的用户共享。如果财务信息以动态格式存在，那就可以实现相关数据的自动归集、整理、比较，减少信息使用成本，提高信息质量，由此 XBRL 应运而生。

XBRL 提供了让财务信息由静态变为动态的途径，它被设计为可被计算机读写的，它不要求 XBRL 报表的编制者和使用者必须懂 XBRL。XBRL 可以减少重复性的数据输入、比较、转换和提交工作，让财务信息的搜集和报告工作变得流畅。投资者、分析师、研究人员、金融机构和监管机构等信息使用者都能够更加快速高效地获得、搜寻、比较和分析 XBRL 格式数据。

XBRL 不是会计准则，它只是会计准则处理的一种表达方式，XBRL 也不是一套通用的会计报表，它只是有助于实现对不同管理机构使用的不同的财务分类形式的软件进行转换。

XBRL 在经济活动中有广泛的应用空间，可以广泛应用于企业管理、审计、企业信用等级评估、证券市场、贸易与纳税、金融行政等领域。

（三）XBRL 应用所需的软件产品

XBRL 作为一种计算机语言，它需要各种功能的应用软件支撑，实现从分类标准开发、实例文档生成、报送、分析等一系列应用。例如：帮助分类标准开发者创建和维护分类标准及其扩展的软件；帮助企业根据 XBRL 分类标准从原系统中提取业务数据的软件；查看、编辑、发布 XBRL 数据，根据分类标准验证实例文档的软件；以各种格式呈现 XBRL 数据的软件；在 XBRL 基础上实现版本控制、加密、电子签名、防数据错误等各种功能的软件；XBRL 实例文档的互联网搜索引擎；分析 XBRL 数据，确认其有效性并将其传送到相关应用程序的软件。由国家认监委和财政部开展 XBRL 编报系统软件的认证工作，已有包括用友、金蝶、立信会计师事务所等 14 个公司的产品进入或已获得认证。

五、会计信息系统与会计相关人员的关系

在信息技术飞速发展的今天，会计人员的工作范围已经脱离不了计算机的使用，已经越来越多地使用信息技术完成相关业务。在会计信息系统中，会计人员可以以什么样的角色出现呢？Hall 认为，会计人员作为会计信息系统的使用出现，也可以作为会计信息系统的设计者出现，甚至可以作为会计信息系统的审计者出现，不同的角色具有不同的知识要求。柯环凤认为，在会计信息系统中，会计人员可以是财务会计人员、管理会计人员、稽核人员、会计系统专家。会计人员扮演的角色可以是信息系统的使用者、信息系统的开发者、信息系统的评估者、信息系统的管理者、内部审计人员。不同的岗位对信息技术和会计知识的要求不尽相同。就使用者而言，可以是决策分析人员、管理会计人员、财务会计人员，应根据自身工作需求，充分了解会计信息系统所具备的功能及操作方式，以便更好地使用会计信息系统，获取所需要的财务或者是非财务信息；就开发者而言，应该具有良好的信息技术知识和技能，做好会计部门与信息部门的桥梁；就评估者而言，可以通过检查和评估系统的运行效率和安全管控是否达到应有的水平，提出改进意见；就管理者而言，主要负责会计信息系统的日常维护和管理，确保系统安全、可靠地运行；就内部审计人员而言，其职能介于使用者和评估者之间，主要是通过系统的使用，对业务的运作和管理提出相应监管意见。会计信息系统和会计相关人员的关系如图 11-2 所示。

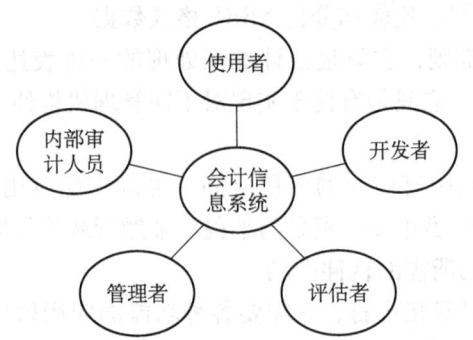

图 11-2 会计信息系统和会计相关人员的关系

第三节 会计信息系统的构成与应用

一、会计信息系统的构成

会计信息系统是管理信息系统的一个子系统,与其他的计算机信息系统一样,会计信息系统也由若干部分组成。按照维基百科的解释,会计信息系统由会计人员、数据处理流程和指令、数据、软件、信息技术基础平台、内部控制和安全控制、管理模型等组成。百度百科的解释指出,会计信息系统是由与会计业务处理相关的人员、计算机硬件、计算机软件、会计信息系统的运行规程构成。张瑞君认为,基于计算机的会计信息系统是一个人机结合的系统,其基本构成包括硬件资源、软件资源、信息资源和会计人员等基本要素。而一般认为,软件包括大部分的处理流程、数据,内部控制包含安全控制,而随着现今管理水平及其信息技术要求的不断提高,管理模型已经越来越受到管理人员的关注。因此,我们可以说,作为企业管理信息系统核心子系统的会计信息系统,包括人、硬件、软件、制度、管理模型等。现代会计信息系统同时具有人的不稳定因素和计算机的流程化处理带来的稳定性,人的不稳定因素需要由相应的制度加以补充。

(一)系统人员的构成

会计信息系统是一个人—机系统,包含各种岗位人员,按照一定的规章制度完成各自的任务。按照《企业会计信息化工作规范》和内部控制管理的需求,应该建立会计电算化岗位责任制,明确各个工作岗位的职责范围,切实做到事事有人管,人人有专责,办事有要求,工作有检查,做到该分割的岗位就应该分割。如可将会计岗位分为基本会计岗位和电算化会计岗位。基本会计岗位可包括:会计主管、出纳、会计核算、稽核、会计档案管理等工作岗位。电算化会计岗位包括直接管理、操作、维护计算机及会计软件系统的工作岗位。各岗位人员的工作任务、素质要求是有区别的。

（二）计算机硬件的构成

对于大部分具有一定规模的现代企业，其经营业务是从地域和实践上看，一般具有分散的特性，为实现会计核算和财务管理的目标，建立的会计信息系统趋于采用复杂的网络方式，在这种模式下，其硬件构成方面相对具有较高的要求，但是对于一些中小型企业而言，一般采用单机方式或较为简单的小规模局域网模式。在硬件方面主要包括：计算机（工作站、服务器）、打印机、电源等。

（三）计算机软件的构成

会计信息系统的软件构成从任务完成方面主要包括：单机操作系统、网络操作系统、数据库管理系统、财务软件、Web信息浏览软件、字处理软件、电子报表软件、图形处理软件、通信软件等。

（四）内部控制制度的构成

为了保证会计信息系统的安全，保证产生的会计信息的完整性、真实性，系统在建立之初应该根据内部控制制度的要求，设计相应的规章制度，在实际操作过程中严格按照制定的规章制度操作。主要包括：业务处理流程图、工作岗位责任制度、系统操作管理制度、系统维护制度、机房管理制度、会计档案管理制度等。

除此以外，随着企业全球化的发展，企业业务流程的改变越来越频繁，业务流程重组和管理模型将受到越来越多管理人员的关注。

二、财务软件的获取方式及其比较

建立会计信息系统，必然涉及会计软件的选择，如何取得系统所需的财务软件呢？通常财务软件可以通过不同的方式取得。主要方式如下：

（一）开发

开发方式可以获得最适用于企业的财务软件，获得可操作性、可维护性最好的软件，但是开发成本和系统的先进性、稳定性会受到一定的影响。开发方式又可以分为三种：请人定点开发、自己开发、合作开发。

（二）购买商品化软件

购买商品化的财务软件是直接到市场上购买财务软件公司开发的商品化产品，这种方式可以以最低的成本获得具有先进技术的财务软件，取得性价比最高。

（三）租用——ASP

租用是指既不购买商品化的软件，也不自己开发，而是采用租用财务软件公司提供的商品化软件，将财务数据存放在财务软件租用公司的数据库服务器上。

采用这种方式对公众计算机网络的要求很高，否则会造成数据不流畅。

（四）二次开发

二次开发是第一种方式和第二种方式的结合，是指购买一部分的商品化软件，在购买商品化软件的基础上进行二次开发，使之适应企业的特殊需要，提高系统的可操作性和可维护性。这应该是一种主流方式。

对以上各种方式的比较，我们可以从初始投入成本、维护成本、系统可操作性、系统可维护性、财务数据安全性等不同的方面进行比较。结果表示如表 11-2 所示。

表 11-2　　　　　　　　　　财务软件获得方式比较

获取方式	初始投入	维护成本	可操作性	可维护性	安全隐患
定点开发	较高	较高	较好	较好	一般
自己开发	最高	较低	最好	最好	一般
合作开发	次高	较低	较好	较好	一般
购买商品化软件	较低	最高	最差	最差	较好
租用——ASP	最低	最低	最差	最好	最差
二次开发	次低	较高	较好	较好	较好

通过对表的分析，结合实际情况，一般人们会选择二次开发方式，特别是行业集团企业。但就目前我国大部分的小型企业而言，难以花费太多的资金改造会计信息系统，一般会采用购买商品化的财务软件的方式。

三、财务软件的发展趋势

随着 IT 技术的发展，WTO 的加入，国外财务/管理软件将逐步进入中国市场，商品化软件的竞争将更加激烈。纵观电算化会计的发展历程，我们可以发现会计信息系统必将由单机体系结构向网络化发展；由普通系统向决策支持系统方向发展；由规范化向智能化方向发展，财务机器人将逐步应用；财务软件将由事后核算型（EDP 电子数据处理）向事中控制型（MIS 管理信息系统）和事前决策型（DSS 决策支持系统、AI 人工智能、ERP 企业资源计划）方向发展；网络财务软件体系将由 F/S（文件/服务器）结构向 C/S（客户/服务器）结构和 B/S（浏览器/服务器）结构方向发展，由 2 层向 3 层、N 层结构发展；财务软件将由使用桌面型数据库向使用大型数据库方向发展，并逐步使用大数据和云计算技术；财务软件中将更注重电算化审计的应用；财务软件将更趋于个性化。

第四节　总账与报表模块操作流程

为了适应现代财务管理的需要，加强会计基础工作规范，促进会计工作从核算型向管理型转变，现在许多企业都使用财务软件完成会计业务的处理。财务软件的使用首先必须根据计算机的特点整理手工会计业务，对现有会计业务处理规范化，按照会计方法的要求，在财务软件建立核算体系——账套，并对其初始化，以后每年只需要建立新年度的账簿。

那么，我们应该如何完成企业的会计核算呢？下面我们以用友 ERP U10.1 为例简要说明财务软件的基本操作（假设系统已经安装并设置好）。

一、会计业务规范化

会计业务基础工作是否合理、完善，将严重影响系统能否顺利投入使用，影响系统实施的成败，应给予高度重视。会计业务规范化包括会计数据的规范化、会计工作程序的规范化、会计信息输出的规范化、单位内部控制制度的规范化。

会计数据的规范化主要是对单位会计数据的采集规范化和基础数据、历史数据的规范化。会计数据的采集应该围绕会计信息适用不同管理需求的需要标准，制定明确的采集流程，对原始会计数据的采集、验证流程、数据的内容进行规范，设计合理的数据项目和格式，特别是凭证和单据，使原始数据真实、完整、系统，满足不同层次的需求；基础数据、历史数据的规范化对现有手工系统数据进行调查、分析、汇总，做到账账相符、账实相符、核算程序规范化、成本核算方法规范化。

会计工作程序的规范化包括手工会计业务的整理和电算化会计方式下核算方法的确定，是整个规范化的核心。只有严格按照事先确定的工作程序和核算方法使用软件，才能达到预期的目的。在遵循《会计法》《企业会计准则》的基础上尽量优化核算方法，提高核算的广度和深度。主要完成建立科学的会计科目体系、制定规范合理的业务核算方法。

会计信息输出规范化要求对本单位的账簿体系、财务报表体系、管理报表体系进行规范，考虑计算机性能，充分利用计算机的特点，快速、准确、及时地提供管理所需的财务信息，改正手工方式不适用计算机方式的体系结构和内容，同时还应重点考虑报表的生成公式，提供规范化的报表生成流程。

二、会计资料的整理

在实施电算化项目之前，应该先整理本单位的会计资料，规范有关数据，通过整理主要确定以下资料：

账套（一个核算单位）名称及启用时间、会计分期及各期的起止时间、凭证分类及编号方案、外汇代码及汇率表、科目编码表、科目余额表、银行未达账项、系统操作人员设置及权限分配、自动转账分录。

例如，结合计算机的特点，将第九章实例整理成如下资料：

（一）账套建立时的基本资料

账套建立时的基本资料，如表 11-3 所示。

表 11-3　　　　账套基本资料

账套号：666
账套名称：江南服装股份有限公司
账套路径：C：\ U8SOFT \ Admin
企业类型：工业
行业性质：2007 年新会计制度
启用会计期间：2019 年 1 月
会计期间设置：默认值
单位名称：江南服装股份有限公司
单位简称：江南服装
单位地址：江西省南昌市双港大街 168 号
法人代表：张珊
账套主管：张主管
按行业性质预置科目
存货、客户、供应商都不分类，无外币核算业务
科目编码级次：4222
其他编码级次：采用系统默认值（此模拟试验中没有涉及）
小数位数：2 位
系统启用：总账，启用时间为 2019 年 1 月 1 日

（二）业务初始化的资料

1. 财务人员分工

财务人员分工，如表 11-4 所示。

表 11-4　　　　财务人员分工表

编号	姓名	密码	权限
01	张主管	1	1. 拥有账套的全部系统管理权； 2. 负责会计软件运行环境的建立，以及各项初始设置工作； 3. 负责会计软件的日常运行管理工作，监督并保证系统的有效、安全、正常运行； 4. 负责财务分析

续表

编号	姓名	密码	权限
02	张审核	2	1. 审核业务； 2. 管理账簿及月末处理； 3. 负责对账和结账工作
03	张制单	3	1. 负责制单； 2. 负责记账
04	张出纳	4	1. 负责现金、银行账管理工作； 2. 具有出纳签字权、现金和银行存款日记账的查询及打印权、资金日报查询权、支票登记权以及与银行对账有关的操作权限

2. 凭证类别

选用 5 类划分法，如表 11－5 所示。

表 11－5　　　　　　　　　凭证类别

类别字	类别名称	限制类型	限制科目
现收	现金收款	借方必有	1001
现付	现金付款	借方必无	1001
银收	银行收款	借方必有	1002
银付	银行付款	借方必无	1002
转账	转账凭证	凭证必无	1001 1002

3. 结算方式（见表 11－6）

表 11－6

编码	名称	说明
1	现金	
2	支票	
3	汇票	
4	其他	

4. 总账选项设置

取消制单序时控制、取消现金流量必录、可以使用应收应付受控科目。其他选择默认参数。

5. 往来业务核算说明

往来业务核算可以选择不同的方式。第一种是设为总账系统核算，通过按照往来客户设置二级明细科目进行核算，会计科目设置形如：

1122　应收账款
　　112201　深海公司
　　112202　艺海公司

第二种是通过往来辅助核算方式进行。会计科目设置形如：

1122　应收账款（客户往来）

同时设置一客户档案数据，客户档案数据形如：

01　深海公司

02　艺海公司

当业务发生涉及应收账款时，必须指定具体是哪一个客户。第二种方式更方便，具有更好的扩展性。

6. 会计科目及余额

会计科目及余额：如表 11-7 所示。

表 11-7　　　　　　　　　科目余额表　　　　　　　　　单位：元

序号	科目代码	科目名称	期初余额 借方	期初余额 贷方	备注
1	1001	库存现金	45 050		出纳日记账
2	1002	银行存款	14 189 500		出纳日记账、银行账
3	1012	其他货币资金	72 000		
4	1121	应收票据	367 200		
5	1122	应收账款	437 400		可以考虑设为客户往来，此时不需要设置明细账户，但必须完善客户资料，以下类似
6	112201	深海公司	317 400		
7	112202	艺海公司	174 000		
8	112203	蓝海公司		54 000	
9	1123	预付账款	289 800		可以考虑设为供应商往来
10	112301	泰安公司	180 000		
11	112302	华安公司	154 800		
12	112303	天安公司		45 000	
13	1221	其他应收款	30 000		
14	1231	坏账准备		50 000	
15	123101	应收票据		6 500	
16	123102	应收账款		21 500	

续表

序号	科目代码	科目名称	期初余额 借方	期初余额 贷方	备注
17	123103	预付账款	14 000		
18	123104	其他应收款	1 500		
19	123105	长期应收款	6 500		
20	1132	应收利息	28 000		
21	1131	应收股利	160 000		
22	1402	在途物资	203 800		
23	140201	甲材料	92 500		
24	140202	乙材料	111 300		
25	1403	原材料	364 500		
26	140301	甲材料	99 700		
27	140302	乙材料	264 800		
28	1411	周转材料	30 000		
29	5001	生产成本	155 450		可以考虑设为项目核算
30	500101	A产品	73 650		
31	500102	B产品	81 800		
32	1405	库存商品	446 450		
33	140501	A产品	243 750		
34	140502	B产品	202 700		
35	1471	存货跌价准备		68 000	
36	1531	长期应收款	170 000		
37	1511	长期股权投资	1 000 000		
38	1601	固定资产	4 389 000		
39	1602	累计折旧		656 000	
40	1603	固定资产减值准备		76 000	
41	1604	在建工程	240 000		可以考虑设为项目核算
42	1605	工程物资	55 000		
43	1701	无形资产	510 000		
44	1801	长期待摊费用	59 000		

续表

序号	科目代码	科目名称	期初余额		备注
			借方	贷方	
45	2001	短期借款		660 000	
46	2201	应付票据		150 500	
47	2202	应付账款		591 000	可以考虑设为供应商往来
48	220201	雨虹公司		371 000	
49	220202	雨辰公司		260 000	
50	220203	雨露公司	40 000		
51	2203	预收账款	172 000		可以考虑设为客户往来
52	220301	新新公司		19 000	
53	220302	新华公司	182 000		
54	220303	新光公司	9 000		
55	2211	应付职工薪酬		291 300	
56	2221	应交税费		132 600	
57	2231	应付利息		57 000	
58	2232	应付股利		58 000	
59	2241	其他应付款		10 000	
60	2501	长期借款		4 380 000	
61	2701	长期应付款		20 000	
62	4001	股本		5 180 000	
63	4002	资本公积		9 734 000	
64	4101	盈余公积		434 750	
65	410101	法定盈余公积		289 833	
66	410102	任意盈余公积		144 917	
67	4104	利润分配		865 000	
68	41040	未分配利润		865 000	
		合计	23 414 150	23 414 150	

指定现金总账科目为"库存现金",银行总账科目为"银行存款",现金流量科目包括"库存现金""银行存款"。

三、软件操作流程简介

（1）运行用友财务软件下的系统服务下的系统管理模块，使用 admin 身份的登录系统，根据表 11-3 的资料依次输入创建一新账套。

（2）执行系统管理模块下的"权限"功能，按照表 11-4 所示资料增加操作员并赋予相应的权限。

（3）运行用友财务软件下的财务系统下的总账模块，以张主管身份登录 666 账套进行系统的初始化，按照表 11-5、表 11-6 依次设置凭证类别、选项、会计科目、录入期初余额，并进行期初余额试算平衡。

（4）运行系统管理模块，以系统管理员的身份登录，将所建立的账套资料备份保存（切记备份的资料最少保留最近的两份拷贝，最好每次系统有较大数据的改变时分别备份数据并保存在不同的地方）。

（5）回到总账模块，以张制单的身份登录系统，在凭证处理模块将教材第十章的业务按照发生时间依次输入系统。

（6）更换操作员，以张出纳的身份登录系统，运行总账模块的出纳签字，对业务中涉及现金、银行存款的凭证签字审核。

（7）更换操作员，以张审核的身份登录系统，运行总账模块下的审核，将业务审核完毕。

（8）更换操作员，以张制单的身份登录系统，运行记账功能进行记账。

（9）更换操作员，以张审核的身份登录系统，运行总账模块下的月末处理，进行月末结账。就可以通过软件功能查询您所要的会计信息。如日记账、银行账、明细账、总分类账等。

（10）运行 UFO 进入用友报表 UFO。

（11）建立一个空白文件，使用股份制企业的资产负债表模板，并进行账套初始化，确定生成报表的核算单位。

（12）输入关键字的值，包括单位、年、月等，确定生成哪个单位、什么时候的报表。

（13）报表的生成。检查模板中的报表公式，切换到数据模式，生成报表数据。

（14）查询、打印输出报表。

（15）注意数据的备份。

【本章小结】

信息技术是以微电子技术、光电子技术、计算机技术、网络技术、软件开发技术和通信技术为核心的高科技技术。一般包括：数据与信息的采集、表示、处理、安全、传输、交换、显现、管理、组织、存储、检索等相关技术。信息技术对会计的影响主要包括七个方面：第一，导致会计学向边缘学科发展；第二，影响会计理论体系的变革；第三，促使会计语言和会计程序的变化；第四，大大提高人们对会计信息的处理能力以及会计信息的质量要求；第五，使会计信息系统成为企业整体资源管理的一个不可分割的子系统；第六，加快了会计国际化进程；第七，导致了会计工作的变化，提高会计人员的素质要求。会计信息化是指将会计信息作为管理信息资源，全面运用计算机、网络通信为主的信息技术对其进行获取、加工、传输、应用等处理，为企业经营管理、控制决策和经济运行提供充足、实时、全方位的信息。会计信息化是信息社会的产物，是未来会计的发展方向。

【知识拓展】

华能国际 XBRL 实施的经验与效果

我国从 2011 年开始 XBRL 财报披露的试点工作以来，XBRL 财报的优势已逐步体现出来。在 2013 年，实施通用分类标准的大型企业有 11 家、实施石油和天然气行业扩展分类标准的大型企业有 3 家、实施通用分类标准的保险公司有 5 家、实施通用分类标准及银行业扩展分类标准有 18 家，以及涉及除西藏、贵州、青海之外的 169 家地方性企业，其中有 35 家逐步推进嵌入式报送，有 7 家开展将 XBRL 应用于企业内部管理的试点。

华能国际作为首批试点企业，其实施经验表明，我国 XBRL 分类标准是先进的，不仅可以满足监管要求，也可以在内部信息系统中延伸应用这个标准，在企业管理方面会有很好的应用前景。

1. 将 XBRL 财报外部报送和内部管理需求相结合，提高 XBRL 财报实施的效率与效益

XBRL 标准的实施是一个跨专业、跨部门、跨知识背景的综合性项目。考虑到仅以对外报送 XBRL 年报为目标的标准实施工作短期效果不明显、工作成果不可见、期初投入较大，不能得到企业财务部门以外的业务部门的理解，华能国际一开始就将满足外部报送和内部管理应用两方面结合起来，同时在内外报表实施通用分类标准，提高此项工作投入的产出效益，以取得最大的企业内部支持，从企业最高层面实施，抽调不同单位、不同业务、具有代表性的人员参加，由企业业务人员和财务人员共同参与。

2. 借助 XBRL 财报编制的实施，为企业培育"技术种子"

XBRL 的技术性很强，必须夯实专业基础才能事半功倍。华能国际一支坚持

由专人负责 XBRL 工作，持续跟踪 XBRL 技术发展，对管理者和会计骨干的进行相关知识的持续培训，完成重点知识普及，把握 XBRL 内涵精髓，为 XBRL 的深化应用打好基础。通过 XBRL 技术应用，华能国际培养了过硬的自主实施团队，形成了既精通会计知识，又掌握 XBRL 技术和较高英文能力的人才队伍，为分类标准后续维护工作及 XBRL 技术内部应用储备了充裕的人才力量。

在项目实施人员的选择上，抽调年龄结构合理、专业背景互补、业务精熟的骨干集中培训，培育"技术种子"。由来自基层单位的管理部门的业务骨干，经历过不同的工作岗位，对前端业务十分熟悉，让这个业务骨干团队充分参与这个项目，并接受集中的、密集型的 XBRL 技术培训，以此为"撬点"，让这些业务骨干回到所在单位进行二次知识传授，从而带动本单位稳步掌控 XBRL 技术。

华能国际 2013 年报中，共引用通用分类标准元素 419 个，扩展元素 1 353 个，其中包含 941 个结构性扩展元素和 412 个扩展实元素，实元素扩展比率为 49.6%，扩展链接角色匹配率为 94.09%。

【本章思考题】
1. 什么是数据、信息、知识、会计电算化、电算化会计？
2. 什么是信息技术，对会计有何影响？
3. 什么样的信息技术能够与会计信息系统有效结合？他们是怎样结合的？
4. 会计人员用什么样的机制评价具体的财务软件？
5. 作为未来会计人员工作者，应该掌握和了解哪些信息技术？
6. 如何理解会计信息系统层次性？
7. 会计信息化有何作用？
8. 会计信息系统有哪些部分构成？
9. 会计软件有哪些获取方式，有何特点？
10. 考虑进行系统初始化时应该注意哪些事项？

【本章案例分析题】

案例名称：信息技术对会计业务的影响

一、案例背景资料

在美国 AICPA 发布的"25th Top 10 Technology"调查结果报告中显示，有 99% 的受调查会计从业人员在业务处理过程中碰到过 IT 问题（http://www.aicpa.org/InterestAreas/InformationTechnology/Resources/TopTechnologyInitiatives/DownloadableDocuments/16770 - 378_ 2014_ North-America-TTI% 20Survey_F. pdf）。

1972 年，从 IBM 公司跳槽出来的 4 个年轻工程师创办了 SAP 公司。他们共同的目标就是生产销售统一商业标准软件。经过不懈的努力，这家德国公司已经成为用户/服务器商业应用领域世界领先的供应商。随着1979年R/2系统的推出和1984年SAP国际公司的成立，公司开始了快速增长，1992年推出R/3。

甲骨文（Oracle）公司成立于1977年，是全球最大的数据库软件公司之一，同时也是全球领先的管理软件供应商，总部位于美国加州的红木滩。Oracle公司拥有世界上唯一一个全面集成的电子商务套件Oracle E-Business Suit，于1990年推出财务软件。

1988年12月6日，北京用友软件公司的前身——用友财务软件服务社，在北京市海淀区中关村成立。1993年8月8日，金蝶国际软件集团有限公司的前身——深圳远见科技发展有限公司，于深圳成立。这两家目前国内最大的管理软件供应商，都是从财务软件做起的。

你知道最早的电子表格软件是VisiCalc吗？它的创意是由哈佛大学两位大学生在完成会计作业过程中，厌倦了对数据改来改去而萌生的。

财政部2009年发布的《关于全面推进我国会计信息化工作的指导意见》指出，力争通过5~10年的努力，建立健全会计信息化法规体系和会计信息化标准体系［包括可扩展商业报告语言（eXtensible Business Reporting Language；XBRL］，全力打造会计信息化人才队伍，基本实现大型企事业单位会计信息化与经营管理信息化融合，进一步提升企事业单位的管理水平和风险防范能力，做到数出一门、资源共享，便于不同信息使用者获取、分析和利用，进行投资和相关决策；基本实现大型会计师事务所采用信息化手段对客户的财务报告和内部控制进行审计，进一步提升社会审计质量和效率；基本实现政府会计管理和会计监督的信息化，进一步提升会计管理水平和监管效能。通过全面推进会计信息化工作，使我国的会计信息化达到或接近世界先进水平。

二、案例分析要点

访问这些公司的官方网站，结合其他论坛网站，思考以下问题：

1. 什么样的信息技术能够与会计信息系统有效结合？他们是怎样结合的？
2. 会计人员用什么样的机制评价具体的财务软件？
3. 在会计信息系统中信息技术如何影响人们的需求与判断？
4. 作为未来会计人员工作者，应该掌握和了解哪些信息技术？